Le Grand Livre
De L'Interprétation des Rêves

Muhammad IBN SÎRÎN

Le Grand Livre

DE L'INTERPRÉTATION DES RÊVES

Traduction de l'arabe, notes et présentation:

Youssef Seddik

Al Bouraq

Distribué par :

البراق للنشر والتوزيع

Albouraq Diffusion Distribution
Zone Industrielle
25, rue François de Tessan
77330 Ozoir-la-Ferrière
– Fax : 01.60.34.35.63 Tél. : 01.60.34.37.50
Site Web : www.alifba.com
E-mail : distribution@albouraq.com

Comptoir de vente :

Librairie de l'Orient مكتبة الشرق

في باريس

مقابل معهد العالم العربي

Face à l'Institut du Monde Arabe
18, rue des Fossés Saint Bernard
75005 Paris
Tél. : 01 40 51 85 33 – Fax : 01 40 46 06 46
Site Web : www.orient-lib.com
E-mail : orient-lib@orient-lib.com

Dar Albouraq© – ©دار البراق

مقابل جامعة الأزهر – بيروت

– Face à l'Université d'Al-Azhar-Beyrouth –
B.P. 13/5384 Beyrouth-Liban
Tél – Fax : 00 9611 788 059
Site Web : www.albouraq.com
E-mail : albouraq@albouraq.com

1425-2004

Illustration de la couverture
Miniature illustrant le rêve, Ecole de Shirâz
XVIème siècle

Avertissement du traducteur

Traduire les récits des rêves d'une langue dans une autre –surtout quand il s'agit d'un texte ancien– exige une importante intervention critique*: ici pour expliquer la pertinence d'un jeu de mot ou d'un mot d'esprit, là pour identifier un personnage ou pour donner à un événement toute sa place dans l'économie du rêve. Afin de maintenir une lisibilité fluide de ce texte "populaire" nous avons limité au minimum le renvoi aux notes de bas de page, optant le plus souvent pour le message-flash au cœur du texte, entre deux crochets* " [...]" *ou en indiquant la place exacte des citations coraniques (La sourate en chiffres romains et le verset en chiffres arabes).*

Nous avons évité délibérément tout recours à la transcription phonétique savante en usage dans les documents érudits. Les mots et les noms propres transcrits de l'arabe restent –bien que toujours évidents *!– insuffisamment rendus dans leurs sonorités pour un "arabisant". Il nous a semblé ainsi qu'ils demeurent mieux "intégrés" au corps du texte pour des lecteurs seulement francophones.*

Enfin dans les éditions arabes nous avons rencontré des récits de rêves ou des anecdotes, deux ou trois fois repris mot pour mot à plusieurs endroits. Nous avons gardé une seule version, celle qui nous a paru s'attacher au thème développé dans le chapitre où nous l'avons gardée.

Pour les traductions des versets coraniques cités dans le texte nous avons eu recours au travail de D. Masson (Ed. Gallimard), sauf une fois où notre source a été désignée.

Le Traducteur

Présentation

Les Arabes et l'arrière-scène

"Venons-en maintenant, à l'interprétation des rêves. L'intellect donc a ses perceptions qu'il renvoie à l'imagination. Celle-ci les traduit en images qui doivent être en rapport avec l'idée perçue. [...]
L'oniromancie nous est venue des premiers Musulmans. Parmi eux, l'un des plus fameux spécialistes en ce domaine était Muhammad Ibn Sîrîn, inspirateur de certaines règles d'interprétation des rêves qui nous sont parvenues aujourd'hui."

'Abderrahamân Ibn Khaldûn *(1332-1406)*
AL-MUQADDIMA
Trad.de V.-M. Monteil

Ce livre est déjà un énorme rêve. Celui d'une communauté arabe que l'avènement de l'Islam vient de métamorphoser. Elle a conquis âmes et territoires par le discours d'une religion politique et rationnelle qui a tout prévu pour la «protéger» de son irrationalité nécessaire, pour la maintenir éloignée d'un passé qui n'est plus qu'une pré-histoire abolie dans l'inanité d'un vocable terrifiant par sa fausse vacuité: la jâhilyya, temps de furie, de dislocation, de déraison...

C'est dans un livre comme celui-ci, tout comme dans Les Mille et Une Nuits, que va être tentée la revanche de l'imaginaire sur la censure, du ludique sur l'esprit de sérieux, de l'humain pathétique sur la sacralité devenue abstraite et savante.

D'abord comme Les Mille et Une Nuits cet ouvrage n'a pas vraiment d'auteur. Le fait même de persister à l'attribuer à l'Imam Muhammad Ibn Sîrîn se reconnaît de ces ruses bien connues dans les anthologies arabes, quand des auteurs «qui ont préféré garder l'anonymat» s'appuient sur un garant, fictif ou réel, dont la caution leur fait gagner du temps avant que ce qu'ils aient pu commettre et diffuser ne tombe sous les rigueurs inquisitoriales ou le soupçon des défenseurs de l'orthodoxie.

Si la ruse des récits fabuleux de la Sultane Shéhrazade a consisté dans la fuyante unité de lieux lointains, d'îles inaccessibles aux noms fantastiques, et dans ces clins d'œil coquins à Dieu le Narrateur sublime, celle de L'Interprétation des Rêves d'Ibn Sîrîn est dans le choix même d'un auteur qui a continué à «produire» bien des siècles après sa mort. Les copistes et plus tard les éditeurs, au fil d'innombrables rééditions toujours enrichies, n'ont pu trouver, à l'instar des émetteurs d'une monnaie fiduciaire, plus fiable «signature» pour valider l'aloi de telles unités d'échange, dans l'économie du discours islamique gérée en surface par le seul logos religieux.

Car si Muhammad Ibn Sîrîn a bien existé le travail de la légende a quelque peu arrangé sa figure en gommant par exemple le souvenir de son origine de fils de captive dont il porte le prénom persan de Sîrîn (toujours en usage aujourd'hui, même chez les Arabes, pour prénommer les filles). Il n'en demeure pas moins l'une des figures les plus marquantes de l'histoire du savoir arabo-islamique, souvent invoqué dans la chaîne des garants de la Tradition prophétique comme l'un des représentants du dernier maillon saint des transmetteurs, dits successeurs des Compagnons [Tabi'în].

Il est né en l'an 33 de l'Hégire (653 de l'ère vulgaire) deux ans avant l'assassinat du IIIe calife 'Uthmân. Sa génération va donc inaugurer cette longue période d'un muet désarroi où le Texte fondateur de la foi nouvelle, le Coran, bien que stabilisé dans l'édition d'une Vulgate unique, ou peut-être même à cause de cette stabilisation voulue par une instance politique contestée, va «révéler» des zones d'ombre qu'il faudra tenter d'éclairer par un discours second, forcément coupé de la source céleste de la Révélation initiale. Cette importation de la Parole de Dieu née au Texte dans et pour la voix va contraindre la cohorte des commentateurs de la génération d'Ibn Sîrîn à valider des pièces mythiques puisées dans les récits et légendes de l'antiquité profane ou dans la tradition biblique ou midrashique, pour rendre compte de ce qui reste incompréhensible dans les plis et les entrelacs du foisonnant espace coranique.

Essentiellement compilateurs les contemporains d'Ibn Sîrîn ont pu, dans l'urgence qui leur commandait de rassembler le maximum de matériaux, éviter la guerre et la discorde. Un consensus fragile caractérise ce matin de l'Islam, pour reprendre l'expression de l'historien égyptien Ahmad Amîn. Et c'est bien pourquoi la clôture de cette période en annonce celle qui verra proliférer schismes, hérésies et sectes – de doctrinaires ou de conspirateurs ! – qui vont changer le paysage islamique en une vaste mosaïque mouvante de volontés et de représentations rivales souvent opposées dans la guerre ou les séditions.

Rien n'illustre mieux la peur de ces temps troubles que ce «cri» rapporté dans le plus grand recueil des chroniques littéraires arabes, al-Aghani, celui d'une femme qui aurait dit, l'année de la mort d'Ibn Sîrîn (110 / 728): «Comment voulez-vous qu'un pays puisse trouver le chemin du succès quand, la même année, la mort a emporté ses deux [seuls] jurisconsultes et ses deux [seuls] poètes?»[1]*. Les trois autres étant le dernier des jurisconsultes «consensualistes» Hassan al-Basrî, et les deux plus grands poètes de l'époque, Jarîr et Farazdaq...*

Moment crucial en effet, de l'histoire des Arabes et de leur civilisation. L'empire atteint les limites de sa puissance et de son expansion sous le long règne, imposant et prospère, de Hishâm Ibn Abdel-Malik. Toutes les conditions matérielles sont pourtant là pour détrôner sa dynastie qui a intercepté le califat à la faveur de cette déchirante tragédie inaugurale qu'a été la Fitna, épreuve d'une guerre civile et totale vécue comme un destin.

Déjà, la logique et la controverse descendent dans les agoras des turbulentes cités arabes avec les premiers Mu'tazilites, ceux-là qui ont tout appris de ce redoutable art de penser et de faire penser par la dialectique ou par le sophisme ; art inavouable encore, en attendant, deux générations plus tard, le calife abbasside éclairé al-Mâ'mûn: sous son règne on érigera la pensée grecque en institution et même en dogme d'Etat. On fera d'Aristote un Raïs et de Pythagore un prophète ! [2]

La pensée arabe devient très vite le site d'une épistémé qui se veut mondiale aux dimensions de l'époque, qui ne tirera plus

1- Abû al-Faraj al-Asfâhnî : *Kitâb al-Aghânî* ; T.19 p. 45 ; Ed. Boulaq Le Caire (sans date).

2- L'historien des idées Sâ'yd al-Andalusi (1029-1070) appelle Pythagore *Mûsa al-Ighrîq*, le Moïse des Grecs, dans ses *Maqâlât ahl al-milal wa-nihal.*

seulement sa créance du message céleste ! Notre Ibn Sîrîn, loin de rejoindre les fantômes d'une oralité destituée par le nouveau magistère de l'écriture, retrouve une place de choix à côté des phares, dans une Internationale du Savoir, comme l'atteste ce texte de Tawhîdî (fin du IVe / Xe siècle) moquant un fat de son temps: «Notre seigneur a cru atteindre et dépasser Ibn Jarir [Tabarî] dans l'Exégèse, Aristote dans la Logique, al-Kindî dans la Science de l'indivis et Ibn Sîrîn dans l'Interprétation...»[1]

Commencent alors les tentatives toujours périlleuses – et renouvelées sans cesse, jusqu'à présent ! – pour distendre les parois des modèles étroits conçus dans la fascination devant les éruptions premières du Livre révélé. La supra-rationalité de la Parole divine ne pourra désormais être comprise et vénérée que dans la rationalité des hommes qui polissent les prismes pour mieux la fixer du regard ou pour en atténuer l'insupportable luminance. On restituera donc aux mythes leur magie ; on rendra aux fantaisies, du moins dans le sursis quotidien du sommeil, leur liberté et leur pouvoir de nous griser de la volupté des significations interdites ou équivoques, quitte à chercher à en excuser les outrances par un retour de pénitent au Texte divin.

Voilà l'enjeu de cet ouvrage: trouver les sentiers de l'évasion dans la narration des errements de l'âme, dans les fugues involontaires vers les profondeurs ténébreuses de l'humain, voilées du regard du Musulman discipliné par la clarté univoque d'une religion qui a fait de la lucidité un impératif catégorique. Evasion que l'on espère pardonnable ; et l'on caresse même l'illusion que dans Sa grâce Dieu saura trouver le moyen de nous en rétribuer puisque le lecteur s'y est donné pour guide et complice un si grand Imam, si proche de l'inspiration du Prophète et des temps fondateurs.

Sinon par quelle audace, sous quel prétexte et en espérant quelle rémission, peut-il, ce lecteur, quand il se dit bon et loyal

1- Abû Hayyan at-Tawhidi : *Al-Imt'a wa-l Mouânasa* ; T. I, 58, Dar al-Hayat Beyrouth.

Musulman, proférer des paroles – et même en conserver la trace – quand elles racontent l'inceste le plus infâme, la perversion la plus ignominieuse, la profanation la plus follement sacrilège, c'est-à-dire et en un mot, tout ce qui nous happe dans les abysses du fantasme, comme on dit de nos jours: faire ses besoins dans la mosquée, uriner dans la Ka'ba, piétiner la face du Prophète ?... C'est seulement dans le hors champ total de la scène (l'ob-scène !) qui régit l'interdit, dans le non-lieu où la «récréation» du rêve suspend les codes de la logique, de la morale et de la religion, que va se dire et se commenter l'imprnonçable !

Mais si l'ordre qui régit le monde et les comportements des hommes et qui est l'œuvre de Dieu, est si honteusement violé dans la scène du rêve, le rêveur doit être dépossédé d'urgence de ce à quoi il va donner jour dans l'éclat du récit. Le véritable «père» du rêve sera celui qui en écoutera la formulation, qui le tirera intact de sa nuit, qui décidera de sa dignité à mériter l'interprétation ou de son renvoi au rebut des fatras et du silence. Gardons-nous d'en conclure cependant que l'interprète, l'Exprimant [al-mua'bbir] se pose en régisseur d'une axiolologie morale et religieuse de l'univers onirique. Au contraire, partout dans ce livre construit comme un carnet de consultations, c'est plutôt le rêveur qui a peur de la monstruosité de son rêve et c'est l'interprète qui va le harceler, débusquer ses autocensures et ses oublis, démonter ses litotes, délier ses métaphores pour que soit enfin dévoilée la scène rêvée dans toute la cruauté des mots et dans toute la crudité des images.

Comment comprendre cette fonction de l'interprète sans nous interroger sur ce qui nous semble être une véritable «théorie de l'inconscient» inscrite dans le Coran et depuis toujours occultée dans les perceptions savantes de l'Islam et plus précisément du fait coranique ? Mieux: tous les commentaires, exégèses, essais de mise en perspectives historiques de l'Islam ont toujours agi comme autant d'institutions de normalisation, de réduction (au sens husserlien du terme) de tout ce qui avait lieu au moment où advenait le fait coranique.

Et c'est là qu'il nous faut encore revenir à ce terme de jahilyya pour entrevoir l'une des raisons qui ont laissé le corpus psychanalytique en rade de la culture arabe et islamique, alors que ce même corpus a fait si bon ménage et dès sa constitution avec le Judaïsme.

Car, bien au-delà de ce qui en fait un irremplaçable document d'anthropologie historique, au-delà de sa valeur littéraire, de la savoureuse distanciation dont font preuve tous les acteurs des anecdotes et récits de rêves (artisans ou pauvres hères, fonctionnaires ou savants, princes ou saints) ce livre se place ainsi au seuil d'une nouvelle lecture du Coran qui doit replacer l'ensemble du lexique dans son contexte d'origine et qui montrera que la nuit de la jahilyya, de ce trou noir pré-islamique, est moins une coupure dans le temps, l'abolition d'un pan de la mémoire des Arabes que la répétition sur le sol arabe de l'acte premier d'une Théogonie en tout point semblable à celle qui a donné naissance à l'esprit grec. Ainsi, dans le lexique coranique normalisé, banalisé par une volonté constante de refoulement du contexte événementiel et sémantique premier des fragments révélés, le terme de jahilyya correspond exactement à ces temps hors temps de l'ubris (Hubris) c'est-à-dire de la démesure.

A la différence de ce que la chrétienté occidentale a fait du discours organisé sur le rêve, qu'elle a assiégé des murailles de la diabolisation la plus sévère[1] *au même titre que la sorcellerie, la démence ou l'hérésie, la culture arabe a accueilli le savoir sur le rêve comme un libérateur du discours: celui-ci va désormais traquer la démesure (au lieu de la nier) pour l'asservir et la rationaliser chaque fois qu'elle traverse les frontières (hudûd) entre le règne du chaos et le royaume du Logos. Et c'est bien pourquoi le savoir arabe, très tôt, a fini par aménager un véritable espace épistémologique pour une science des rêves qui a disposé de «théoriciens» et de normes tout comme la science des nombres, celle des corps célestes ou celle du Vivant.*

1- Voir A. Paradis : Les oniromanciens et leurs traités des rêves ; in-*Aspects de la marginalité au Moyen Age* ; Ed. L'Aurore, Montréal.

Aux confins de l'aventure philosophique arabe, Ibn Rushd (Averroès) suivi par son disciple et compatriote andalou Mûssa Ibn Maïmûn (Maïmonide) en a même fait l'une des manœuvres majeures de son système par laquelle il a forcé l'impasse de l'impensable –et incontournable– phénomène prophétique, lui concédant un territoire théorique autonome en dehors de la souveraineté totale de la Raison, autrement dit dans l'arrière monde du songe !

Mais bien avant cette annexion du fait onirique par la volonté de savoir des philosophes, les politiques, pourtant soupçonneux à l'endroit de tout ce qui s'écarte de la transparence orthodoxe, ont donné à l'interprète un statut et reconnu à son art le rôle d'une institution.

Une longue lignée ininterrompue de «lecteurs dans le rêve» part de Abû Ishâq Ibrahîm al-Kirmanî (seconde moitié du IIe/VIIIe siècle) et de Abû Ma'shar al-Balkhî, dit l'Astrologue (mort en 260/873) contemporain et condisciple du premier philosophe arabe al-Kindî. Elle se prolonge, et à chaque génération les œuvres de grands polygraphes sur le rêve se «gonflent» d'adjonctions zélées de copistes ou de l'apocryphe anonyme d'ingénus épigones, jusqu'à Nasr Ibn Ya'qûb ad-Dinawrî 397/1006) alias Ustâdh (Maître) Abû Sa'ïd qui demeure, tout au long de cet ouvrage que nous présentons, celui qui fait parler Ibn Sîrîn. Ce mystérieux personnage, porte-voix de l'Imam initiateur de l'interprétation, est lui-même l'auteur d'un traité qui ferme une grande boucle et avoue une dette longtemps tue envers une hellénité oubliée par les siens et qui séjournera désormais auprès des Arabes. D'ailleurs la légende, qui nous est parvenue comme «de» l'histoire, veut que la réactivation de «l'esprit grec» se décide dans un rêve entre Aristote et le calife al-Mâ'mûn. Laissons al-Fihrist (le Grand Livre de la Bibliographie) d'Ibn an-Nadîm nous conter cette étrange séance:

«Al-Mâmûn a vu en rêve un homme prendre place à côté de lui sur son divan: la peau claire, empreinte de quelque rougeur, le

front large, les sourcils noués, la tête chauve et les yeux bruns. Al-Mâ'mûn [nous] dit: "J'ai eu l'impression que c'était plutôt moi qui étais auprès de sa majesté, saisi de sa splendeur" [haïba].

— Qui es-tu ? lui ai-je dit.

— Je suis Aristote…

— Je lui ai souhaité la bienvenue et lui dit:

— O Sage ! Puis-je t'interroger ?

— Interroge-moi…

— Qu'est-ce donc que la Beauté ?

— Ce qui est beau dans l'intellect !

— Et encore ?

— Ce qui est beau pour la Loi !

— Et encore ?

— Ce qui est beau auprès des gens !

— Et encore ?

— Il n'y a plus d'encore !" »

Dans les faits et au commencement Huneïn Ibn Ishâq chef de la pléiade des maîtres traducteurs constituée par le calife al-Mâ'mûn pour faire de Bagdad la nouvelle Athènes, traduit selon le désir du Souverain, l'Oneirocritica d'Artémidore d'Ephèse dans une discrétion «justifiée» par la nature de la matière ainsi importée d'une jâhilyya allochtone. En fin de parcours Abû Sa'ïd Nasr ad-Dinawrî commet dans la cour du dernier abbasside un fameux recueil, al-Qâdirî fî Ta'bîr ar-Ru'yâ (Traité pour al-Qâdir sur l'interprétation des rêves) dédié, dès le titre donc, à ce calife al-Qadir qui a régné quarante ans. Le «tabou» des larges emprunts à l'Ephésien est enfin levé et assumé.

Dès lors, tous les ouvrages de l'interprétation des rêves ne sont plus que des reprises variant à peine dans le classement des thèmes, le rajout de quelques similitudes et analogies ou dans la vulgarisation du style, tel le dernier de ces «monuments» Ta'tir al-anâm fi ta'bir al-manâm (Le Monde parfumé [par ce Traité] de l'interprétation des rêves) de Abdel-Ghanî an-Nabulsî, publié en une édition populaire très largement diffusée avec, en marge du texte, ce même ouvrage attribué à Ibn Sîrîn.

Youssef SEDDIK

Introduction

Satan n'est pas habilité
à ordonner le vice.
On doit seulement lui attribuer
les vains rêves à travers lesquels
il inocule la tentation.

AU NOM DE DIEU LE CLÉMENT LE MISÉRICORDIEUX

Gloire à Dieu Seigneur des univers. Qu'Il bénisse le plus glorieux des Messagers, notre guide Muhammad. Qu'Il bénisse les Siens qui sont bons et purs ainsi que ses Compagnons, les meilleurs des nobles.

Sache, que Dieu te guide, qu'il est nécessaire au débutant dans cette discipline d'apprendre que tout ce qu'il voit pendant le sommeil est de deux catégories: ce qui procède de Dieu, le Très-Haut, et ce qui vient de Satan, selon le *hadith* de l'Envoyé de Dieu, Dieu le bénisse et lui accorde la paix: «Le rêve juste provient de Dieu, le songe [malfaisant] vient de Satan !» Ce que l'on doit attribuer à Dieu, c'est le bon rêve, bien que tous les rêves, bons ou mauvais, soient de la création de Dieu. Le bon rêve, est celui qui se vérifiera, qui porte la bonne nouvelle ou l'avertissement. C'est le rêve que l'Envoyé de Dieu a compté parmi les quarante-six parties de la prophétie. Cela dit, les infidèles et les pervers parmi les croyants peuvent avoir de bons rêves.

Les rêves détestables sont ceux qu'il faut attribuer à Satan. L'Envoyé de Dieu a ordonné de les taire. Le rêveur victime de tels rêves doit cracher en direction de sa gauche ; celui qui agira ainsi n'en sera pas affecté, selon la promesse de l'Envoyé de Dieu. Ces songes détestables ne peuvent être porteurs d'effroi, de vaines afflictions ni de visions génératrices de conflits, de tromperie ou de ressentiment, sans contenir en même temps un avertissement contre des méfaits, une mise en garde contre la négligence, ou le blâme d'actions nuisibles. Car Satan n'est pas habilité à ordonner le vice.

On doit seulement lui attribuer les vains rêves à travers lesquels il inocule la tentation.

Certes, Dieu est le Créateur de tout ce que l'on voit pendant le sommeil, que la vision soit bonne ou mauvaise. Mais l'éjaculation dans le rêve [par exemple] qui impose la grande ablution, est attribuable à Satan. Il en est ainsi des susurrements de l'âme, de ce qu'elle espère en rêve, de ses inquiétudes, de ses tristesses et de tout ce qui ne comporte pas un dessein indiquant au rêveur le sort qui l'attend, selon ce qu'il a vu. Il en va de même des rêves provoqués par tout ce qui alourdit ou torture les entrailles du dormeur, repu ou affamé, sensations qui peuvent se produire à l'état de veille et ne sauraient être, par conséquent, pertinentes et efficaces pour donner un sens. Ces sensations en rêve ne sauraient être non plus le produit du caractère du dormeur, ni le résultat d'un repas, ni même le résultat de l'intervention de Satan ; elles ne proviennent certes que de Dieu, qu'Il soit glorifié, qui a inscrit dans l'ordre des choses la création du rêve vrai par l'intermédiaire de l'ange chargé de le susciter. Ce rêve est donc attribuable à Dieu. Mais Dieu, le Très-Haut, crée aussi les songes vains, quand Il laisse opérer Satan. C'est ainsi seulement que ces songes Lui seraient attribués.

Il faut que tu sache enfin que le rêveur qui ment se comporte en fraudeur à l'égard de Dieu, qu'Il soit glorifié et magnifié.

Règles du rêve et de l'interprétation

Le rêveur ne doit relater son rêve qu'à un savant, à un bon conseil ou à une autorité dans ce domaine, comme il est dit dans quelques avis [attribués au Prophète]. Il est préférable pour l'interprète d'entendre le récit du rêve du rêveur lui-même. S'il s'abstient de l'interpréter quand le contenu en est désagréable, ou lorsque son savoir ne peut en décider, il doit se contenter de souhaiter le bon augure pour son interlocuteur et un malheur pour ses ennemis, s'il suppose que le rêve concerne bien le rêveur. Si l'interprète sollicité croit que le rêve le concerne lui-même, il doit appeler le bienfait pour lui et le malheur pour ses propres ennemis. D'autre part, il vaut mieux procéder à l'interprétation dans la matinée au moment où l'intelligence de l'interprète est vive et le souvenir du rêveur maintenu ; car l'intelligence est plus disponible dans la matinée, avant sa dispersion en direction des soucis et des desseins de la vie, selon cette invocation du Prophète, Dieu le bénisse et lui accorde la paix: «Dieu ! Bénis pour ma Communauté ses matinées !»

L'interprétation est analogie et extension du sens. Elle est comparaison et supposition. Elle ne peut trouver sa confirmation, ni appeler la controverse, que si elle se vérifie dans l'état de veille ou si une preuve vient en conforter la vérité. Elle se fait par l'extraction du sens ou par la dérivation des mots. L'interprète ne doit jamais solliciter l'autorité d'un censeur qui lui impose sa contrainte ni se lier à un avis quelconque, ni aux calculs d'un astrologue.

Le Prophète n'est jamais incarné par un démon dans le rêve. Celui qui rêve de lui ne peut avoir vu que lui. Le mort qui réside dans la demeure de la vérité, ne dit dans un rêve que ce qui est vrai et ce, dans la mesure où sa parole est exempte d'un appel à la discorde ou à l'imposture. Il en va de même de ce que dit l'enfant dans le rêve ; il ignore en effet le mensonge, tout comme les animaux qui sont privés de la faculté du langage et dont la parole au cours d'un rêve constitue un signe et donne lieu à l'émerveillement.

Tout menteur à l'état de veille est comparable à l'astrologue ou au diseur d'oracles. Ce qu'ils disent l'un et l'autre d'un rêve est de l'ordre du mensonge. Ceux qui sont atteints d'une souillure, ou qui sont ivres ainsi que les simples d'esprit parmi les esclaves, tous peuvent avoir des rêves vérifiables, même s'ils sont souvent sous l'emprise de Satan pendant leur sommeil. Le menteur dans la vie courante peut mentir à propos de tous ses rêves. Ainsi donc, le plus véridique dans ses rêves est toujours le plus véridique dans ses dires. C' est pourquoi l' interprète ne doit manier que les rêves dont les équivalences renvoient à une bonne nouvelle, un avertissement, une mise en garde ou à un quelconque bienfait ici-bas ou dans l' autre monde. Il doit refuser tout autre type de rêves qui risquent de n' être que confusions ou fatras attribuables à Satan.

Ce dont l'interprète a besoin

L' interprète a besoin d' abord d' extraire le sens en puisant dans le Coran, dans ses paraboles, ses idées et dans ses claires indications. Tel ce que le Très-Haut a dit du «lien»: «*Attachez-vous tous, fortement, au lien de Dieu*» (III, 103), ou ce qu' Il a dit pour décrire celles parmi les femmes «*qui ont des grands yeux / et dont les regards sont chastes*» (XXXVII, 49), ou ce qu' il a dit des hypocrites qui «*sont semblables à des poutres solides*» (LIV, 4) ; ou encore [cette autre image]: «*Quand les rois pénètrent dans une cité / ils la saccagent*» (XXVII, 34) et aussi: «*Si vous cherchez le succès / vous l'avez obtenu* [litt. le succès est venu à vous]» (VII, 19) ou encore «*Un d'entre vous aime-t-il / manger la chair de son frère mort ?*» (XLIX, 12).

Il doit considérer les exemples de la conduite des prophètes et des sages. Il a besoin également de puiser dans la vie de l' Envoyé de Dieu et dans les allégories qu' il a utilisées pour interpréter, comme quand il a dit: «Cinq parmi les bêtes sont perverses ; le corbeau, la chouette, le scorpion, la souris et le chien enragé» Ou quand il a dit au sujet des femmes: «Gare aux fioles !» Ou «La femme n' a été créée que d' une côte !»

Il est nécessaire aussi de connaître les analogies courantes, telles lorsque Abraham a dit à son fils Ismaël: «Change le pivot de ta porte !» sous-entendu: «Répudie ta femme !» Ou la parole de Jésus quand il est entré chez une prostituée pour la sermonner: «C' est le guérisseur qui vient chez le malade !» Le guérisseur étant ici le savant et le malade étant le pécheur ou l' ignorant.

Ou encore quand Loqmân[1] a ordonné à son fils de changer sa couche, faisant allusion à la bru. Ou cette exclamation d'Abû Hurayra quand il a entendu dire que le faux messie était arrivé: «Voilà un mensonge de teinturiers !»

L'interprète aura besoin aussi de connaître l'art de la versification et la poésie afin qu'il puisse, en considérant toutes les significations, les rapporter aux représentations du rêve ; comme dans ces vers, par exemple:

Le voilà qui m'interpelle
Est-ce pour la rosée [de sa voix pure]
Ou pour la carafe que j'ai bue ?
Ne sachant plus si c'était de l'eau
Ou bien du vin !

Le poète convié à entendre des chants, compare la bouche de la chanteuse à un flacon d'eau ou de vin.

Ou cet autre poète qui a dit:

Jamais narcisse n'honore sa promesse
Seul le lys est fidèle

Ou cet autre poète qui a dit:

Tu es comme la rose, mais la rose
Ne dure qu'un temps
Mon amour, c'est le lys, et le lys
Endure l'épreuve du temps.

L'interprète peut utiliser ces comparaisons si, dans un rêve qui lui est rapporté, de tels thèmes interviennent. Il se doit aussi de connaître les règles de dérivation et les étymologies. Aussi *kufr* [déni de Dieu] signifie-t-il à l'origine, action de couvrir ; *maghfira* [absolution, pardon] étymologiquement signifie voiler ce qui ne peut être montré ; *dhulm* [injustice] a signifié d'abord l'action de

---

1- Personnage présenté par le Coran comme l'exemple du Sage et de l'éducateur. La sourate XXXI porte son nom.

placer quelque chose à un endroit inadéquat. Quant à *fusq* [licence, perversité, débauche] le mot a d'abord désigné l'aspect proéminent de quelque chose, etc.

Enfin, l'interprète des rêves doit prendre soin de son état, de son alimentation et de ce qu'il boit. Il doit être honnête dans ses actions pour pouvoir prétendre à l'art d'interroger les signes chez ceux dont il aura à interpréter les rêves.

Les deux types de bons rêves

Les bons rêves sont de deux types: ceux dont le sens est clair et apparent, n'exigeant ni interprétation ni exégèse ; et ceux qui sont voilés par la métaphore ou la métonymie, là où les sagesses et les prophéties ont déposé comme un éclat des perles.

Interpréter selon le caractère ou la saison, l'habitude ou les destinées

Tous les éléments qui changent en été et en hiver, tels les arbres, les fruits, la mer, le feu, les vêtements, les habitations, les serpents ou les scorpions, sont à interpréter selon la saison, la nature de leur cycle, leur substance ou leur accoutumance au moment où ils apparaissent au dormeur. De même tout ce dont le caractère ou l'aspect varie de nuit ou de jour, comme le soleil, la lune, les étoiles, la lanterne, la lumière, les ténèbres, les hérissons, les chauve-souris, etc. doit être interprété selon sa nature au moment de sa manifestation dans un rêve particulier.

Celui qui a une habitude dans la vie courante lui restera attachée dans les visions du rêve. Il ne peut, en rêvant, se défaire de l'habitude que Dieu a installée en lui. Ainsi celui qui mange souvent de la viande et rêve d'en manger en mangera effectivement. Celui qui se voit bénéficier d'un gain en numéraire peut en profiter réellement ; comme celui qui rêve de la pluie peut en voir en se réveillant. Mais il peut tout aussi bien voir se réaliser le contraire de ce dont il a rêvé ou toute autre chose différente de ce à quoi il doit s'attendre.

Tout ce qui a deux faces dans le rêve, une face favorable et une autre malfaisante, vaudra par la face bénéfique, si le rêveur est un homme de bien. Il vaudra par sa face funeste pour les corrompus. Mais si la vision montre des faces multiples, nuancées ou contradictoires, s'excluant les unes les autres ou simplement différentes, l'interprète n'arrêtera son avis que s'il adjoint un indice, un signe probant lié à l'intimité du rêveur ou au lieu où le rêve a eu lieu.

La vision du rêve ne procède que de ce qui est révolu, disparu, dissipé et expiré. Dans le rêve il te souviendra peut-être d'un remerciement que tu as omis d'adresser, d'un péché que tu t'es permis de commettre, d'un remords qui t'en est resté, ou d'un repentir qui tarde à se manifester. Mais d'autres visions peuvent informer de l'état présent du rêveur ou lui prédire l'avenir en l'informant d'une fortune ou d'un malheur prochains, comme la mort, la pluie, la richesse, la pauvreté, la puissance, la pénurie ou la prospérité.

Sache aussi que pour un même rêve fait par deux personne, la portée de l'interprétation qui instruit sur le sort des gens, peut varier aussi selon la nature de l'effort entrepris ou le sort dévolu à l'un ou à l'autre des rêveurs. Ainsi, même quand des gens ont des rêves en tout point semblables, seul peut interpréter ce qu'ils ont vu un homme doué d'une vaste connaissance des signes, capable d'en manier la variation. Prenons le fruit du grenadier, par exemple. Pour un gouverneur possédant un hameau, ou commandant une cité, la peau indique dans son rêve, les remparts ou les murailles ; les grains en sont les habitants. Pour le commerçant, ce fruit signale la demeure où se trouvent les siens, son *hammam*, son auberge ou son navire transportant passagers et marchandises, voguant au large; son fond de commerce, son école pleine d'élèves, sa bourse pleine de drachmes et de dinars. Pour le savant, l'homme de foi ou l'ermite, il s'agira de son livre ou de sa copie du Coran. Les épluchures en seront alors les feuillets, et les grains l'écriture qui le guide. Ce fruit peut figurer l'épouse promise au rêveur, parée de sa fortune et de sa beauté, ou une jeune esclave vierge dont il jouira en la déflorant. Il peut encore indiquer, pour la femme enceinte la venue d'une fille encore enfouie dans ses entrailles…

Même l'importance de la fortune présagée par un tel rêve peut varier d'un rêveur à un autre. Pour le roi, il s'agit de la trésorerie de son royaume ; pour les gouverneurs de leur rétribution. Mille dinars pour les gens aisés, cent pour les commerçants, dix pour un homme de moyenne condition, un drachme pour le pauvre, et un sou, un pain ou un reste de nourriture pour le miséreux. Ou alors rien qu'une grenade telle que rêvée. Ce fruit, pour l'exégèse, la théorie et les adages connus figure un nœud que l'on doit défaire selon les normes de l'interprétation. Par ailleurs dans les rêves d'arbres dotés d'un tronc et de branchages spécifiques, il est nécessaire de distinguer deux types: les plus nobles figurent les Arabes. Les pousses qui sont privées de tiges ou de pieds, comme la courge ou tout autre plante semblable, elles indiquent les Barbares ou ceux qui sont dépourvus de noble naissance, tels les laissés pour compte, les personnes sous tutelle et les bâtards. Ainsi l'interprète peut mettre en rapport les indices accessoires en considérant l'utilité de ce qu'ils figurent et la constance de leur nature.

Il est possible toutefois que la vision d'un rêveur exige une interprétation qui se rapportera à son frère, à son beau-fils, son homonyme, son allié, son ami, son voisin ou son collègue dans un métier quelconque. Le rêveur et tous ceux que le rêve peut concerner doivent avoir des points communs, tel le frère du rêveur par exemple, engendré comme lui par un même père et comme lui conçu dans le sein d'une mère qui leur est commune. Un seul point commun peut guider l'interprète, comme l'homonymie, le voisinage ou l'exercice d'un même métier. Cependant un rêve ne saurait être décalé de son auteur pour impliquer une autre personne dans l'interprétation proposée que si des significations [spécifiques] paraissent justifier cette inflexion. L'interprète ne peut lier les implications du rêve d'un autre, ni en rattacher les indices à la personne qu'il suppose concernée par ce décalage qu'en vertu d'un signe indépendant du rêve examiné. Ainsi le rêve de la mort ne peut être déplacé du rêveur pour en concerner une autre personne, que si le rêveur est sain de corps dans la réalité et que la personne justifiant le décalage est malade, donc plus proche de la mort.

Pour toutes ces raisons l'interprète doit être tel qu'on l'a décrit: cultivé, intelligent, perspicace, craignant Dieu, connaissant les conditions des hommes, leurs règles de vie, leurs lois et leurs mœurs. Il doit considérer ce qui change quand passe l'hiver ou quand l'été arrive. Il est nécessaire qu'il connaisse les saisons, les dégâts qu'elles occasionnent ; la navigation et ces moments propices ; les coutumes des nations, leurs populations et leurs élites, tout ce qui concerne un pays ainsi que ce qui en provient. Je pense par exemple à ce que dit al-Qotbî du grain de millet qui peut signifier l'arrivée d'une personne attendue venant du Yémen, sachant que cette plante ne nous provient que de ce pays.

L'interprète doit aussi savoir distinguer entre les rêves particuliers et ceux qui sont communs. Parmi les choses que l'on voit en rêve, il y a en effet celles dont tout le monde peut tirer profit comme le ciel, le soleil, la lune, les étoiles, la pluie, le vent, les mosquées ou les places publiques. Si l'on se voit possédant en exclusivité ces choses, ou si elles apparaissent dans la demeure même du rêveur, le rêve le concernera particulièrement.

Les Anciens ont affirmé que le rêveur dominé par la mélancolie rêve de tombes, de noirceur, d'horreurs et d'épouvantes. Ceux soumis à la bile jaune rêvent de feu, de lanternes, de sang et d'âcreté. Si le rêveur souffre d'un excès de pituite, il voit la blancheur, les eaux, l'humidité et les vagues. Enfin, si c'est l'humeur sanguine qui l'emporte, le dormeur rêve plutôt de vin, de jardins et d'orchestres de flûtes.

On rapporte que le Prophète, Dieu le bénisse et lui accorde la paix, a dit: «Les rêves sont de trois sortes. Le rêve de la bonne nouvelle qui procède de Dieu le Très-Haut. Le rêve qui vient de Satan, et enfin ce que l'âme du dormeur lui susurre et qui devient visions.» Il a dit aussi: «Les prophéties ont disparu. Il reste seulement les bonnes prédictions.» Un certain exégète du Coran a dit au sujet du verset: «*Ils recevront la bonne nouvelle / dans cette vie et dans l'autre*» (X, 64), qu'il s'agit du bon rêve. On a dit aussi que Dieu dirait de lui celui qui s'endort dans une position de prosternation [en priant]: «Regardez donc Mon serviteur ! Son esprit est auprès de Moi et son corps M'obéit !»

On rapporte que Abû ad-Dardâa[1] a dit: «Quand l'homme s'endort son esprit s'élève dans le ciel. Il est conduit devant le Trône. Si le dormeur est pur on lui permet de se prosterner ; s'il est souillé on lui en refuse la permission.»

Ame ou esprit ?

Les gens ont des avis différents sur l'âme et l'esprit. Certains affirment qu'il s'agit d'une seule et même chose dénommée par deux vocables, comme lorsqu'on dit *homme* et *être humain*. Ils désignent dans ce cas le sang ou quelque chose lié au sang, et s'anéantit avec la disparition de l'être vivant. L'argument en faveur de cet avis souligne que le mort ne perd que le sang de son corps. Cet argument est conforté par la langue arabe. On dit en effet d'une femme qui a les règles, *tanaffasat,* de *nafs* [âme] et on dit *nafs'â,* d'une femme qui vient d'accoucher puisqu'elle a perdu du sang. Le langage courant en garde une trace puisqu'on dit: «Son âme à coulé» – *sâḷat nafsuhu* – d'un homme qui vient de

1- Compagnon du Prophète (mort en 32/652). Grand transmetteur de *hadith.* Il a été Cadi de Damas.

mourir. Le poète Aws Ibn Hijr[1] a dit:

On m'a rapporté que les Suhaym
Ont compté
Parmi leurs trophées,
Le «sang d'âme» *de Mondher*

C'est-à-dire qu'ils l'ont tué. Le poète fait de l'âme un complément du sang et marque ainsi leur connexion.

Mais d'autres affirment qu'âme et esprit sont deux choses distinctes: l'esprit est froid et l'âme chaude. Le souffle serait donc de l'esprit ; il est froid. L'haleine, de l'âme puisqu'elle est chaude. Et si les Arabes appellent le souffle *nafkh* et l'esprit *rûh*, du fait qu'il en est issu, cela se reconnaît de leur habitude à nommer la chose par ce qui s'y rapporte ou s'y rattache, comme quand ils appellent la végétation «rosée» *nadâ*, puisque c'est la rosée qui la fait pousser ; ou quand ils appellent la pluie «ciel» *samâ* puisqu'elle tombe du ciel. Le poète Dhû Rummah[2] dit, en parlant de l'allumeur de feu:

Je lui dis: soulève le brasier et ravive le feu
Par ton souffle [rûh]
Et prépare-nous vite
La marmite !

Autrement dit: ravive le feu avec ton souffle.

Un autre poète de Bagdad dit:

Un garçon a été envoyé par sa mère
Avec un bouquet d'absinthe
Et un collier de sel gemme
Pour chercher un souffle [rûh].
Ramène nous vite cette gorgée
Elixir dans la coupe de l'exorciste.

---

1 - Poète pré-islamique (530/620); poésie de chasse et de vertus guerrières.

2- Poète bédouin de la première époque omeyyade (mort en 735). Son œuvre est une source importante pour philologues et lexicographes.

Le poète compare le pourvoyeur en boisson de sa «bande» à un enfant possédé auprès d'un exorciste qui souffle dans une coupe et y dépose un élixir aux vertus curatives.

Mais les Arabes ont fait découler l'âme, *nafs*, de l'haleine, *nafas'*. Ils ont dénommé l'âme «brise» *nassamah.* Ils disent: «Affranchir une brise» c'est-à-dire l'âme [d'un esclave].

Dans cet ordre d'idées, Dieu, qu'Il soit glorifié et magnifié dit: «*Ils t'interrogent au sujet de l'Esprit / Dis: l'Esprit procède / du commandement de mon Seigneur*» (XVII, 85). Certains exégètes affirment que l'esprit désigne ici le principe de vie. D'autres y ont vu un ange parmi les anges qui occupe à lui seul un rang à part, tandis que tous ensemble les anges forment un autre rang. Seulement, s'il en était ainsi, comment admettre qu'un tel ange soit doté d'un savoir appartenant exclusivement à Dieu, qu'Il soit glorifié et magnifié, savoir qu'Il a même refusé à Son Envoyé lorsque les incroyants l'ont mis à l'épreuve sur ce sujet précisément, en doutant de ses dires et de sa science ?

Interpréter selon les noms

Ibn Quteyba a dit:

En sachant, comme je te l'ai enseigné, que les rêves diffèrent par le cheminement de leur sens quand celui-ci s'éloigne du contenu original ; ou par l'adjonction d'éléments importés du monde extérieur, ou par le mot intrus ; ou par leur déplacement de la voie du bien vers celle du mal selon les conditions, les temps et les saisons ; sachant que leur interprétation peut procéder tantôt de l'énoncé d'un nom, tantôt de sa signification, tantôt encore de l'antonymie qu'il peut suggérer ; que cette interprétation peut émaner du Livre de Dieu, le Très-Haut, des dits du Prophète, de la maxime répandue ou d'un vers connu. Sachant tout cela, il t'a paru nécessaire avant d'en arriver aux vérités que je te livrerai, d'avoir quelques exemples d'interprétations afin que tu sois bien guidé dans cette voie.

Pour l'interprétation selon les noms, tu dois prendre ceux-ci au sens apparent de leur énoncé. Tu rapporteras le rêve où l'on a vu le nommé *Fadhl* [grâce, générosité] à cette vertu ; tel autre dénommé *Rachîd* [sage] sera rapporté à la sagesse, ou le dénommé *Salem* [le sauf] peut figurer la santé et l'immunité, etc. On attribue au Prophète ce *hadith*: «J'ai rêvé hier que nous étions dans la demeure de Oqba Ibn *Râf'a* [fils de celui qui élève] et nous avions appelé auprès de nous Râtib Ibn *Tâb* [fils de celui qui a atteint la maturité]. J'ai donc interprété ce rêve en me disant que nous aurons l'élévation dans ce monde et dans l'au-delà, et que notre religion est enfin arrivée à maturité !» Le Prophète a ainsi pris l'élévation du nom de *Râf'a* et la maturité du nom de *Tâb*.

On raconte que Ibn Abî Chummar a dit:

«J'ai vu en rêve que toutes mes dents étaient tombées. J'ai interrogé Sa'ïd Ibn al-Mussayyab qui m'a dit: " En as-tu été affecté ?... Malheur à toi si ton rêve se vérifiait ! Tous ceux qui ont ton âge mourront avant toi !" »[1] Sa'ïd a interprété ainsi selon l'énoncé et non selon le sens, car le sens dans la vision des dents aurait donné l'alignement, donc la parenté. D'ailleurs on rapporte que Bichr Ibn Abî 'Alia a dit: «J'ai interrogé Muhammad au sujet d'un homme qui a perdu en rêve toute sa denture. Il m'a répondu: " Cet homme a rompu avec les siens !" » Il a donc interprété selon le sens et non selon l'énoncé. On rapporte aussi que al-Asmo'î[2] a raconté l'histoire d'un homme qui a fait l'acquisition d'une terre et qui a vu en rêve son frère s'y promener et, à chaque pas, mettre le pied sur la tête d'un serpent [*hay'ya*][3]. Le rêveur a ainsi commenté ce rêve: «S'il est véridique tout ce que mon frère plantera vivra !». Le même al-Asmo'î a noté aussi qu'on peut interroger le nom formé d'un grand nombre de lettres en considérant une seule partie, comme font le traqueur et le devin.

1- En arabe *asnân* signifie "dents" et "compagnons d'une classe d'âge".

2- L'un des plus grands philologues classiques arabes, né en 740 à Bassora (mort en 828). Précepteur du fils aîné du calife abbasside Harûn ar-Rachîd, al-Amîn.

3- *Hay'ya*, en arabe : "serpent" *et* "vivante".

Ainsi *safarjal* [le fruit du cognassier] est formé de *safar* [voyage] et de la syllabe *jal.* Si rien dans le rêve n'indique la maladie (qui rendrait l'auteur du rêve incapable de se déplacer) l'interprète pourra lui prédire un voyage ; de même pour la fleur dite *saou'sana* [iris] dont la première syllabe signifie «mal» on peut, en renonçant à utiliser tout ce qui se rapporte à cette fleur se référer seulement à la prononciation et au sens de cette première syllabe. Le poète dit:

Tu m'as offert un iris [saou'sana]
Fi de ton présent !
Cela commence par saou
Et l'autre moitié
En fait saou-sana [malheur d'un an]

Interpréter par le sens

La plupart des interprétations reposent sur le sens. Prenons l'exemple du cédrat. S'il n'indique pas une fortune ou la progéniture du rêveur, il signifiera l'hypocrisie puisque son apparence contredit son contenu. Le poète a dit:

Ses amis lui offrirent un fruit de cédrat
Il pleura et frissonna de l'augure,
Surpris.
N'a-t-il pas double nature ?
Il cèle l'envers de ce qu'il montre...

Interpréter par la maxime courante

On interprète par la maxime courante ou par le lieu commun lorsqu'on dit de l'orfèvre par exemple qu'il est menteur, car il est d'usage de dire «*Untel enjolive les discours*». Les Arabes disent d'une personne généreuse qu'elle «*a la main longue*». Celui qui se voit en rêve avec les mains longues sera donc appelé à donner avec largesse.

Le Prophète, Dieu le bénisse et lui accorde le salut, a dit s'adressant à ses épouses, que Dieu soit satisfait d'elles: «Celle qui me rejoindra au plus tôt [au Paradis] est celle qui a la main la plus longue !» Sa femme Zayneb Bent Jahsh, la première à mourir après lui, a toujours aidé les combattants et les a assisté plus que toutes les autres. On affirme aussi que la maladie en rêve signifie l'hypocrisie, puisqu'il est d'usage [chez les Arabes] d'attribuer «*la maladie dans le discours et l'engagement*» à celui qui ne respecte pas les pactes conclus. Dieu, qu'Il soit magnifié et glorifié, a dit: «*Leur cœur est malade / Dieu aggrave leur maladie*» (II, 10) la maladie étant ici l'hypocrisie. Il y a aussi l'exemple de la morve qu'on rapporte à la progéniture de l'auteur du rêve. On dit en effet d'un enfant qui ressemble à son père: «*Il en est la mouchure!*» On dit aussi que le chat est la mouchure du lion. A l'origine d'une telle image un événement survenu à bord de l'Arche de Noé, quand le rat, ayant nui au passagers, Dieu a ordonné au lion d'éternuer ; de son éternuement s'échappa le chat, ce qui explique la ressemblance entre ces deux animaux. On dit aussi que le rêveur qui se voit tirer des flèches ou des projectiles, ou lancer des pierres contre les gens est [dans la réalité] un homme de médisance. Il est d'usage en langue arabe de dire «*Lancer* [l'accusation de] *turpitude*» sur quelqu'un pour signifier qu'il en a été accusé à tort. Le Très-Haut a menacé de Son courroux «*ceux qui lancent* [des fausses accusations] *contre les femmes honnêtes*» (XXIV, 4) ou encore «*ceux qui lancent* [des accusations fausses] *contre leurs épouses*» (XXIV, 6). Dans le même ordre d'idées, celui qui se voit avec un organe arraché voyagera et se séparera de son clan ou de ses enfants. Il est en effet courant de dire [en arabe] «*Ceux-là se sont* déchirés *à travers les pays*» [ils ont quitté leur patrie]. Dieu, qu'Il soit glorifié et magnifié, a dit: «*Nous les déchirâmes* [dispersâmes] *de tous côtés*» (XXXIV, 19) ou: «*Nous les avons dépecés* [dispersés] *sur la terre formant plusieurs peuples distincts*» (VIII, 68).

On donne aux nuées de criquets, parfois, le sens de populace. Les Arabes attribuent dans leur langue une désignation commune à ces deux notions. Le rêveur qui se voit se laver les mains avec l'eau d'une outre doit désespérer d'un but recherché, car on dit d'un homme dont on désespère: «*On s'en est lavé les mains* [avec de l'eau de l'outre]». Le poète a dit:

Lave-toi les mains de cette outre
Purifie-les
Comme d'une souillure.
Qui provient de la générosité d'Uthmân.[1]

Le bélier figure un homme puissant et invulnérable, car on dit: «*Celui-là est le bélier du groupe*». De même pour le faucon qui figure le courage et l'ardeur puisqu'on dit en arabe: «*Quel faucon d'homme !*»: Abû Tâleb a dit:

Tu le verras s'avançant
[à l'aise]
Dans sa cotte de mailles
Comme s'il était torse nu

Interpréter par l'antonyme

On interprète par l'antonyme et par l'inversion lorsqu'on dit par exemple que les pleurs [dans le rêve] annoncent la joie, et le rire, la tristesse ; ou quand on dit – en expliquant un rêve où l'on a vu le soleil et la lune se combattre ou deux hommes s'entre-tuer – que le vainqueur dans le rêve sera plutôt le vaincu dans la réalité. De la même manière on dit de la saignée qu'elle signifie le sceau, et que le sceau indique la soumission à une saignée. La peste est

1- Citation particulièrement sévère à l'égard du calife 'Uthmân (troisième successeur du Prophète) mort assassiné à la vielle de la "grande discorde". Ses meurtriers en effet lui ont reproché une générosité "criminelle" qui a profité au clan des fils d'Omeyya et nui à la Communauté. Cette idée – centrale dans la pensée chi'ite élaborée – est largement partagée à l'époque d'Ibn Sîrîn par le petit peuple.

dans ce sens l'annonce de la guerre et rêver de la guerre augure de la peste. L'averse figure la ruée de l'ennemi, et l'attaque de l'ennemi augure de l'averse. Se voir en rêve en train de manger des figues peut signifier avoir un remords, et rêver d'un tel sentiment peut signifier que l'on mangera des figues. Celui qui rêve de sa propre mort sans entendre de lamentations ni voir le creusement d'une tombe, ni la préparation du linceul, verra se détruire une partie de sa maison. Des criquets vus en rêve, on dit qu'il s'agit de l'avance d'une armée et si l'on voit l'armée, on dit qu'elle annonce des criquets.

Interpréter par l'adjonction et la soustraction

Lorsqu'on dit des pleurs par exemple, qu'ils annoncent la joie, *à moins* qu'il n'y ait sanglots, car dans ce cas on doit prédire une catastrophe. Le rire annonce la tristesse et s'il n'est *que* sourire, il est de bon augure. La noix dans un rêve figure un trésor enfoui, *à moins* qu'on y décèle une résonance, auquel cas elle annonce une querelle. Un lubrifiant appliqué avec mesure ne signifie que le fard; *s'il a coulé sur le visage*, il sera l'indice d'une anxiété ; *s'il inonde la tête,* il indique la tendance du rêveur à l'obséquiosité envers un supérieur. Rêver de safran est annonciateur de louanges dont on sera gratifié, *mais s'il colore un habit ou la peau*, il augure d'une maladie ou d'un souci. Le rêve de la flagellation est l'annonce d'un habit neuf, *à moins* que la victime ne soit ligotée, auquel cas le rêve signifie un blâme dont on ne peut se défendre. Avoir un plumage dans une scène de rêve, est un présage de prospérité et de bien-être, *s'il y a envol*, cela annonce un voyage à la recherche d'un pouvoir, d'autant plus important que la distance du sol est grande. Celui qui rêve qu'il a la main coupée tout en la gardant toujours en sa possession aura des dons d'un frère ou d'un fils, mais si elle disparaît de sa vue, il perdra l'un de ces deux proches. Le malade qui se voit en bonne santé, sortant de chiez lui, sans pouvoir parler, passera de vie à trépas ; mais s'il parle, il guérira. La vision des rats, quand il sont semblables indique des femmes ; quand ils sont noirs ou blancs, ils figurent la succession des jours et des nuits. Les poissons aussi, s'ils sont dénombrables, représentent des femmes ; innombrables, ils signifient fortune et butin.

Interpréter selon le rythme du temps

Le rêve peut être interprété selon le temps. En supposant que le dormeur se voit monter un éléphant l'interprète peut dire qu'il fera l'acquisition d'une chose volumineuse et peu utile ; mais si la scène rêvée se passe *en plein jour*, il répudiera sa femme ou subira un dommage à cause d'elle. Autre exemple: le vautour ne représente un homme stupide et sale que s'il est vautour d'Egypte, appelé aussi *oiseau des crépuscules.*

Des rêves les plus véridiques

Les rêves les plus véridiques viennent aux aurores et dans l'après-midi [le temps de la sieste]. La meilleure saison est celle où la réverbération du soleil est concentrée, ou celle du mûrissement des dattes. Les rêves les moins pertinents viennent en hiver. Les visions diurnes sont plus crédibles que les rêves nocturnes. D'autres part un même rêve change quant à son principe significatif selon les conditions des hommes, leurs métiers, leurs rangs et leurs religions. Il peut être pour certains le présage d'une bénédiction, pour d'autres l'annonce d'une souffrance.

Ce qu'il y a de plus étonnant dans le rêve, c'est qu'il arrive au dormeur de rêver d'une calamité qui l'atteint ou d'une fortune qui le comble, et de voir cette même calamité s'abattre effectivement sur lui, ou d'obtenir réellement la fortune dont il a rêvé. Ceci peut être tout aussi vrai pour une quantité précise d'argent, pour une haute fonction, ou pour le rêve dans lequel on voit revenir tel ou tel proche absent. En outre, il est tout aussi étonnant de constater qu'un dormeur peut avoir un rêve qui implique l'un de ses deux parents ; qu'un esclave peut avoir un rêve qui vaudra pour son maître, ou une femme rêvant de ce qui ne concernera que son époux ou un membre de sa famille.

On raconte que le calife 'Umar Ibn al-Khattâb, que Dieu soit satisfait de lui, envoya un cadi prendre sa charge en Syrie. En cours de route l'homme rebroussa chemin. Le voyant de retour 'Umar lui dit:

— Pourquoi es-tu revenu ?

— J'ai rêvé d'une lutte à mort entre le soleil et la lune. Certaines étoiles ont pris le parti du soleil, d'autres se sont ralliées à la lune !

— Et toi, tu as pris quel parti ? interrogea 'Umar.

— Celui de la lune... répondit le cadi.

'Umar lui dit alors:

— Hors de ma vue ! Jamais plus tu n'auras une charge de moi !

Et il récita le verset: «*Nous avons fait de la nuit et du jour deux signes / Nous avons rendu sombre le signe de la nuit*» (XVII, 12). A la bataille de Siffîn, le cadi fut tué avec les combattants de l'armée de Syrie. il m'a été rapporté que l'homme n'était autre que Jâber Ibn Sa'ïd at-Tâ'î.

Ishâq Ibn Ibrahîm al-Mauçilî[1] a déclaré:

«J'ai été auprès de Yazîd Ibn Mazîd quand il a relaté un rêve qu'il a qualifié d'étrange et communiqué aussitôt à un interprète. Il s'est vu se saisissant d'une bécasse pour l'égorger ; il a passé trois fois le couteau sur le cou de l'oiseau et, à chaque fois, la lame s'est retournée. Il n'a réussi l'opération qu'à la quatrième tentative.

1 - Musicien et chanteur célèbre; très apprécié à la cour de Harûn ar-Rachîd et de ses vizirs, les Barmakides (768-850). Son père Ibrahîm, plus grand musicien que lui, virtuose du luth, a été surnommé le Commensal (*an-Nadîm*); il l'a été auprès des trois califes abbassides al-Mahdî, al-Hâdî et ar-Rachîd.

— C' est un bon rêve ! lui a dit l' interprète. Il s' agit d' une vierge que tu as essayé de déflorer en trois tentatives. Tu n' as réussi qu' à la quatrième…

— En effet ! dit le rêveur.

Puis, penché sur lui, l' interprète a chuchoté:

— Il y a quand même un détail… La femme, pendant vos ébats, a bien lancé un pet ?

— Eh oui, dit le rêveur… Comment peux-tu le savoir ?

— Le nom du volatile, pardi ! a rétorqué l' interprète.» [En arabe bécasse «sonne «comme un pet: *Tîtawâ*]

Les principes de l'interprétation

Ibn Quteyba a dit:

L' interprète se doit de vérifier par l' examen attentif ce que le rêveur rapporte. Il doit renoncer à forcer l' interprétation et ne jamais avoir honte de renoncer à donner un avis, quand le rêve lui parait trop compliqué. Ibn Sîrîn, maître en cet art, s' est abstenu d' interpréter bien plus souvent qu' il n' a donné satisfaction à ceux qui l' ont sollicité.

Al-Asmo' î a rapporté, selon Abû al-Miqdâm ou Qurra Ibn Khâled: «J' ai assisté aux séances au cours desquelles Ibn Sîrîn est sollicité pour interpréter les rêves. Je l' ai surveillé et constaté qu' il interprète un seul rêve sur une quarantaine qui lui sont soumis !»

Ibn Quteyba dit encore:

Examine attentivement le récit du rêveur et saisis-le clairement, puis confronte-le aux principes. Si tu constates qu' il s' agit d' un récit qui se tient, signalant des significations fondées et homogènes, entreprends-en l' interprétation après avoir demandé à Dieu, le Très-Haut, de te guider sur la voie de la justesse. Si tu trouves que le rêve admet deux significations antinomiques, choisis la plus compatible avec les termes du récit, la plus accordée aux principes. Fais-en le support de ton interprétation. Si tu vois que les principes sont en accord avec le récit mais que des éléments ne peuvent s'ajuster à ces principes, garde le concordant et néglige les éléments superflus. Seulement, si le rêve te demeure toujours confus, incompatible avec les principes, sache alors qu'il n'est que songe incohérent. Là, abstiens-toi d'en parler, et si tu restes encore hésitant, prie le Très-Haut pour qu'Il t'en dévoile la vérité. Interroge ensuite le rêveur sur ses intentions ; s'il projette ou non un voyage, par exemple ; sur la nature de sa chasse, s'il compte ou non s'y rendre ; sur les propos qu'il a entendus dans son rêve, s'il y a lieu. Rapporte toujours tes interprétations aux intentions du rêveur. S'il n'y en a pas, utilise les autres éléments déjà énumérés.

Enfin, il est possible de détourner un rêve de sa signification originelle malfaisante par une bonne parole et un mot de compassion. De même qu'il peut être détourné de son sens originel bénéfique par des paroles de débauche et de perfidie. Si le rêve t'a semblé se rapporter à une interprétation perverse et laide, dissimule donc ton avis et utilise, autant qu'il t'est possible, la litote et communique-le en aparté à la personne concernée, comme l'a fait Ibn Sîrûn lorsqu'il a été interrogé par ce rêveur qui s'est vu cassant des œufs et n'en prenant que le blanc.

Et sache que tu ne peux jamais avoir de certitude en cette matière, que tu n'y peux atteindre que des intuitions ou des conjectures plus plausibles que d'autres. Sache que si tu as communiqué un avis malfaisant, tu as peut-être atteint ton interlocuteur en l'affligeant d'un inconvénient qu'il n'a peut-être pas mérité ou dont il aurait pu se défaire, s'il en est réellement atteint.

A la base du rêve: espèce, genre et caractère

Sache aussi qu'à la base du revêtu dois considérer l'espèce, le genre et le caractère.

On fait intervenir l'espèce lorsqu'on rêve de l'arbre, du carnassier ou du volatile sans aucune autre précision. Ces visions indiquent généralement des hommes. Le genre intervient lorsque le rêveur distingue tel arbre parmi tous les arbres, tel carnassier parmi les fauves et tel oiseau parmi les volatiles. En supposant que l'arbre rêvé soit un palmier, il s'agira d'un homme parmi les Arabes, car c'est bien dans le pays des Arabes qu'on en trouve. Si le volatile est un paon, il s'agira d'un homme non arabe ; et si c'est un mâle d'autruche, il ne peut s'agir que d'un Arabe bédouin. Quant au caractère, il apparaît si tu examines ce qui identifie un arbre particulier. S'agissant, par exemple d'un noyer, rapporte à l'homme qu'il indique son caractère difficile et irascible dans la confrontation. Si c'est un palmier, l'homme qu'il figure dans le rêve sera un bienfaiteur, prospère et généreux, selon cette parole de Dieu, qu'Il soit glorifié et magnifié: «*Un arbre excellent dont la racine est solide / la ramure dans le ciel*» (XV, 24) verset qui fait allusion au palmier. Pour les volatiles, tu procéderas de la même manière. Tout oiseau figure d'abord un homme de voyage, comme c'est la nature de cet animal ailé. Puis, en considérant le caractère d'un genre précis, tu diras – si c'est un paon – que l'homme est non arabe, qu'il est beau et fort. Si c'est un aigle, il indique un roi. Si c'est un corbeau, un homme pervers, traître et menteur, selon les dires du Prophète et selon les démêlés qui ont opposé cet oiseau à Noé. Celui-ci lui a ordonné en effet de quitter l'Arche et d'aller inspecter le niveau de l'eau aux derniers jours du Déluge ; il s'est arrêté pour picorer un cadavre, oubliant sa mission et devenant la figure de la traîtrise et du mensonge. Tu diras d'une personne ne respectant pas ses engagements, qu'elle est semblable au corbeau. Enfin, si l'oiseau dont on a rêvé est une pie, il indique un homme indigne de confiance et sans religion. Le poète a dit:

Eh, quoi !
Vous avez chargé de cette mission une pie
Qui ne cherche qu'à s'en aller,
Loin du pays ?

Quant au vautour, il indique un despote belliqueux et injuste, têtu et inspirant la peur, à l'image même de cet oiseau avec ses serres, sa taille et sa force quand il procède au dépeçage de ses congénères.

On rapporte que 'Alî Ibn Abî Tâleb, que Dieu soit satisfait de lui, a dit: «Celui qui a peur ne peut avoir que le rêve qu'il désire. Il cherchera dans l'interprétation une issue ou la dissipation de sa crainte.» Un dormeur peut rêver d'une mesure de dattes et avoir, à l'état de veille, cent drachmes. D'autres, ayant fait un rêve identique, en auront mille ; d'autres encore en auront la saveur d'une foi solide. Cela dépend toujours du mérite des hommes, de leur rang et du degré d'excellence de leur foi.

Les plus vérifiables des rêves sont ceux des rois ou des esclaves. La nature d'un homme peut repousser dans le rêve quelque chose de précis qu'il identifie sans équivoque: un endroit, un campement ou une maison, une personne – homme ou femme, laide ou belle, connue ou inconnue ; un oiseau, une bête quelconque ; une perception ou un air de musique ; un aliment ou une boisson ou une arme, etc. La répulsion est telle dans ces cas, que le rêveur, chaque fois qu'il en voit, se réveille anxieux, en pleurs, victime de quelque malaise, d'hallucinations ou de toute autre sensation désagréable. Dans tous les autres thèmes de visions possibles, qui n'appellent pas sa répulsion, le rêveur est dans la même position que tous les autres dormeurs quant à l'interprétation de ce qu'il peut éventuellement voir dans son sommeil. Par contre toutes ces visions possibles qu'on vient d'énumérer peuvent être en accord avec la nature du dormeur ; chaque fois qu'il en voit dans son rêve, il obtiendra un bénéfice, une fortune, un succès ou toute autre chose qu'il désire. Dans toutes les visions qui ne s'accordent pas particulièrement à sa nature, ses rêves obéissent aux mêmes principes d'interprétation que ceux de tous les autres dormeurs.

Un homme peut être véridique dans son discours et avoir des rêves vérifiés. Il peut être menteur, aimant le mensonge et tous ses rêves seront généralement mensongers. Mais il peut être menteur et haïr le mensonge chez les autres et il aura pour cette raison des rêves vérifiables.

Le rêve nocturne est plus vérifiable que le rêve diurne[1]. Et les meilleurs moments sont les aurores. Si le rêve est bref mais complet, exempt de redondance et de superflu, il sera plus pertinent et plus prompt à se vérifier. Et puis je t' avertis, plutôt deux fois qu' une: jamais tu ne dévieras un sujet des principes d' interprétation admis, ni ne t' éloigneras de la norme connue, par désir personnel ou par crainte. Dans ce cas, il sera légitime de te ranger parmi les menteurs. Tu en deviendras aveugle sur la voie de la vérité. Le silence sera plus confortable pour toi, si tu répugnes à parler d' un tel sujet.

Si tu fais un rêve désagréable récite à ton réveil le verset du Trône[2] et puis crache en direction de ta gauche et dis: j' invoque la protection du Dieu de Moïse de Jésus et d' Abraham, Celui qui a délégué Muhammad l' Elu. Je l' invoque contre le maléfice de ce rêve que je viens d' avoir. Qu' Il fasse qu' il ne me nuise pas dans ma foi, ni dans mon existence ici-bas, ni dans ma vie. Puissant est celui qui se trouve dans Son voisinage. Loué et magnifié soit-Il. Il n' y a de dieu que Lui.

Examine aussi le rythme des temps. Si l' arbre vu en rêve porte ses fruits, le rêve sera prometteur, plein de potentialités, mais lent quelque peu à se vérifier. Si le fruit de l' arbre rêvé est arrivé à maturité et s' apprête à prodiguer ses bienfaits, la vision n' en sera que plus pertinente, plus solide et promet un plus grand succès. Si l' arbre est feuillu et sans fruits, la solidité du rêve et ses promesses n' en sont que plus faibles. Mais la où le rêve montre un arbre dénudé de ses feuilles et de ses fruits, la vision est alors vaine. Elle comporte plus de fatras et appelle de nombreux avis.

1- Le texte aff'rme le contraire plus haut.

2- Coran II, 255.

Si dans l'interprétation d'un rêve tu supputes l'existence chez le rêveur d'une infirmité ou d'un défaut honteux que Dieu a voilé, abstiens-toi d'en faire état aux autres, de peur que le rêveur n'en soit éprouvé en perdant la possibilité de s'en défaire. Avertis-le par allusion afin qu'il en soit informé ; peut-être trouvera-t-il une issue ou, s'il projette de commettre un péché, décidera-t-il de s'en détourner. Quoi qu'il en soit, tu protégeras son secret, comme l'ordonne Dieu, le Très-Haut, après l'avoir sermonné. Dans tous les cas tu garderas pour toi tous les récits des rêves qui te parviennent, qui comportent les confidences des Musulmans, éventuellement les infirmités dont ils peuvent être affectés. N'en informe jamais que les concernés eux-mêmes. Ne nomme jamais le rêveur, s'il t'arrive d'en parler, car si tu te comportes ainsi tu t'adonnes à la médisance.

Ne prononce jamais un jugement sur une question posée par le rêve sans en explorer l'apparence, la finalité et la juste mesure, selon les variations que j'ai énumérées. C'est ainsi seulement que tu peux percevoir l'intervention de Satan pour troubler ou altérer le rêve, pour y introduire simulations et incongruités. Si tu arrives à dégager le rêve de toutes ces nuisances, tu recueilleras un texte propre à l'interprétation, réglé, en accord avec la sagesse.

J'ai été informé en effet qu'Ibn Sîrîn, dès qu'on lui rapporte un rêve, y travaille une grande partie de la journée, interroge le rêveur sur sa situation, son état mental, ses activités professionnelles, sur les siens, sur son mode de vie et sur ce qui lui est familier ou méconnu ; tout ce qui peut concerner la question ou apporter un témoignage ou un indice liés au rêve.

Eléments pour une science du rêve

Sache que tu ne peux accéder à la science du rêve que grâce à trois autres savoirs: le premier est celui des principes, de leurs définitions et variations, de leur force et faiblesse quand tu passes du bienfaisant au maléfique. Tout cela te permettra de soupeser le poids des mots dans l'interprétation au regard du poids des principes, quand tu te délestes d'une conjecture pour en préférer une autre, ou la conforter par les indices fiables qui te sont parvenus. Si, dans une question un aspect appelle un avis malfaisant et un autre aspect un avis favorable, soupèse les deux aspects avec conscience, de manière à faire apparaître l'avis le plus solidement ancré dans les principes.

Le deuxième savoir dont il faut se prévaloir, pour accéder à la science des rêves, est celui de l'association des principes, celui d'en faire un discours cohérent et fondé sur la force de pertinence ou la faiblesse du rêve ; en excluant, chemin faisant, les fatras, les illusions et les dépits sataniques, etc. comme je te l'ai déjà expliqué. C'est ainsi que tu pourras décider, éventuellement, qu'une vision n'est pas un vrai rêve, qu'elle ne peut s'ajuster à une interprétation heureuse.

Enfin, le troisième savoir, nécessaire à une science des rêves, est cette rigueur dans l'examen et le contrôle de la question inédite posée par un rêve, afin de la rendre totalement claire. Là, sans quitter les principes, tu chercheras sans répit des indices dans le récit du rêveur, dans ses déplacements et dans ses lieux de séjour, jusqu'à la décantation du récit et sa ventilation complète. On affirme que cela constitue l'aspect le plus difficile de l'interprétation et montre l'attachement de l'interprète aux principes, et lui donne la garantie de succès. Sinon, il sera plus indiqué de se contenter de reproduire les avis des Anciens, parmi les prophètes, les Messagers et les sages, ce qui te conduira aussi, si Dieu le veut, au but recherché.

Cherche toujours à comprendre. Et si tu tiens à évaluer le poids des mots dans le récit du rêve, prends un exemple dans l'attitude d'Ibn Sîrîn quand il traite de cette question, comme dans ce récit qui m'a été rapporté; une femme est venue l'interroger à propos d'un rêve qu'elle a eu, où elle a vu un homme enchaîné et entravé.

— Ceci ne peut être possible ! lui dit Ibn Sîrîn. La chaîne est une assurance dans la religion et la foi, alors que l'entrave signifie trahison et incroyance ; or, un croyant ne peut être en même temps incroyant !

— Je jure avoir fait ce rêve tel que je l'ai relaté ! lui répond la rêveuse En plus, je l'ai fait dans de bonnes dispositions. Il me souvient avec précision cette entrave, semblable à celle que l'on met autour du cou d'un chien !

— Ah ! Je vois ! dit Ibn Sîrîn. Ce type d'entraves est fait de bois et le bois indique, dans le rêve, l'hypocrisie en religion. Il est dit en effet dans le Coran, au sujet des hypocrites: «*Ils sont semblables à des poutres solides*» (LXIV, 4).

Ainsi l'entrave et l'entrave pour chien sont devenues, ensemble, un seul et même indice avec la chaîne, qui ne peut, à elle seule, plaider pour une interprétation favorable, en l'absence d'un élément confortant une telle interprétation.

Et Ibn Sîrîn poursuit:

— Il s'agit d'un homme qui se réclame de quelqu'un qui n'est pas son père, qui s'apparente à ceux qui ne sont pas les siens. Il se reconnaît des Arabes sans être des leurs !

La femme, admirative, s'est écriée:

— *Nous appartenons à Dieu et à Lui nous retournerons !* [1]

Toute question posée par le rêve appelle un ou deux indices qui orientent l'interprétation cohérente ; comme dans le récit du rêve du Pharaon de Joseph, narré par le Très-Haut: «*J'ai* rêve *de sept vaches grasses dévorées par sept vaches maigres,* etc.» Les vaches grasses étant les années fertiles ; les maigres, les années improductives. Mais le Narrateur poursuit: «*et sept épis verts et sept autres desséchés*» Ce complément du récit du rêve conforte

1 - Fragment d'un verset du Coran (II, 156) utilisé comme une formule d'étonnement ou d'admiration pour souligner l'humilité de l'homme devant le divin qui le dépasse.

l'interprétation des vaches comme étant les années, tout comme l'entrave pour chien est devenue un indice pour expliquer l'aliénation de l'homme à la trahison et à l'hypocrisie.

Il n'existe pas de savoir lié à la sagesse qui ne soit nécessaire à l'interprétation des rêves. Il faut juger de la controverse soulevée par un rêve [difficile] en interrogeant tous les savoirs: la science des nombres, celle des commandements religieux, des préceptes législatifs, de la langue arabe et ses difficultés ; toutes ces connaissances qui contiennent les maximes et les lois, le sens des rites et les indications de l'interdit et du licite, les règles de la prière et de l'ablution, etc, sont une réserve de principes explicatifs qui doit être pour toi plus digne de crédit que ce qui te parvient du rêveur qui tentera de t'égarer, même quand il te semble honnête et véridique.

Sache enfin, que rien dans les anciens principes du rêve n'a changé. Ce qui a plutôt changé ce sont les conditions des hommes, leurs ambitions, leurs mœurs et la préférence dont ils témoignent de nos jours pour les choses de ce monde aux dépens des affaires de l'au-delà. L'ambition d'un homme, qui constitue le fondement d'une interprétation, n'est plus aujourd'hui dirigée vers sa foi avant toute autre chose, mais vers les biens de ce monde et son opulence. Les Compagnons de l'Envoyé de Dieu, Dieu le bénisse et lui accorde le salut, voyant des dattes dans un rêve, ont interprété cette vision comme ce qui indique la saveur de leur religion. Et quand ils ont rêvé de miel leur rêve a signifié pour eux la récitation du Coran, le savoir, la vertu et toute la douceur qui leur a grisé le cœur. En ces temps-ci une telle sensation et de telles ambitions ne sont rapportées qu'à l'ici-bas et à ses splendeurs, chez la grande majorité des hommes.

Cela dit, le rêve de l'incroyant peut se réaliser au titre d'un argument divin opposé à son incroyance. Ne vois-tu pas que le Pharaon de Joseph qui a rêvé des sept vaches grasses, a eu sa vision vérifiée, que Nabuchodonosor a rêvé de la disparition de son royaume et des dures épreuves qu'il a fini par subir ? Il a vu, lui aussi son rêve, interprété par Daniel-le-Sage, se réaliser. Tout comme celui de Khosroé…

Sache donc tout ce qui précède, qui est indispensable à l'interprète. Tu en seras éclairé, si Dieu, le Très-Haut, le veut.

Exorde

«Le rêve est porté par un homme oiseau
[dans son bec].
Tant qu'il ne parle pas, le rêve est maintenu.
S'il parle le rêve tombe !»
Le Prophète Muhammad (bsl)

Loué soit Dieu ! Celui qui a fait de la nuit une vêture, du sommeil un repos, du jour un déploiement. Loué encore Dieu l'Eternel, le Premier, le Tout-Puissant, le Créateur, le Constant, le Véridique, Celui dont nul parlant ne peut épuiser les louanges. Rien de ce que cèlent les ténèbres ne peut lui échapper. Il est le Vivant qui, jamais ne meurt, le Persistant irrévocable, le Souverain incorruptible, le Juste irréprochable. Celui qui connaît l'inconnaissable, qui pardonne les péchés, dissipe les soucis et préserve des regards nos infirmités. Devant Sa Grandeur les seigneurs s'inclinent, les difficultés se plient à Sa Toute-Puissance et fléchissent devant Sa Majesté. Les rois sont soumis à Son Royaume et toutes les créatures se prosternent devant Sa Face, subissent Son Ordre et, à Lui, retournent. Qu'Il soit Très-Haut. Dieu, le Vrai. Il n'y a de dieu que Lui, Seigneur du Trône gracieux.

Il a élu Muhammad entre toutes Ses créatures, Il l'a choisi parmi tous ceux qu'Il a créés, pour faire de lui Son Prophète, l'a soutenu par Sa Sagesse, l'a guidé par Sa Toute-Puissance. Il l'a envoyé pour annoncer la Vérité de Sa Clémence, et pour avertir de Son Châtiment. Il est béni pour ceux qui ont reçu son Appel, pour ceux qui ont accompli la mission, conseillé sa Communauté, combattu pour son Dieu ; il a été, comme l'a décrit son Seigneur, qu'Il soit glorifié et magnifié, *«Bienveillant pour les Croyants, puissant contre les impies»*, que Dieu le bénisse et bénisse les siens, ceux qui sont vertueux et purs.

Maître Abû Sa'îd le Sermonnaire, Dieu soit satisfait de lui, a dit:

Si le vrai rêve annonce en principe la vérité des actes à venir ou avertit des implications des choses ; s'il contient commandements et remontrances, bons présages ou fâcheux pronostics, il n' y a pas lieu de s'en étonner. Les rêves ne sont-ils pas des vestiges de la prophétie qu' ils en constituent peut-être même une partie ? Car, parmi les prophètes, que Dieu les bénisse, il y a ceux qui ont reçu la Révélation par le moyen du rêve, et ils sont dans ce cas seulement prophètes ; et ceux qui ont reçu cette même Révélation par l' intermédiaire de l' Ange, à l' état vigile, et ils sont dans ce cas des Messagers. Là est toute la différence entre le prophète et le Messager.

Muhammad Ibn Sîrîn nous a rapporté ceci, le tenant d' Abû Hurayra, lui-même le tenant de l' Envoyé de Dieu, Dieu le bénisse et lui accorde le salut, qui a dit: «A l' approche de la fin du monde le rêve du Musulman sera trouble ; celui qui aura la parole la plus véridique aura le rêve le plus véridique. Car, le rêve du croyant est l' une des quarante-six parties de la prophétie. Et il existe trois types de rêves: le bon rêve, porteur de la bonne nouvelle venant de Dieu ; le rêve que le Musulman suggère à lui-même, et un autre rêve qui est un maléfice de Satan. Si l' un d' entre vous a une vision désagréable, qu' il évite d' en parler et qu' il se mette en prière !» Et il a dit aussi: «La plus désirée des chaînes, c' est la constance dans la foi !»

On rapporte selon 'Aïcha, que Dieu soit satisfait d' elle, que l' Envoyé de Dieu a dit: «Il ne restera de la prophétie à ma disparition, que les bons augures !» On lui a demandé: «Et que sont-ils, ô Envoyé de Dieu ?» ; «Le bon rêve, a-t-il dit, fait par un homme pour lui-même, ou que l' on fait pour lui»

On a interrogé l' Envoyé de Dieu sur le sens de ce verset: «*Ceux qui croient en Dieu et le craignent / ils recevront la bonne nouvelle / en cette vie et en l' autre*» (X, 63-64). Il a répondu ainsi: «Voilà une question que personne ne m' a encore posée ! Il s' agit dans ce verset, du bon rêve ; il est vu par l' homme, ou vu par un autre, pour lui.»

On rapporte que lorsque fut révélé le verset: «*O vous les croyants! / N' élevez pas la voix au-dessus de celle du Prophète*» (XLIX, 2), le grand orateur et Compagnon du Prophète Thâbet Ibn

Qays s'était enfermé chez lui et s'était mis à pleurer. L'Envoyé de Dieu le convoqua et l'interrogea sur les raisons de ce chagrin:

— J'ai eu peur de ce que dit ce verset, étant moi-même orateur ! dit-il

L'Envoyé de Dieu le consola, l'assura qu'il serait sa vie durant, sur la voie du bien et ne mourrait que dans le bien. Plus tard Dieu révéla cet autre verset: «*Dieu n'aime pas l'insolent plein de gloriole*» (XXXI, 18). Le même Thâbet s'enferma de nouveau pour pleurer. Interrogé par le Prophète, il dit:

— Et moi qui aime tant les belles montures et tiens tant à dominer ma tribu !

Le Prophète le consola encore une fois lui disant qu'il n'était nullement visé par le verset, qu'il vivrait couvert de louanges, mourrait en martyr et irait au Paradis. Au jour de la bataille de Yamamah, il était parmi les combattants sous le commandement de Khâled Ibn al-Walîd face à Museylima, le faux prophète. Les hommes s'affrontèrent abord à découvert ; Thâbet, et Salem, client [*mawla*] d'Abû Hudhayfa demandèrent aux combattants de se raviser leur disant: «Ce n'est pas ainsi qu'on a combattu du temps de l'Envoyé de Dieu !»

On creusa des tranchées ; Thâbet et Salem donnèrent l'assaut et finirent par tomber. A la fin de la bataille l'un des hommes de l'armée musulmane remarqua sur la dépouille de Thâbet une armure de valeur ; il en prit possession. Dans son sommeil un autre homme, présent à la bataille, vit Thâbet en rêve. Il lui dit:

— Je vais te confier un testament. Garde-toi de dire que ceci n'est qu'un rêve, de négliger ce que je vais te confier. Quand j'ai été tué hier, un homme dont la demeure est au bout du campement, m'a volé mon armure. Vous le trouverez dans [tel] endroit. A côté de sa tente il y a une jument maladive et étirée. Il a caché l'armure sous une braisière. Va voir Khâled Ibn al-Walîd, demande-lui de chercher mon armure et de la confisquer. Et si tu retournes à Médine, va voir le Successeur de l'Envoyé de Dieu ; dis lui que je suis débiteur d'une dette et que tel et tel de mes esclaves doivent être affranchis !

Khâled Ibn al-Walîd envoya effectivement quelqu'un récupérer l'armure. Abû Bakr, le calife, a exécuté l'autre clause du testament.

Jamais, à notre connaissance, un testament n'a été notifié par le défunt *post mortem*, hormis celui de Thâbet.

Le rêve d'Adam paix sur lui

Maître Abû Sa'îd a dit:

Tout ce que nous avons rapporté prouve que le rêve est vérité en lui-même, qu'il comporte une sagesse et inscrit une trace.

Le premier rêve fait sur cette terre est celui d'Adam, paix sur lui. On rapporte que Dieu, qu'Il soit Très-Haut, s'est révélé à Adam et lui a dit:

— Tu as bien regardé Mes créatures ? En as-tu vu qui te ressemble ?

— Non, Seigneur ! Tu m'as anobli et Tu m'as préféré à toute chose. Donne-moi une compagne qui me ressemblera et qui accueillera ma solitude. Ensemble nous reconnaîtrons Ton Unicité et T'adorerons.

— Oui ! a dit le Très-Haut.

Et Il a jeté le sommeil sur Adam. Il a créé Eve à son image et le lui a montrée dans un rêve. C'est le tout premier rêve dans le monde. Adam s'est réveillé, la trouvant assise à son chevet.

— Qui est donc cette créature assise à ton chevet ? lui a demandé Dieu.

— C' est le rêve que Tu m' as fait voir, O mon Dieu ! a répondu Adam.

Le rêve d'Abraham paix sur lui

Ce qui prouve aussi que le rêve est dans son principe vérité, c' est qu' Abraham s' est vu en rêve immolant son fils. A son réveil il a décidé de se conformer à ce qu' il a vu pendant son sommeil. Dieu a dit en le citant: *«O mon fils ! / je me suis vu moi-même en songe / et je t' immolais ; qu' en penses-tu ? / Il dit: / "O mon père / Fais ce qui t' est ordonné / Tu me trouveras patient / si Dieu le veut"»* (XXXVII, 102). Edifié par son rêve et décidé à en tirer les conséquences, Abraham a été retenu par la Clémence de Dieu, le Très-Haut. Mais il a su que son rêve comporte un ordre.

Le rêve de Joseph paix sur lui

Et puis il y a le rêve de Joseph. On rapporte selon Wahb Ibn Mounabbah[1] que Joseph avait eu un jour un rêve alors qu' enfant il s' était endormi sur les genoux de l' un de ses frères. Il avait vu ces derniers tenir chacun, un gros bâton, surveillant leur troupeau, le protégeant des prédateurs. Lui-même tenait une baguette fine et légère qui lui servait d' appui et lui permettait de repousser les

1- L'un des premiers polygraphes musulmans. Juif yéménite converti à l'Islam, compagnon des Compagnons du Prophète (il serait mort en 114/732). On lui attribue une histoire des rois himyarites. Ce personnage, très cité pour valider le "gonflage" des récits coraniques, est souvent contesté comme étant coupable de ce que les exégètes appellent les *israîlyyât*, c'est-à-dire la mise en perspective des récits contenus dans le Coran avec la tradition biblique.

fauves qui menaçaient ses moutons, tout en s'amusant comme il seyait à un petit garçon. En se réveillant, il dit à ses frères:

— Voulez-vous que je vous raconte le rêve que je viens de faire?

— Raconte ! lui dirent-ils.

— J'ai vu ma baguette que voici plantée dans la terre, qui appelle vos gros bâtons à venir se planter autour d'elle. Elle a semblé d'abord la plus courte et la plus petite, puis s'est mise à s'élever vers le ciel, à les dépasser et les surpasser. Elle s'est alors enracinée dans le sol ; ses racines se sont étendues. Elle a fini par déloger vos gourdins qui se sont étalés, morts, tout autour d'elle.

Son récit terminé, ses frères se dirent:

— Le fils de Rachel est sur le point de dire que nous sommes tous ses esclaves et qu'il est notre maître à tous !

Sept ans après, Joseph eut le fameux rêve du soleil, de la lune et des étoiles, ainsi raconté à son père: «*O mon père ! / J'ai vu le soleil, la lune et les étoiles / oui, je les ai vus se prosterner devant moi*» (XII, 4). Jacob sut interpréter ce rêve. Il avait craint pour Joseph la jalousie de ses frères ; le soleil étant le père, la lune la mère et les étoiles les frères. Jacob lui a dit: «*O mon fils ! Ne raconte pas ta vision à tes frères / car ils trameraient alors des ruses contre toi*» (XII, 5).

On m'a rapporté que lorsqu'il est dit dans le Coran: «*Il fit monter son père et sa mère sur le trône*» (XII, 100) il faut comprendre qu'il les installa sur le sofa, qu'il les logea dans sa demeure. Là, ils se prosternèrent devant lui, par révérence. A cette époque on avait recours à la prosternation pour saluer. L'avènement de l'Islam, grâce à Dieu, le Très-Haut, abolit cette pratique et la remplaça par la poignée de main.

Le rêve de Jacob paix sur lui

Jacob vit son fils dans un rêve (avant que Joseph ne subisse ce que ses frères ont décidé de lui infliger) du haut d'une montagne surplombant une plaine, entouré de dix loups. Il eut pitié de lui. Brusquement, la terre se fendit sous les pieds de Joseph. Il disparut dans la faille et les loups se dispersèrent. C'est le sens des propos que Jacob avait tenus devant ses fils: «*Je crains que le loup ne le dévore*» (XII, 13).

Le rêve de Moïse paix sur lui

Il y a aussi l'histoire de Moïse telle que rapportée par Ibn Mounabbah. Le Pharaon a vu un rêve qui l'avait effrayé et horrifié. Un grand incendie né dans le Shâm[1] qui s'avançait vers l'Egypte, embrasant tout sur son passage, maisons, villes et remparts. Il s'est réveillé en sursaut, épouvanté. Il a réuni un grand conseil pour conter son rêve. On lui dit: «Si ton rêve se vérifie, un homme sortira du Shâm, parmi les descendants de Jacob ; il sera l'artisan de la perte de l'Egypte, de ses habitants et de ta perte aussi, ô Pharaon !» C'est ainsi que ce Pharaon a ordonné d'égorger tous les nouveau-nés des Fils d'Israël. Mais Dieu, le Très-Haut, a réalisé la vision, rendant vaines toutes les ruses du tyran. Moïse a été élevé dans sa propre demeure, et il a effectivement été l'artisan de sa perte.

Toute-puissante soit Sa Volonté, magnifiée soit Sa Grandeur.

1- Ancienne appellation de l'actuelle Syrie, utilisée aujourd'hui pour désigner "affectueusement" la ville de Damas.

Le rêve du Prophète Muhammad
Dieu le bénisse et lui accorde le salut

On rapporte que l'Envoyé de Dieu a dit:

J'ai rêvé de deux hommes qui m'ont saisi le bras et m'ont entraîné jusqu'à une montagne abrupte.

— Monte ! m'ont-ils dit.

— Je ne puis… ai-je répondu.

— Monte, nous allons te rendre l'ascension facile ! ont-ils poursuivi.

A mi-chemin sur la pente, j'ai entendu un bruit terrible.

— Qu'est-ce que c'est ? ai-je demandé.

— C'est le hurlement des gens de l'Enfer !

Mes deux guides ont continué à me traîner, et j'ai vu un groupe d'hommes suspendus, les chevilles fendillées, les mâchoires en sang.

— Qui sont ces hommes ?

— Ce sont ceux qui rompent le jeûne avant terme.

— Vaincus soient les Juifs et les Nazaréens ! dis-je (Celui qui a rapporté ce récit n'indique pas si cette dernière exclamation a été prononcée par le Prophète ou si elle est de son cru).

Nous avons repris notre chemin, poursuit le Prophète, et nous avons vu d'autres hommes, encore plus enflés, encore plus puants, dégageant des odeurs aussi nauséabondes que des lieux d'aisance.

— Qui sont-ils ? ai-je interrogé.

— Ce sont les fornicateurs et les fornicatrices !

Plus loin nous avons vu, entre deux rivières, des gamins jouer.

On me dit que ce sont les enfants des Musulmans [morts avant l'âge mûr]. Nous sommes arrivés au sommet d'un promontoire et j'ai vu trois hommes en train de boire du vin.

— Voilà Zeïd, Ja'far et Ibn Rawâha ![1]

D'un autre promontoire, plus élevé, nous avons vu un groupe de trois autres hommes.

— Qui sont-ils ?

— Abraham, Moïse et Jésue, Paix sur eux... Et ils t'attendent !

Maître Abû Sa'îd rapporte que l'Envoyé de Dieu a été une fois victime d'un ensorcellement. il a été transporté auprès de 'Aïcha, tellement souffrant que nous avons eu peur pour lui. Entre veille et sommeil il a vu deux anges, l'un à son chevet, l'autre à ses pieds. Celui-ci dit à l'autre ange, d'une voix que le Prophète a pu entendre:

— Qu'est-ce qu'il a ?

— Ensorcellement !

— Qui est l'ensorceleur ?

— Labîd Ibn al-A'çam, le Juif.

— Où a-t-il placé le sortilège ?

— Au fond du puits de Dhû Rawân.

— Et que faut-il faire pour exorciser ?

— Envoyer quelqu'un auprès du puits. En évacuer l'eau. Soulever un rocher. Trouver une lanière enroulée autour d'un anneau. Elle comporte onze nœuds. Il faut la brûler. Il guérira. Si Dieu le veut.

1- Trois Compagnons du Prophète, morts au Combat sacré.

A son réveil, l'Envoyé de Dieu, se souvenant de ce qu'il a entendu, a chargé Ammâr Ibn Yâsser[1] et quelques-uns de ses Compagnons, d'aller à ce puits. Ils ont trouvé que l'eau en était colorée comme par du henné. Après l'avoir évacuée, découvert et descellé le rocher, ils ont trouvé l'anneau avec, tout autour, la lanière flanquée des onze nœuds. Il l'ont rapporté à l'Envoyé de Dieu. Les sourates commençant par: «*Dis: / Je cherche la protection du Seigneur de l'aube*» et par: «*Dis: / Je cherche la protection du Seigneur des hommes*» ont été révélées. Ces deux sourates totalisent onze versets ; chaque verset récité fait sauter un nœud. Au dernier nœud le Prophète s'est redressé comme libéré d'une joug. Il a alors brûlé la lanière et ordonné de chercher la protection, désormais, dans ces deux sourates. Quant à Labîd l'ensorceleur, il a continué à rencontrer le Prophète qui ne lui a rien montré.

Voilà donc ce qui prouve encore la possibilité de constater la vérité d'un rêve et sa réalisation. D'autres exemples peuvent en être apportés, qu'il serait trop long de reproduire dans ce livre.

Les disciplines du rêve

Maître Abû Sa'îd a dit:

Considérant que les savoirs sont soit utiles pour la vie en ce monde sans être forcément utiles pour l'au-delà, soit utiles pour l'un et l'autre ensemble ; et considérant que la science du rêve est utile pour la vie future, j'ai sollicité l'aide de Dieu pour en réunir une bonne partie, suivant la méthode de la plus grande économie possible ; J'ai prié le Très-Haut pour qu'Il m'assiste dans ce qui méritera Sa Satisfaction et accomplira Sa Volonté, me protégeant

---

1- Proche Compagnon du Prophète parmi les premiers convertis. Mort à la bataille de Siffîn, en partisan de 'Alî (en 37/657).

auprès de Lui des dangers ou discordes que ce travail peut engendrer. Dieu, le Très-Haut, étant le Garant du succès, notre Juge et le Dépositaire de notre confiance.

Maître Abû Sa' îd a dit:

L' homme doit respecter certaines disciplines pour que ses rêves tendent, le plus possible, vers la vérité. Parmi ces disciplines, il y a l' habitude de dire la vérité, selon ce qu' on rapporte du Prophète, Dieu le bénisse et lui accorde le salut: «Celui d' entre vous qui a le rêve le plus véridique a aussi la parole la plus véridique.» Il est tout aussi nécessaire de s' efforcer de se comporter selon sa nature. Le Prophète a souvent demandé à ses Compagnons, s' ils ont eu ou non des rêves la veille ; pendant plusieurs jours ils leur a posé la question et constaté que personne d' entre eux n' avait de vision à lui raconter. Il s' est alors écrié: «Comment voulez-vous avoir des rêves en gardant toute cette crasse sur les ongles ?» C' est que leurs ongles étaient devenus trop longs, et ne pas les couper est contraire à la nature. Parmi les autres disciplines du rêve, il y a aussi la position allongée sur le dos pour dormir. Abû Dharr, Dieu soit satisfait de lui, a dit: «Mon Ami [le Prophète] m' a recommandé trois choses: jeûner trois jours tous les mois, faire deux génuflexions à l' aube et ne jamais me coucher que sur le dos.» On peut tout aussi bien dormir sur le flanc droit, car le Prophète à toujours préféré la droite en tout. On dit qu' il l' a toujours fait et qu' il a l' habitude, en dormant sur le côté droit, de mettre la main droite sous la joue droite en disant: «Mon Dieu, écarte de moi Ta tourmente, le jour où Tu rassembleras Tes serviteurs !» On dit aussi que ' Aïcha, que Dieu soit satisfait d' elle, en s' installant dans son lit, fait cette prière: «Mon Dieu, je sollicite de Toi un rêve véridique et non vain, bienfaisant et non nuisible, qui se maintient et ne s' évanouit pas dans l' oubli !» Certains affirment enfin qu' il est recommandé avant de dormir de dire: «Mon Dieu, je me protège auprès de Toi de l' éjaculation et des mauvais rêves, de la manipulation de Satan dans la veille et pendant le sommeil.»

Le rêve est véridique ou vain

Le rêve est de deux sortes: véridique ou vain. Le rêve véridique est celui que le dormeur voit quand ses humeurs sont équilibrées, le climat propice, c'est-à-dire dès le bourgeonnement des feuilles et jusqu'à ce qu'elles tombent des arbres. Il convient aussi que le dormeur évite de s'endormir sur une idée fixe, ou sur un souhait précis de ce dont il voudra rêver. Enfin, un rêve ne peut être véridique si le dormeur est souillé ou si la dormeuse a ses menstrues.

Le rêve vain est celui qui a été précédé, avant le sommeil d'un susurrement de l'âme, d'une intention de vouloir rêver de ceci ou de cela, ou de tout autre souhait du même genre. Il ne peut appeler l'explication. De même que l'éjaculation en rêve, les rêves d'épouvante ou tous ceux qui induisent la tristesse et qui viennent de Satan, selon la parole du Très-Haut: «*L'entretien secret vient du Démon / qui veut affliger les croyants. / Mais il ne peut en rien leur nuire / sans la permission de Dieu*» (LVIII, 10).

Il faut retenir cinq bonnes règles quand le rêveur voit une vision désagréable: qu'il change d'abord de côté ; qu'il se tourne vers sa gauche trois fois et demande la protection du Très-Haut contre Satan le maudit ; qu'il se réveille pour faire la prière ; et qu'il s'abstienne enfin, de narrer son rêve à qui que ce soit.

On rapporte qu'un homme est venu dire au Prophète, Dieu le bénisse et lui accorde le salut

— O Envoyé de Dieu, il m'arrive souvent de faire des rêves qui m'attristent !

— Cela m'arrive à moi aussi ! a répondu le Prophète. Si cela se reproduit, a-t-il poursuivi, crache en direction de ta gauche trois fois et dis «O mon Dieu ! Je Te demande de me donner ce qu'il y a de bien dans ce rêve et de me protéger de ce qu'il a de maléfique !»

Il y a aussi les fatras de rêves, comme lorsqu'un rêveur voit le ciel devenir plafond et que celui-ci menace de lui tomber sur la tête, que la terre est devenue meule qui tourne, que des arbres poussent suspendus dans l'espace, que du sol naissent des étoiles ou qu'un démon est devenu ange, un éléphant une fourmi, etc. Ce sont des rêves qui n'ont pas d'interprétation.

Enfin, il y a les rêves qui sont provoqués par la perturbation des caractères du dormeur ; comme lorsque le sanguin voit la rougeur, le flegmatique l'humidité, le bilieux le jaune, et le mélancolique la noirceur. De même celui qui souffre de la fièvre voit le soleil, le feu ou le *hammam*, ou celui qui se plaint de refroidissement rêve de fraîcheur et l'obèse de choses lourdes. Ces rêves non plus, n'ont pas d'interprétation.

Du rêve le plus véridique

Le rêve le plus véridique est celui qu'on a pendant le sommeil diurne ou au bout de la nuit. Le Prophète a dit en effet: «Le rêve le plus véridique est celui qui se déroule tout près de l'aube.» Il a dit aussi: «Le plus véridique des rêves est celui du jour, car Dieu, le Très-Haut, m'a fait la Révélation de jour.» On rapporte que Ja'far Ibn Muhammad es-Sâdeq a dit: «Mes rêves les plus véridiques se passent durant la sieste.»

La discipline que doit respecter le rêveur

Maître Abû Sa'îd a dit:

Le rêveur doit maintenir certaines disciplines et respecter des normes qu'il ne doit jamais transgresser. Il en va de même pour l'interprète. Les disciplines et les normes du rêveur lui imposent par exemple de ne jamais relater son rêve à un envieux. Jacob n'a-t-il pas dit à Joseph dans le Coran: «*O mon fils / Ne raconte pas ta vision à tes frères / car ils trameraient alors contre toi des ruses.*» (XII, 5) Il ne doit pas non plus le relater à un ignorant, car on rapporte que le Prophète a dit: «Ne raconte ton rêve qu'à un ami ou à un homme intelligent.» Il ne doit pas non plus mentir en relatant le récit de sa vision. Le Prophète a dit en effet: «Celui qui ment en racontant son rêve sera chargé au jour de la Résurrection de nouer deux cheveux !» Il doit en faire le récit dans la confidence, tout comme il l'a reçu dans la confidence. Il ne doit pas en faire le récit à un enfant, ni à une femme. Enfin, le meilleur temps pour faire le récit d'un rêve est le début de l'année ou le début de la journée, plutôt qu'à son achèvement.

Les disciplines de l'interprète

L'interprète doit d'abord dire à son frère le rêveur: «Puisse ton rêve s'avérer bénéfique !» Le Prophète, dés qu'il entendait le récit d'un rêve disait: «Puisse ce rêve apporter un bien pour toi, puisses-tu en éviter la malfaisance ; qu'il soit bénéfique pour nous, maléfique pour nos ennemis. Loué Dieu, Seigneur des mondes ! Tu peux raconter ton rêve maintenant !» L'interprète doit aussi interpréter selon la supposition la plus favorable car le Prophète a dit: «Le rêve se réalise selon les termes de son interprétation.» Il a dit aussi: «Le rêve est porté par un homme oiseau [dans son bec]. Tant qu'il se tait, le rêve est maintenu. S'il parle le rêve tombe !»

Tout bon interprète doit bien écouter le récit du rêve, et puis expliquer clairement sa réponse. Il doit également prendre son temps et ne jamais précipiter son interprétation. Il doit s'abstenir de divulguer un rêve, car il s'agit d'un dépôt dont il est le gardien. Il s'arrêtera d'interpréter au lever du soleil, à midi et au crépuscule.

Interpréter les rêves exige que l'on distingue les rêveurs selon leurs conditions: l'interprétation d'un même rêve pour le souverain doit être différente quand il s'agit de l'un de ses sujets. Pour un esclave qui rêve de quelque chose dont il n'est pas digne, on doit rapporter sa vision à son maître. De même le rêve d'une femme, quand elle voit quelque chose dont elle n'est pas digne. Son rêve doit se rapporter à son époux, car elle a été créée de sa côte. L'interprétation du rêve de l'enfant concernera ses parents.

Bien réfléchir sur le récit d'un rêve est nécessaire. Si le rêve est bénéfique, l'interprète en soulignera le bon augure avant d'en livrer l'interprétation. S'il est malfaisant, il s'abstiendra de l'interpréter, ou choisira la meilleure interprétation possible. S'il comporte une partie bénéfique et une autre malfaisante, il soupèsera les deux aspects, optera pour la plus plausible et la plus solide des suppositions, selon les principes.

Si la confusion demeure il doit demander son nom au rêveur et en tirer une interprétation, car on rapporte que le Prophète a dit: «Si le rêve vous demeure confus considérez les noms [qui s'y trouvent mentionnés]» Ce qui veut dire que le nom *Sahl* [l'Accommodant] donne une interprétation dans le sens de la facilité, *Salem* [le Sauf] indique la piste de la sécurité, *Ahmed* ou *Muhammad* [digne de louanges] celle du bon mérite, *Nasser* [Victorieux] autorise à supposer la victoire et *Souâd* [l'Heureuse] incline vers la supposition d'un possible bonheur. En outre, on doit considérer les rencontres précises que le rêveur a faite dans son rêve. S'il a rencontré une vieille femme, c'est une fortune matérielle qui s'éloigne. S'il a rencontré un mulet ou un cheval de trait, c'est un voyage possible, car Dieu, le Très-Haut a dit: «*Il a créé pour vous les chevaux, les mulets et les ânes / pour que vous les montiez et pour l'apparat*» (XVI, 8). Si le rêveur a entendu le croassement du corbeau une, trois, quatre ou six fois, c'est de bon augure. Pour les quatre fois, on doit en soustraire une unité et considérer le restant. Les six fois sont d'un très bon présage ; seuls les grands de ce monde entendent six croassements. Si le rêveur en perçoit seulement deux, c'est mauvais signe. On rapporte qu'Ibn 'Abbâs[1] a dit: «Si le corbeau croasse trois fois dans le rêve, c'est bon signe. Chez les Persans on parle plutôt du coq. Si le rêveur l'entend crier deux fois, c'est mauvais signe. Pour un Persan on pensera à l'hérésie.» Ibn 'Abbâs a déconseillé de raconter son rêve le mardi, jour des libations, ni le mercredi, jour de malheur permanent. Il n'a signalé aucune contre-indication pour les autres jours.

Ce préambule nous semble utile pour celui qui y réfléchira et en méditera les idées. Nous nous sommes empêchés de nous étaler davantage, pour éviter de lasser et de fatiguer.

Nous prions Dieu de nous faire profiter tous de ce travail, d'écarter de nous un savoir inefficace, de nous dispenser d'un ventre insatiable, d'une âme insoumise [à Lui] et de la vaine convoitise. Il est l'Omnipotent, l'Artisan de tout ce qu'Il veut.

Qu'Il soit donc ma Caution et le Dépositaire de ma confiance.

1- Cousin du Prophète. Source majeure de la Tradition prophétique.

chapitre premier

Interptéter le rêve d'un serviteur de Dieu devant son Seigneur

«Il n'a pas été donné à un mortel que Dieu lui parle
si ce n'est par inspiration
ou derrière un voile»
Coran

Abû Abdullah at-Tustarî a dit:

«J'ai vu en rêve que j'assistais au jour de la Résurrection. J'avais quitté la tombe et on m'avait apporté une monture ; je l'avais enfourchée et on m'avait dirigé vers le Ciel, où je vis un paradis. Je voulus descendre de ma monture, on me dit:

— Là n'est pas ta place !

On me conduisait de ciel en ciel, et à chaque ciel je voyais un paradis. Arrivé au point le plus haut, je pus enfin quitter ma monture et voulut m'asseoir. On me dit:

— Quoi ? Tu veux t'asseoir avant d'avoir vu ton Seigneur ?

Je me ravisai et nous poursuivîmes notre chemin. Au bout d'un moment Je me trouvai face à Dieu, qu'Il soit glorifié et magnifié. Près de Lui j'aperçus Adam qui me fit asseoir à sa droite, mais dans la position du quémandeur. Je dis:

— O mon Seigneur, je viens d'obtenir Ton pardon grâce à ce Vénérable !

J'entendis alors Dieu dire:

— Lève-toi, fils d'Adam, Nous t'avons pardonné !

Un homme est venu voir Bishr [prénom qui signifie bon augure] et lui dit: «Tu est bien Bishr Ibn al-Hârith ?» ; «Oui !» lui répond-il. «Eh bien, dit l'homme, j'ai vu le Seigneur en rêve et Il m'a dit: " Va donc trouver Bishr et dis lui qu'il ne peut s'acquitter de son devoir de louanges à Mon Egard même s'il se prosternait sur de la braise, pour Me remercier de la renommée dont Je l'ai gratifié !" »

'Uthmân-qui-louche, disciple d'al-Kharrâz, a dit:

Abû Sa'îd a dormi chez moi un jour. Passée une bonne partie

de la nuit, il s'est réveillé brusquement pour m'apostropher: «Lève-toi et allume la lampe !» Je m'exécute et il me dit alors: «Malheur à toi! Je me suis vu, a l'instant, dans l'au-delà, après la Résurrection. On m'a appelé devant Dieu. Tremblant et tous les poils hérissés, je L'ai entendu me dire: " C'est bien toi qui fais allusion à Moi dans les séances de chant, à propos de Salmâ et de Butheyna?[1] Si Je n'étais pas sûr de ta sincérité, Je te ferais subir une tourmente que personne avant toi n'avait subie !" »

Maître Abû Sa'îd a dit:

Celui qui se voit en rêve en présence de Dieu, le Très-Haut, si Dieu le regarde et s'il est homme de bien, le rêve lui vaudra une bénédiction. S'il est du nombre des méchants, il doit prendre garde, selon le sens de ce verset: «*Le jour où les hommes se tiendront debout / devant le Seigneur des mondes*» (LXXXIII, 6). S'il se voit en train de Lui parler, il aura la grâce de la Proximité et sera aimé des hommes, car Dieu a dit: «*Et, tel un confident / Nous l'avons fait approcher de nous*» (XIX, 52). De même s'il se voit en position de prosternation devant Lui, car il est dit dans le Coran: «*Prosterne-toi / et rapproche-toi de Dieu*» (XCVI, 19). S'Il lui a parlé à travers un écran sa foi en sera consolidée. Il restituera un dépôt qu'on lui aurait confié ou confortera son pouvoir. Par contre, s'Il lui a parlé sans écran, cela montre un défaut dans sa foi, car Dieu a dit: «*Il n'a pas été donné à un mortel que Dieu lui parle, / si ce n'est par inspiration ou derrière un voile*» (XLII, 51). S'il Le voit par le cœur, Majestueux, en train de lui prodiguer Sa Bénédiction ou lui annoncer la bonne nouvelle, sans qu'Il ait l'apparence d'un attribut particulier, il retrouvera Dieu selon la même vision au jour de la Résurrection. S'Il lui promet Son Pardon et Sa Clémence, cela se vérifiera, car Dieu ne manque jamais à Sa promesse, mais le rêveur, pour un tel rêve, subira alors des épreuves dans sa personne ou dans son vécu, tant qu'il est de ce monde. Enfin, s'Il lui parle pour le sermonner il cessera d'agir selon ce que Dieu lui a reproché, car Il a dit: «*Il vous exhorte / Peut-être réfléchissez-vous*» (XVI, 90).

1- Les bien-aimées de deux poètes "fous d'amour" célèbres.

Si le rêveur voit que Dieu l'a couvert d'un vêtement, il aura, sa vie durant, soucis et maladies ; il se doit toutefois dans ce cas aussi, d'en remercier Dieu.

On raconte qu'un homme a vu Dieu le couvrir de deux habits. Il a rapporté son rêve à Ibn Sîrîn qui lui a dit: «Attends-toi à subir Ses épreuves !» Peu de temps après, Dieu l'a rappelé à Lui. Si le rêveur voit une lumière qui le trouble et qu'il ne peut décrire, il ne profitera plus, tant qu'il vivra, du travail de ses mains. S'il entend Dieu l'appeler, par son nom ou par tout autre nom, il atteindra un rang élevé et triomphera de ses ennemis. S'Il lui offre quelque bien matériel, c'est l'annonce d'une épreuve qui lui vaudra Sa Compassion. Si le Seigneur lui apparaît mécontent de lui, on saura que ses parents sont mécontents de lui, car Il a dit, magnifié soit Nom: «*Sois reconnaissant envers Moi et envers tes parents*» (XXXI, 14). Certains rapportent aussi ce *hadith*: «Dieu est satisfait quand les parents le sont ; Il est mécontent quand les parents le sont»

Celui qui voit en rêve que Dieu est en colère contre lui chutera d'un endroit élevé ; car Dieu a dit: «*Celui sur qui tombe ma colère/ va sûrement à l'abîme*» (XX, 81). Et s'il voit qu'il tombe du haut d'un mur, du ciel ou d'une montagne, cela indique que de Dieu est en colère contre lui.

Si le rêveur se voit devant Dieu dans un lieu qui lui est familier, justice et prospérité couvriront cet endroit ; ses habitants injustes seront décimés et triompheront ceux qui y sont victimes d'iniquité. S'il se voit en train de regarder le Trône de Dieu, qu'Il soit béni et magnifié, il aura les faveurs et la grâce de Dieu. Mais celui qui a vu en rêve une figure ou une image qu'on lui présente comme étant son dieu et qu'il s'est mis à l'adorer et à se prosterner devant lui, sera dans l'erreur tout en se croyant dans la vérité. C'est là le rêve de celui qui profère des mensonges à propos de Dieu, qu'Il soit magnifié. Le dormeur qui insulte Dieu dans son rêve sera ingrat envers Sa Grâce, insoumis à Sa Volonté.

chapitre deux

Rêver de Prophètes et de Messagers de Dieu, de Muhammad

Dieu le bénisse et lui accorde le salut

Si le rêveur se voit accompagner le cortège funéraire
[du Prophète Muhammad]
jusqu'à la tombe
il basculera dans l'hérésie.

J'ai entendu Abû Bakr al-Maqqarî raconter ceci:

J'ai fait l'acquisition d'une belle esclave, peut-être d'origine turque, ne parlant pas l'arabe. Ne connaissant pas sa langue, ni elle la mienne, j'ai dû recourir aux femmes esclaves de mes amis pour traduire nos dialogues. Un jour, elle s'est réveillée en sursaut, pleurant et criant: «Maître, apprends-moi la *Fatiha*»[1]. Je me suis alors dit: «Quelle fille perverse ! Elle connaît ma langue et n'en use pas pour me parler ! «Les esclaves de mes amis, venues la voir, se sont étonnées de l'entendre utiliser une langue qu'elle n'a jamais parlée. Elles l'ont interrogée et elle a dit: «J'ai rêvé d'un homme en colère en face de la foule. J'ai demandé:

— Qui est donc cet homme ?

— C'est Moïse, paix sur lui ! m'a-t-on répondu.

Puis j'ai vu un autre homme encore plus beau, marchant devant une grande foule. J'ai demandé:

— Et celui-ci, qui est-ce ?

— C'est Muhammad, Dieu le bénisse et lui accorde le salut !

J'ai choisi de marcher derrière lui. Arrivé devant une grande porte, la porte du Paradis, il a frappé. On lui a ouvert et il est entré avec tous ceux qui sont avec lui. Je suis restée seule avec deux autres femmes devant l'entrée. Nous avons frappé, on a ouvert et on ils ont dit:

— Celle qui saura réciter la *Fatiha* pourra entrer !

1- Première sourate; prélude du Coran.

Les deux femmes l'ont récitée et ont été admises, me laissant toute seule... Apprends-moi à la réciter ! a supplié mon esclave, à la fin de son récit.

Avec beaucoup de difficultés j'ai fini par la lui apprendre. Dès qu'elle a pu la réciter elle est tombée raide morte.»

Maître Abû Sa'ïd a dit:

Rêver des prophètes, sur eux la Bénédiction de Dieu, signale soit une bonne nouvelle, soit un avertissement. Ces rêves sont de deux sortes: ou le rêveur voit un prophète tel qu'il est dans son aspect et son allure, et cela indique la vertu du rêveur, son mérite et l'excellence de son rang, ainsi que sa supériorité sur ses ennemis. Ou alors le rêveur voit le même prophète, avec la face renfrognée. Dans ce cas cela indique qu'il connaîtra une mauvaise situation, une dure épreuve mais Dieu l'en sauvera en fin de compte. S'il voit qu'il a tué un prophète, il trahira la confiance qu'on a placée en lui, et reniera une parole donnée. Car Dieu a dit: «*Nous les avons punis / parce qu'ils ont rompu leur alliance / parce qu'ils n'ont pas cru aux Signes de Dieu / parce qu'ils ont tué injustement des prophètes*» (IV, 155).

Ce sont là des généralités. Venons-en aux visions de tel prophète en particulier.

Celui qui voit Adam, sera muni d'un pouvoir, s'il en est digne. Car Dieu a dit, à propos d'Adam: «*Je vais établir un lieutenant sur la terre*» (II, 30). S'il a entendu Adam lui parler, il obtiendra le Savoir, selon ce verset: «*Il apprit à Adam le nom de tous les êtres*» (II, 31). On dit aussi que celui qui voit Adam en rêve sera dupé par le discours de certains de ses ennemis ; mais il en sera délivré plus tard. Si Adam apparaît au rêveur, le visage et l'aspect altérés, cela signale le déplacement du rêveur d'un lieu à un autre, puis son retour au lieu initial.

Celui qui voit Seth, paix sur lui, aura la fortune et une descendance nombreuse, mais aussi une vie d'inquiétude.

Celui qui voit Idris[1] obtiendra de Dieu la vénérabilité et aura une issue heureuse.

Celui qui rêve de Noé, paix sur lui, aura longue vie, beaucoup d'épreuves et de nombreux ennemis. Il triomphera en fin de parcours et dira son immense gratitude envers Dieu, car il est dit de Noé dans le Coran: «*Il fut un serviteur reconnaissant*» (XVIII, 3). Le rêveur aura aussi une épouse respectueuse de la religion et en aura beaucoup d'enfants.

Voir Houd[2], paix sur lui, en rêve, vaudra pour le rêveur la calomnie de ses ennemis qui lui feront subir leur tyrannie. Il triomphera d'eux plus tard. Il en va de même pour celui qui voit Sâleh, paix sur lui.

Celui qui rêve d'Abraham, paix sur lui, accomplira le rite du Pèlerinage. On dit aussi qu'il pâtira sévèrement de la tyrannie d'un despote, puis triomphera de lui et d'autres ennemis encore. Dieu lui prodiguera une bonne fortune et une épouse vertueuse. Mais on dit aussi que rêver d'Abraham peut signale que le rêveur se révoltera contre son père.

On raconte que le Compagnon Sammâk Ibn Harb[3] , devenu aveugle a vu Abraham dans son rêve. Celui-ci a passé la main sur ses yeux et lui dit: «Va à l'Euphrate et plonge dans ses eaux, Dieu te rendra la vue !» A son réveil, il a suivi la consigne et a retrouvé la vue.

Quant à Isaac, paix sur lui, il a enduré des épreuves infligées par des personnages de haut rang et des proches ; Dieu l'en a délivré par la suite et il a obtenu puissance, honneur et félicité ; plusieurs

---

1- Nom arabe du prophète dénommé Hénok dans la Bible, descendant de Seth. (Coran XIX, 56 et XXI, 85).

2- L'un des prophètes arabes cités dans le Coran. Il a été envoyé au peuple de 'Ad, tandis que Sâleh et Chu'aïb, qui seront cités un peu plus loin, sont respectivement les prophètes de Thamûd et de Madian.

3 Compagnon de Compagnons du Prophète et transmetteur de *hadith* (mort en 123 de l'H.). La chronique retient en effet qu'il a perdu la vue et l'a retrouvée.

rois et princes sont du nombre de sa descendance. Le rêveur pourra avoir tout cela s'il a vu ce prophète dans l'éclat de sa beauté et dans l'excellence de son état. Mais s'il le voit dans une apparence altérée il perdra la vue, Dieu nous en préserve !

Voir en rêve Ismaël, paix sur lui, donnera au rêveur l'art de gouverner les hommes, et celui de leur parler. On dit aussi que le rêveur édifiera une mosquée ou contribuera à cette œuvre, selon ce que le Très-Haut a dit: «*Abraham et Ismaël élèvent les assises de la Maison*» (II, 127). D'autres disent que le rêveur qui voit ce prophète subira une peine qui lui viendra de son père puis Dieu lui en allégera le poids.

Celui qui rêve de Jacob aura un énorme chagrin à cause de certains de ses enfants. Dieu le délivrera, et il retrouvera son bien-aimé.

Rêver de Joseph fera connaître au rêveur l'injustice, la captivité et l'inimitié de ses proches. Il sera la cible de calomnie, mais ne tardera pas a obtenir un pouvoir qui lui soumettra ses ennemis. Car, dans l'interprétation des rêves, le frère figure toujours l'ennemi ; celui que l'on hait parce qu'il est charitable. Dans le Coran en effet les frères de Joseph lui ont dit: «*Fais-nous l'aumône*» (XII, 88).

On raconte qu'un homme a vu en rêve Joseph lui offrir sa paire de sandales. A son réveil il a décidé de devenir interprète de rêves. On dit aussi que Ibrahim al-Kermânî a vu Joseph lui parler dans un rêve, et il a demandé à ce prophète de l'instruire. Joseph l'a alors couvert d'une tunique. Al-Kermânî – on le sait – est l'un des interprètes connus.

Ibn Sîrîn a rapporté ce rêve qu'il a eu:

Je me suis vu pénétrant dans la mosquée quand j'ai aperçu trois vénérables vieillards accompagnés d'un beau jeune homme. Je me suis adressé à celui-ci et lui ai demandé son nom.

— Je suis Joseph !

— Et ces trois vénérables personnes ?

— Ce sont mes pères, Abraham, Isaac et Jacob…

— Instruis-moi de ce que Dieu t' a enseigné ! lui ai-je dit.

Il a alors ouvert la bouche et m' a dit:

— Regarde et dis-moi ce que tu vois !

— Je vois ta langue !

Il encore ouvert la bouche et a dit:

— Et maintenant, que vois-tu ?

— Je vois ta glotte !

Il a encore ouvert plus grande la bouche et m' a demandé:

— Et maintenant ?

— Je vois ton cœur !

— A présent, va ! Tu peux interpréter les rêves sans crainte !

Dès le lendemain, pas un rêve ne m' a été rapporté, sans que je pus en déchiffre le sens comme si je le lisais sur la paume de la main.

Celui qui rêve de Jonas fera preuve de précipitation, ce qui lui vaudra captivité et gêne mais Dieu le sauvera. Dans ce cas le rêveur sera un homme prompt à se mettre en colère, vivant dans une communauté de gens qui pratiquent la trahison.

Rêver de Chu' aïb, le visage altéré, annonce au rêveur la perte de la vue. S'il le voit dans une autre apparence, il sera injustement dépossédé par les siens de ce qui lui revient de droit. Ils le traiteront injustement mais il triomphera d' eux plus tard. Ce rêve peut signaler que le rêveur est père de filles.

Voir Moïse et Aaron, ou l'un d'eux, dans un rêve annonce la fin d'un tyran dominateur grâce à l'initiative du rêveur. S'il voit ces deux prophètes alors qu'il s'apprête à aller en guerre, il aura la victoire.

On raconte qu'une esclave de Sa'ïd Ibn al-Mussayyab[1] a vu Moïse, paix sur lui, dans un rêve, réapparu dans le Shâm, tenant un bâton, et marchant sur l'eau ; elle a relaté son rêve à Sa'ïd qui lui a dit:

— Si ton rêve est véridique, il indique la mort du calife Abdel-Malek Ibn Marwân !

— Mais comment peux-tu en être si sûr ? lui a-t-on demandé.

— Dieu, le Très-Haut, a envoyé Moïse pour briser les tyrans et, au Shâm, je ne vois pas un autre tyran, à part Ibn Marwân !Et il en a été comme il l'a prédit.

Celui qui voit Job en rêve souffrira dans sa personne et sera éprouvé dans ses biens, dans sa famille et ses enfants ; mais Dieu le dédommagera fortement, car il a été dit dans le Coran (à propos de ce prophète): «*Nous lui avons rendu sa famille / et deux fois plus nombreuse*» (XXXVIII, 43).

Rêver de David, annonce pour le rêveur la possession d'un pouvoir, d'une puissance et d'une royauté.

Salomon dans le rêve annonce royauté, savoir et science de la législation. Mais le voir mort sur une tribune ou sur un trône[2] annonce la mort d'un calife, d'un prince ou d'un chef. On n'apprendra la nouvelle que plus tard. On dit aussi que celui qui rêve de Salomon dominera ses alliés aussi bien que ses ennemis et voyagera beaucoup.

1- L'un des sept premiers jurisconsultes de l'Islam naissant, compagnon des Compagnons du Prophète (mort en 94/712).

2- Allusion au verset 34 de la sourate XXXVIII "*Oui, nous avons éprouvé Salomon / en plaçant un corps sur son trône...*" Les exégètes parlent d'un simulacre de son corps ou d'une illusion de ressemblance.

Voir en rêve Zaccharie, paix sur lui, annonce au rêveur, la naissance sur le tard d'un enfant qui sera pieux.

Rêver de Jean, conduira le rêveur dans la voie de la chasteté, de la piété et de l'irréprochable vertu, jusqu'à en devenir inégalé parmi ses contemporains.

Voir Jésus indique que le rêveur sera un homme bienfaisant, béni, générateur de bonté et grand voyageur. Il obtiendra savoir et médecine et bien d'autres connaissances.

Al-Hassan Ibn 'Alî, que Dieu soit satisfait du père et du fils, a dit:

«J'ai vu en rêve Jésus fils de Marie, et je lui ai dit:

— O Souffle de Dieu ! Je désire graver une inscription sur mon sceau, que dois-je inscrire ?

— Grave ceci: "Il n'y a de dieu que Dieu, le Vrai, l'Indubitable!" Une telle inscription dissipe soucis et anxiété.»

On raconte qu'une femme enceinte a rêvé de Jésus, paix sur lui, elle a mis au monde un enfant devenu, plus tard, un Sage.

Quant à celui qui rêve de Marie Fille de 'Imrân, il aura un haut rang, et un statut élevé parmi les hommes. Il réussira dans toutes ses initiatives. Si une femme enceinte rêve de Marie, elle aura un enfant qui deviendra un Sage. Si elle est calomniée, elle sera innocentée, grâce à Dieu. Cclui qui se voit prosterné devant Marie s'entretiendra avec un roi et le fréquentera.

Celui qui rêve de Daniel-le-Sage aura une grande chance et possédera la science de l'interprétation des rêves. Il triomphera d'un tyran, après avoir subi ses rigueurs. On dit aussi qu'il sera prince ou vizir. On raconte qu'Abû Abdullah al-Bahilî s'est vu en rêve portant Daniel sur les épaules ; il l'a déposé sur la bordure d'une haie, l'a salué et lui a parlé. Le prophète lui dit: «Bonheur à toi ! Tu es du nombre des héritiers des prophètes. Tu deviendras maître dans l'interprétation des rêves !»

Rêver de Khadher[1], paix sur lui, annonce fécondité et prospérité, après une période de sécheresse. Ce rêve annonce aussi la quiétude après une période de peur.

Certains affirment que le rêveur qui se voit frappé par un prophète aura ce qu'il désire en biens matériels et en acquis spirituels. Mais celui qui se voit devenir lui-même un prophète, parmi les prophètes connus, subira des épreuves dans les mêmes proportions que celles subies par ce prophète. Il triomphera en fin de parcours ou deviendra apôtre au service de Dieu, le Très-Haut.

Le rêve de Muhammad, l'Elu

Dieu le bénisse et lui accorde le salut

Abû Hurayra[2] a dit:

J'ai entendu l'Envoyé de Dieu dire: «Celui qui m'a vu en rêve, m'a vu réellement. Jamais. Satan ne s'incarne en moi !» Abû Qatâda confirme ce *hadith*.

Mâlek Ibn Anas[3] rapporte que le Prophète a dit: «Celui qui m'a vu en rêve n'ira plus en Enfer !»

Maître Abû Sa'ïd a dit:

Dieu a envoyé Muhammad pour bénir l'Univers. Bienheureux

1- A propos de Moïse le Coran ajoute ce récit, absent dans la tradition biblique, d'un voyage énigmatique de ce prophète en compagnie d'un "Sage" serviteur de Dieu . On ne sait s'il est ange ou prophète et le Texte ne le nomme pas. Il a montré à Moïse, avec le ton du Maître qui initie, les limites de son savoir de prophète.

2- Compagnon du Prophète; l'une des plus célèbres sources de la Tradition prophétique.

3 - Fondateur de l'une des quatre Ecoles sunnites de jurisprudence religieuse (93-179/712-795).

est celui qui l'a vu de son vivant, bienheureux celui qui le voit en rêve. Car si le rêveur est endetté, il acquittera ses dettes. S'il est malade, il guérira. S'il guerroie, il vaincra. S'il sort d'une épreuve, il accomplira le Pèlerinage à la Maison sacrée. Si on le voit dans une terre aride, elle sera fertilisée ; dans une contrée soumise à la tyrannie, la justice y régnera de nouveau ; dans un lieu soumis à la peur, il y aura la quiétude. Ceci au cas où on le voit selon son apparence vraie. Mais si on le voit pâle, agité ou mutilé, cela indique un déficit de la foi dans le lieu où s'est déroulé le rêve et l'apparition de l'hérésie. De même si on le voit mal vêtu. Si le rêveur se voit en train de boire le sang du Prophète en cachette, par amour pour lui, il mourra au Combat sacré ; mais s'il a bu son sang au grand jour, cela indique l'hypocrisie du rêveur et sa tendance à calomnier les siens et à leur nuire. Si le rêveur voit le Prophète malade puis guéri de son mal, les gens qui se trouvent dans le lieu où s'est déroulée la vision se rétabliront, après avoir été affectés. S'il est sur une monture, le rêveur visitera sa tombe sur une monture. S'il apparaît déambulant à pied, le rêveur fera à pied ce Pèlerinage. S'il le voit debout, le rêveur verra se prospérer ses affaires et celles du tenant de l'autorité dans son pays. Si on le voit appeler à la prière, dans un lieu désolé, ce lieu sera repeuplé. Et si le rêveur le voit partageant un repas avec lui, cela indique que le Prophète lui intimera l'ordre de s'acquitter de l'aumône légale.

Celui qui voit en rêve que le Prophète est mort, verra mourir quelqu'un de sa descendance. Si l'on assiste en rêve à ses funérailles dans un lieu précis, ce lieu connaîtra une grande catastrophe. Si le rêveur accompagne le cortège funéraire, jusqu'à la tombe, il penchera vers l'hérésie. Si le rêveur visite sa tombe, il aura une grosse fortune.

Si le rêveur voit qu'il est devenu le fils du Prophète, sans être vraiment de sa descendance, son rêve indique la pureté de sa foi. Mais s'il se voit père du Prophète son sentiment religieux s'amollira et sa foi faiblira, tout comme sa certitude. Enfin, la vision du Prophète ne concerne pas le rêveur seul, mais rejaillit sur l'ensemble de la Communauté des Musulmans.

Umm al-Fadhl[1] a rapporté à l'Envoyé de Dieu ce rêve qu'elle a eu:

— J'ai vu, lui dit-elle, comme un morceau de ton corps se découper puis venir se poser dans mon giron !

— C'est un bon rêve ! lui dit le Prophète. Fatima, ma fille, aura un enfant et tu l'installeras dans ton giron ! Et il en a été ainsi.

Une autre femme a dit au Prophète:

— O Envoyé de Dieu, j'ai vu en rêve un morceau de ton corps dans ma demeure !

— Fatima aura un garçon que tu allaiteras ! dit le Prophète ; cette femme a été en effet la nourrice d'al-Hussein.

Si le Prophète offre quelque chose parmi les biens de ce monde à un rêveur, un aliment ou une boisson, par exemple, il s'agira d'un bien dont le rêveur profitera dans la proportion de ce qu'il a reçu. Si le don est d'une nature médiocre, comme la pastèque, le rêveur évitera une terrible épreuve, mais pâtira de quelques maux et sera sujet à de la peine. Et si le rêveur se voit en possession d'un membre du Prophète, paix sur lui, c'est qu'il se trouve sur la voie de l'hérésie, résolu à s'y maintenir, en marge des lois de l'Islam et des Musulmans.

Le dénommé Ibn Abû at-Tayyeb le Pauvre a dit:

J'ai souffert de surdité pendant dix ans. J'ai entrepris le pèlerinage à Médine et passé la nuit entre la tombe du Prophète et sa tribune. J'ai rêvé du Prophète et lui ai dit:

— Vous avez bien dit, ô Envoyé de Dieu, que celui qui demande un moyen de salut, te devra ton intercession en faveur de lui, auprès de Dieu ?

1- Epouse d'un oncle du Prophète.

— *Dieu te protège !* m'a-t-il répondu. Je n'ai pas dit cela. J'ai dit plutôt: celui qui me demande de lui apporter un moyen de salut de Dieu me devra mon intercession auprès du Seigneur !

En me réveillant je me suis trouvé capable d'entendre, grâce à son «*Que Dieu te protège !*»

Abdullah Ibn al-Jalâ a raconté ceci:

Je suis arrivé à Médine dans un état de dénuement total. Je me suis dirigé vers le Mausolée du Prophète et de ses deux Compagnons et j'ai dit: «O Envoyé de Dieu ! Je suis dans le dénuement et je suis ton hôte !» Puis je me suis écarté dans un coin loin de la tombe pour m'endormir. J'ai alors rêvé du Prophète me donnant un pain que j'ai entamé.

Je me suis réveillé avec le reste d'un pain dans les mains.»

Le Lecteur Abû al-Wafâ a rapporté ce récit:

«J'ai rêvé de l'Elu quand j'ai résidé à Farghana en l'an 306. A l'époque j'étais Lecteur, et en récitant le Coran, dans la cour du Sultan, j'avais constaté que personne ne m'écoutait. Je rentrai chez moi dépité, et m' endormis. Je vis Prophète en rêvé, Dieu le bénisse et lui accorde le salut, le visage défait. Il me dit:

— Comment oses-tu réciter le Coran, la Parole de Dieu, qu'Il soit magnifié et glorifié, devant des gens qui bavardent et n'écoutent pas ! Ne récite plus à moins d'un contrordre de Dieu !

Pendant quatre mois, j'avais tenu ma langue. Même quand j'avais besoin de communiquer j'inscrivais ce que je devais dire sur un feuillet. Je finis par recevoir la visite d'hommes de *hadith* et de bon sens qui jugèrent qu'il m'étais possible de rompre mon mutisme, puisque le Prophète avait laissé la porte ouverte à une telle éventualité en parlant d'un contre ordre de Dieu. Je me mis donc à rechercher le sommeil à l'endroit même où j'avais fait le premier rêve. Je revis le Prophète le visage rayonnant, cette fois. Il me dit:

— Tu t'es repenti, à ce que je vois !

— Oui, ô Envoyé de Dieu !

— Dieu pardonne à ceux qui se repentent ! Sors ta langue !

Il passa son index sur ma langue et me dit:

— Quand tu es avec des gens et que tu récites la Parole de Dieu, interromps ta récitation, jusqu'à ce qu'ils soient attentifs à ce que tu récites !

Je me réveillai la langue dénouée, que Dieu soit loué.»

On raconte qu'un homme aisé, tombé malade, a rêvé un soir de l'Envoyé de Dieu, lui disant: «Si tu veux guérir prends "*ni... ni*"»! A son réveil il a dépêché à Sufiâne at-Thawrî[1] dix mille drachmes, pour qu'il les distribue aux pauvres. Sufiâne, interrogé sur l'interprétation de ce rêve, a expliqué que ce" *ni... ni*" signifie l'olivier, arbre que Dieu, le Très-Haut, a décrit dans Son Livre en ces termes: " *Un arbre béni / qui ne provient /* ni *de l'Orient* nide *l'Occident*" (XXIV, 35). [il a envoyé au rêveur ce message écrit]: «Les pauvres, grâce à ce que tu leur as donné, te les rendront en compassion, ce qui t'aidera à hâter ta guérison !» Le malade a donc utilisé l'olive en guise de médication et Dieu lui a rendu la santé parce qu'il a obéi à l'ordre de l'Envoyé de Dieu et fait grand cas d'un rêve où il est apparu.

On nous a rapporté aussi qu'un autre homme s'était adressé en rêve à l'Envoyé de Dieu pour se plaindre de son état de pauvreté. Le Prophète lui a indiqué d'aller trouver le vizir 'Alî Ibn 'Aïssa et de lui demander de quoi améliorer sa situation. Le rêveur a réclamé un indice permettant au vizir de considérer son cas. Le Prophète lui dit: «Tu lui rappelleras qu'il m'a vu en rêve, sur la grande place ; lui, debout sur un talus, puis il en est descendu pour venir vers moi et je lui ai ordonné de regagner sa position !» A son

1- Grand transmetteur de la Tradition prophétique. Le pouvoir omeyyade l'a persécuté et il est mort dans des circonstances mystérieuses en l'an 161/776. Ibn an-Nâdîm rapporte qu'il a brûlé tous ses écrits.

réveil l'homme est allé voir le vizir qui a confirmé son récit et lui a remis quatre cents dinars pour s'acquitter de ses dettes, quatre cents autres pour se constituer un capital, lui promettant davantage encore quand il aurait tout dépensé.

Un dénommé Maradek, marchand de châles à Bassora, a dit:

«J'ai vendu un grand châle à un gouverneur de Ahwâz. Nous avons eu un désaccord sur le prix de la marchandise et le gouverneur s'est permis d'insulter les califes Abû Bakr et 'Umar, que Dieu soit satisfait d'eux. Son rang m'a empêché de lui répliquer. Rentré chez-moi, troublé et chagriné, je me suis couché et j'ai rêvé du Prophète. Je lui ai dit:

— O Envoyé de Dieu, j'ai entendu quelqu'un insulter Abû Bakr et 'Umar !

— Amène-le ici ! m'a dit le Prophète.

J'amène le gouverneur et le Prophète m'ordonne alors de l'égorger. Je me suis trouvé d'abord incapable de commettre un tel acte jusqu'à ce que le Prophète me réitère son ordre trois fois. J'ai donc fait courir le couteau sur sa gorge et l'ai égorgé. Au matin, j'ai décidé d'aller voir cet homme pour le sermonner et lui raconter ce que j'avais vu dans mon rêve. Arrivé près de sa demeure, j'ai entendu des lamentations. Et j'appris que le gouverneur venait juste de mourir.»

Un homme dont la foi n'est pas mise en doute est venu voir Ibn Sîrîn et lui dit:

— Je me suis vu hier en rêve posant le pied sur le visage de l'Envoyé de Dieu !

— As-tu gardé tes sandales en te couchant, hier ? lui demande Ibn Sîrîn.

— En effet... dit l'homme.

— Enlève-les !

Et l'homme a trouvé une pièce de monnaie sous sa plante du pied, gravée du nom de l'Envoyé de Dieu.

chapitre trois

Rêver des anges

paix sur eux

Si [le rêveur] *est malade*
et voit un ange copuler avec
un autre ange
il saura que sa mort est imminente.

Le vénérable Abû Bakr Ja'far Ibn al-Khayyât a dit:

«J'ai rêvé du Prophète, Dieu le bénisse et lui accorde le salut, assis en compagnie de plusieurs pauvres ayant l'air de *sûfis*. Soudain, le ciel s'est fendu et Gabriel en est descendu avec d'autres anges tenant coupes et aiguières. Ils se sont mis à verser de l'eau sur les mains des pauvres et à leur laver les pieds. J'ai tendu les mains pour recevoir les coulées d'eau et ils se sont ravisés. Ils ont dit: «Non ! Pas celui-là, il n'est pas des leurs ! «Je me suis adressé au Prophète et lui dit: "O Envoyé de Dieu, je ne suis certes pas des leurs mais je les aime !" Et le Prophète a dit: "Le Croyant est assimilé à ceux qu'il aime !" Les anges m'ont versé de l'eau sur les mains et j'ai pu me laver !»

Maître Abû Sa'ïd a dit:

Voir les anges dans le rêve, quand ils sont identifiables et rayonnants, indique une bonne nouvelle pour le rêveur, gloire et puissance, bon augure et victoire à la suite d'une injustice subie. Cela signale aussi la sérénité après un moment de désarroi, l'aisance après la misère et une heureuse issue après une dure épreuve. Un tel rêve appelle l'accomplissement du Pèlerinage et la participation du rêveur au Combat sacré à la recherche du martyre.

Si le rêveur voit qu'il est animé d'un sentiment d'hostilité à l'égard de Gabriel ou de Michaël ou s'il s'oppose à eux, il subira de temps en temps le courroux de Dieu, car il sera d'accord en cela avec les Juifs, Dieu nous en protège.

S'il se voit acceptant de la nourriture de la main de Gabriel, il sera, si Dieu le veut, parmi les gens du Paradis.

Mais voir Gabriel triste et soucieux entraînera pour le rêveur épreuves et punitions, car il est l'Ange du Châtiment.

Celui qui rêve de Michaël réalisera ses désirs ici-bas et dans la vie future, s'il est un homme pieux. Sinon, qu'il prenne garde à lui. S'il le voit dans un lieu précis, il y aura la pluie pendant l'année et la vie deviendra moins chère. S'il fait un don au rêveur, celui-ci aura prospérité et bonheur, car il est l'Ange de la charité.

Voir en rêve l'Ange Raphaël souffler dans son cor et croire que l'on a été seul à l'entendre, signifie pour le rêveur la venue de la mort. S'il lui a semblé que tous les habitants du lieu du rêve l'ont entendu, la mort s'abattra sur ce lieu. On dit aussi qu'un tel rêve peut signifier l'établissement de la justice après la tyrannie et la dissipation des ténèbres.

Celui qui voit l'Ange de la mort, paix sur lui, content, mourra martyr. S'il le voit renfrogné et courroucé, il mourra sans repentir. Celui qui se voit luttant avec cet Ange et le vaincre mourra. Mais si c'est l'Ange qui l'a vaincu, il approchera la mort de très près mais Dieu le sauvera. On affirme, enfin que celui qui rêve de l'Ange de la mort aura longue vie.

Hamza az-Zayyat[1] a raconté un rêve où il a vu l'Ange de la mort et il l'a interrogé ainsi:

— O Ange de la mort, peux-tu me dire si je dois espérer trouver quelque mérite auprès de Dieu ?

— Que si ! lui dit-il. La preuve, c'est que tu vas mourir à Halwâne ![2] Et il en a été d'ailleurs ainsi.

Si le rêveur voit l'ange lui annoncer la naissance d'un enfant, il aura un garçon qui deviendra savant, obéissant et méritant, selon la

1- Hamza Ibn Habîb, l'un des sept conservateurs de la "récitation canonique", *qirâat* ; marchand d'huile – d'où son surnom *az-Zayyat* -- mort en effet à Halwâne en Irak, en l'an 156/773.

2- Ville dont le nom évoque la douceur et les sucreries.

parole du Très-Haut: «*Les anges dirent à Marie / "O Marie / Dieu t'annonce / la bonne nouvelle d'un Verbe émanant de lui"*» (III, 45) ; *ou encore: «Il [l'Ange] dit: / "je ne suis que l'envoyé de ton Seigneur / pour te donner un garçon pur*"» (XIX, 19). Et si le rêveur voit les anges tenant des plateaux de fruits, il quittera ce monde en martyr.

Si le rêveur voit entrer dans sa demeure un ange, il doit prendre garde, cela annonce un cambrioleur. Si l'ange lui dérobe des armes qui lui appartenaient, il perdra sa puissance et sa prospérité ou se séparera peut-être de sa femme.

Voir les anges dans un lieu, et en avoir peur, annonce discorde et guerre en ce lieu. Mais s'il voit les anges guerroyer, le rêveur triomphera de ses ennemis. Les voir à genoux ou prosternés devant lui, lui vaudra un plus haut rang et une grande renommée. S'il se voit luttant avec un ange, il aura chagrin et soucis à la suite du bien-être. Le rêveur malade qui voit un ange copuler avec un autre ange mourra aussitôt. Rêver des anges descendre du ciel selon leur allure connue, indique la puissance des gens qui détiennent la vérité et la défaite des hommes de vanité ainsi que le triomphe des Combattants.

Celui qui rêve des anges sous l'aspect de femmes mentira à Dieu, car le Très-Haut a dit: «*Votre Seigneur aurait-il choisi pour vous des fils / et se serait-il donné des filles, parmi les Anges ? / Vous prononcez là une parole monstrueuse*» (XVII, 40) Celui qui se voit planant dans les airs avec les anges puis monter au ciel pour ne plus revenir, aura les honneurs ici-bas, puis mourra martyr.

Le rêve ou l'on se voit en train de regarder les anges en face annonce un malheur, car Dieu, le Très-Haut, a dit: «*Le jour où les coupables verront les Anges / ce ne sera pas, pour eux une bonne nouvelle ce jour-là*» (XXV, 22). Celui qui voit que les anges le maudissent doit y voir l'indice d'une faible foi. S'il voit que les anges s'agitent il connaîtra la ruine de sa famille et de sa demeure. S'il rêve d'un groupe d'anges dans un lieu, une cité ou un hameau, son rêve annonce la mort d'un grand savant ou d'un saint homme dans ce lieu même, ou alors là sera assassiné injustement un homme, ou là s'écroulera une demeure sur ses habitants. Et s'il rêve que des anges s'adonnent à son propre métier, cela indique sa supériorité professionnelle.

Si dans le rêve un ange dit au rêveur: «Lis le Livre de Dieu !» et si le rêveur est un homme de bien, il aura un malheur. S'il n'est pas homme de bien, qu'il prenne garde à cette parole de Dieu: «*Lis ton livre ! / Il suffit aujourd'hui / pour rendre compte de toi-même*» (XVII,14).

Rêver que des anges sont installés sur une hauteur annonce la fin d'un tyran. Et voir des volatiles qu'on ne peut identifier dans un lieu précis indique que la vengeance [de Dieu] s'abattra sur les injustes et fera triompher leurs victimes.

Celui qui voit les anges dits «Nobles scribes» aura joie et bonheur ici-bas et dans la vie future. Il aura une issue heureuse, s'il est du nombre des gens du bien ; sinon, il y a lieu de craindre pour lui ce que ce verset annonce: «*De nobles scribes / qui savent ce que vous faites*» (LXXXII, 11).

Certains de ceux qui détiennent un savoir dans cet art d'interpréter les rêves ont dit que rêver d'un ange sous l'aspect d'un vieillard est l'indice d'un temps passé, sous l'aspect juvénile indique le présent et dans l'apparence d'un enfant signifie l'avenir.

Quant à celui qui se voit lui-même devenir un ange il sortira d'une dure épreuve. S'il est dans l'esclavage il sera affranchi. S'il est noble, il aura un pouvoir. Mais s'il est malade un tel rêve annonce sa mort.

S'il voit que les anges le saluent, Dieu lui donnera la clairvoyance et il aura une fin heureuse.

On raconte que Samuel le Juif, commerçant de son état, a vu dans un rêve, lors d'un voyage, des anges appeler la bénédiction de Dieu sur lui. Il a interrogé un interprète qui lui a dit: «*Tu entreras dans la religion de Dieu [l'Islam] et dans la Loi de Son Envoyé, si je dois me référer à ce verset: "C'est lui qui étend sa bénédiction / – ainsi que ses anges – / pour vous faire sortir des ténèbres vers la lumière"*» (XXXIII, 43). Le rêveur s'est effectivement converti à l'Islam et Dieu l'a guidé sur la voie droite. En réalité, il s'est converti parce qu'il a aidé une fois un homme endetté le sauvant d'un créancier trop insistant.

chapitre quatre

Rêver des Compagnons du Prophète et de leurs compagnons

*que Dieu soit satisfait d'eux
et qu'Il les satisfasse*

*«Celui qui a peur
ne peut avoir que le rêve qu'il désire.
Il cherchera
dans l'interprétation
une issue
ou la disparition de sa crainte.*
'Alî Ibn Abî Tâleb

Celui qui rêve d'eux, un à un ou rassemblés et en vie, aura une foi solide. Il obtiendra puissance, honneur et haut rang. Si le rêveur se voit devenir l'un d'eux, il subira de dures épreuves, mais aura le succès par la suite. S'il les voit souvent en rêve sa condition de vie sera améliorée.

Celui qui rêve d'Abû Bakr, que Dieu soit satisfait de lui, vivant, fera preuve - grâce à Dieu - d'attendrissement et de commisération à l'égard des serviteurs de Dieu.

Le rêveur qui voit 'Umar, que Dieu soit satisfait de lui, vivant, aura une foi solide, la rectitude dans le discours et la bonne conduite dans tous ses agissements.

Celui qui rêve de 'Uthmân, que Dieu soit satisfait de lui, vivant, sera pudique et homme de prestige, mais ses envieux seront nombreux.

Celui qui rêve du Prince des Croyants, 'Alî Ibn Abî Tâleb, que Dieu anoblisse sa face, vivant, aura le savoir, le courage et le goût du renoncement aux biens de ce monde.

Celui qui voit en rêve les Récitants [premiers transmetteurs du Coran] rassemblés dans un endroit précis verra se réunir dans ce même endroit hommes de pouvoir, souverains, commerçants et savants.

Voir un saint homme, déjà mort, revenir à la vie dans une ville vaudra, pour cet endroit, prospérité, bonheur et un homme de gouvernement agira dans ce lieu d'une manière plus louable que par le passé.

Un rêveur qui a eu la vision de Hassan al-Basrî, que Dieu ait son âme, m'a rapporté qu'il l'a vu vêtu de lainage, ceint d'une cordelière, les pieds enchaînés, portant un châle couleur miel, debout sur un monticule d'ordures, jouant du tambour, tout en s'adossant à la *Ka'ba*. J'ai raconté ce rêve à Ibn Sîrîn qui m'a dit: «Le lainage qu'il porte c'est son renoncement aux biens de ce monde ; sa cordelière, c'est la solidité de sa foi ; le miel évoqué par la couleur de son châle, c'est son amour du Coran et c'est l'exégèse qu'il prodigue aux gens. Qu'il ait été vu debout sur un tas d'ordures signifie que Dieu a mis ce bas monde à ses pieds ; son tambour indique qu'il a bien diffusé sa sagesse parmi les hommes ; et qu'il se soit adossé à la *Ka'ba* montre qu'il s'est réfugié auprès de Dieu, qu'Il soit glorifié et magnifié.»

chapitre cinq

Rêver des sourates du Coran

Rêver de la récitation de la sourate Les Femmes
fera du rêveur un homme habile à opérer les partages canoniques des héritages.
Il sera aussi en possession de nombreuses femmes libres ou esclaves
il en héritera et on n'héritera de lui qu'après une longue vie.

Maître Abû Sa'ïd a rapporté ce récit:

Un homme vient de décéder et son frère le voyant en rêve lui a demandé:

— Quelle est donc la meilleure de vos activités, là-haut ?

— La récitation du Coran !

— Et le meilleur des versets ?

— Le verset du Trône ! [II, 255]

— Et en quoi espérions-nous être mieux lotis qu'ici-bas ?

— Eh bien, vous, vous travaillez sans savoir et nous, nous savons sans travailler !

Celui qui se voit lire la *Fatiha*, [prélude du Livre] verra s'ouvrir devant lui les portes des bienfaits et se refermer les portes du mal. Lire en rêve la sourate de *La Vache* vaudra au rêveur longue vie et foi solide.

Lire en rêve la sourate de *La famille des 'Imrân* donnera au rêveur un esprit lucide, une âme pure et lui permettra de soutenir la controverse avec les gens de l'erreur.

Rêver de la récitation de la sourate *Les Femmes* fera du rêveur un homme habile à opérer les partages canoniques des héritages. Il sera aussi en possession de nombreuses femmes, libres ou esclaves ; il en héritera et on n'héritera de lui qu'après une longue vie.

Rêver de la récitation de la sourate de *La Table servie* fera accéder le rêveur à un haut rang. Sa certitude en sera plus renforcée et sa piété plus fervente.

Lire en rêve la sourate *Les Troupeaux* donnera au rêveur davantage de bétail, d'animaux de trait et de troupeaux ; il sera aussi, grâce à Dieu, très généreux.

Celui qui se voit en rêve en train de lire la sourate *al-'Arâf* ne quittera le monde qu'après avoir foulé la terre du Mont Sinaï.

Rêver de la récitation de la sourate *Le Butin* permettra au rêveur la victoire sur ses ennemis ; il en aura de nombreuses prises de guerre.

Pour celui qui récite en rêve la sourate de *Jonas*, une plus grande piété. Il sera à l'abri des intrigues et de l'ensorcellement.

Rêver de la récitation de la sourate de *Houd* comblera le rêveur en produits de la terre et en descendance.

Celui qui se voit récitant la sourate de *Joseph* sera d'abord victime d'une injustice, puis aura le pouvoir et émigrera vers une nouvelle résidence.

Celui qui se voit en rêve récitant la sourate du *Tonnerre* sera respectueux de ses alliances. Il vieillira rapidement.

Quant à la sourate *al-Hijr,* elle vaudra des louanges au rêveur auprès des hommes comme auprès de Dieu. La sourate *Les Abeilles* le comblera d'un savoir. Si le rêveur est malade il en sera guéri. Lire en rêve la sourate des *Fils d'Israël*[1] vaudra au rêveur la considération auprès de Dieu ; et il triomphera de ses ennemis.

Lire en rêve la sourate de *La Caverne* permettra au rêveur de réaliser ses souhaits. Il aura une si longue vie qu'il s'en lassera et espérera la mort.

Celui qui récite en rêve la sourate de *Marie* fera revivre les Traditions du plus grand des prophètes, Dieu le bénisse et lui accorde la paix ; il sera l'objet de calomnies et en sera lavé. La sourate *Taha* récitée en rêve annule les sortilèges des ensorceleurs.

1- Ancienne appellation de la sourate *Le Voyage Nocturne* dans les premières recollections.

Lire en rêve la sourate *Les Prophètes* vaudra au rêveur une heureuse issue après la peine, la prospérité après la pénurie ; il en aura aussi savoir et piété.

La sourate *Le Pèlerinage*, récitée en rêve permettra au rêveur, si Dieu le veut, de réaliser plusieurs Pèlerinages .

Quant à la sourate des *Croyants*, elle donnera au rêveur qui se voit en train de la réciter une force dans la foi et il en sera toujours ainsi pour lui. *La Lumière* illuminera son cœur et sa tombe. La *Loi*[1] fera de lui un tranchant entre le Vrai et le vain.

Celui qui récite en rêve la sourate des *Poètes* sera immunisé, grâce à Dieu, contre tous les vices. *Les Fourmis* vaudra au rêveur l'acquisition d'une souveraineté.

La sourate *Le Récit* dans le rêve signifie une fortune acquise d'une manière licite. Celle de *L'Araignée* donne paix et protection divines au rêveur jusqu'à la fin de ses jours.

Celui qui se voit en rêve récitant la sourate *Les Romains* fera la conquête, grâce à Dieu, d'une cité appartenant aux infidèles. Des incroyants seront guidés par lui sur la voie droite. Le rêveur récitant la sourate de *Loqmân* aura la sagesse. Celui qui récite en rêve la sourate de *La Prosternation* mourra prosterné dans sa prière et aura la Félicité auprès de Dieu. La sourate des *Factions* vaudra au rêveur la piété et le cheminement sur la voie de la vérité.

Réciter en rêve la sourate de *Saba'* fera renoncer le rêveur aux choses de ce monde et il préférera la solitude. La sourate *Le Créateur* ouvrira les portes des bienfaits de Dieu. La sourate *Yâ. Sîn* fera aimer au rêveur la Famille de l'Envoyé de Dieu, Dieu le bénisse et lui accorde le salut.

Réciter en rêve la sourate de *Ceux qui sont placés en rang* donnera au rêveur un enfant dont la foi sera assurée et qui sera obéissant. La sourate *Çâd* fera prospérer la fortune du rêveur et lui donnera la maîtrise de son art. La sourate des *Groupes* confortera

---

1- La sourate s'appelle en arabe *al-Furqân,* litt. le Séparateur.

la foi du rêveur et lui vaudra une issue heureuse.a sourate de *Celui qui pardonne* vaudra au rêveur un haut rang en ce monde et dans la vie future Il sera une source de bienfaits pour les autres. Le rêveur qui se voit récitant la sourate des *Versets clairement exposés* sera un héraut de la vérité et aura de nombreux admirateurs.

La sourate de *La Délibération* vaudra une très longue vie au rêveur. Celle de *L'Ornement* le rendra véridique dans ses discours. Celle de *La Fumée* le rendra riche. *Celle qui est agenouillée* fera du rêveur un homme soumis à Dieu, sa vie durant.La sourate *al-Ahqâf* fera accéder le rêveur qui l'a récitée aux merveilles de ce monde ; tandis que la sourate de *Muhammad*, Dieu le bénisse et lui accorde le salut, lui donne la rectitude dans sa conduite. *La Victoire* est la sourate qui fera triompher, dans le Combat sacré celui qui se voit en rêve en train de la réciter.Rêver de la récitation de la sourate des *Appartements privés* donnera au rêveur l'occasion de se rapprocher davantage des siens ; alors que la sourate *Qâf* lui donnera aisance et fortune ; ainsi que *Ceux qui se déplacent rapidement*, qui l'enrichira en produits de la terre comme en progéniture.Réciter *Le Mont* en rêve installera le rêveur aux voisinages de la Mecque. *L'Etoile* lui annonce un bel enfant studieux. *La Lune* fera qu'il sera ensorcelé sans en être affecté. La sourate *Le Miséricordieux* comblera le rêveur des bienfaits de ce monde et de la Bénédiction dans l'au-delà. *Celle qui est inéluctable* fera du rêveur un homme prompt à l'obéissance [aux lois divines]. Réciter en rêve la sourate *Le Fer* le rendra digne de louanges et sain de corps.éciter en rêve la sourate *La discussion* fera du rêveur un contradicteur des gens de l'erreur et il les dominera par ses arguments. Réciter en rêve *Le Rassemblement* décimera, grâce à Dieu, les ennemis du rêveur. La sourate *L'Epreuve* fera subir à celui qui s'est vu la réciter une pénible épreuve dont il sera récompensé par la suite. *Les Rangs* est la sourate qui conduira au martyre le rêveur qui l'a récitée. *Le Vendredi* rassemblera les bienfaits entre les mains de celui qui la récitera en rêve. Se voir en rêve récitant la sourate des *Hypocrites* indique que le rêveur est lavé de ce vice de l'hypocrisie. La sourate dite *La Duperie réciproque* le maintiendra dans le droit chemin. Mais la sourate de *La Répudiation* fera que le rêveur en désaccord avec son épouse se séparera d'elle.elui qui récite en rêve la sourate de *La Royauté* augmentera ses possessions. La sourate *Nûn* donnera au rêveur, grâce à Dieu, l'art de l'écriture. *Celle qui doit venir* fera de lui un homme véridique. *Les Degrés* l'installera dans la quiétude et le fera triompher. La sourate de *Noé* fera du rêveur un homme qui appellera au bien et découragera les autres de commettre le mal. Il triomphera de ses ennemis. La sourate des *Djinns* l'immunisera contre les mauvais génies. La sourate de *Celui qui s'est enveloppé* le préparera à réussir une vie de contemplation. Tandis que la sourate de *Celui qui est* revêtu *d'un manteau* rendra meilleure sa conduite. Celle de *La Résurrection* fera éviter les vains serments au rêveur, pour toujours. La sourate de *L'Homme* le rendra très généreux, très reconnaissant envers Dieu et sa vie en sera meilleure. Et la sourate *Les Envoyés* vaudra au rêveur une plus grande fortune.Réciter en rêve la sourate *L'Annonce* grandira le rêveur et étendra sa bonne renommée parmi les hommes. Avec la sourate *Ceux qui arrachent* les soucis seront dissipés ainsi que les ressentiments. La sourate *Celui qui s'est renfrogné* le poussera à pratiquer davantage l'aumône légale ou volontaire. *Le Décrochement* augmentera la nombre de ses voyages vers l'Orient, en même temps que ses profits au cours de ces voyages. *La Rupture du Ciel* lui vaudra la générosité des souverains et le rapprochera d'eux. *Les Fraudeurs* dans le rêve lui vaudra d'être honnête, dévoué et juste. *La Déchirure* lui donnera une descendance nombreuse. La sourate des *Constellations* lui évitera les soucis, le fera accéder à un savoir précis - peut-être, dit-on, celui des astres. La sourate de *L'Astre Nocturne* portera le rêveur à célébrer les louanges de Dieu, le Très-Haut, et lui donnera plus d'aisance dans la gestion de ses affaires. *Celle qui enveloppe* élèvera son rang, étendra sa renommée et son savoir. La sourate de *L'Aube* lui conférera splendeur et prestige. Celle de *La Cité* le poussera à nourrir les affamés et à rendre heureux les orphelins. La sourate du *Soleil* lui assurera l'intelligence et la présence d'esprit dans la considération des choses. *La Nuit* lui inspirera la prière nocturne et lui évitera l'indiscrétion des autres. *La Clarté du Jour* le portera à soigner les miséreux et les orphelins. On m'a rapporté qu'un alaouite[1] a rêvé de cette sourate qu'il a vue inscrite sur son front. Il a raconté son rêve à Ibn al-Mussayyab qui l'a interprété comme le signe d'une mort imminente. L'auteur du rêve est mort effectivement la nuit suivante.Réciter en rêve la sourate de *L'Ouverture* permettra au cœur du rêveur de s'ouvrir, grâce à Dieu, à l'Islam ; ses affaires en seront plus abordables et les soucis le quitteront. La sourate du *Figuier* récitée en rêve, diligentera les affaires du rêveur et rendra plus aisés ses profits. *Le Caillot de sang* lui donnera la maîtrise de l'art de l'écriture, celui de l'éloquence et l'humilité. *La Preuve décisive* fera que le rêveur guidera dans le droit chemin des hommes égarés. Celle du *Tremblement* donnera au rêveur, grâce à Dieu, l'occasion de faire trembler la terre sous les pieds des impies. La sourate des *Coursiers rapides* donnera au rêveur chevaux et haras. Avec *Celle qui fracasse* le rêveur aura la dévotion et la crainte de Dieu. *La Rivalité* le poussera à l'indifférence et au renoncement à l'égard de sa fortune. *L'instant* lui donnera l'endurance, l'assistera sur la voie de la vérité ; il perdra en un premier temps dans ses activités commerciales puis aura de grands profits. La sourate du *Calomniateur* indique qu'il rassemblera une grande fortune et qu'il la dépensera pour réaliser de bonnes actions. La sourate de *L'Eléphant* lui donnera la victoire sur ses ennemis et, grâce à lui, l'Islam fera la conquête de nouvelles contrées. La sourate de *Quraïch* indique que le rêveur aura à nourrir des pauvres et unira son cœur à ceux des serviteurs de Dieu dans l'amour du prochain. Réciter la sourate *Le Nécessaire* permettra au rêveur de triompher de ses contradicteurs et de ceux qui lui résistent. Avec la sourate de *L'Abondance* le rêveur aura grande prospérité ici-bas. Avec *Les incrédules* il réussira dans sa lutte contre les infidèles. *Le Secours* le fera triompher de ses ennemis et ce rêve indique aussi qu'il approchera de la mort, car c'est la sourate qui a annoncé le décès

1- Partisan politique de 'Ali.

du Prophète, Dieu le bénisse et lui accorde le salut. On raconte qu'un homme est venu consulter Ibn Sîrîn pour un rêve où il s'est vu en train de lire cette sourate. Ibn Sîrîn lui a conseillé de rédiger son testament lui affirmant que son heure est arrivée. L'homme dit: «Et pourquoi donc le croyez-vous ?» Ibn Sîrîn a répondu: «C'est la dernière sourate descendue du Ciel !»

Le rêveur qui se voit lire la sourate de *La Corde* sera menacé par les duperies d'un hypocrite qui s'apprête à lui nuire et guettera ses faiblesses, mais ce conspirateur sera vaincu, grâce à Dieu. Le rêveur qui lit *Le Culte pur* réalisera ses souhaits, étendra sa renommée et sera protégé des égarements de la solitude. On affirme aussi qu'il aura une famille à charge peu nombreuse et une vie heureuse. On dit également que la récitation de cette sourate indique l'approche de la mort. On raconte en effet qu'un saint homme s'est vu en rêve avec cette sourate gravée entre les deux yeux. Il a relaté son rêve à Ibn al-Mussayyab qui lui a dit: «Si ton rêve est véridique ta mort approche !» Et il en a été ainsi.Le rêveur qui récite la sourate de *L'Aurore* écartera de lui, grâce à Dieu, le maléfice des humains et des djinns, des vermines et des envieux. Enfin, rêver de la récitation de la sourate des *Hommes* protégera le rêveur des nuisances de Satan et de ses démons ainsi que de leurs tentations.Maître Abû Sa'ïd a dit: Le principe de l'interprétation dans ce type de visions est d'examiner le rêve rapporté selon que le verset récité annonce salut, prospérité, quiétude et félicité ou signale un blâme avertissant le rêveur d'un péché consommé ou projeté. Ainsi s'il se voit lire le Coran de mémoire, il sera homme de confiance, maintenant le cap sur la voie de la vérité, appelant aux bonnes actions, déconseillant le mal. Si la récitation rêvé e se fait en lisant dans le Livre, le rêveur aura sagesse, puissance, renommée et constance dans la foi. Il appellera au bien et déconseillera le mal. Il est dit dans le Coran: «*Il existe parmi les gens du Livre / une communauté dont les membres récitent, durant la nuit, les versets de Dieu /* [...] *Ils ordonnent ce qui est convenable / interdisent ce qui est blâmable*» (III, 113-114).Rêver du Livre en tant que tel [*Muç'haf*] appelle quelques réflexions. Si le rêveur se voit acheter une copie du Coran, sa science en matière de religion sera plus étendue et il en tirera profit. S'il se voit vendre un Coran, il sera comptable de turpitudes. S'il le brûle sa foi en sera corrompue. S'il vole un Coran, il en oubliera la prière. S'il se voit avec un Coran entre les mains et qu'il l'ouvre sans trouver d'inscriptions, il saura que son apparence contredit ce qu'il cache. S'il se voit avalant les feuillets d'un Coran, on saura qu'il est copiste chargé de reproduire le Livre de Dieu contre un salaire et qu'ainsi il gagne sa vie par un moyen illicite. S'il se voit embrassant un Coran, il sera à la hauteur de ses devoirs.Celui qui se voit en train de graver un passage du Coran sur une poterie ou sur de la nacre émettra des jugements personnels sur le Livre saint. S'il l'a gravé à même le sol, il montrera son incroyance. On raconte que Hassan al-Basrî, que Dieu ait son âme, s'est vu en rêve en train de calligraphier des versets du Coran sur un habit. Il a rapporté son rêve à Ibn Sîrîn qui lui a dit: «Crains Dieu et n'explique plus le Coran par ton opinion ! Ton rêve l'indique»Si le rêveur se voit récitant le Coran alors qu'il est dévêtu, son rêve indique qu'il est homme de passions coupables. S'il en mange les feuillets on saura qu'il vit du métier de copiste. S'il l'utilise comme repose-tête, on saura qu'il est homme à négliger ses devoirs à l'égard de ce Livre de Dieu, car le Prophète a dit: «Ne vous reposez pas sur le Coran.» S'il voit qu'il a appris le Coran et qu'il n'en est rien en réalité, il possédera un royaume, car Dieu a dit [citant la réponse de Joseph au roi d'Egypte]: «*J'en serai le gardien compétent*» (XII, 55). Celui qui écoute en rêve la récitation du Coran verra son pouvoir renforcé et aura une fin heureuse. Si l'exemplaire du Coran lui a été confisqué il sera dépossédé de son savoir et ses activités en ce monde en seront interrompues. S'il voit qu'on récite devant lui le Coran sans qu'il arrive à en saisir le sens, il sera victime d'un désagrément qui lui sera infligé soit par Dieu, soit par le souverain, car Dieu a dit: «*Ils ont dit: / "Si nous avions entendu / ou si nous avions compris / nous ne serions pas du nombre / des hôtes du Brasier"*» (LXVII, 10). S'il se voit lisant un verset de félicité et arriver à un verset de tourmente et qu'il en trouve la lecture difficile, il quitte ses peines ; mais s'il lit un verset de tourmente et qu'il arrive à un verset de félicité, sans pouvoir le déchiffrer, il restera dans la peine. S'il se voit achever la lecture du Coran il obtiendra ce qu'il a souhaité et sa prospérité augmentera.On raconte qu'une femme s'est vue en rêve en train de lire un Coran qu'elle avait posé sur les genoux. Deux poussins sont alors venus picorer toutes les inscriptions, une à une. Elle a rapporté son rêve à Ibn Sîrîn qui lui a dit: «Tu mettras au monde deux enfants qui apprendront par cœur le Coran !» Et il en a été ainsi.Un homme s'est vu en rêve détacher un à un les feuillets d'un [exemplaire du] Coran et les jeter aux flammes d'un brasier. Il a fini par éteindre le feu. Il a rapporté son rêve à un interprète qui a prédit une grande discorde entre des gens du pouvoir ; elle ne s'apaisera que le jour où l'auteur de ce rêve invoquera le Coran. Et il en a été ainsi.Rêver que l'on écoute le Coran consolidera le pouvoir du rêveur, lui assurera une heureuse issue et il sera protégé de toutes les intrigues, car Dieu a dit: «*Quand tu lis le Coran / nous plaçons un voile épais / entre toi et ceux qui ne croient pas à la vie future*» (XVII, 45).

chapitre six

Interpréter les rêves liés à l'islam

Si le rêveur incroyant se voit quitter la demeure du polythéisme vers la Demeure de l'Islam sa mort sera imminente car la Demeure de l'Islam est la Demeure de la Vérité.

Maître Abû Sa'ïd, que Dieu ait son âme, a dit:

Tout polythéiste qui se voit lui-même en rêve ou qui sera vu par un autre, au Paradis ou orné de bracelets d'argent, entrera dans la religion de l'Islam, selon la parole de Dieu, le Très-Haut: «*Ils seront parés de bracelets d'argent*» (LXXVI, 21). De même quand le rêveur infidèle se voit entrant dans une citadelle, selon ce dit du Prophète: «Dieu dit: Sachez que la formule "*Il n'y a de dieu que Moi*" est Ma citadelle, celui qui y pénètre sera à l'abri de Ma tourmente !» Si le polythéiste se voit en rêve converti à l'Islam ou faisant la prière en direction de la *qibla*[1] ou en train de louer Dieu, il sera guidé sur la voie de l'Islam. Si le rêveur incroyant se voit quitter la demeure du polythéisme vers la Demeure de l'Islam, sa mort sera imminente, car la Demeure de l'Islam est la Demeure de la Vérité.

Si un Musulman se voit en rêve affirmant qu'il est entré en Islam, ses affaires seront améliorées et sa fidélité [à Dieu] sera plus solide.

Parmi les polythéistes celui qui se voit en rêve mort puis ressuscité, entrera en Islam. De même s'il se sent habité d'une sérénité au cœur ou s'il se voit naviguer en mer.

1- Orientation de la prière de l'Islam en direction de la Mecque.

chapitre sept

Rêver de salutations et de poignées de main

Se voir en rêve saluant un vieillard inconnu indique que le rêveur copulera avec une belle femme.

Celui qui se voit en rêve donner une poignée de main ou donner l'accolade à un ennemi verra se dissiper leur inimitié et s'installer entre eux la concorde ; le Prophète n'a-t-il pas dit: «La poignée de main renforce l'amitié.» Celui qui voit que son ennemi le salue sollicitera de lui la réconciliation. Le rêveur saluant quelqu'un qui ne lui est pas hostile lui apportera un bienfait. Mais s'il s'agit de son ennemi, le saluant sera vaincu et le salué sera à l'abri de ses menées agressives. Se voir en rêve saluant un vieillard que l'on ne connaît pas, indique que le rêveur copulera avec une belle femme. Il en aura, en plus, des joies en tout genre, car Dieu, le Très-Haut a dit: «*Ils trouveront là des fruits / et tout ce qu'ils demanderont / "Paix !" telle est la parole qui leur sera adressée*» (XXXVI, 57-58).

Si le rêveur est salué par un jeune homme qui lui est inconnu, il ne pâtira pas de la malfaisance de ses ennemis.

Si le rêveur se voit demandant la main d'une fille à son père, s'il a salué l'homme et que celui-ci lui a rendu son salut, il lui accordera la main de la fille. Sinon, il ne l'aura pas. De même si, entre le rêveur et l'homme qui l'a salué, il existe des relations d'ordre commercial: si le rêveur salue son partenaire et reçoit une réponse à son salut, leur association sera profitable pour l'un et l'autre, sinon elle ne le sera pas.

chapitre huit

Rêver de la purification rituelle du corps

Le prépuce signale
un surplus de fortune
mais aussi une faiblesse de la foi.

Maître Abû Sa'ïd, que Dieu ait son âme, a dit: a première des purifications est la circoncision ; elle se reconnaît de la bonne nature [*fitra*][1]. Celui qui se voit circoncis a déjà entrepris une bonne action et effacé, grâce à Dieu, tous ses péchés. Il accomplira dans la rectitude ses devoirs envers le Très-Haut. On peut dire aussi qu'il débarrassera des soucis. Si le rêveur se voit enlever le prépuce, qu'il sache que celui-ci signale un surplus de fortune et une faiblesse de la foi. Un tel rêve indique que le rêveur néglige le religion pour les choses du bas monde. S'il se voit saigner abondamment après sa circoncision, il se débarrassera de ses péchés et s'établira dans la Tradition de l'Envoyé de Dieu, Dieu le bénisse et lui accorde le salut.Le *siwâk*[2] se reconnaît aussi de la bonne nature. C'est le rêve des gens de la Tradition. Celui qui se voit user du *siwâk* sera généreux avec ses proches, affectueux avec les siens. Mais utiliser une telle toilette avec une matière souillée, signifie que le rêveur dépensera, pour témoigner de son obéissance [à Dieu] des deniers mal acquis. Faire ses ablutions en rêve en prévision de la prière indique au rêveur l'accès à la sérénité, grâce à Dieu, le Très-Haut.Celui qui se voit souillé voyagera à la recherche de quelque chose d'exceptionnel. Le rêveur qui entreprend l'ablution totale, réalisera un projet. Et l'ablution totale, dans le rêve purifiera des péchés et dissipera les soucis. Accomplir l'ablution totale et se mettre en habits neufs vaudra au rêveur démis d'une fonction d'autorité, le retour à ses fonctions. S'il est pauvre il deviendra riche à l'abri des besoins. S'il est

---

1-Cette notion de *fitra* est très difficile à rendre dans une autre langue. Pour tenter un éclairage par une référence tout à fait arbitraire à l'œuvre de J-J. Rousseau, disons que cette notion renvoie à l'idée de "l'état de nature", une nature perdue dont on conserve la nostalgie et qu'il faut s'efforcer de retrouver. Pour l'Islam cette reconquête passe par des détours rituels, cultuels et éthiques "consignés" dans la *sunna* (tradition) du Prophète.

2- Ecorce de noyer dont on se servait – et dont on se sert toujours dans certains milieux arabes traditionnels – pour l'hygiène des dents et de la bouche.

prisonnier il sera libéré ; malade, il sera guéri. Si, au moment où il a eu ce rêve, son commerce souffre de stagnation, ou s'il rencontre quelques difficultés pour exercer son métier, ses affaires se renouvelleront sous les meilleurs auspices. S'il est endetté, Dieu l'acquittera de toutes ses dettes ; tel Job, quand il a entrepris une ablution totale et s'est mis en habits neufs, Dieu lui a rendu les siens et deux fois plus nombreux. Il a aussi retrouvé la santé. Si le rêveur réalise une ablution totale et remet de vieux habits, il quittera ses soucis. S'il se lave sans achever l'ablution, il ne réalisera pas son projet ni n'obtiendra ce qu'il a souhaité.

Se voir en train de faire la petite ou la grande ablution dans de la fange, indique que le rêveur récupérera un bien qui lui a été dérobé. Le rêveur qui a entrepris ses ablutions et est entré en prière, quittera ses soucis et louera Dieu de cette heureuse issue. Rêver qu'on utilise une matière illicite pour son ablution, vaudra au rêveur un souci dont il attendra en vain l'issue. Le commerçant qui fait un tel rêve exercera ses activités sans capital. Pour un prince d'armée, ce rêve annonce la désobéissance de ses troupes. Pour un homme hésitant, ce rêve fera qu'il ne trouvera plus jamais la certitude. Prier en rêve sans ablution et dans un lieu non indiqué pour ce rite, signale un homme anxieux qui ne retrouvera pas d'issue.

On dit que la petite ablution en rêve signifie l'accomplissement d'un devoir de probité, une dette dont s'acquittera le rêveur ou un bon témoignage qu'il produira.

On rapporte que le Prophète, Dieu le bénisse et lui accorde le salut, a dit: «J'ai rêvé d'un homme de ma Communauté soumis aux affres de la tombe, son ablution est alors intervenue pour le sauver.»

Accomplir en rêve l'ablution sèche[1] annonce une heureuse issue et la délivrance, grâce au Très-Haut.

1- Dans certaines conditions, (maladies, rareté ou pénurie d'eau...) les règles du rite permettent aux fidèles de pratiquer des ablutions *sans eau* en passant la paume des mains sur une pierre lisse et propre et en "mimant" les gestes des ablutions proprement dites.

chapitre neuf

Rêver de l'appel à la prière et de sa célébration

Si le rêveur fait l'appel à la prière dans une maison
il séduira la femme.
S'il le fait après avoir posé un châle sur la tête,
il montera cette femme.

Le Compagnon du Prophète Abdullah Ibn Zeïd a dit: Je me suis présenté devant le Prophète; et lui ai raconté ce que j'ai vu en rêve à propos de l'appel à la prière[1]. Il m'a alors affirmé qu'il s'agissait là d'un rêve véridique et il m'a demandé d'aller en parler à Bilâl[2]. Sa voix, a-t-il affirmé, est plus tendre. D'ailleurs, quand 'Umar Ibn al-Khattâb a entendu l'appel de Bilâl, il s'est hâté d'aller retrouver le Prophète et lui a dit: «O Envoyé de Dieu, j'ai fait exactement le même rêve que celui d'Abdullah Ibn Zeïd !» Et le Prophète lui a dit: «Dieu soit loué ! Voilà qui rend cette vision encore plus véridique !»Car le même Abdullah Ibn Zeïd al-Ançari a rapporté, selon son père, ce récit:«Le Prophète a d'abord pensé utiliser le cor et puis ordonné l'emploi de la cloche... Je me suis couché un jour et j'ai rêvé d'un homme portant deux habits verts, tenant une cloche. Je lui ai dit:— Veux-tu, ô serviteur de Dieu, me vendre cette cloche ?— Et qu'en feras-tu ?— Nous l'utiliserons pour sonner l'appel à la prière !— Ne veux-tu pas que je t'indique une meilleure idée ?— Faites donc !— Tu diras, Dieu est grand !... Et il m'a appris les mots de l'Appel. Il a fait encore quelques pas et il m'a appris les mots de la Célébration. A mon réveil, je suis allé retrouver le Prophète et lui ai rapporté mon rêve. Il dit: «Votre frère vient d'avoir un rêve. Qu'il aille retrouver Bilâl à la mosquée et lui donner la formule ; qu'il en fasse usage, car il a une plus tendre voix !» Ce que j'ai fait. En entendant la voix de Bilâl, 'Umar Ibn al-Khattâb est allé voir l'Envoyé de Dieu pour lui rapporter qu'il avait fait un rêve identique. Maître Abû Sa'ïd a dit: Celui qui se voit en rêve appeler à la prière une ou deux fois,

1- La formule en a été suggérée dans un rêve à ce Compagnon.

2- Esclave noir (probablement abyssinien) sauvé de ses tortionnaires mecquois par les premiers Musulmans qui l'ont racheté et affranchi. Compagnon du Prophète; il serait, selon la Tradition, le premier muezzin.

annonçant la prière et accomplissant son rite, sera comblé par le bonheur du grand ou du petit pèlerinage, car Dieu, le Très-Haut a dit: «Appelle les hommes au Pèlerinage...» (XXII, 27). Cela parce qu'il est prescrit que l'on doit faire deux fois l'Appel à la prière du haut d'un minaret, sur le Mont 'Arafât. Celui qui fait ce rêve sera un apôtre de la vérité et on peut lui souhaiter d'accomplir le Pèlerinage. Si le rêveur se voit en train d'appeler à la prière du fond d'un puits, il aura à pousser des gens à entreprendre un long voyage. Et s'il se voit levant l'appel à la prière sans que ce soit le moment de le faire, il aura un pouvoir aussi puissant que la portée de sa voix, à condition qu'il soit digne d'exercer un pouvoir. S'il appelle à la prière du haut d'une colline, il obtiendra un pouvoir d'un homme étranger [aux Arabes]. S'il n'est pas digne d'exercer un pouvoir, il entreprendra un commerce florissant ou un art très sollicité. Si le rêveur excède les mots de l'appel à la prière, les réduit on en altère le texte, il sera injuste à l'égard des gens, selon l'importance des changements qu'il aura fait subir à la formule. S'il appelle à la prière sur la voie publique et qu'il est homme de bien, il encouragera les autres au bien et les écartera du mal. S'il est corrompu, il sera flagellé. Appeler à la prière sur le bord d'un mur indique que le rêveur demandera la réconciliation avec un adversaire. Le faire sur le toit d'une maison signifie que le rêveur fera montre d'hérésie. Et l'Appel à l'intérieur même de la Ka'ba n'est pas de bon augure. Appeler à la prière du haut du toit de son voisin amènera le rêveur à trahir les siens. Faire l'Appel parmi des gens qui n'y répondront pas, indique que le rêveur vit au milieu d'un groupe d'hommes iniques, selon cette parole du Très-Haut: «...Un crieur parmi eux crie alors: que la malédiction de Dieu soit sur les injustes» (VII, 44). Celui qui rêve de la célébration de la prière, fera revivre une bonne Tradition et abattra une hérésie. Rêver d'un enfant appelant à la prière, signifie pour les parents de cet enfant, une protection contre les calomnies et les duperies, selon l'histoire de Jésus[1], paix sur lui. Appeler à la prière dans un

---

1- Jésus, selon la tradition coranique, a parlé "*dans le berceau*" pour innocenter sa mère. (sourate XIX, 29-33).

hammam est un rêve fâcheux du point de vue de la religion, comme de celui de la vie profane. On dit que faire un tel rêve amène le rêveur à encourager à la concupiscence. S'il le fait dans la chambre surchauffée du hammam, il aura une fièvre avec des frissons ; dans la chambre fraîche, il attrapera une fièvre haute. Et appeler à la prière devant la porte d'un souverain indique que le rêveur prononcera des paroles véridiques.

On rapporte qu'Ibn Sîrîn a dit:

L'appel à la prière en rêve signifie la séparation d'avec un associé, selon Sa parole: «*Proclamation de Dieu et de son Prophète / adressée aux hommes le jour du Pèlerinage...*» (IX, 3). Et si le rêveur appelle à la prière au milieu d'une caravane, il volera, selon la parole de Dieu: «*O vous les caravaniers / Vous êtes des voleurs!*» (XII, 70). Le muezzin hors de la cité ou dans un campement de troupes indique un espion à la solde de brigands. Le prisonnier qui se voit en train de célébrer la prière et accomplir ce rite, sera libéré, selon cette parole du Très-Haut: «*Mais s'ils se repentent / s'ils s'acquittent de la prière, etc.*» (IX, 11). S'il n'est pas prisonnier, il entreprendra une grande et louable initiative. Le rêveur qui célèbre la prière au seuil de sa demeure, sur un lit, mourra. S'il le fait dans une intention ludique, il sera atteint de folie, car Dieu, le Très-Haut a dit: «*Ils considèrent votre appel à la prière / comme un sujet de raillerie et de jeu / il en est ainsi / parce que ce sont des gens qui ne comprennent pas* [Litt. déraisonnables]» (V, 58).

On rapporte que Daniel le Jeune a dit:

Celui qui se voit appelant à la prière, la célébrant et l'accomplissant, aura ainsi accompli son devoir et sera donc tout près de la mort. Entendre l'appel à la prière dans un marché signale la mort d'un commerçant dans ce marché. Et celui qui entendra en rêve un Appel qui lui paraît désagréable, sera cité à comparaître pour une affaire qui ne lui plaira pas.

Maître Abû Sa'ïd a dit:

Le principe dans ce genre de rêves est que le rêveur méritant qui a entendu l'appel à la prière a fait un bon rêve, si l'appel vient à-propos. Si le rêveur n'est pas méritant ou s'il a entendu l'appel au mauvais moment, il s'agira d'un rêve fâcheux. S'il fait l'Appel dans un dépôt d'ordures, il invitera un ennemi tenace à la réconciliation. S'il le fait dans une maison, il séduira une femme. S'il le fait après avoir posé un châle sur la tête, il montera une femme.

On raconte qu'un homme est venu retrouver Ibn Sîrîn et lui a dit: «Je me suis vu en rêve en train d'appeler à la prière !» Ibn Sîrîn lui a prédit un Pèlerinage. Un autre lui a raconté un même rêve, lui a prédit l'amputation de la main ! Interrogé sur le bien-fondé de la distinction qu'il a faite entre deux rêves identiques, il a répondu: «J'ai remarqué que l'un des rêveurs présentait bien, j'ai eu recours au verset: "*Appelle les hommes au Pèlerinage*" ; j'ai vu que l'autre avait mauvaise apparence, et je me suis référé au verset: "*O caravaniers ! / Vous êtes des voleurs*"».

chapitre dix

Interpréter les rêves de prière et de ses règles

Le rêveur qui se voit accomplir la prière dans un cabinet d'aisance commettra peut-être un péché.
On dit aussi qu'il sodomisera un petit garçon.

Maître Abû Sa'ïd, que Dieu ait son âme, a dit:

Le principe pour chercher le sens d'un rêve de prière, c'est qu'il s'agit d'un rêve favorable si l'interprète s'en tient à un jugement concernant la foi de l'auteur du rêve. Il indique aussi l'acquisition d'un pouvoir, d'un haut rang de commandement ; mais aussi l'acquittement d'une dette, la restitution d'un dépôt de confiance et l'accomplissement d'un rite parmi ceux prescrits par Dieu, le Très-Haut. En tant que rite, la prière est de trois sortes: une obligation, une Tradition et un acte volontaire. Rêver de la prière en tant qu'obligation indique, comme nous l'avons déjà dit, un prochain Pèlerinage et évite au rêveur de commettre des péchés, car Dieu a dit: «*La prière éloigne l'homme / des turpitudes et des actions blâmables*» (XXIX, 45). Quand elle est accomplie en tant que Tradition dans le rêve, elle indique la pureté du rêveur et son endurance à subir les épreuves. Elle signifie aussi l'apparition d'une personne bien nommée, selon la parole de Dieu: «*Vous avez dans le Prophète de Dieu un bel exemple*» (XXXIII, 21). Ici aussi, rêver du respect de la Tradition indique la compassion du rêveur envers les créatures de Dieu et sa générosité à l'égard des personnes à sa charge ou sous sa tutelle. Il les couvrira de sa bienfaisance en nourriture et en habillement, plus qu'il n'est exigé de lui. Il rendra de nombreux services à ses amis et cela lui procurera un grand prestige. Quant à la prière par volontariat dans le rêve, elle indique la plénitude de la vertu et la disparition des soucis.

Celui qui se voit en rêve en train d'accomplir la prière du milieu de la journée, sous un ciel sans nuage, entreprendra une médiation dans un litige et en tirera un prestige, selon le degré de clarté du jour dans le rêve. Si cette prière se produit en un jour nuageux, le rêveur subira beaucoup de chagrin. La prière de l'après-midi en rêve, signifie qu'un travail en cours est arrivé à la dernière étape de son exécution. Si le rêveur se voit accomplir la prière de la mi-journée au moment ou il aurait dû accomplir celle de l'après-midi, il s'acquittera d'une dette. S'il voit que l'une ou l'autre de ces deux prières a été interrompue, il ne s'acquittera que de la moitié de sa dette ou d'un douaire accordé à sa femme, car il est dit dans le Coran: «*Donnez-leur la moitié / de ce à quoi vous vous êtes engagés*» (II, 237). Se voir en rêve en train d'accomplir la prière du couchant signifie que le rêveur s'acquittera comme il se doit des charges dues à sa famille. S'il fait cette prière quand il fait déjà sombre, il se comportera avec sa famille d'une manière qui la comblera de joie et apaisera les cœurs des siens. S'il se voit accomplissant la prière de l'aurore, il entreprendra une initiative dans le but d'améliorer sa condition de vie ainsi que celle de sa famille. S'il se voit accomplissant, en même temps, la prière de la mi-journée, celle de l'après-midi et celle des vêpres, avec deux génuflexions pour chaque prière, il fera un voyage. Si le même rêve est fait par une femme, elle aura ses règles. Si le rêveur se voit accomplissant la prière en position assise, sans avoir un motif de dérogation, il réalisera une action qui ne sera pas appréciée. S'il accomplit la prière, couché sur le flanc, il tombera malade.

Si le rêveur accomplit la prière juché sur une monture, il affrontera une grande peur. S'il voit qu'un imam conduit des prières et que tous les prieurs sont juchés sur des montures, son rêve annonce la victoire, si le groupe des prieurs se trouve en état de guerre.

Si le rêveur accomplit une prière dans un jardin, il demandera à Dieu son pardon. S'il le fait dans une terre cultivée, Dieu l'acquittera de ses dettes grâce au produit de cette terre.

Le rêveur qui se voit accomplir la prière dans un cabinet d'aisance commettra peut-être un péché. On dit aussi qu'il sodomisera un petit garçon. S'il se voit pressé par une prière obligatoire sans trouver un endroit propice pour l'accomplir, il n'atteindra pas le but qu'il s'est fixé.

S'il se voit accomplir sa prière dans un groupe bien rangé, les prieurs s'adonneront ensemble à des louanges et à des célébrations du nom de Dieu, car le Très-Haut a dit: «*Nous sommes placés en rangs. / Oui, nous sommes ceux qui célébrons / les louanges de Dieu*» (XXXVII, 165-166). S'il néglige la prière obligatoire, il prendra à la légère les lois.

La prosternation dans le rêve est l'indice d'un repentir correspondant à un péché que le rêveur est en train de commettre. Cela peut indiquer aussi l'acquisition d'une fortune, l'espérance d'une longue vie ou la protection contre des périls. Si le rêveur se voit prosterné au sommet d'une montagne, il triomphera d'un homme puissant. S'il se prosterne pour un être autre que Dieu, il n'obtiendra pas ce qu'il a escompté obtenir. Il sera vaincu, s'il est en guerre ; faillira, s'il est commerçant.

Si le rêveur se voit debout, prêt à prier sans faire de génuflexions, jusqu'à ce que le temps de la prière soit révolu, il retiendra l'aumône obligatoire et ne s'en acquittera guère. S'il se voit laper du miel tout en accomplissant la prière, il copulera avec sa femme pendant son jeûne rituel. S'il se voit assis, genoux pliés prononçant la *chahâda*[1] ses soucis seront dissipés et ses projets réalisés. S'il se voit donner le salut final après avoir accompli correctement sa prière, ses soucis l'abandonneront. S'il donne le salut en se tournant seulement vers sa droite, il améliorera certaines de ses affaires. S'il a prié en direction de la *Ka'ba*, cela indique la rectitude de sa foi. S'il prie en direction du Couchant[2] il signale la faiblesse de sa foi et sa témérité à transgresser les ordres de Dieu, car cette direction est la *qibla* des Juifs qui ont osé prendre du poisson le jour de leur sabbat. S'il prie en direction de l'Orient [quand il est à l'Est de la Mecque] il signale son hérésie et son

1- Formule rituelle, profession de foi du Musulman, attestant de l'unicité de Dieu et de la mission de son Prophète.

2- Ceci ne concerne donc pas ceux qui se trouvent à l'est de la Mecque.

attachement à l'erreur, car c'est la direction adoptée par les Nazaréens. S'il prie en tournant le dos à la *Ka'ba*, il indique son désaveu de l'Islam en commettant des péchés graves. S'il se voit incapable de s'orienter vers la *qibla*, on saura qu'il d'un caractère tourmenté. S'il accomplit une prière sans se diriger vers la *qibla*, tout en ayant des habits blancs et en récitant le Coran, Dieu lui offrira un Pèlerinage, car le Très-Haut a dit: «*Quel que soit le côté vers lequel vous vous tournez / la face de Dieu est là*» (II, 115).

Celui qui se voit diriger la prière sans être un imam, aura un pouvoir prestigieux, s'il en est digne, et il sera obéi. Si, dans sa station pour la prière, il s'est orienté vers la *qibla* et conduit correctement le rite, il sera équitable dans l'exercice du pouvoir qu'il aura. Si ce même rêveur observe dans son rêve un excès, une omission ou une quelconque altération dans la conduite du rite, il exercera son pouvoir dans l'iniquité, ou sera affecté par la misère ou par un malheur provenant de brigands. S'il a conduit les prière debout, alors que les prieurs sont assis, il accordera aux autres leur dû tout en se négligeant lui-même. Ce rêve peut aussi indiquer qu'il ira au chevet d'un ami malade. S'il conduit la prière assis quand les prieurs sont debout, il sera décevant dans une charge dont il aura été investi. Si, parmi le groupe des prieurs, il y en a qui sont assis et d'autres debout, il sera chargé des affaires des riches comme de celles des pauvres. S'il conduit les prieurs debout quand eux-mêmes le sont aussi, tous les prieurs subiront un dommage, verront leurs habits brûler ou s'appauvriront.

Celui qui se voit en rêve conduisant une prière de femmes, aura la tutelle sur des personnes faibles. S'il conduit les prières couché sur le flanc ou sur le dos, habillé de blanc, tout en s'en offusquant et sans réciter des louanges dans sa prière ni affirmer la Grandeur de Dieu, il mourra et les gens lui dédieront la prière des morts ; de même quand une femme se voit conduisant les prières d'hommes, elle mourra, car une femme ne peut jamais se trouver devant les hommes pendant les prières, sauf dans le cas de la mort[1] . Si un

1- Dans le rite dit "prière funéraire", *salât al-janâza*, le cercueil est placé devant les prieurs qui ne doivent faire aucune génuflexion.

gouverneur se voit en train de conduire des prières, il sera démis de sa charge et toute sa fortune disparaîtra. Le rêveur qui se voit conduisant hommes et femmes dans la prière aura une charge de juge, s'il en est digne. Sinon, il sera médiateur de bons offices entre les gens.

Si le rêveur voit qu'il a achevé de conduire le rite en groupe d'une manière correcte, il terminera son mandat dans une charge de pouvoir. S'il interrompt cette prière avant terme, son mandat sera interrompu, et les jugements qu'il aura prononcés seront sans effet, tout comme son discours. S'il se voit prier tout seul au milieu d'un groupe où chacun prie pour soi, il sera du nombre des Kharijites[1]. S'il conduit une prière de surcroît[2], il se mettra sous une tutelle qui ne lui sera pas nuisible. Si les prieurs le choisissent pour les diriger, il bénéficiera d'un héritage, selon la parole du Très-Haut: «*Nous voulions en faire des chefs, des héritiers*» (XXVIII, 5). S'il conduit la prière et constate son incapacité à réciter le Coran, il poursuivra un but sans pouvoir l'atteindre. S'il conduit des prieurs sur une terrasse, il sera généreux avec les gens et en sera assuré d'une bonne renommée, que cette générosité prenne la forme d'une aumône obligatoire ou volontaire.

Si le rêveur fait des invocations selon une formule connue, il accomplira une prière obligatoire. S'il fait une invocation sans citer le nom de Dieu, il accomplira cette prière en hypocrite. Si l'invocation rêvé e se fait dans son for intérieur, il aura un enfant mâle, car Dieu a dit: «*Lorsqu'il invoqua le Seigneur / d'une invocation secrète* [...] */ O Zaccharie ! / Nous t'annonçons la bonne nouvelle d'un garçon,* etc.» (XIX, 3). S'il invoque Dieu dans l'obscurité, il sera sauvé d'un chagrin, selon la parole de Dieu, à propos de Jonas: «*Il nous implora dans les ténèbres*» (XXI, 87).

1- Littéralement : "*Ceux qui se sont sortis*". Partisans politoco-religieux d'une scission d'ordre doctrinal, responsables du tout premier schisme en Islam, lors de la guerre civile dite "la grande discorde" (*Fitna*). Ils ont renvoyé dos à dos les deux belligérants ('Alî et Muâ'wya). Ont marqué de leur empreinte les controverses, les révoltes et les troubles dans le monde islamique. Actuellement leur communauté – elle-même diffractée en de nombreuses scissions internes – est présente dans un pays (le sultanat d'Oman), dans une île (Jerba, Tunisie) et dans une ville (Ghardaïa ,Algérie).

2- Prière qui n'est pas obligatoire et qu'on fait pour mieux se rapprocher de Dieu.

La bonne invocation en rêve est signe de la solidité de la foi ; et tout rêve d'humilité signifie la soumission à Dieu ; tout comme la répétition du nom de Dieu, qui annonce la victoire, car le Très-Haut a cité ceux qui *«invoquent souvent Dieu / et qui se défendent / lorsqu'ils sont attaqués injustement»* (XXVI, 227).

Celui qui se voit en rêve prier Dieu de lui accorder le pardon aura une fortune licite et un enfant mâle, selon la parole de Dieu: *«Implorez le pardon de votre Seigneur / il est celui qui ne cesse de pardonner»* (LXXI, 10). Si le rêveur a terminé sa prière et demande le pardon de Dieu, tout en ayant la face dirigée vers la *qibla*, son imploration sera exaucée. S'il n'est pas orienté vers la *qibla* il commettra un péché dont il ne se repentira jamais. S'il omet d'implorer le pardon, il indique son hypocrisie, car Dieu a dit: «*Quand on leur dit: / venez ! / Le Prophète de Dieu va demander pardon pour vous,* etc.» (LXII, 5). Si une femme s'entend dire en rêve: «Implore le pardon de ton Seigneur pour ton péché !» elle sera accusée d'une mauvaise action et d'une turpitude, en référence à l'histoire de Zuleikha[1].

Prononcer en rêve la formule *«Que Dieu soit magnifié !»* fera disparaître les soucis du rêveur, sans qu'il s'y attende. S'il oublie cette invocation, il sera fait prisonnier, selon la parole du Très-Haut: «*S'il n'avait pas été du nombre / de ceux qui célèbrent les louanges de Dieu,* etc.» (XXXVII, 143).

Si le dormeur rêve et s'entend dire la formule *«Il n'y a de dieu que Dieu»*, il sera arraché à un grand chagrin et finira dans la foi de l'Islam. S'il s'entend glorifier la Grandeur de Dieu, il réalisera ses souhaits et triomphera de ses ennemis. S'il bénit Dieu, il connaîtra la lumière de la foi et sera maintenu sur droit chemin. S'il remercie Dieu, il aura la puissance et davantage de prospérité. Et si le rêveur concerné par un tel rêve est un homme de pouvoir, il commandera une cité prospère, car Dieu a dit: *«Et soyez reconnaissants envers lui / Voici un excellent pays et un Seigneur qui pardonne»* (XXXIV, 15). On dit que celui qui remercie Dieu

1- Femme de Pétuphar, qui a tenté le prophète Joseph.

en rêve aura un enfant mâle, selon le Coran [citant la prière d'Abraham]: «*Louange à Dieu / dans ma vieillesse il m'a donné Ismaël et saac*» (XIV, 39).

Rêver de l'accomplissement de la prière du vendredi vaudra au rêveur un voyage au cours duquel il obtiendra bienfaits et prospérité. S'il a rêvé un vendredi de l'exercice de ce rite, il réunira des activités jusque-là dispersées. Il connaîtra l'aisance après les difficultés. On dit aussi qu'un tel rêve indique que le rêveur escomptera un bienfait d'une affaire, mais ne sera pas exaucé.

Celui qui se voit achever sa prière et s'en acquitter, aura, grâce à Dieu, prestige et grande fortune. S'il voit les gens prier dans la mosquée, alors qu'il est resté chez lui, dans son échoppe ou dans son village, écoutant l'invocation de Dieu, devinant les génuflexions, les prosternations, les professions de foi, les saluts, et s'il croit que les prieurs ont fini par retourner chez eux, le gouverneur de son village sera démis de sa charge. Si le rêveur se voit maintenir le rite de la prière, il obtiendra dignité et puissance, selon la parole du Très-Haut: «*Ceux qui s'acquittent de la prière / Voilà ceux qui seront honorés dans les Jardins*» (LXX, 34). s'il se voit sortir de la mosquée après s'être acquitté de sa prière, il obtiendra bienfaits et fortune, selon ce verset du Coran: «*Lorsque la prière est achevée, / dispersez-vous dans le pays, / recherchez la grâce de Dieu, / — Peut-être serez-vous heureux*» (LXII, 10).

chapitre onze

Interpréter les rêves de mosquées et de mihrab, de minarets et de séances d'invocation

Si le rêveur urine dans le mihrâb
une
deux
ou trois gouttes
chaque goutte lui annonce un enfant
qui sera studieux et bien éduqué.

On raconte qu'un bédouin, en aménageant un jour un lieu pour faire ses prières, a placé en son centre sept pierres. Chaque fois qu'il s'est acquitté d'une prière, il s'est adressé à ces pierres et a dit: «O pierres ! Je vous prends à témoin pour cette prière dont je viens de m'acquitter. Il n'y a de dieu que Dieu !» L'homme a fini par tomber malade et son âme est rappelée au Ciel. Un homme de sa connaissance l'a vu en rêve et a recueilli de lui ces propos: «On m'a d'abord destiné aux enfers, quand j'ai aperçu l'une de ces pierres, devenues énormes, obstruer devant moi une des portes de la Géhenne ; puis chacune des autres pierres a obstrué devant moi les autres accès !»

Maître Abû Sa'ïd a dit:

Celui qui rêve d'une mosquée bien bâtie et bien fréquentée, doit savoir que la mosquée en rêve signifie un savant qui rassemble les gens autour de lui pour la rectitude, le bien et l'invocation du Très-Haut. Car Dieu a dit à propos de la mosquée: «[Là] *où le nom de Dieu est souvent évoqué*» (XXII, 40). S'il voit la mosquée détruite, un chef ou un homme de religion mourra en ce lieu. S'il se voit édifiant une mosquée, il sera bienveillant à l'égard des siens et rassemblera les gens autour du bien.

L'édification de la mosquée en rêve annonce la victoire sur les ennemis, car le Très-Haut a dit: «*Ces gens se disputaient. Ceux dont l'avis prévalut, dirent: / "Elevons un sanctuaire au-dessus d'eux"*» (XVIII, 20). Si on rêve d'un homme inconnu conduisant les prières parce que le vrai imam de la mosquée est malade, celui-ci mourra. Si on voit qu'une mosquée est transformée en *hammam*, le rêve indique qu'un homme commettra en cachette des turpitudes. Celui qui voit que sa demeure est transformée en mosquée aura honneur et sera le guide des hommes sur la voie qui les mènera de l'erreur à la vérité. Quant à celui qui voit qu'on a creusé sous ses pieds une trappe, alors qu'il s'apprête à entrer dans la mosquée, il se mariera.

Celui qui se voit priant dans le *mihrab*[1] recevra une bonne nouvelle, selon la parole du Très-Haut: «*Tandis qu'il priait dans le* mihrab / *les anges lui crièrent: / «Dieu t'annonce la bonne nouvelle d'un garçon...*» (III, 39). Si le rêveur accomplit dans le *mihrab* une prière précise hors du moment prévu, son rêve augure d'un bienfait pour sa descendance. S'il urine dans le *mihrab*, une, deux ou trois gouttes, chaque goutte lui annonce un enfant qui sera studieux et bien éduqué. En principe, le *mihrab* figure le chef ou l'imam.

On raconte qu'un homme s'est vu en rêve en train d'uriner dans un *mihrab*, il a consulté un interprète qui lui a dit: «Tu auras un enfant, qui deviendra imam et qui guidera les hommes.»

Le minaret dans le rêve indique un homme qui rassemble les gens autour du bien. Rêver de la destruction de ce minaret annonce la mort de cet homme, l'effacement de son souvenir chez les gens et la dispersion de ceux que la mosquée concernée a réunis. Le minaret figure aussi l'homme chargé de porter le courrier ou l'apôtre de la religion de Dieu. Celui qui se voit tomber du haut d'un minaret dans un puits perdra son pouvoir ; son rêve annonce son union à une femme insolente, alors qu'il a déjà une femme pieuse et belle.

On raconte qu'un architecte s'est vu en rêve escalader un haut minaret de bois pour appeler à la prière. Il a rapporté son rêve à un interprète qui lui a prédit l'obtention d'un pouvoir, d'une puissance et d'un rang fastueux. Il a été en effet chargé de gouverner la région de Balkh.

Le conquérant Compagnon du Prophète al-Qa'qâ' a eu des

1- Enfoncement dans le mur d'une salle de prière, place de l'imam qui dirige la prière collective.

soucis au sujet d'une caravane qu'il a affrétée de dix mille drachmes. En s'endormant il a rêvé de son fils au sommet d'un minaret, magnifiant Dieu et célébrant Sa Grandeur. Il l'a appelé en vain, et puis il s'est réveillé. L'interprète consulté lui dit:

— Le minaret indique l'élévation et le haut rang que ton père obtiendra !

— Mais mon père est déjà mort ! a dit le rêveur.

— Qu'à cela ne tienne ! a répondu l'interprète. Tu es bien son fils et tu es tout aussi concerné quant à la célébration de la Grandeur de Dieu. Le rêve indique donc que tu traverseras un moment en proie à des soucis et à la tristesse, puis Dieu t'en fera sortir, car le Très-Haut a dit en parlant de Jonas: «*Il nous implora dans les ténèbres: / «En vérité, il n'y a de Dieu que Toi ; / Gloire à Toi ! / Oui j'étais du nombre des injustes*» (XXI, 87).

Un peu plus tard, un homme vient vers le rêveur, lui prend la main et lui dit:

— Tu es bien al-Qa'qâ' ?

Celui-ci se dit que l'homme n'était sans doute qu'un créancier insistant. Mais son interlocuteur lui apprend qu'une dénommée Sa'dâna, très malade, était en train de communiquer son testament et l'appelait auprès d'elle. Il l'a accompagné et s'est retrouvé chez Sa'dâna, où il a rencontré les dignitaires de la Loi qui lui ont montré un écrit indiquant que cette femme lui a légué le tiers de sa fortune. Sa'dâna a rendu l'âme trois jours après.

Celui qui se voit accomplissant la prière à Jérusalem, aura un héritage et profitera d'un don généreux. S'il prie à la station d'Abraham[1], il accomplira le Pèlerinage, selon ce verset du Coran: «*Prenez donc la station d'Abraham comme lieu de prière*» (II, 125). Si le rêveur se voit priant à Jérusalem, sans être orienté vers la

---

1- Emplacement sacré à côté de la *Ka'ba;* les Musulmans croient qu'Abraham, en élevant l'édifice de ce Sanctuaire, y a accompli, en compagnie de son fils Ismaël, la première prière selon le modèle "islamique"

qibla, il fera aussi le Pèlerinage. S'il fait ses ablutions dans cette ville, il y obtiendra une fortune. S'il quitte Jérusalem en rêve, il entreprendra un voyage et perdra un legs, s'il en a un. S'il allume un cierge à Jérusalem, il perdra un fils ou alors il aura dû faire un vœu concernant ce fils qu'il lui faudra honorer.

Le savant, dans le rêve figure le médecin de la foi, le bon conseil qui rappelle les choses de la religion, car Dieu a dit: «*Avertis les hommes / car le Rappel est utile aux croyants*» (LI, 55). Si le rêveur se voit faire le rappel aux autres, sans être compétent pour ce faire, il se trouvera dans un état d'inquiétude et de maladie ; qu'il prie Dieu de le sauver. S'il se voit disant des paroles de sagesse, il guérira et s'amendera d'un péché, s'il en a commis un. Sinon, il aura la victoire sur ses ennemis. S'il a proféré des paroles obscènes, il connaîtra des temps durs et sera la risée du monde.

Le narrateur en rêve indique un homme parmi les gens de la Présence, les *sûfis*, selon la parole du Très-Haut: «*Nous allons, grâce à ce Coran, / te communiquer les plus beaux des récits* «(XII, 3). Celui qui se voit narrer des histoires sera à l'abri de la peur, selon ce que le Très-Haut a dit: «*Moïse se rendit auprès de lui / et lui raconta son histoire / Le vieillard dit: «Ne crains rien !*» (XXVIII, 25). Si un commerçant fait un rêve où il se voit en narrateur, il évitera la faillite. S'il se voit narrer des histoires dans un lieu où l'on invoque Dieu, où l'on récite le Coran, implore Dieu ou déclame des poèmes de piété, ce lieu sera mieux aménagé et bien animé, à la mesure de la qualité de la récitation et de la déclamation. Si le rêveur commet des erreurs dans la récitation du Coran, s'il fait des omissions ou déclame des poèmes d'amour galant, il obtiendra un vain pouvoir.

chapitre douze

Interpréter les rêves d'aumône légale [zakât] *ou volontaire* [sadaqa] *don de nourriture et aumône de la fin du jeûne*

Si [le rêveur] *se voit en train de nourrir un infidèle*
il contribuera [sans le vouloir]
au renforcement de l'ennemi.

On rapporte que le calife 'Umar Ibn al-Khattâb, que Dieu soit satisfait de lui, a vu en rêve quelqu'un l'apostropher ainsi: «Donne en aumône ta terre de Thamagh ![1]», et on lui a réitéré cet ordre trois fois. Il en a parlé aussitôt à l'Envoyé de Dieu et lui a dit: «O Envoyé de Dieu, nous n'avons nul autre bien plus précieux que celui-là !» Le Prophète lui a répondu: «Donne-le donc en aumône ; engage-toi à le faire et n'y faillis pas !»

Maître Abû Sa'ïd, que Dieu soit satisfait de lui, a dit:

Celui qui se voit en rêve s'acquittant de l'aumône obligatoire, en puisant dans ses propres biens, s'en tenant aux règles du rite, aura davantage de fortune et une grande richesse, selon ce que le Très-Haut a dit: *«Ce que vous donnez en aumône / en désirant la face de Dieu / voilà ce qui double vos biens»* (XXX, 39).

Le rêve d'aumône appelle diverses interprétations selon le rêveur. Le savant qui se voit faire l'aumône prodiguera son savoir aux gens. Le souverain se verra étendre son pouvoir sur de nombreux peuples. Le commerçant réunira autour de lui la confiance des gens. Le maître artisan initiera à son art plusieurs compagnons. Celui qui se voit donner de la nourriture aux miséreux quittera ses soucis et connaîtra la sécurité, s'il est dans la crainte. S'il nourrit un infidèle, il contribuera [sans le vouloir] au renforcement de l'ennemi. Le miséreux figure toujours celui qui a droit à l'assistance.

Celui qui se voit en rêve s'acquitter de l'aumône de la fin du jeûne, multipliera les prières et les célébrations de la Grandeur de Dieu, car le Très-Haut a dit: «*Heureux celui qui se purifie* [par l'aumône] */ Celui qui invoque le nom de son Seigneur / et celui quiprie*» (LXXXVII, 15-16). Il s'acquittera de ses dettes, s'il y a lieu, et n'aura pas un seul malaise durant l'année.

1- Un lieu-dit.

chapitre treize

Interpréter les rêves de jeûne et de rupture du jeûne

Le rêveur qui se voit transgresser l'ordre d'abstinence pendant le mois du jeûne d'une manière préméditée tuera un homme avec préméditation.

Maître Abû Sa'ïd, Dieu soit satisfait de lui, a dit:

Les interprètes divergent sur la signification des rêves du jeûne. Certains disent que rêver du mois du jeûne indique la hausse des prix et la pénurie alimentaire. Mais d'autres disent qu'un tel rêve signale la solidité de la foi du rêveur, la fin de ses soucis ; sa guérison, s'il est malade et l'acquittement de ses dettes. Si le rêveur voit qu'il a accompli la totalité du mois du jeûne jusqu'au terme échu, il trouvera la certitude, s'il est dans le doute, selon ce que Dieu a dit: «*Le Coran a été révélé durant le mois de Ramadan / C'est une Direction pour les hommes ; / une manifestation claire de la Direction et de la Loi*» (II, 185). Si l'auteur de ce rêve est illettré, il apprendra le Coran. Mais s'il se voit rompre le jeûne pendant la durée du rite, sciemment et par ingratitude envers Dieu, il prendra les lois à la légère. S'il se voit convaincu de la vérité du rite d'abstinence et qu'il a désiré s'en acquitter, il aura rapidement une fortune qu'il n'avait pas prévue. S'il se voit en train de rompre le jeûne pendant le mois de Ramadan, il recevra l'aumône de la fin de ce mois. Certains disent qu'il sera atteint d'une tumeur ou, dit-on encore, entreprendra un voyage, selon ce que le Très-Haut a dit: «*Celui qui est malade ou celui qui voyage / jeûnera le même nombre de jours*» (II, 185). Le rêveur qui se voit transgresser l'ordre d'abstinence pendant le mois du jeûne, d'une manière préméditée, tuera un homme avec préméditation. Inversement, celui qui se voit tuant un croyant intentionnellement, fera la rupture illicite du jeûne de Ramadan. Quant à celui qui se voit jeûner deux mois successifs[1] pour s'amender d'une rupture illicite de son abstinence obligatoire, se repentira d'un péché qu'il est en

1- L'acte de pénitence pour réparer une rupture de jeûne sans excuse légale. Cette réparation peut être remplacée par l'affranchissement d'un esclave ou un don de nourriture (un repas) pour soixante miséreux.

train de commettre. Et s'il se voit, après le mois de Ramadan, jeûner pour expier la transgression d'une journée de jeûne, il tombera malade.

Le rêveur qui se voit jeûner par volontariat n'aura pas de maladie au cours de l'année, selon l'adage: «Jeûnez et vous serez sains !» Celui qui se voit jeûner par hypocrisie ou pour chercher la renommée, et non pour Dieu, n'atteindra pas ses buts. Et si un homme bien décidé à jeûner toute sa vie se voit rompre son jeûne, il médira de quelqu'un ou sera atteint d'une très grave maladie. S'il se voit jeûner, sans savoir s'il s'agit d'une abstinence obligatoire ou d'un jeûne de surcroît, il aura à honorer un vœu, selon la parole du Très-Haut [rapportant les dires de Marie]: «*J'ai voué un jeûne au Miséricordieux ; / Je ne parlerai à personne aujourd'hui*» (XIX, 26). Il gardera peut-être aussi le silence, car tel est le principe du jeûne [dans le rêve].

Le rêveur qui se voit jeûner un jour pendant la fête célébrant la fin du Ramadan sera délivré de ses soucis et connaîtra bonheur et prospérité.

chapitre quatorze

Interpréter les rêves de Pèlerinage, petit pèlerinage ['Omra], *la* Ka'ba *et la pierre noire, la station d'Abraham, la source de* Zem-Zem *et de tout ce qui s'y attache sacrifices ou offrandes*

Si le rêveur s'y voit [dans la *Ka'ba*]
copuler avec une femme
il atteindra vite l'âge de la décrépitude.
Et s'il se voit à la Mecque en compagnie de morts qui l'interrogent
il mourra en martyr.

Maître Abû Sa' ïd a dit:

Celui qui se voit en rêve en route pour le Pèlerinage, s' il n' a jamais accompli ce rite, le fera. S' il est malade il sera guéri. S' il est endetté il s' acquittera de ses dettes. S' il est dans la crainte, il aura la sécurité. S' il est dans l' indigence il prospérera. S' il est en voyage, il arrivera sauf à bon port. S' il est commerçant, il fera des profits. S' il est démis d' une charge de pouvoir, il y sera réintégré. S' il est égaré, il retrouvera le droit chemin. S' il est dans les soucis, il s' en sortira.

Si le rêveur se voit partant pour le Pèlerinage et y arrivant trop tard, il sera démis de sa charge, s' il est gouverneur. Il faillira, s' il est commerçant. S' il est en voyage, il sera assailli par des brigands. Et s' il est en bonne santé, il sera malade.

Celui qui fait le grand ou le petit Pèlerinage en rêve aura une longue vie et prospérera ; S' il fait la circumambulation autour de la *Ka' ba*, il sera chargé par quelque Commandeur d' une haute fonction. S' il le fait sur une jument, il commettra l' inceste. S' il crie la *talbia*[1] dans l' aire du Sanctuaire, il vaincra un ennemi et sera exempte du désarroi du vainqueur. Mais s' il crie cette formule hors du Sanctuaire, il sera vaincu et terrorisé par quelqu' un. Quant à celui qui se voit convaincu de la nécessité d' entreprendre le Pèlerinage, sans les moyens de le réaliser, il indique, par ce rêve, sa propension à trahir la confiance d' autrui ainsi que son ingratitude à l' égard de Dieu, le Très-Haut.

1- Formule rituelle exigée au moment le plus intense du Pèlerinage et qui confirme que le croyant s'abandonne à Dieu et réitère dans la ferveur son assentiment à l'Islam.

Celui qui se voit célébrant le jour du Mont 'Arafât[1] sera bienveillant à l'égard des siens et se réconciliera avec ses rivaux. S'il se plaint de l'absence de l'un des siens celui-ci reviendra, car Dieu a réuni Adam et Eve en ce jour. S'il se voit en train de prier à l'intérieur de la *Ka'ba,* il obtiendra de quelque notable sécurité et fortune. S'il se voit prendre quelque chose de la *Ka'ba,* il recevra un don du calife, car la *Ka'ba* figure dans le rêve le calife, un émir ou un vizir. D'ailleurs, l'effondrement de l'un de ses murs, en rêve, annonce la mort du calife.

Rêver de la *Ka'ba* annonce toujours une bonne nouvelle ou un avertissement prévenant d'un mal menaçant. Si le rêveur voit que la *Ka'ba* est devenue sa propre demeure, il conservera ses serviteurs, son pouvoir, ses honneurs et sa renommée. S'il la voit dans un mauvais état, son rêve n'augure rien de bon. S'il habite la *Ka'ba*, le souverain l'accueillera et le comblera de ses bienfaits. On dit aussi que celui qui se voit en rêve pénétrant dans la *Ka'ba*, y entrera, grâce à Dieu, effectivement. On dit aussi qu'un tel rêve lui annonce l'accès à la cour du calife. S'il vole des grenades dans la *Ka'ba*, il se livrera à l'inceste. S'il accomplit la prière sur le toit de cet édifice, sa foi sera ébranlée. S'il se voit chargé du gouvernement de la région de la Mecque, le calife le chargera de quelques-unes de ses prérogatives. S'il se dirige vers la *Ka'ba*, un malheur s'abattra sur le calife. S'il y copule avec une femme, il atteindra l'âge de la décrépitude. S'il se voit à la Mecque en compagnie des morts qui l'interrogent, il mourra en martyr.

On rapporte qu'un homme est venu trouver Ibn Sîrîn et lui a dit: «Je me suis vu en rêve en train de prier sur le toit de la *Ka'ba* !» Ibn Sîrîn a répondu: «Crains Dieu ! J'ai comme l'impression que tu as renié l'Islam !»

On dit qu'un architecte s'est vu en rêve entrer dans la cour du Sanctuaire et se mettre à prier sur le toit de la *Ka'ba*. Il a rapporté son rêve à un interprète qui lui a dit: «Tu auras la sécurité et le

---

1- Point culminant, en ferveur et en intensité, du Pèlerinage à la Mecque qui marque l'instant sans cesse "re-vécu" du sacrifice abrahmique.

pouvoir et tu collecteras beaucoup d'impôts de partout. Mais tu seras aura aussi une foi affaiblie. Tu seras écarté de l'accord général des croyants !» Et il en a été effectivement ainsi.

Un homme qui s'est vu en rêve enjamber la *Ka' ba* a raconté son rêve à Ibn Sîrîn qui a dit: «Cet homme s'est écarté de la Tradition [*sunna*] de l'Envoyé de Dieu et a sombré dans la mauvaise passion. Ne voyez-vous pas qu'il a enjambé l'orientation rituelle des Musulmans ?» Il en a été ainsi en effet: l'homme a choisi de se conduire en licencieux.

Celui qui voit en rêve qu'il a touché la pierre noire sera le disciple d'un imam de la région de Hijâz. S'il a descellé la pierre noire pour en faire un usage exclusif, il se distinguera dans le domaine de la religion par l'hérésie[1]· S'il retrouve la pierre noire quand les gens l'ont égarée, pour la remettre à sa place, il sera un homme convaincu de la justesse de sa voie, considérant que tous les autres hommes sont dans la perdition.

Celui qui a bu en rêve de l'eau de *Zem-Zem*[2] obtiendra bonne fortune et réalisera ce qu'il a souhaité en profitant de la générosité de quelqu'un. S'il se voit en train de visiter la station d'Abraham ou s'il y accomplit une prière, il indique sa désobéissance aux lois tout en ayant la volonté de les respecter. Il aura la grâce du Pèlerinage et la sécurité.

Le rêve où l'on se voit prononcer le sermon de la prière du Pèlerinage, sans être habilité à le faire – et sans qu'un proche du rêveur le soit – invite l'interprète à se reporter, pour en décider, à

1- Evidente allusion à la secte des Qarmates, ismaëlites extrémistes qui ont conduit une révolte très violente contre le pouvoir central de Bagdad; ils ont même subtilisé la pierre noire (317/930) et l'ont gardée pendant plus de vingt ans. Ils ont soutenu dans leur enseignement que le cu[illegible] vo[illegible] à cet objet n'est qu'un atavisme des époques de l'idolâtrie.

2- Source sacrée au voisinage de la *Ka'ba;* la tradition islamique en attribue la découverte miraculeuse à l'enfant Ismaël confié à Dieu par Abraham , avec sa mère Hagar, dans cette *"vallée sans végétation"*. La tradition veut que le propre grand-père du Prophète, Abdel-Muttaleb, par une espèce d'un autre "miracle annonciateur de l'Islam" la redécouvre après qu'elle ait été perdue.

l'homonyme de l'auteur du rêve ou à son homologue. Ou alors le rêveur sera éprouvé d'un malheur, ou il aura la renommée de la rectitude. S'il a bien prononcé le sermon et accompli correctement la prière devant des prieurs attentifs à son oraison, il deviendra un gouverneur obéi. S'il n'achève pas la prière, la charge de pouvoir ne lui sera pas dévolue, ou il en sera démis, s'il en est déjà investi. Si un rêveur non musulman se voit donnant le sermon du Pèlerinage, il se convertira à l'Islam ou mourra rapidement. Le rêve d'une femme qui se voit donner le sermon du Pèlerinage et prodiguer des exhortations, annonce davantage de puissance pour le tuteur de la rêveuse. Si les paroles de son sermon s'écartent de la sagesse et des bonnes exhortations, elle aura mauvaise réputation et sera connue pour tout ce qui rend une femme indigne.

La Tribune [*minbar*] en rêve figure un souverain arabe, un noble statut ou le consensus des Musulmans. Celui qui se voit sur la Tribune, prononçant de bonnes paroles, quand il y est habilité, aura un haut rang et un pouvoir. S'il n'en est pas digne, il sera connu pour sa conduite droite. S'il n'est pas digne de prêcher sur la Tribune et s'y voit muet ou prononçant de mauvaises paroles, il sera soumis au supplice, car on a dit que la Tribune figure la terreur. Si un gouverneur ou un souverain se voit sur une Tribune et que celle-ci s'effondre ou qu'il en est chassé par la force, il sera démis et son pouvoir disparaîtra, par la mort ou autrement. Si le rêveur n'est pas homme de gouvernement ni de souveraineté, on se référera, pour une juste interprétation, à son homonyme ou à un membre de son clan investi d'un pouvoir.

On raconte qu'un homme est venu retrouver l'Imam Ja'far as-Sadeq[1] que Dieu soit satisfait de lui, et lui a dit:

— Je me suis vu en rêve prononçant un sermon sur une Tribune...

1- Descendant de 'Ali, le cousin du Prophète. Sixième Imam du rite duodécimain et ismaélien (mort en 148/765). Fondateur de la principale Ecole chi'ite de jurisprudence et d'interprétation du Coran, le Ja'farisme.

— Quel est ton métier ? a interrogé l'Imam.

— Je suis propriétaire d'un *hammam*... dit l'homme.

— Eh bien, tu seras conduit devant le Souverain et tu seras soumis au supplice !», lui prédit l'Imam. Et il en a été ainsi.

On a rapporté que le Prophète, Dieu le bénisse et lui accorde la paix, s'est réveillé souriant, un jour, et a dit: «Je viens de voir les Marwân[1] en rêve se succéder sur ma Tribune !» On sait qu'il en a été ainsi.

Quant aux rêves des sacrifices rituels, ils annoncent toujours la bonne nouvelle et la dissipation des soucis ainsi que la bénédiction de Dieu, selon la parole du Très-Haut: «*Nous lui avons annoncé une bonne nouvelle: / la naissance d'Isaac / un prophète parmi les justes. / Nous avons béni Abraham et Isaac*» (XXXVII, 112-113). Si une femme enceinte fait de tels rêves, elle mettra au monde un enfant qui sera du nombre des justes. Celui qui se voit sacrifier une chamelle, une vache ou un bélier, affranchira des esclaves. Si le rêveur est lui-même esclave, il sera affranchi. S'il est captif, il sera délivré. S'il est endetté, il sera acquitté de ses dettes. Pauvre, il en deviendra riche. S'il est dans la crainte, il en sera rasséréné. S'il est en guerre, il en sera victorieux, et s'il a des soucis, il en sera délivré. Quant à celui qui se voit partager la chair d'un sacrifice qu'il a fait, avec des gens, il quittera ses soucis et obtiendra puissance et honneur. S'il vole un quartier de la bête sacrifiée, il mentira à Dieu, le Très-Haut. On dit que le malade, qui fait le rêve du sacrifice rituel, mourra. D'autres disent qu'il se rétablira, plutôt.

Le rêve de la fête du Sacrifice annonce le retour d'un bonheur révolu. Ou l'éloignement d'un péril, car c'est ainsi qu'Ismaël a été sauvé de l'immolation[2] à la suite du rêve de son père Abraham.

1- Clan de califes omeyyades.
2- Le Coran ne précise à aucun endroit lequel des deux demi-frères, Isaac ou Ismaël, a été choisi pour accomplir l'ordre donné dans ce rêve. Les exégètes sont partagés; mais un large "consensus populaire" arabe penche vers l'hypothèse qui désigne Ismaël.

chapitre quinze

Rêver du Combat sacré

[le Jihâd]

Un Compagnon du Prophète [...]
a vu en rêve l'Envoyé de Dieu
et l'a ainsi interrogé:
— O Envoyé de Dieu, du Combat sacré
ou de la garde d'une place fortifiée
quel est l'acte le plus louable ? [...]
— La garde d'une place forte, bien sûr !
Même pendant un seul jour et une seule nuit
est préférable à une dévotion de mille ans !».

Au sujet des rêves de Combat sacré un disciple de ʻAtâ [un Compagnon du Prophète] rapporte qu'il avait vu l'Envoyé de Dieu en rêve et l'interrogea ainsi:

— O Envoyé de Dieu, du Combat ou de la garde d'une place fortifiée, quel est l'acte le plus louable ?

— La garde d'une place forte, bien sûr ! Même pendant un seul jour et une seule nuit, cet acte est préférable à une dévotion de mille ans ! a-t-il répondu, Dieu le bénisse et lui accorde le salut.

Maître Abû Sa'ïd a dit aussi:

On nous a rapporté que l'Envoyé de Dieu a dit: «Celui qui peine pour nourrir les siens est au même rang que le combattant sur la Voie de Dieu !» Son effort sera tout aussi bien récompensé, selon ce que le Très-Haut a dit: «*Celui qui émigre sur le chemin de Dieu / trouvera sur la terre / de nombreux refuges et de l'espace*» (IV, 100).

Celui qui se voit prendre part à une bataille du Combat sacré et se détourne du combat, se détournera de l'effort pour honorer ses charges familiales Il rompra avec les siens et corrompra sa foi ; selon la parole du Très-Haut: «*Seriez-vous capables, si vous tourniez le dos / de semer la corruption sur la terre / et de rompre vos liens de parenté ?*» (XLVII, 22).

Si le rêveur se voit prêt à partir pour le Combat sacré il aura triomphe, mérite, prestige et élévation, selon la parole du Très-Haut: «*Mais Dieu préfère les combattants aux non combattants / et il leur réserve une récompense sans limites*» (IV, 95). S'il voit des hommes partant pour le Combat sacré, ceux-là auront triomphe, force et puissance ; de même s'il se voit combattre tout seul, avec une épée dont il assène des coups à droite et à gauche, face aux infidèles. Un tel rêve assure le triomphe contre les ennemis. S'il se voit vainqueur, il tirera des profits de son commerce. Et si un combattant se voit mener l'assaut contre l'ennemi, il aura un butin. S'il se voit tué dans le Combat sacré, il aura bonheur, fortune et honneur, selon la parole de Dieu, le Très-Haut: *«Ceux qui sont morts sur le chemin de Dieu,/*[ne sont pas] *morts / Ils sont vivants! / Ils seront pourvus de biens auprès de leur Seigneur / Ils seront heureux de la grâce que Dieu leur a accordée»* (IV, 169-170).

chapitre seize

Interpréter les rêves de mort et de morts, de tombes et de linceuls et de tout ce qui s'y attache tels que pleurs et lamentations etc.

Si un rêveur voit qu'on se lamente à la mort d'un homme de pouvoir, et qu'on se déchire les vêtements, qu'on se met de la terre sur la tête, l'homme de pouvoir gouvernera dans l'iniquité.

Quelqu'un nous a rapporté qu'il a vu en rêve un homme qu'il a connu – déjà mort – portant des habits verts et couronné d'un diadème de perles. Il l'a apostrophé ainsi:

— O Abû Muhammad ! Dis-moi comment te trouves-tu, si loin de nous ? Et comment as-tu supporté le goût de la mort ? Et comment se passent les choses là-haut ?

Et c'est ainsi qu'il lui a répondu:

— Quant à la mort, jamais tu ne pourras en imaginer les affres et les angoisses... Seule la Miséricorde divine a pu cacher tous nos défauts, et nous n'avons dignes du Paradis que par sa Grâce, qu'Il soit magnifié et glorifié !

Maître Abû Sa'ïd a dit:

Voir la mort en rêve indique le regret après la faute. Celui qui se voit mourir puis revivre commettra un péché et s'en repentira, selon la parole du Très-Haut: «*Notre Seigneur, Tu nous as fait mourir deux fois / et deux fois Tu nous as fait revivre. / Nous reconnaissons nos péchés*» (XL, 11). Mourir en rêve sans avoir été malade et sans avoir eu l'aspect de celui qui se meurt, annonce une longue vie. Mais la mort de celui qui se voit immortel sera proche. S'il se voit convaincu de son immortalité, il sera tué sur le chemin de Dieu. Celui qui rêve de sa mort et voit ses propres funérailles, l'ensemble de la cérémonie, son ultime ablution et son linceul, sera sauf ici-bas, mais sa foi n'en sera que plus corrompue.

Rêver de la mort du détenteur de l'autorité annonce la ruine de la Cité. Inversement, rêver de la ruine de la Cité annonce la mort du détenteur de l'autorité. Celui qui voit en rêve une personne déjà morte mourir de nouveau et provoquer à sa mort les pleurs de son entourage sans cris ni lamentations, verra une personne de sa descendance se marier. Les pleurs indiquent dans ce cas l'allégresse des siens. Mais certains disent que le rêve de la mort d'un homme déjà mort augure de la mort d'une personne de la descendance ou de la famille de ce même mort, si bien que l'on songe à lui comme s'il était mort une seconde fois. Si le rêveur se voit mort sans avoir l'aspect des morts ni voir d'objets funéraires, il verra se détruire un mur de sa maison ou une pièce. Si dans un tel rêve il voit qu'il a été inhumé sans préparation, ni pleurs, ni funérailles, rien de ce qui sera détruit dans sa maison ne sera réparé avant que la propriété ne passe entre les mains de quelqu'un d'autre.

Voir en rêve la mort foudroyante s'abattre sur un lieu, annonce un incendie dans ce lieu même. Si le rêveur se voit mort et étendu, tout nu, sur le sol, il sera appauvri. S'il se voit allongé sur un tapis, les choses de ce monde lui seront accessibles. S'il est mort sur un divan, il aura un rang élevé ; sur un lit, il obtiendra un bien des siens. S'il voit qu'il a découvert un homme mort, il trouvera un bien en numéraire. S'il reçoit l'avis de la mort d'un proche absent, il saura que sa foi est corrompue mais que ses affaires ici-bas seront plutôt prospères. S'il voit que son fils est mort, il sera débarrassé de son ennemi. S'il s'agit de sa fille, il devra désespérer de connaître une issue heureuse à ses épreuves. S'il entend une personne dire à une autre personne: «Untel vient de mourir subitement», la personne dont il s'agit aura un chagrin imprévu ou trouvera peut-être la mort. Si une femme enceinte se voit mourir *et* tomber enceinte, et qu'autour d'elle les siens pleurent sans bruits ni lamentations, elle mettra au monde un garçon qui la comblera de joie.

Certains affirment que le rêve de mort, pour un célibataire, annonce le mariage. Le même rêve pour un homme marié annonce la répudiation de sa femme ; car la mort est séparation. De la même manière, le rêve de mort de l'un des partenaires d'une association, augure la rupture de leur association.

L'endroit dans lequel se passe le rêve de lamentations connaîtra une catastrophe et les gens qui y vivent seront dispersés. On dit que se lamenter en rêve signifie jouer au cor, et jouer au cor annonce les lamentations.

Au sujet des pleurs, on rapporte qu'Ibn Sîrîn a dit:

Pleurer en rêve annonce le bonheur, mais si les pleurs sont associés à la danse, le rêve n'est pas de bon augure. Si le rêveur voit mourir une personne de son entourage et qu'il se voit en train de se lamenter bruyamment, celui qu'il a vu mourir vivra la même situation. La personne vue en rêve, ainsi que sa descendance, connaîtront un malheur ou une terrible catastrophe.

Si un rêveur voit qu'on se lamente à la mort d'un homme de pouvoir et qu'on se déchire les vêtements, qu'on se met de la terre sur la tête[1], l'homme de pouvoir concerné par ce rêve gouvernera par l'iniquité. S'il voit l'homme de pouvoir mort et les gens pleurer derrière son cortège funèbre, sans bruit, les sujets connaîtront le bonheur sous le gouvernement de ce prince. S'il voit les gens louer les vertus d'un prince mort dans le rêve, le prince concerné sera aimé de ses sujets, son règne durant. Si le rêveur se voit parmi des morts, cela indique que son entourage est composé d'hypocrites, et qu'il tentera en vain, de les amener à la vertu. Car Dieu a dit: *«Quant à toi / tu ne fais pas entendre les morts»* (XXX, 52).

Celui qui se voit mort parmi des morts, mourra en maintenant une hérésie, ou fera un long voyage dont il ne reviendra jamais. Celui qui se voit fréquenter les morts ou les toucher, sera victime d'un mal causé par des personnes de basse condition.

Certains rapportent que se lier d'amitié dans le rêve à un mort vaudra un long voyage dont on tire une grande fortune. S'il a porté un mort sur le dos, le rêveur aura aussi un grand profit. Manger avec un mort en rêve annonce une longue vie au rêveur.

1- Pratique qui survit de nos jours chez certaines familles arabes pour manifester le chagrin et le désarroi à la perte d'un être cher.

Le rêve de la mort du prince, indique sa démission. Et voir un mort ivre n'est pas de bon présage. Quant au rêve où l'on voit laver le mort, si on voit le mort se laver tout seul, sa descendance sortira de ses soucis et augmentera sa fortune. Si on voit un homme le laver, cet homme recevra le repentir d'une personne dont la foi est corrompue. Le laveur des morts dans le rêve figure le commerçant généreux ; grâce à lui des gens sortiront de leurs soucis. Il figure aussi un homme d'honneur qui amènera au repentir un groupe de malfaiteurs. Celui qui se voit mort et lavé atteindra un haut rang et quittera les soucis. Si le rêveur voit quelqu'un qui est déjà mort demander qu'on lui lave ses vêtements, on saura que ce mort a besoin qu'on implore pour lui la Grâce de Dieu, qu'on fasse l'aumône pour la paix de son âme, qu'on acquitte pour lui des dettes impayées. Le mort de ce rêve a peut-être exprimé son désir de demander le pardon d'un ancien adversaire ou l'exécution de volontés qu'il n'a pu exprimer de son vivant.

Le linceul, dans le rêve signale, dit-on, une inclinaison à la fornication. Si le rêveur voit qu'il n'en a pas été complètement couvert, il sera appelé à forniquer mais ne répondra pas à un tel appel. S'il se voit couvert d'un linceul exactement comme l'on couvre le mort, son rêve annonce sa propre mort. S'il voit que son linceul laisse à découvert la tête et les pieds, il verra se corrompre sa foi. Il sera d'autant plus proche du repentir que son linceul est rétréci. S'il voit des gens venir vers lui pour le vêtir d'habits fastueux, sans motif (ni fête ou ni noce) et puis le laisser seul dans une pièce, son rêve annonce sa mort. Mais si les habits sont neufs et blancs ses affaires prospéreront.

L'embaumement est, dans le rêve, l'indice du repentir pour le rêveur malfaiteur, l'éloignement des soucis pour le malheureux. Il indique aussi les compliments. Celui qui se voit assisté par quelqu'un pour acheter des produits d'embaumement, demandera l'aide de cet homme pour organiser une bonne assemblée, car le baume chasse la puanteur cadavérique.

Celui qui se voit porté en bière verra sa condition s'élever et sa fortune croître; car les mots «bière «et «reviviscence «ont la même origine [en arabe *na' ch* et *inti' âch*]. Celui qui se voit dans un cortège funèbre fraternisera avec d'autres hommes dans la foi de Dieu, car le Très-Haut a dit: «*Ils deviendront comme des frères / sur des lits de repos se faisant vis-à-vis*» (XV, 47). Certains disent que le cortège funèbre annonce une bonne initiative d'un homme de bon sens, qui recevra le repentir de gens de basse condition. Si le rêveur se voit prêt à l'enterrement, sans que personne ne le porte, il sera emprisonné. S'il se voit porté, il fera partie de la suite d'un homme de pouvoir et profitera d'une grande fortune. S'il se voit élevé pour être mis en bière et puis porté sur les épaules des hommes, il aura pouvoir et prestige et assujettira les autres. Il sera suivi par autant de partisans qu'il a vu d'accompagnateurs en rêve. S'il voit les hommes pleurer derrière son cortège funéraire, il aura une issue heureuse dans ses affaires, de même s'ils ont loué ses qualités ou invoqué la Grâce de Dieu sur son âme. S'ils ont médit de lui et n'ont pas pleuré sa disparition, il en tirera mauvais augure. Si le rêveur accompagne un cortège funéraire, il suivra un homme de pouvoir dont la foi est corrompue. S'il voit le cortège funéraire dans l'aire du marché, son rêve indique l'hypocrisie de ceux qui s'y activent. S'il voit que le cortège de ses funérailles est arrivé jusqu'à un cimetière connu, on saura qu'un bien sera restitué à ceux qui doivent légitimement en jouir. S'il voit qu'un cortège funéraire glisse dans les airs, un homme de haut rang mourra dans l'exil, peut-être aussi qu'un homme de valeur, un chef ou un savant mourront dans l'indifférence générale. S'il voit le cortège avancer sur la terre ferme, il naviguera sur les mers. S'il voit plusieurs cortèges mortuaires, dans un seul endroit, les habitants de ce lieu redoubleront de turpitudes. Et si une femme se voit morte et portée dans un cortège funèbre, si elle n'est pas mariée, elle se mariera. Si elle est mariée, sa foi sera corrompue.

Si le rêveur se voit portant un mort, il obtiendra des biens par la voie légitime. S'il a traîné le mort à même le sol, ses gains seront illicites. S'il voit un mort s'accrocher à un dépravé, il piégera une souris. S'il déplace un mort vers quelque cimetière, il agira dans la vérité. S'il le déplace vers le marché, il fera des bénéfices et son commerce sera demandé et prospérera.

Quant à la prière des morts, dans le rêve, elle indique en général l'invocation de la Grâce et de la Miséricorde de Dieu sur l'âme du défunt Si le rêveur voit qu'un imam a conduit pour la paix de son âme la prière des morts, il obtiendra du souverain le gouvernement d'une région. Et s'il se voit derrière un imam participant à la prière des morts, il assistera à une assemblée funèbre ou l'on invoquera la paix de Dieu sur les morts.

Si l'on voit en rêve qu'on est enterré, cela indique que le rêveur entreprendra un long voyage, dont il tirera des profits, selon la parole du Très-Haut: «*Il l'a fait mourir / Il l'a fait mettre au tombeau ; / puis Il le ressuscite quand Il le voudra*» (LXXX, 21-22).

Si le rêveur se voit enterré sans être mort, celui qui l'a enterré le blâmera ou l'emprisonnera. Si, après son enterrement dans ce rêve, il se voit mourir dans la tombe, il mourra dans les soucis. S'il ne voit pas la mort venir, il sera délivré de la prison et de l'injustice. Certains disent que celui qui se voit enterré en rêve verra sa foi corrompue. Et si le rêveur sort de sa tombe après inhumation, il pourra espérer se repentir. S'il voit qu'il disperse de la terre sur un autre homme ou qu'il l'a confié aux fossoyeurs, il engagera cet homme dans quelque péril. S'il se voit en train d'être mis dans la fosse, il possédera une maison. Si on a nivelé la terre après l'avoir enterré, il aura une fortune aussi importante que la quantité de terre qui l'a recouvert.

La tombe creusée figure dans les principes de l'interprétation, la prison. Inversement, la prison figure la tombe. Celui qui désire, dans son rêve, visiter les tombes, rendra visite à des prisonniers. S'il se voit creuser une tombe sur un toit, il vivra longtemps. Les tombes nombreuses, dans un endroit inconnu, figurent des gens hypocrites. Et s'il voit qu'il pleut sur des tombes, les défunts dans ces mêmes tombes seront touchés par la Grâce de Dieu. Si le dormeur rêve d'une tombe dans un endroit inconnu, il fréquente un hypocrite. Les cimetières connus, dans les rêves, figurent une vérité dont le rêveur n'est pas conscient. S'il voit qu'il creuse une tombe pour s'y enterrer lui-même il se construira une maison. S'il voit que la tombe d'un mort a été déplacée dans la propre demeure de ce mort, dans le lieu de son travail ou dans son village, la descendance du défunt construira une maison dans ce lieu même. S'il se voit entrer dans un caveau, sans qu'il y ait cérémonie funèbre, il achètera une maison déjà construite. Et s'il se voit en recueillement devant une tombe, il commettra un péché, selon la parole du Très-Haut: «*Ne prie jamais pour l'un d'entre eux quand il est mort ; / ne t'arrête pas devant sa tombe*» (IX, 84). S'il voit un homme riche tourner autour des tombes, dans un cimetière, et si l'homme le salue, cet homme fera faillite, car on dit que les cimetières sont les endroits pour gens ruinés.

Si le rêveur voit un homme déjà mort, en vie, ses affaires prospéreront après une période de difficultés. S'il voit un homme vivant sous l'aspect d'un mort, ses affaires connaîtront des difficultés, car la vie, dans le rêve signifie la prospérité et la mort, le malheur. Voir des gens déjà morts, heureux, signale pour le rêveur sa bonne position dans ses rapports avec Dieu. Les voir renfrognés signale le contraire, car les morts se trouvent dans la demeure de la vérité. Si l'on se réfère à cette parole du Prophète, Dieu le bénisse et lui accorde le salut: «Chacun d'entre vous sera déjà assez édifié quand il est sermonné dans le rêve.»

Si le rêveur entend un défunt de sa connaissance l'informer qu'il n'est pas mort en réalité, son rêve indique la bonne situation du mort dans l'autre monde, car Dieu a dit: «*Ils sont vivants ! / Ils seront pourvus de biens auprès de leur Seigneur*» (op. cit.). De même s'il voit ce mort portant couronne ou bague, ou s'il le voit sur un divan, ou portant des habits verts. Dans un tel cas, il saura que la mort de cet homme a été une sorte de martyre. Ce rêve indique aussi la bonne situation du mort dans l'au-delà et signale une situation tout aussi heureuse pour sa descendance ici-bas. Si l'on voit le mort riant, le rêve indique qu'il a déjà reçu le divin pardon, selon cette parole du Très-Haut: «*Ce jour-là / des visages seront rayonnants / souriants et joyeux*» (LXXX, 8-39). Celui qui voit un mort rayonnant, refuser de lui parler ou de le toucher, saura que ce mort est satisfait d'un acte généreux du rêveur dédié à la mémoire du défunt. S'il voit ce mort se détourner de lui ou lui chercher querelle ou le frapper, il saura qu'il a commis un péché. On dit aussi qu'un tel rêve indique que le mort a demandé au rêveur de lui restituer un dû. Voir le mort enrichi, plus qu'il ne l'a été de son vivant, signale sa pauvreté en bonnes actions. Si on le voit nu, le rêve signifie que le défunt a quitté le monde dans un état de pauvreté. On dit aussi que la nudité du mort signifie le repos de son âme.

Voir en rêve que des gens ont ressuscité dans un endroit, vêtus d'habits neufs et manifestant leur joie, signifie que de bonnes affaires reprendront pour leurs proches qui retrouveront le bon accueil et le prestige. Si on les voit attristés, les habits souillés, leurs proches s'appauvriront et commettront des turpitudes. Voir dans un cimetière connu la résurrection de morts, annonce aux habitants de cet endroit de dures épreuves et ils verront apparaître parmi eux des hypocrites. L'infidèle mort que l'on voit en rêve sous le plus bel aspect et dans une bonne attitude, indique l'élévation de la situation de sa descendance, sans que sa position auprès de Dieu en soit devenue plus favorable. Si le rêveur voit qu'un mort a ri puis pleuré, son rêve signifie que cet homme n'est pas mort dans la foi de l'Islam. Il en va de même quand on voit le visage d'un mort noirci, selon la parole du Très-Haut: «*On dira à ceux dont les visages seront noirs ; / «Avez-vous été incrédules après avoir eu la foi ?*» (III, 106). Voir un homme déjà mort malade ou portant des vêtements sales, indique que Dieu lui demandera des comptes quant à la rectitude de sa foi. Et si le rêveur voit un mort préoccupé ou fatigué, cela préfigure la préoccupation du rêveur et sa propre fatigue.

S'il voit son aïeul ou son aïeule ressuscités, cela figure son effort et sa chance [*Jadd,* fém. *Jadda*, grand-père – ou grand-mère, ancêtre – *et* effort]. S'il voit sa mère ressuscitée, il sera délivré du souci qui le préoccupe ; de même s'il voit son père revenir à la vie. Mais le rêve du père ressuscité est plus pertinent dans ce sens. S'il voit son fils ressusciter, l'un de ses ennemis réapparaîtra de façon impromptue. Si c'est sa fille qu'il a vu ressusciter, il aura une heureuse issue. Et s'il s'agit d'un frère, il reprendra vigueur à la suite d'un affaiblissement, selon la parole de Dieu, citant Moïse: «*Donne-moi un assistant, de ma famille ; / mon frère Aaron / accrois ainsi ma force*» (XX, 31). Le rêveur qui voit une sœur à lui revenir à la vie, verra revenir un proche parti en voyage et il en sera heureux, car le Très-Haut a dit: «*Elle dit à la sœur de Moïse / "Suis-le !" / Celle-ci se tenait à l'écart pour l'observer*» (XXVIII, 11). S'il voit son oncle ou sa tante – du côté de la mère – ressusciter, il récupérera quelque chose dont il a été dépossédé. Si le rêveur voit qu'il a ressuscité un mort, un infidèle, grâce à lui, sera converti à l'Islam, ou un débauché connaîtra auprès de lui le repentir. Si un rêveur voit dans sa demeure un groupe de femmes [connues de lui et déjà décédées] ressusciter, fardées et parées, le rêveur et les descendants de ces femmes verront réapparaître des situations qu'ils ont déjà connues, dont l'appréciation dépendra de la beauté et de l'accoutrement de ces femmes. Si elles portent des habits blancs, il s'agira de situations d'ordre religieux. Si elles portent le rouge, il s'agira de réjouissance. Si leurs habits sont noirs, il s'agira de richesse et de gloire. Mais si elles portent des haillons, le rêve annonce pauvreté et misère. Si les habits sont sales, ceux qui sont concernés par ce rêve commettront des actions blâmable.

Voir qu'un mort est plongé dans le sommeil, signale le repos de son âme. Mais se voir endormi à côté d'un mort, annonce au rêveur une longue vie.

Voir qu'un homme déjà mort est en train d'accomplir sa prière dans un endroit diffèrent de là où il a coutume de prier de son vivant, indique que ce mort a été touché par la Grâce, pour un acte de vertu qu'il a entrepris dans ce monde, ou pour un legs de bienfaisance qu'il a fait. Et si ce mort a été, de son vivant, homme de pouvoir, sa descendance sera investie du même pouvoir. Si le mort de ce rêve prie là où il a l'habitude de prier de son vivant, ce sera ses descendants qui auront une foi aussi solide que celle qu'il a eu, puisque lui-même a cessé d'œuvrer pour son propre salut là où il se trouve. S'il est vu dirigeant la prière de gens encore vivants, la vie de ces prieurs sera écourtée, ils auront ainsi suivi les morts. Si le rêveur se voit suivre le mort partout et à la trace, il imitera ce mort dans ses bons comme dans ses mauvais agissements. Et s'il voit un mort dans une mosquée, son rêve indique que ce mort sera dispensé des tourments futurs, car la mosquée signifie le refuge.

Si le rêveur voit que le mort de son rêve se plaint de la tête, cela indique l'auteur du rêve manque a ses devoirs à l'égard de ses parents ou de son chef. Si le mort a mal au cou, on saura qu'il est en train de dilapider sa fortune ou de retenir la dot de sa femme[1]. Si le mort se plaint du ventre, le rêveur sera comptable de la situation de son frère, de sa sœur, de son associé ou d'un serment qu'il a fait de mauvaise foi. Si le mort a mal au flanc, le rêveur sera comptable des droits légitimes de sa femme. S'il se plaint d'un mal dans les entrailles, l'auteur du rêve sera comptable de la condition de son père et de ses proches, mais aussi de ses propres biens. Si le défunt du rêve a mal au pied, il sera reproché au rêveur sa prodigalité dans ce qui ne satisfait pas Dieu. Si le mort se plaint d'un mal à la cuisse, il sera reproché au rêveur de négliger son clan[2] et de rompre les liens avec ses proches. S'il se plaint des deux jambes, il sera accusé de vivre dans la vanité.

Si le rêveur entend que le mort l'a appelé sans qu'il ait pu le voir, qu'il a répondu à son appel et l'a suivi irrésistiblement, il mourra de la même maladie que celle qui a emporté le mort de son rêve, ou dans les mêmes conditions: sous les décombres d'un écroulement, par noyade, ou à la suite d'un choc soudain. De

1- Rappelons que dans la législation islamique en matière de mariage, c'est le futur mari qui "apporte" la dot.

2- La division de la tribu ou du clan élargi reproduit le schème de l'anatomie du corps humain : la tête, *râs* : le – ou les – seigneur(s) le tronc, *wasat*, les "meilleurs"; le ventre, *batn*, et la cuisse, *fakhidh*.

même s'il a suivi un mort jusqu'à une maison qui lui est inconnue et dont il n'est pas sorti., s'il entend le mort lui dire: «Tu mourras à tel moment !», il en sera ainsi en vérité. S'il se voit suivre un mort jusqu'au seuil d'une maison sans y pénétrer, ou s'il y entre pour repartir aussitôt, le rêveur sera très proche de la mort, mais sera sauvé. Si le rêveur entreprend un voyage avec un mort, il sera dans la confusion en toute situation.

Si le mort donne quelque chose, parmi les biens désirés de ce monde, l'auteur du rêve qui a profité de ce don aura bonne fortune d'une provenance imprévue. S'il lui donne une chemise neuve ou propre, il aura des conditions de vie semblables à celles que le mort a connues de son vivant. S'il lui donne un châle, il aura son rang. S'il s'agit d'un vêtement en loques, il s'appauvrira. Si c'est un habit sale, il commettra des turpitudes. S'il lui offre de la nourriture, il obtiendra un gain inattendu. S'il s'agit de miel par exemple, il aura un butin qu'il n'a pas prévu. Et s'il lui donne une pastèque, il connaîtra des soucis inopinés.

S'il voit le mort le sermonner ou l'instruire, il connaîtra la rectitude dans sa foi religieuse.

Si le rêveur donne au mort un habit que ce mort refuse de déplier ou de porter, le rêve annonce un dégât dans les biens de l'auteur du rêve, ou une maladie dont il guérira toutefois. S'il voit qu'il s'est dévêtu d'un habit pour en vêtir le mort, de telle sorte que le vêtement en passe de la possession du vif à celle du mort, le rêveur mourra. Mais si le vêtement demeure en sa possession et qu'il le donne au mort seulement pour le repriser ou le réparer, il ne pâtira d'aucun mal. En principe, tout ce qui est donné au mort par le vif est fâcheux en rêve, à deux exceptions près: quand le rêveur donne une pastèque au mort, et là ses soucis seront dissipés, sans qu'il s'y attende ; et puis, au cas où le don s'adresse à son oncle ou à sa tante du côté paternel ; cela signale une indemnisation ou une pension qui lui seront exigées.

Si le rêveur voit le mort le saluer, il saura qu'il a bonne position auprès de Dieu, qu'Il soit magnifié et glorifié. Si le mort lui prend la mains, il disposera d'une fortune dont il a désespéré. Et si le mort lui donne une accolade affectueuse, il vivra longtemps. S'il lui entoure le cou dans une lutte ou une bagarre, le rêve sera classé parmi les rêves fâcheux.

Si le rêveur se voit parlant au mort, il vivra encore longtemps. Ce rêve signale aussi que le rêveur se réconciliera avec ses adversaires. S'il se voit embrasser un mort qui lui est inconnu, il obtiendra une fortune inattendue. Si c'est le mort qui l'embrasse, il recevra un bien là où il ne s'y attend pas.

Voir en rêve qu'un mort achète de la nourriture, signale que les denrées alimentaires seront encore plus chères et plus rares. Si l'on voit des morts vendre de la nourriture ou une autre marchandise, la vente de ces produits stagnera. Si l'on trouve parmi des denrées alimentaires un homme mort, une souris ou une bête mortes, les marchés proposeront des produits avariées.

Si le rêveur se voit en train de copuler avec un mort dans sa tombe, il commettra la fornication. Si c'est le mort qui le monte et qu'il éjacule, c'est qu'il fréquente un méchant personnage hypocrite qui lui soutire ses biens.

Si le rêveur se voit en train de copuler avec un mort qui lui est connu – homme ou femme – il obtiendra une chose qu'il a toujours recherchée et qu'il a désespéré de trouver. Si on voit le mort s'accoupler avec un ami à lui, celui-ci sera généreux avec la descendance de ce mort. Si le partenaire passif est un ennemi du mort, il triomphera de sa descendance. Si le rêveur se voit commettre l'inceste avec un mort, il offrira en sa mémoire une aumône ou invoquera la paix de Dieu sur son âme, ou sera bienveillant à l'égard de sa descendance. On dit aussi que l'auteur d'un tel rêve transgressera un interdit religieux.

Si le rêveur voit un mort qui lui est connu, le sodomiser, il obtiendra une part de son savoir ou de sa fortune. S'il voit qu'une femme qui lui est connue a ressuscité, qu'il a copulé avec elle et qu'il a reçu les sécrétions de sa jouissance, il obtiendra tout ce qu'il a désiré et dépensera avec plaisir ses derniers. Il en aura aussi une fonction de pouvoir qui ne cessera d'évoluer, ou un commerce de plus en plus florissant. Si le rêveur convole en noce avec une femme déjà morte, voyant qu'elle est bien vivante et qu'il a même pu la ramener chez lui, il entreprendra une action qu'il regrettera. S'il la pénètre et se voit éclaboussé par ses sécrétions, son rêve indique un remords qui le laissera dépité et soucieux ; mais l'issue pour lui sera tout de même heureuse. Il en sera récompensé à la mesure des sécrétions qui l'ont éclaboussé. Mais s'il se marie avec la morte ressuscitée, qu'il s'isole avec elle sans la toucher, puis l'accompagne à sa demeure pour lui demander de copuler, sa mort sera proche. Pour la femme qui fera ce même rêve, l'interprétation ira dans le même sens.

Maître Abû Sa'ïd, que Dieu ait son âme, a dit:

Le principe dans les rêves où l'on voit des morts veut que la vision d'un mort qui agit selon le bien, encouragera le rêveur dans cette voie. S'il agit mal, il déconseillera un tel acte et en avertira le rêveur.

Celui qui se voit profaner la tombe d'un mort, cherchera dans sa vie profane et religieuse ce qui lui permettra d'imiter sa conduite. S'il voit un mort, vivant dans sa tombe, cela vaudra pour lui la sollicitude de son entourage, sagesse et fortune licite. S'il le voit effectivement mort dans sa tombe, la fortune escomptée sera d'une provenance impure. Certains disent que celui qui se voit en rêve dans quelque cimetière en train de profaner des tombes et qu'il y trouve aussi bien des morts que des vivants, verra la mort s'abattre sur le pays.

Mais Dieu est l'Omniscient.

On trouvera encore d'autres développements qui s'attachent à ce thème plus loin dans les chapitres trente huit et trente-neuf. Le lecteur qui désire en savoir davantage les consultera.

chapitre dix-sept

Des rêves de résurrection des morts, Jugement dernier, Pesée des actions, Livres de Comptes, Chemin étroit [Sirât] *et de tout ce qui s'y attache*

Si [le rêveur au jour du Jugement dernier] *voit que son compte a été réglé dans l'indulgence, il saura que son épouse l'affectionne qu'elle est vertueuse et pieuse.*

Abû 'Ubeïda at-Tustari a dit:

J'ai rêvé du jour de la Résurrection et j'ai assisté au grand rassemblement des hommes. Un crieur s'est mis à clamer:

— O vous les hommes ! Celui qui a été dans le monde révolu du nombre des affamés, qu'il s'avance pour le déjeuner !

Les gens se sont avancés un à un et puis on m'a appelé par mon nom et on m'a ordonné de me lever. J'ai vu les tables dressées et me suis dit: «Tiens ! Voilà qu'arrive enfin la seule chose qui puisse me réjouir !»

Ahmad Ibn Mas'rûq a rapporté ce rêve qu'il a eu: «J'ai vu l'avènement du jour de la Résurrection. Les hommes se sont rassemblés. Un crieur a appelé pour la prière du vendredi et la foule s'est constituée en rangées serrées. Un ange est venu à moi avec une face large d'une mille et d'une longueur égale.

— Avance et dirige la prière ! m'a-t-il ordonné.

J'ai regardé son visage et j'y ai vu l'inscription "*Gabriel*" entre les deux yeux.

— Mais où est donc le Prophète, Dieu le bénisse et lui accorde le salut ? ai-je dit.

— Il est occupé à dresser les tables pour le banquet de ses frères les *soufis* ! m'a-t-il répondu.»

Et le rêveur a raconté l'histoire que nous avons déjà rapportée.

Maître Abû Sa'ïd, que Dieu ait son âme, a dit:

Dieu qu'il soit béni et magnifié a dit: «*Nous posons les balances exactes, le jour de la Résurrection / Nul homme ne sera lésé pour la plus petite chose*» (XXI, 47).

Si le rêveur voit que le jour de la Résurrection est arrivé dans un endroit, cet endroit connaîtra le règne de la justice et on s'y vengera des injustes, car en ce jour il y aura le partage décisif des droits de chacun. si le rêveur voit apparaître l'un des signes de la Résurrection dans un lieu, comme par exemple le lever du soleil du côté du l'occident ou l'avènement de la Bête, du faux Messie ou du règne de Gog et Magog, son rêve annoncera une bonne nouvelle, si le rêveur agit dans l'obéissance de Dieu, qu'Il soit glorifié et magnifié. Il indique toutefois un avertissement, si l'auteur du rêve est dans la désobéissance de Dieu ou s'il s'apprête à Lui désobéir. S'il se voit, le jour de la Résurrection comparaissant devant Dieu, qu'Il soit magnifié et glorifié, le rêve sera plus pertinent et plus sûr. Ainsi le règne de la justice n'en sera que plus proche. Si le rêveur voit les tombes s'ouvrir et en surgir les morts, il saura que le règne de la justice arrive. S'il voit la Résurrection alors qu'il est en guerre, dans la vie réelle, il aura la victoire. S'il se voit dans le rassemblement des ressuscités, il fera un voyage. Et s'il se voit ressuscité tout seul pour le Jugement dernier, ou avec un seul compagnon, il révélera sa propension à l'iniquité, car le Très-Haut a dit: «*Rassemblez les injustes, leurs épouses*» (XXXVII, 22). S'il voit que la Résurrection n'a été ordonnée que pour lui tout seul, il mourra, comme il est affirmé chez certains interprètes. Si le rêveur assiste à la Résurrection et perçoit toutes ses terreurs, puis constate que les choses se sont calmées et que le monde a repris son aspect habituel, son rêve annonce des actes d'injustice commis par de hauts personnages qui n'ont pourtant pas l'habitude de faire preuve d'iniquité. On dit aussi qu'un tel rêve signale que le rêveur est occupé à commettre des turpitudes, désire l'impossible et passe son temps à se promettre le repentir, tout en persistant dans le mensonge, selon ce que le Très-Haut a dit: «*Mais s'ils étaient ramenés sur la terre / ils reviendront à ce qui leur était interdit / Ce sont des menteurs !*» (VI, 28). Celui qui se voit proche du Jour du compte, indique sa nonchalance face à la différence entre le bien et le mal ainsi que son hostilité à l'égard de la vérité, selon la parole du Très-Haut:

«Le règlement des comptes approche des hommes / alors que, dans leur insouciance, ils s' en détournent » (XXI, 1). S' il voit que son compte a été réglé avec indulgence, il saura que son épouse l' affectionne et qu' elle est vertueuse et pieuse. S' il voit que sont compte a été réglé d' une manière sévère, il connaîtra un échec, selon la parole du Très-Haut: *«Nous leur avons fait rendre un compte rigoureux»*. (LXV, 8). Si le rêveur voit que Dieu Lui-même est en train de lui régler son compte, que ses actions sont mises dans la balance, que ses bonnes actions ont pesé plus lourds que ses méfaits, il saura qu' il est dans la plus grande obéissance à Dieu et qu' il en tirera la plus haute récompense. Si ses méfaits ont été plus lourds, le rêveur doit craindre le fléchissement de sa foi. S' il se voit tenir la balance, il saura qu' il est sur la voie droite, selon la parole du Très-Haut: *«Nous avons fait descendre avec eux* [les prophètes] *le Livre et la balance»* (LVII, 25). S' il voit qu' un ange lui tend un livre et lui ordonne de lire, il saura qu' il est du nombre des vertueux et qu' il connaîtra le bonheur, s' il se maintient auprès des justes. S' il s' est écarté de la voie des justes, il doit craindre les conséquences de ce rêve, car Dieu dira à l' homme au jour de la Résurrection: *«Lis ton Livre !»* (XVII, 14). S' il se voit traversant le Chemin étroit[1], il saura qu' il est dans la rectitude de la foi. Si le rêveur s' en écarte, s' il déséquilibre la balance et dévie [du chemin] de son Livre, tout en se voyant pleurer, il convient d' implorer pour lui l' indulgence de Dieu, pour ce qu' il en sera de lui dans la vie future.

1- *Sirât*, voie raide et étroite suspendue sur l'abîme de la perdition ; elle sépare, selon l'eschatologie coranique, (comme une épreuve de passage) l'homme de son salut le jour du Jugement dernier.

chapitre dix-huit

Interpréter les rêves d'Enfer

Dieu nous en préserve

Si le rêveur se voit dégainer son épée face à l'Enfer
il proférera des paroles obscènes et inconvenantes
et s'il y entre en souriant
il commettra des actes de débauche
et ne sera comblé que par les joies
de l'ici-bas.

Nous avons appris de sources sûres que celui qui se voit en rêve en train de brûler, ira en Enfer. S'il voit qu'un ange l'a pris par le toupet pour le jeter dans le Brasier, il sera nanti d'une fortune. S'il voit Mâlik, le gardien de l'Enfer, détendu et souriant, il sera heureux grâce à un agent de l'autorité, un bourreau ou le tortionnaire du souverain. S'il voit le Brasier de prés, il connaîtra un malheur ou une dure épreuve, dont il ne se relèvera plus, selon la parole du Très-Haut: «*Les criminels verront le Feu / ils penseront y tomber / et ne trouverons aucun moyen d'y échapper*» (XVIII, 53). Un tel rêve fera subir à son auteur une lourde perte, selon la parole du Très-Haut: «*La Géhenne est détestable comme gîte / et lieu de séjour*» (XXV, 65). De toute façon ce rêveur en sera ainsi averti pour qu'il se repente à temps d'un péché qu'il est en train de commettre. S'il se voit entrant dans la Géhenne, il commettra des turpitudes et des péchés lourds, appelant le châtiment légal. On dit aussi qu'il sera juge et arbitrera entre les hommes. S'il voit que quelqu'un l'a fait entré dans la Géhenne, il sera poussé à l'égarement et aux turpitudes. S'il se voit sortant de l'Enfer sans avoir été atteint d'un quelconque désagrément, il tombera dans les soucis de ce monde. S'il boit de son liquide brûlant et mange de son *Zaqqoûm*[1], il recherchera le savoir, mais ne tirera de sa science que sa perdition. On dit aussi que ses affaires lui deviendront malaisées et son rêve indique qu'il versera le sang. Celui qui voit son visage noirci du feu de l'Enfer se liera d'amitié avec un ennemi de Dieu, et il sera satisfait de ses propres méfaits. Il en sera humilié, la face noircie devant les hommes et n'en connaîtra qu'une issue malheureuse. S'il se voit croupir en Enfer, ne sachant

---

1- Aliment de torture réservé aux pensionnaires de l'Enfer (Coran XXXVII, 62 ; XLIV, 43 et LVI, 52).

plus quand il y était entré, il demeurera ici-bas pauvre et triste, frustré et oublieux de ses devoirs de prière et de jeûne, agissant en toute chose dans la désobéissance à Dieu. S'il se voit marcher sur des braises, il enjambera [par impolitesse] des hommes lors de quelque cérémonie.

Tout rêve qui fait apparaître le feu signale la discorde religieuse, selon la parole du Très-Haut: «*Le jour où ils seront éprouvés dans le Feu: / "Goûtez votre épreuve ! / Voici ce dont vous vouliez hâter la venue !"* » (LI, 14). Si le rêveur se voit dégainer son épée face à l'Enfer, il proférera des paroles inconvenantes et obscènes. Et s'il y entre en souriant, il commettra des actes de débauche et ne sera comblé que par les joies de ce monde.

chapitre dix-neuf

Du paradis,
ses gardiens,
ses houris et ses palais,
ses ruisseaux et ses fruits

Si le rêveur voit qu'il a jeté le Paradis
dans l'Enfer
il vendra un jardin
et dilapidera le produit de la vente.

Hafsa, fille de Rachîd, a rapporté ce rêve qu'elle a eu:

«Marwân al-Mahlamî notre voisin décédé, a-t-elle dit, a toujours été de son vivant plein de piété et très studieux dans l'adoration de Dieu. A sa mort j'ai eu beaucoup de chagrin. Je l'ai vu une fois en rêve et je lui ai demandé:

— O Abû Abdullah, qu'es-tu donc devenu, par la Grâce de Dieu?

— Eh bien, Il m'a placé au Paradis !

— Et quoi encore ?

— Il m'a élevé auprès des gens de la Droite !

— Et quoi encore ? ai-je insisté.

— Il m'a placé auprès de ceux qui sont dans Sa Proximité !

— Et qui as-tu vu, parmi tes frères ?

— J'ai vu al-Hassan, [fils de 'Alî et petit-fils du Prophète] Ibn Sîrîn et Maymûn[1] !»

Umm Abdullah, une des plus nobles femmes de la ville de Bassora a dit: «Je me suis vue en rêve pénétrant dans une belle demeure, puis dans un jardin plein de toutes les merveilles de Dieu. J'ai vu un homme étendu sur un divan en or, entouré de belles servantes, tenant des coupes. Je me suis mise à le regarder avec un

1- Maymûn Ibn 'Imrân (mort en 100/718) sectateur et savant khârijite, fondateur d'une Ecole. On ne manquera pas de remarquer la sympathie de ce texte pour le khârijisme, quand il n'est non violent. C'est que cette scission, très précoce dans le "corps idéologique" de l'Islam a toujours été perçue comme une position négative - avant tout - à l'égard des "usurpateurs" omeyyades.

grand ravissement quand, voyant passer un autre homme, je l'ai ainsi interrogé:

— Mais qui est donc cet homme ?

— C'est Marwân al-Mahlammî ! m'a-t-il dit. Il vient d'arriver et il a pris place sur son divan !

Je me suis alors réveillée et j'ai vu passer, à l'instant même, les funérailles de Marwân.»

Un saint homme de Damas a rapporté ce récit:

«Je me suis trouvé un jour seul dans la mosquée après la prière de l'après-midi. J'ai mis à côté de moi une cruche d'eau à rafraîchir, en attendant l'heure de la rupture du jeûne, quand le sommeil m'a gagné. J'ai vu en rêve un groupe de *houris* entrant dans la mosquée en battant des mains. J'ai interrogé l'une d'elles:

— A qui appartiens-tu, toi ?

— A Thâbet al-Bannânî !

— Et toi ?

— A Abderrahmân Ibn Zeïd...

— Quant à moi, j'appartiens à 'Utba ! a dit une troisième.

— Et moi, je suis la houri de Farqad ! a dit une autre.

Une seule n'a pas encore parlé. Je l'ai interrogée:

— Et toi donc ?

— Moi ? Je serai pour celui qui ne fait pas rafraîchir son eau pour la rupture de son jeûne !

— Si tu me dis la vérité, lui ai-je dit, brise-moi donc cette cruche! Et la cruche, renversée, s'est brisée en tombant de son perchoir.

Je me suis réveillé au bruit de l'impact de ma cruche sur le sol !»

Maître Abû Sa'ïd, que Dieu ait son âme, a dit:

Celui qui voit le Paradis en rêve et refuse d'y entrer, doit s'attendre à une bonne nouvelle concernant son travail, ou ses projets. Car un tel rêve est celui d'un homme équitable, éloigné de l'injustice. On dit aussi que le rêveur qui fixe le Paradis du regard, aura ce qu'il a désiré et sera délivré des soucis. S'il a la volonté d'y entrer mais qu'on l'en a empêché, il sera écarté du Pèlerinage et du Combat sacré, alors qu'il a toute disposition pour s'y engager. Il sera peut-être détourné d'un repentir et maintenu dans le péché dont il veut pourtant s'éloigner. S'il voit que l'une des portes du Paradis s'est refermée devant lui, l'un de ses deux parents mourra. Si deux portes se referment, ses deux parents mourront. Si toutes les portes se referment et demeurent fermées, il saura que ses deux parents sont mécontents de lui. S'il y entre par l'une ou l'autre des portes, ils saura qu'ils sont tous les deux satisfaits de lui. S'il se voit installé au Paradis, il aura bonheur et quiétude dans ce monde comme dans la vie future, selon la parole du Très-Haut: «*Entrez ici, en paix et en sécurité !*» (XV, 46). Si le rêveur voit que quelqu'un l'a fait entrer au Paradis, sa mort sera proche. On dit aussi qu'un tel rêve amènera la rêveur à se repentir d'un péché grâce à celui qui, dans le rêve, l'a fait entrer, s'il est parmi les gens de son entourage. On dit également qu'entrer au Paradis, permettra au rêveur de réaliser enfin des espoirs longtemps déçus par de pénibles épreuves, car le Paradis est entouré de périls. Certains disent encore que ce rêve vaudra au rêveur la fréquentation de notables et il sera bon compagnon, respectueux des commandements de Dieu. S'il voit qu'on lui demande d'entrer au Paradis et qu'il refuse, il saura qu'il est en train de négliger les prescriptions de la religion, selon la parole du Très-Haut: «*Ils n'entreront pas dans le Paradis / aussi longtemps qu'un chameau ne pénètre pas / dans le trou d'une aiguille*» (VII, 40) s'il entend en rêve quelqu'un lui dire: «Tu vas entrer au Paradis !» il fera un héritage, selon la parole du Très-Haut: «*Tel est le Paradis qui vous sera donné en héritage*» (XLII, 72).

Si le rêveur se voit séjournant au *Firdaws*[1], il aura rectitude et savoir. S'il entre au Paradis en souriant, il invoquera Dieu souvent et obtiendra félicité, louanges et récompenses. S'il se voit assis à l'ombre de l'arbre de *Toubâ*[2] il possédera les bienfaits des deux mondes, selon la parole du Très-Haut: «*Le bonheur est un excellent lieu où ils retourneront*» (XIII, 29). S'il se voit dans les jardins paradisiaques, il aura la pureté et la plénitude de la foi. S'il en a mangé les fruits, il aura la savoir, selon la quantité des fruits mangés. Cela vaut aussi pour le rêve où l'on se voit boire l'eau du Paradis, le vin ou le lait, le rêveur en aura sagesse, savoir et richesse. S'il se voit étendu sur un divan du Paradis, son rêve indique la chasteté de son épouse et sa vertu. S'il ignore à quel moment il y est entré, sa prospérité et son bonheur dans ce monde dureront tant qu'il est en vie. Si on lui refuse les fruits du Paradis, alors qu'il s'y trouve, le rêveur saura que sa foi est corrompue, selon la parole du Très-Haut: «*Dieu interdit le Paradis / à quiconque attribue des associés à Dieu*» (V, 72). S'il se voit ramasser des fruits du Paradis pour en nourrir quelqu'un d'autre, il fera profiter autrui de son savoir, sans en tirer profit lui-même. S'il voit qu'il a jeté le Paradis dans l'Enfer, il vendra un jardin en sa possession et il dilapidera le produit de la vente.

Si le rêveur boit de la source *d'al-Kawthar*[3], il aura une fonction de commandement, et il triomphera de ses ennemis, selon la parole du Très-Haut: «*Oui, nous t'avons donné* al-Kawthar, */ prie donc ton Seigneur et sacrifie !*» (CVIII, 1). S'il se voit installé dans l'un des palais du Paradis, il aura une fonction de commandement ou copulera avec une belle esclave, selon la parole du Très-Haut: «*Des* Houris *qui vivent retirées sous leurs tentes*» (LV, 72). S'il se voit copuler avec les femmes du Paradis et que des éphèbes tournent autour d'eux, il aura une royauté et félicité, selon la parole du Très-Haut: «*Des éphèbes immortels circuleront autour d'eux*» (LXXVI, 19).

1- *Al-Janna* (litt. jardin, verger, palmeraie) est le nom générique du paradis ; *Firdwas* est un lieu de séjour plus élevé.

2- Arbre de la Félicité dans le paysage paradisiaque, selon les exégètes du Coran.

3- Source ou fleuve du Paradis, selon les exégètes ; la sourate CVIII porte ce nom.

On rapporte qu'al-Hajjâj Ibn Youssef[1] a vu en rêve deux *houris* du Paradis descendre du ciel ; il en a choisi une, et l'autre a disparu. Il a rapporté son rêve à Ibn Sîrîn qui lui a dit: «Ce sont deux grandes discordes dont tu connaîtras une et tu mourras avant que l'autre n'apparaisse !» Il a connu en effet la révolte d'Ibn al-Asha'th et n'a pas connu celle d'Ibn al-Muhallab[2] qui l'a suivie.

Si le rêveur voit Radhwân [le gardien du Paradis], il aura bonheur, félicité et quiétude aussi longtemps qu'il vivra, selon la parole du Très-Haut: «*Ses gardiens leur diront: / "Paix sur vous!"* » (XXXIX, 72). S'il voit les anges le visiter et le saluer au Paradis, il saura qu'il agit dans la voie qui le conduira au Salut, selon la parole du Très-Haut: «*Les anges entreront auprès d'eux / par toutes les portes*» (XIII, 23).

1- Gouverneur de la province d'Irak (mort en 95/714) sous le règne des Omeyyades, réputé pour sa grande fermeté dans l'exercice du pouvoir et son sens du politique. Il n'a pas hésité à bombarder la *Ka'ba* à la catapulte pour en déloger des rebelles.

2- Ibn al-Asah'th (mort en 87/770) commandant dans les armées omeyyades sous le califat de 'Abdel-Malek Ibn Marwân ; a conduit une révolte qui a duré de nombreuses années et s'est emparé de la ville de Kûfa. Al-Hajjâj l'a tué lors d'une bataille célèbre, dite la bataille du "Cloître des crânes" (*Dîr al-Jamajim*). Ibn al-Muhallab (mort en 102/721) gouverneur du Khorrassân sous le califat de Yazîd Ibn Abdel-Malek. Démis puis emprisonné, il s'est évadé et conduit une énorme révolte ; il sera tué par le frère du calife, Maslama.

chapitre vingt

Interpréter les rêves de djinns et de démons

S'il voit que le Démon lui enseigne une parole
il proférera des paroles d'artifice ou d'intrigue
ou cherchera la fiction
dans la poésie.

Maître Abû Sa' ïd a dit:

Celui qui se voit en rêve transformé en djinn, deviendra plus rusé. Et les magiciens djinns vus en rêve figurent des monstres malfaisants. Si le rêveur voit les djinns debout devant sa porte, son rêve indique l'une de ces trois possibilités: ou un échec annoncé, ou une défaite ou alors un vœu qu'il a fait et dont il doit s'acquitter. S'il se voit enseigner le Coran aux djinns ou le réciter tandis qu'ils écoutent, il aura le commandement et une fonction de pouvoir, selon la parole du Très-Haut: «*Dis: / "Il m' a été révélé / qu' un groupe de Djinns écoutaient !"*»(LXXII, 1). S'il voit que les djinns sont entrés dans sa demeure pour y faire quelques chose, des cambrioleurs le visiteront et lui nuiront ; ou alors ses ennemis l'attaqueront chez lui.

Le principe dans l'interprétation des rêves de djinns, c'est qu'ils figurent toujours des personnages intrigants pour tout ce qui se rattache aux affaires de ce monde et a ses vanités ; tandis que Satan, qui est l'ennemi de Dieu en ce monde comme dans l'autre, fourbe et irrespectueux en tout, intervient dans le rêve pour ajouter un élément de domination et peut même figurer les proches du rêveur.

Celui qui voit en rêve le spectre de Satan le toucher alors qu'il est occupé dans l'invocation de Dieu, saura qu'il a de nombreux ennemis qui veulent sa perte, mais n'auront pas ce qu'ils cherchent, car Dieu, le Très-Haut a dit: «*Lorsqu' une légion de démons s' en prend / à ceux qui craignent Dieu / ceux-ci réfléchissent / et voient qu' ils deviennent clairvoyants*» (VII, 201). S'il voit un météore poursuivre un démon, il saura qu'il a une foi solide.

Celui qui voit en rêve que le démon essaie de l'effrayer saura qu'il a une foi pure et la sérénité face à des dangers qui le menacent ; nous en avons la preuve dans la parole du Très-Haut, quand il dit: «*Ne les craignez pas, / craignez-moi, / si vous êtes croyants*» (III, 175). Si le rêveur voit Satan heureux et joyeux, il se soumettra à des désirs coupables. S'il le voit se dévêtir, il perdra sa fonction de pouvoir, s'il en a une, ou sera dépossédé d'un verger, s'il en possède un, car Dieu a dit: «*O Fils d'Adam ! / Que le Démon ne vous tente pas*» (VII, 27). S'il voit que le Démon l'a touché, il saura qu'il a un ennemi qui accuse son épouse de turpitudes et tente de la séduire. Mais on dit aussi qu'un tel rêve annonce une heureuse issue à la suite d'un chagrin, ou la guérison d'une malade, car Dieu a dit: «*Mentionne notre serviteur Job. / Il cria vers son Seigneur: / "Le Démon m'a atteint*" » (XXXVIII, 41).

Celui qui voit le Démon le suivre, saura qu'il a un ennemi qui le trahit et le trompe, qui rabaisse de son œuvre et de son prestige, car le Très-Haut a dit: «*Le Démon le poursuivit / et il fut au nombre des égarés*» (VII, 175). S'il voit qu'il est devenu le roi des démons et qu'ils lui obéissent et se soumettent à lui, il aura le commandement et le prestige et terrassera ses ennemis, car Dieu a dit [parlant de Salomon]: «*Certains démons plongeaient pour lui dans la mer*» (XXI, 42). Si le rêveur voit qu'il a enchaîné le Démon, il aura une victoire, selon la parole du Très-Haut: «*Les Démons bâtisseurs ou plongeurs / et d'autres encore / enchaînés deux à deux.*» (XXXVIII, 38). S'il voit qu'un Démon vient vers lui, descendant du ciel, il commettra un péché et trompera Dieu, car le Très-Haut a dit: «*Ils descendant sur tout pécheur calomniateur*» (XXVI, 222). S'il se voit en train de parler au Démon dans l'intimité, il demandera conseil à ses ennemis et il en fera des partisans pour contrer les gens du bien, sans succès, selon la parole du Très-Haut: «*L'entretien secret provient du Démon / qui veut affliger le croyants*» (LVII, 10). S'il voit que le Démon lui enseigne une parole, il proférera des paroles d'artifice, intriguera ou cherchera la fiction de la poésie.

Si le rêveur voit qu'il a tué *Iblîs*, il aura le dessus contre un homme rusé et trompeur. Quant à l'imposteur, dans le rêve, il figure un homme déloyal qui sait séduire les gens.

chapitre vingt et un

Interpréter les rêves où l'on voit des gens vieux et jeunes ou enfants connus du rêveur ou inconnus

La compagnie des femmes arabes et des brunes
est toujours, dans le rêve, un bon signe
selon la durée de cette compagnie
elles sont meilleures
que toutes les autres femmes
qui interviennent dans le rêve.

Maître Abû Sa'ïd, que Dieu ait son âme, a dit:

Rêver d'un homme connu du rêveur indique toujours l'obtention de quelque chose de cet homme, de son homologue ou de son homonyme. S'il prend de lui ce dont la nature est désirable, il aura de lui dans la réalité ce qu'il a espéré avoir. S'il est digne d'une fonction de pouvoir et qu'il se voit en rêve prendre de quelqu'un une chemise blanche, il sera investi d'une telle fonction. S'il prend de lui une corde, il assumera ses engagements. S'il prend de lui quelque chose dont la substance ou l'espèce sont de l'ordre du non désirable, il devra désespérer de cet homme ; une haine et une inimitié s'installeront entre eux.

Le vieillard et l'adulte connus du rêveur figurent l'effort de celui-ci. S'il les voit tous les deux ou l'un d'eux, chétifs, son rêve indique un affaissement de son effort. S'il les voit forts, il témoignera d'un effort soutenu. S'il voit qu'un jeune homme s'est transformé en vieillard, il aura savoir et haute science. S'il se voit en train de suivre un vieil homme, il aura bienfaits et abondance. S'il rêve d'un vieux barbare parvenu, il se donnera un compagnon grossier. Si le vieil homme est Turc, il aura un compagnon déloyal, à moins qu'il ne soit musulman, il évitera alors ses méfaits.

Le jeune homme, dans l'interprétation, figure l'ennemi du rêveur. S'il est blanc dans le rêve, il indique un ennemi embusqué. S'il est noir, c'est un ennemi fortuné. S'il est blond, c'est un ennemi de longue date. S'il est *daylamî*[1] c'est un ennemi loyal. S'il est un immigré barbare, c'est un ennemi fruste. S'il est fort,

1- Appartenant aux Daylam, ethnie qui habitait la Perse, au sud de la mer Caspienne. Ils ont soutenu – un peu comme les Berbères au Maghreb – les révoltes chi'ites contre le pouvoir central.

cela indique qu'il sera farouche dans son inimitié, au cas où le jeune homme du rêve est un inconnu pour le rêveur ; mais s'il lui est connu, il figure la personne elle-même dans la réalité. Si le rêveur voit un jeune homme le suivre, il triomphera d'un ennemi. S'il voit un vieil homme le dominer, ce personnage le fera accéder au bien. Mais si c'est un jeune homme qui le domine, un ennemi le vaincra, car il a eu le dessus dans le rêve. Rêver d'un vieil homme qui devient jeune, admet des interprétations différentes: certains disent que le rêveur se rétablira dans le bonheur ; d'autres affirment qu'un énorme défaut apparaîtra dans sa vie profane et dans sa religion ; d'autres pensent que sa mort est proche ; tandis que d'autres encore voient dans ce rêve la volonté d'entreprendre du rêveur, car ce renversement indique la sécurité dans l'effort. Si le dormeur rêve d'un jeune homme qui lui est inconnu, lui manifestant de la haine, il verra apparaître un ennemi haï de son entourage. S'il lui manifeste de l'amitié, il s'agit d'un ennemi aimé de son entourage.

Si le rêveur voit une belle esclave musulmane, bien fardée, il apprendra une nouvelle qui le réjouira. Si elle est infidèle, la bonne nouvelle comportera un élément de lascivité. Si la belle esclave a le visage renfrogné, il apprendra une mauvaise nouvelle. Si elle lui apparaît amaigrie, il aura soucis et appauvrissement. Si elle est nue, il subira des pertes dans son commerce et y sera l'objet d'un scandale. S'il copule dans son rêve avec une fille vierge, il possédera un verger fructifère et entreprendra un commerce florissant.

La belle esclave en rêve est toujours de bon augure, selon la beauté dont elle se pare, son costume et la qualité de son parfum. Si elle est voilée, elle annonce un bien protégé par la vertu et la foi. Si elle est bien fardée, elle annonce un bien affiché. Si elle cache son visage, le rêve présage d'un bien équivoque. Si elle a le visage découvert, le bien annoncé sera connu de tous. Avec une belle poitrine, elle indique le bien le plus désiré du rêveur.

Celui qui rêve d'une belle femme entrant dans sa demeure, connaîtra bonheur et réjouissance. Et la femme belle figure toujours une fortune qui ne peut être conservée, car la beauté s'altère. Si le rêveur voit une jeune femme s'avancer vers lui de face, une bonne chose dont il a désespéré finira par lui parvenir. La femme de type arabe, jeune et bien fardée, inconnue du rêveur, apportera des bienfaits et des profits dont l'interprétation ne pourra épuiser l'énumération. Quant à la femme dodue, elle annonce une année féconde, tandis que la femme amaigrie, augure de la sécheresse. Et la plus favorable des femmes, dans l'interprétation, est la femme de type arabe, plutôt celle qui est inconnue du rêveur que celle qu'il reconnaît, plutôt les plus coquettes dans le fard et l'allure que les autres.

La compagnie des femmes arabes et des brunes est toujours, dans le rêve, un bon signe, selon la durée de cette compagnie. Celles-ci sont meilleures que toutes les autres femmes qui interviennent dans les rêves. Toutefois, si une femme rêve d'une autre femme jeune, son rêve indique toujours une ennemie, quelque soit la situation où la scène ; mais si elle voit une vieille femme, celle-ci figure son effort et sa volonté d'entreprendre.

La femme vieille pour le rêveur annonce une bonne fortune, ici-bas. S'il la voit fardée et dévoilée, il aura bonne fortune et réjouissance dans un délai très proche. S'il la voit avec le visage assombri, sa gloire ici-bas disparaîtra. S'il la voit laide, il aura un fâcheux renversement de situation. S'il la voit nue, il sera victime d'un scandale. S'il la voit avec le visage caché, il aura des remords. S'il voit qu'une vieille femme s'est introduite chez lui, il aura des biens de ce monde. Et si elle en sort, ses biens lui seront ravis. Si la vieille femme n'est pas musulmane, il aura des biens illicites ; ils seront licites, s'il rêve d'une vieille femme musulmane. Dans l'interprétation, une vieille femme inconnue du rêveur est plus pertinente. Si une femme jeune se voit en rêve se transformer en vieille femme, son rêve indique la rectitude de sa foi. Et si un homme voit en rêve qu'une vieille femme lui témoigne de la réticence, la bonne fortune de ce monde lui sera peu accessible. Si elle se plie à ses désirs, la bonne fortune lui sera accessible, dans la mesure de sa docilité.

L' enfant dans le rêve, figure un ennemi faible qui montre tantôt de l' amitié, tantôt de l' inimitié. Si le rêveur se voit transformé en enfant, ses attributs de virilité disparaîtront. Seulement son rêve indique aussi une issue heureuse après une période de soucis. S' il se voit porter un petit garçon, il dirigera un royaume. S' il se voit enseigner à un enfant la lecture dans Coran ou dans les livres des belles-lettres, il se repentira de ses péchés. S' il voit que de nombreux enfants sont nés de lui, il aura des soucis, car on ne peut élever des enfants sans subir l' épreuve des soucis.

On raconte qu' un homme est venu retrouver Ibn Sîrîn et lui dit:

— Je me suis vu en rêve avec un enfant criant sur mes genoux !

— Crains Dieu et ne joue plus au luth ! lui a-t-il répondu.

On dit aussi que celui qui perçoit la présence d' un enfant à lui dans un rêve, sans qu' il soit matérialisé dans la scène, aura un surplus de biens ou un butin. Certains affirment que les petits enfants dans un rêve indiquent des soucis mineurs. Ils sont aussi l' annonce de l' abondance, d' une issue heureuse, d' une prospérité croissante après une période de difficultés. La petite servante annonce un bien inattendu, accompagné de mérite et de bonheur. Et si le rêveur voit qu' il a acheté un jeune esclave, il aura des soucis. Mais s' il acheté une femme esclave, son rêve est favorable. Si l' esclave adolescent se voit sortir de la puberté, il sera affranchi.

chapitre vingt-deux

Interpréter des rêves de l'anatomie de l'être humain et ses organes selon leur hiérarchie

Si le rêveur voit que son cœur
est doté d'un œil
ou de plusieurs yeux
il saura qu'il a une foi solide
à la mesure de l'acuité des yeux vus en rêve.

Maître Abû Sa'ïd, que Dieu ait son âme, a dit:

L'épiderme de l'homme et sa peau indiquent la couverture de son intimité. La noirceur de la peau figure la gloire dans la négligence de la foi. Celui qui se voit le visage noirci, portant des habits blancs, saura qu'une fille naîtra de lui, selon cette parole du Très-Haut: «*Lorsqu'on annonce à l'un d'eux / la naissance d'une fille, / son visage s'assombrit, / il suffoque*» (XVI, 58).

Al-Mahdî, Prince des Croyants[1], que Dieu ait son âme, s'est vu en rêve le visage noirci. Il s'est réveillé en sursaut et a convoqué l'interprète de rêves Ibrahîm al-Kermânî qu'on a tiré de son sommeil. Il lui a raconté son rêve et al-Kermânî lui a prédit la naissance d'une fille. Il lui a récité ce verset et il a eu une petite fille la nuit même. Le calife en a été fort heureux et l'a généreusement récompensé.

Si le rêveur voit que son visage a noirci et que ses vêtements sont sales, il saura qu'il trompe Dieu. S'il a le visage noirci et couvert de poussière, sa mort s'approche.

On rapporte qu'un homme est venu retrouver Ibn Sîrîn pour lui raconter ce rêve qu'il a fait.

— J'ai vu un noir mort et un autre homme en train de le laver...

— Que cet homme te soit paru mort indique son irréligion. Sa noirceur indique qu'il est fortuné. Quant à celui qui le lave, c'est quelqu'un qui l'abuse pour profiter de sa richesse ! a répondu Ibn Sîrîn.

1- Calife abbasside, mort assassiné par les officiers de sa propre armée en l'an 256/869.

Un autre homme venu raconter son rêve à Ibn Sîrîn, lui a dit:

— J'ai vu un homme suspendu dans les airs par une chaîne. Il a la moitié du corps noire et l'autre moitié de couleur blanche. En plus, il a une queue d'âne !

— Cet homme, c'est moi ! a dit Ibn Sîrîn. Ma moitié blanche figure mes actions pendant la journée et ma moitié noire mes actions de la nuit. Quant à la chaîne qui me tient suspendu, elle indique les invocations de Dieu que je fais monter sans cesse vers le Ciel. La queue d'âne, ne signifie rien d'autre que les dettes que je continue à accumuler. Je mourrai sans pouvoir m'en acquitter ?

Il en a été, en effet, ainsi.

On dit que l'homme courageux qui voit en rêve que son visage a noirci en deviendra lâche. On raconte qu'un homme a rapporté un rêve qu'il a fait à Ibn Sîrîn. Il a vu sa promise le visage noir ci et toute petite de taille. Ibn Sîrîn lui a traduit son rêve en lui indiquant que la noirceur de cette femme signifie sa fortune et que sa petite taille n'est que le présage d'une courte vie. La jeune femme est morte très peu de temps après sa noce et son époux a hérité de sa fortune.

Et on rapporte aussi que l'Envoyé de Dieu, Dieu le bénisse et lui accorde le salut, a vu en rêve une femme noire, les cheveux déployés, quitter Médine et s'installer dans le hameau d'al-Jihfa. Il a interprété ce rêve en affirmant qu'une épidémie qui sévissait à Médine, quittera la cité pour toucher cette bourgade.

On raconte encore qu'un homme s'est vu offrir en rêve un jeune esclave nubien. Le lendemain quelqu'un lui a fait cadeau d'une charge de charbon.

Celui qui voit des négresses arriver vers lui accueillera un grand et prestigieux bienfait, qui lui parviendra d'un ennemi.

La rougeur du visage en rêve indique le bon mérite et une issue heureuse. On dit que si cette rougeur est mêlée à un peu de blancheur, le rêveur en aura une grande puissance. La pâleur du visage dans le rêve annonce la maladie. On affirme que le rêveur qui se voit avec le visage jaune éclatant aura un grand prestige dans la vie future et sera du nombre de ceux qui se tiendront dans la Proximité de Dieu. Quant au rêveur qui se voit plus blanc qu'il ne l'est en réalité, il confortera sa foi et y gardera la voie droite. S'il se voit avec la joue blanche, il aura bienfaits et puissance.

On raconte qu'un homme s'est vu en rêve avec les joues poudrées de rouge tout comme les femmes et qu'il ne fréquente que des assemblées féminines. Il lui est arrivé de commettre le délit de fornication et son comportement a été connu de tous.

La tête dans l'interprétation des rêves figure le maître du rêveur, celui qui le tient sous sa domination. Elle indique aussi son capital et son effort dans ce qu'il entreprend. Celui qui voit en rêve que la tête est plus grosse qu'elle ne l'est en réalité aura davantage d'honneurs. Celui qui la voit plutôt réduite aura moins d'honneurs. S'il se voit doté de deux têtes ou de trois, il triomphera de ses ennemis, s'il est combattant ; s'enrichira, s'il est pauvre. S'il est déjà riche, il aura de nombreux enfants obéissants. S'il est célibataire, il se mariera et obtiendra ce qu'il a désiré. Si un commerçant se voit la tête baissée, il perdra dans ses activités. Et si un rêveur se voit la tête baissée et le corps suspendu, il aura la vie longue dans la peine et le reproche, si l'on se réfère à l'histoire de Harût et Marût[1]. Si un rêveur se voit le tête baissée ou courbée au milieu d'une assemblée, il saura qu'il a commis un péché qu'il regrettera et dont il se repentira. A bien considérer les principes de l'interprétation, ce rêve indique une vie longue, si l'on se réfère à cette parole du Très-Haut: «*Nous courbons la stature / à celui à qui nous accordons une longue vie.*» (XXXVI, 68). Celui qui se voit la tête renversée, s'il projette un voyage, il trouvera dans ce rêve une raison pour y renoncer. Il saura aussi que ce qu'il a désiré ne sera pas réalisé dans un court délai, mais beaucoup plus

1- Deux anges déchus cités dans le Coran (II, 102); punis pour avoir enseigné aux hommes les techniques de la magie.

tardivement. Pour le rêveur qui s'est expatrié un tel rêve annonce son retour imminent, sans qu'il y soit poussé par une raison importante.

Si le rêveur se voit affecté d'une tumeur ou d'une lésion à la tête ou au cou son rêve annonce une maladie qui atteindra également toute sa communauté. S'il voit que sa tête est transformée en une tête de chien, d'âne, de cheval ou de tout autre animal domestique, il sera conduit à subir un travail pénible, à l'épuisement dans la servitude. Mais s'il voit que sa tête s'est mue en une tête d'éléphant ou de lion, de tigre ou de loup, il entreprendra – dit-on – des ouvrages plus importants que n'est son rang. Il en tirera profit et en aura domination et triomphe sur les ennemis. S'il voit sur la tête un oiseau, on saura que c'est un homme de voyage. S'il se voit avec des cheveux parfumés et huilés, on saura qu'il est homme bien entreprenant. S'il rêve de plusieurs têtes tranchées, on saura que les gens lui obéissent. Si le rêveur se voit manger une tête toute crue, il médira d'un homme de pouvoir, pour obtenir un profit d'un autre chef. S'il mange la tête cuite, il consommera le capital de ce même homme vu en ou, s'il lui est inconnu, le rêveur dilapidera ses propres deniers. S'il voit qu'il prend son capital dans ses propres mains, il aura encore davantage de richesses ; au minimum le prix d'un homme[1] et mille drachmes tout au plus, car Dieu a dit: «*Si vous vous repentez / votre capital vous restera*» (III, 270). Si le rêveur voit que sa tête est détachée de son corps, sans que ce soit par l'épée, il se séparera de son maître. S'il ramasse sa tête à l'endroit même où elle est tombée, il sera chargé d'une fonction de pouvoir. S'il se voit la tête coupée, qu'il la porte dans les mains pour la remettre à sa place et qu'il a réussi cet exploit, il sera tué dans le Combat sacré. S'il voit sa tête se séparer de son corps puis se remettre en place, il obtiendra des biens pécuniaires à concurrence de ses dettes ou guérira, s'il est malade. Et voir une tête sur une lance ou sur une hampe indique un homme de commandement d'un rang élevé.

Celui qui voit la tête de quelqu'un sur une assiette contenant du

---

1- La *dyya*, compensation légale versée à la famille d'un homme assassiné, le prix du sang.

sang, indique qu'il est un menteur. Si le rêveur se voit la tête détachée de son cou par un coup d'épée, il guérira, s'il est malade; s'acquittera des ses dettes, s'il en a ; entreprendra le grand Pèlerinage, s'il n'a jamais accompli ce rite. S'il est dans l'épreuve ou en guerre, il aura une heureuse issue. S'il reconnaît celui qui l'a frappé, celui-ci sera l'agent ou la cause de ce qu'il lui arrivera. Si c'est un petit garçon qui l'a frappé, encore pubère, son rêve lui annonce quiétude et délivrance de tout soucis ou le rétablissement s'il est malade. ce rêve peut tout aussi bien annoncer sa mort, comme une délivrance, dans l'état de détresse où il se trouve. Car une telle vision peut concerner ceux qui subissent une longue maladie, et attendent la rémission de leurs péchés ou la juste récompense de leur vertu. Avec ce rêve, ils pourront rejoindre Dieu le Très-Haut dans les meilleures dispositions et se libérer de leur peine. Il en sera de même si l'auteur de ce rêve est une femme qui vient d'accoucher, un malade atteint d'un chancre, le voyageur en mer ou le combattant pour qui ce rêve est l'annonce du martyre.

Mais si l'auteur de ce rêve du coup d'épée qui tranche le tête ne subit pas l'une des épreuves que je viens de décrire, l'interprète peut lui annoncer la disparition d'un bonheur, par la disparition de son chef ou par l'anéantissement de son pouvoir ou l'altération de son état de santé. Si le rêveur voit qu'un souverain a eu la tête tranchée, il saura que Dieu est son seul soutien, Celui qui, seul, le délivrera de ses soucis et l'assistera dans ses affaires. S'il voit qu'un roi a tranché les têtes de ses sujets, il pardonnera aux coupables et affranchira des esclaves. C'est ainsi que la décapitation, quand elle concerne des esclaves annonce leur émancipation.

On dit aussi que rêver de la décapitation qui applique la sentence d'un despote sur la personne d'un criminel, dans la guerre ou ailleurs, est toujours de fâcheux augure pour le rêveur dont les deux parents sont encore en vie et qui a des enfants ; car la tête figure les parents qui sont les auteurs de la vie et peut aussi figurer les enfants dont le rêveur est le modèle. Ce rêve devient plutôt favorable, s'il est fait par un dormeur qui se trouve dans la crainte ou condamné à la peine capitale ; car l'ultime épreuve ne peut s'abattre qu'une seule fois sur l'homme. Par contre un tel rêve pour les négociants et les hommes d'affaires annonce toujours la disparition de leurs capitaux. Pour les voyageurs qui ont quitté leur pays, il annonce leur retour. Pour les combattants, il présage la victoire finale, car détacher la tête [de l'ennemi] du corps anéantit tout espoir de guérison. Celui qui se voit avec la tête détachée de son corps et qu'il la tient entre les mains, doit savoir qu'il a fait un bon rêve, si jamais il n'a pas d'enfant ou s'il est empêché par quelque contretemps d'entreprendre un voyage. Mais s'il a la tête tranchée entre ses mains et qu'il est convaincu de l'avoir normalement sur les épaules, il saura qu'il luttera contre un mal dont il sera affligé, ou qu'il doit s'amender pour des mauvais comportements dans sa conduite courante.

On raconte qu'un homme est venu retrouver le Prophète, Dieu le bénisse et lui accorde le salut, et lui dit:

— O Envoyé de Dieu, je me suis vu en rêve la tête tranchée et je me suis mis à la regarder d'un seul œil !

— Et avec quel œil tu t'es regardé la tête ? lui dit, en souriant, l'Envoyé de Dieu.

Peu de temps après, l'Envoyé de Dieu, Dieu le bénisse et lui accord e le salut, a été emporté par la mort. C'est que le regard dans le rêve figure la soumission à la Tradition et la tête figure l'imam ou le commandeur.

Un certain Ibn Maryam a vu en rêve soixante femmes esclaves entrer dans sa demeure, portant chacune un plateau contenant une tête lavée et peignée. Il a entendu une voix qui récite le verset: «*Il n'a pas été donné à un mortel que Dieu lui parle / si ce n'est par inspiration ou derrière un voile*» (XLII, 51). Il a raconté son rêve et on lui a prédit sa désignation par le calife à la fonction de garde du palais califal et qu'il en obtiendrait soixante mille dinars. Il en a été ainsi.

Celui qui voit des têtes tranchées dans sa propre demeure saura que les hommes lui obéiront, viendront vers lui et tiendront, peut-être chez lui une assemblée. S'il se voit possédant une tête, il aura des richesses, au moins mille drachmes et au plus mille dinars.

Si l'Imam ou le commandeur voit en rêve qu'il a un os dans la tête, il en aura un surplus de puissance. S'il voit qu'il a une tête de bélier, il sera juste et équitable. S'il se voit avec une tête de chien, il sera tyrannique et se comportera en félon avec ses sujets.

Les cheveux dans le rêve figurent richesses et longue vie. le rêve du cuir chevelu dépend de la situation et de la nature du rêveur. S'il est un homme de vertu, son rêve lui annonce avantages, protection et prestige. S'il est riche, ce rêve indique sa fortune. S'il est pauvre, cela figure ses péchés ; et la beauté des cheveux présage des honneurs et de la puissance. Si le rêveur voit que ses cheveux sont bien lisses et en même temps crépus, il sera méritant et bien considéré. S'il a les cheveux lisses et voit en rêve qu'ils sont crépus, il sera rétrogradé à un rang inférieur et sa situation déclinera. S'il se voit avec les cheveux bouclés, longs et épais, la fortune de son chef sera dilapidée ; mais s'il se voit avec des cheveux fins et délicats, la fortune de son chef augmentera. On dit qu'avoir des cheveux longs en rêve, et en être content est d'un augure favorable, notamment pour les femmes qui utilisent souvent les cheveux des autres [en perruques] pour se parer.

Ibn Sîrîn n'a pas vu de bon œil le rêve des cheveux blancs pour un homme jeune et il a soutenu que les cheveux blancs annoncent la pauvreté, surtout quand les cheveux sont longs. Si un homme déjà pauvre a un tel rêve, il en sera aussi appauvri dans sa foi ; peut-être aussi qu'il en connaîtra la prison. S'il se voit arrachant ses poils blancs, il s'écartera de la Tradition et prendra à la légère les vieux maîtres de la religion. Si un jeune homme rêve de ses cheveux devenus blancs, cela lui annonce le retour d'un proche absent. Et on a dit que les cheveux blancs dans les rêves indiquent un surplus de vénérabilité et de foi ; on dit aussi que c'est le présage d'une vie plus longue, selon la parole du Très-Haut: «*Pour que vous deveniez des vieillards*» (XL, 67) ; d'autres disent encore qu'un tel rêve annonce pour le rêveur la naissance d'un enfant mâle, selon la parole du Très-Haut, [citant Zaccharie, protestant de sa vieillesse à l'annonce de la naissance de Jean]: «*Ma tête s'est éclaircie par la blancheur !*» (XIX, 4).

Quant à la femme qui voit ses cheveux entièrement blanchis, elle sera prévenue par ce rêve des turpitudes de son époux ; mais si son époux est un homme vertueux, elle sera supplantée par une autre épouse ou par une esclave. Si rien de tout cela n'arrive, l'époux de la rêveuse subira peine et chagrin à la suite de ce rêve.

Le toupet de cheveux dans le rêve est une bénédiction pour le rêveur marié. S'il est célibataire, il achète des femmes esclaves au nombre des mèches de cheveux observées dans son rêve ; pour la femme, une telle vision annonce la naissance d'un enfant qui sera un commandeur. Elle peut aussi présager une bonne récolte dans l'année.

On raconte qu'al-Hajjâj Ibn Youssef a vu en rêve que ses cheveux et sa barbe sont devenus blancs. Son rêve a valu au règne d'Abdel-Malek Ibn Marwân de connaître tristesse et chagrin et une grande altération de son état de santé.

Si un rêveur se voit portant des cornes, son rêve indique son invulnérabilité. S'il rêve d'une chute de ses cheveux dans la touffe frontale, il connaîtra une humiliation dans un moment proche. Si tous ses cheveux tombent, ils connaîtra la défaite dans sa vieillesse. S'il perd ses cheveux du côté droit, il perdra quelqu'un parmi ses proches mâles. S'il s'agit du côté gauche, il perdra quelqu'un parmi ses proches de sexe féminin. S'il n'a aucun parent, le mal l'atteindra en sa personne.

Se couper les cheveux en rêve signale dans l'interprétation, quiétude, victoire, acquittement des dettes et heureuse issue, selon la parole du Très-Haut: «*Vous pénétrez donc en sécurité / dans la Mosquée sacrée / - si Dieu le veut - la tête rasée, les cheveux coupés / et vous n'aurez pas peur*» (XLVII, 27) ; ce rêve a une telle pertinence si le rêveur n'est pas en cours de Pèlerinage, mais il est encore plus pertinent s'il se trouve dans la situation du pèlerin et sans qu'il détienne une position de commandement. Si le rêveur est chef et qu'il a rêvé de ses cheveux coupés en dehors de la saison du Pèlerinage, son rêve lui annonce son appauvrissement ou la démission de sa fonction ; ou il sera victime d'un scandale. Mais, pour le pauvre, un tel rêve signale l'acquittement d'une dette; tandis qu'il annonce pour le riche une diminution de sa fortune. Si le rêveur est un homme de bien, il en sera affaibli. S'il ne se voit pas lui-même se couper les cheveux mais avec des cheveux déjà coupés, il triomphera des ennemis et obtiendra force et puissance. On dit que se couper les cheveux dans l'interprétation des rêves est toujours de bon augure pour celui qui a l'habitude de le faire dans la vie réelle. Ce rêve est défavorable pour celui qui n'en a pas l'habitude. On dit aussi que se couper les cheveux, en rêve, pour un combattant, le conduira au martyre.

On rapporte qu'un homme a fait ce rêve: un oiseau était sorti de sa bouche, puis une femme l'ayant retrouvé l'avait mis dans son vagin. Puis, il a vit son père le rechercher activement et il avait été empêché d'aller vers lui. Notre rêveur, après avoir raconté son rêve à ses amis, a entrepris de l'interpréter lui-même: «Mes cheveux coupés indiquent l'état effectif de mes cheveux ; mais l'oiseau sorti de moi, c'est mon âme ; la femme qui m'a mis dans son vagin, c'est la terre. On y creusera un trou pour m'y ensevelir. Les recherches de mon père et son échec à me rejoindre, indiquent qu'il tentera de mériter la mort que j'aurai !» Peu de temps après, ce rêveur est mort dans le martyre. Un autre rêveur s'est vu les cheveux coupés, a raconté son rêve à un interprète qui il a dit: «Tu t'acquitteras de ta dette !»

Si une femme se voit les cheveux coupés, elle sera répudiée par son mari. Elle mourra si elle voit que son époux lui a coupé les cheveux ou lui a rasé la tête, dans la Mosquée sacrée [pour respecter le rite du Pèlerinage]. elle s'acquittera de sa dette ou restituera un dépôt de confiance si cela se passe ailleurs que dans la Mosquée sacrée. Dans un tel cas le rêve signifie que son époux la retiendra prisonnière à la maison, car l'oiseau garde le nid quand on lui coupe les ailes. On a dit que la femme qui voit son époux lui couper les cheveux divulguera les secrets inavouables de son compagnon. Si quelqu'un invite cette femme, dans le rêve, à se raser les cheveux, il conduira son époux vers une autre femme, une inimitié naîtra alors entre l'épouse et cette personne. On dit par ailleurs que celui qui voit en rêve des mèches de cheveux coupées d'une femme, celle-ci n'enfantera plus jamais.

Le crâne dans le rêve, figure la raison. Celui qui se voit dotée d'une grosse tête est un homme d'une grande intelligence. Celui qui se voit sans tête est un homme dénué d'intelligence. On dit que la tête en rêve indique aussi des deniers épargnés et d'une provenance pure. Si le rêveur se voit en train de manger sa propre tête consommera sa fortune. Certains ont affirmé que manger la tête d'un mort en rêve annonce la mort du rêveur.

Le beau toupet figure puissance et fortune. On dit que celui qui fait le rêve du beau toupet épousera une femme dont la beauté est à la mesure de la beauté du toupet qu'il a vu.

Le front dans le rêve figure la gloire du rêveur et son prestige. Tout défaut observé en rêve dans cette partie du visage signale un défaut de gloire et de prestige ; et toute augmentation dans les dimensions du front, si elle n'est pas de l'ordre du monstrueux, annonce au rêveur la naissance d'un enfant mâle qui dominera son clan. On dit que celui qui se voit nanti d'un front en fer, en cuivre ou en pierre a fait un rêve favorable, s'il est de la classe des agents de l'Etat, de la populace ou des travailleurs de la terre. Pour tout autre dormeur ce rêve rendra son auteur détestable pour son entourage. Les tempes figurent dans le rêve deux fils honorés et bénis ; les sourcils indiquent la belle allure du rêveur, la rectitude de sa foi et l'élévation de son rang ; tout défaut dans ces traits signale un défaut dans ces qualités ; on dit que si les sourcils vus en rêve sont touffus, le rêve est favorable, car les femmes ont tendance à noircir leur soucis pour se farder.

Quant à l'œil, il figure la foi de l'homme et sa clairvoyance pour distinguer la voie droite du chemin de l'errance. Si le rêveur se voit doté de nombreux yeux sur son corps, il en sera plus vertueux dans sa vie religieuse. S'il se voit le ventre ouvert et plein d'yeux on saura qu'il s'agit d'un hérétique débauché, selon la parole du Très-Haut: «*Dieu n'a pas placé deux cœurs dans la poitrine de l'homme*» (XXXIII, 4). Si le rêveur se voit doté d'yeux appartenant à une autre personne qui lui est inconnue, il en perdra la vue et une autre personne le guidera dans ses déplacements. Si les yeux dont il se voit pourvu en rêve appartiennent à une personne qui lui est connue, le rêveur épousera la fille de cette personne et en sera comblé de bienfaits. Celui qui voit qu'il a perdu les yeux verra mourir ses enfants. Et s'il se voit aveugle quand il se trouvera en pays étranger ; il saura que son exil n'en sera que plus long et se prolongera jusqu'à la mort. S'il se voit posséder des yeux en fer il connaîtra une dure épreuve qui le rendra victime d'un scandale. Si le rêveur regarde dans son rêve un homme avec des yeux grands ouverts il s'occupera des affaires de cet homme et l'aidera. S'il l'a regardé de côté il le haïra. Celui qui entend avec les yeux, dans son rêve et voit avec les oreilles, poussera ses proches et sa propre fille à commettre des péchés. Et s'il voit l'œil d'une homme ou d'une bête sur la main, le rêveur en obtiendra un bien en numéraire. Regarder des yeux avec admiration, conduira le rêveur à nuire à sa foi.

L'œil noir dans le rêve figure la foi ; l'œil bleu, l'hérésie ; l'œil de couleur châtain signale une attitude qui s'écarte de la religion ; et l'œil de couleur verte indique une religion étrangère aux religions connues. Si le rêveur voit que son cœur est doté d'un œil ou de plusieurs yeux, il saura qu'il a une foi solide, à la mesure de l'acuité des yeux de son rêve. S'il se voit forniquer avec les yeux il jettera des regards lascifs aux femmes. S'il a dans ses rêves un regard fixe, il lancera des regards suspects en direction de la femme de son ami. L'acuité de la vue dans le rêve est toujours favorable dans l'interprétation. Mais la myopie indique que le rêveur aura toujours besoin des autres et sera à leur charge, car les biens sont figurés dans les rêves par l'œil. Celui qui se voit myope, saura que ses enfants tomberont malades dans la mesure où les enfants aussi sont figurés par les yeux dans les rêves et sont tout aussi chéris.

On raconte qu'al-Hajjâj Ibn Youssef a vu en rêve que ses yeux sont tombés dans son giron. Peu de temps après on lui a fait part de la mort de son frère Muhammad et de son fils qui porte le même prénom. Un rêveur de confession juive a vu en rêve un météore ressemblant à un œil. Il a raconté son rêve à un brahmane qui lui a prédit une fortune provenant de son commerce. Un tel rêve fait par un artisan lui vaudra une fortune issue de son industrie.

Les cils figurent dans l'interprétation la sauvegarde de foi, car, ils protègent les yeux mieux que les sourcils. On dit que les défauts dans les cils ou leur excellence dans le rêve doivent être rapportés à la fortune du rêveur et à ses enfants. S'il se voit avec les cils fournis et beaux, il saura qu'il a la foi solide. Si le rêveur se voit assis à l'ombre de ses propres cils, et s'il est homme de savoir et de foi, il vivra à l'ombre de sa foi. Mais s'il est attaché aux biens de ce monde, il subtilisera les biens des autres, en se dérobant des regards. S'il se voit dépourvu de cils, il perdra le respect des préceptes de la religion. S'il voit une autre personne lui arracher les cils, son ennemi lui fera des recommandations concernant sa propre religion. Et si les cils du rêveur se mettent à blanchir, il sera atteint d'un mal de tête, un mal aux yeux, aux oreilles ou aux dents.

La beauté du visage, dans le rêve, indique prospérité et joie. Sa laideur, la maladie. Les joues figurent l'effort du rêveur. Si un chef se voit nanti de joues démesurément épanouies, il en sera plus puissant et plus prestigieux.

Le nez, dit-on, est dans le rêve ce qui indique la beauté de l'homme. On dit aussi qu'il figure la famille du rêveur. Ainsi, si le rêveur se voit dépourvu de nez on saura qu'il n'a pas de proches parents. S'il se voit flanqué de deux nez il aura un désaccord avec sa famille, car le nez ne saurait indiquer l'étranger dans un rêve. Si le rêveur hume une bonne odeur, il connaîtra une issue heureuse lors d'une difficile épreuve. S'il s'agit pour un tel rêve d'une rêveuse enceinte, elle mettra au monde un garçon qui réjouira son entourage. Il est dit en effet que le nez, dans le rêve, est le fils. On dit aussi que c'est la gloire et la noble naissance. On prétend encore qu'il figure les deux parents. L'interprétation de ce qui s'introduit dans le nez suit le même principe que l'interprétation des rêves de médication. S'il s'agit d'éléments désagréables, le rêve indique une colère retenue. Celui qui se voit pourvu d'une trompe, aura une solide ascendance.

La bouche est ce par quoi s'annonce la nature d'un homme et ce par quoi il scelle son comportement. Si le rêveur voit sortir de sa bouche quelque chose, il fera une acquisition bonne ou fâcheuse. S'il se voit la bouche close ou fermée par quelqu'un, on saura qu'il est dans l'impiété.

La lèvre figure un ami du rêveur dont il est fier, son assistant ou son appui. La lèvre inférieure est plus pertinente dans l'interprétation que la lèvre supérieure. On dit aussi que la lèvre indique dans le rêve les liens de parenté et que seule la lèvre supérieure figure l'ami sur lequel le rêveur peut compter en toute chose. Tout ce qui arrive aux lèvres dans le rêve est à rapporter à ce qu'elles figurent. Si le rêveur y a senti une douleur, il saura que les affaires de ses amis n'évolueront pas comme il l'aurait souhaité.

La langue est l'interprète de l'homme et le gestionnaire de ses affaires. Elle est la voie qui mène à ce qui se trouve en son for intérieur de l'ordre du bien ou du mal. Cet organe est chargé de traduire tout cela par la parole.

Si la langue présente dans le rêve plus de longueur ou de largeur que la normale ou une plus grande profusion dans l'articulation des paroles pour étayer des arguments par exemple, cela signale la force et la victoire. Mais si le rêveur se voit pourvu d'une langue étirée, sans que cela soit dans une contexte de controverse et de débat, son rêve indique l'obscénité de son langage. Seulement, l'étirement exagéré peut indiquer le succès, l'attachement à la connaissance et la grandeur d'âme du rêveur. Et si un Chef [religieux ou politique, ou les deux à la fois] voit sa langue s'étirer, il se verra muni d'armes nombreuses pour bien conduire le débat ou il en obtiendra une fortune, grâce à l'un des traducteurs attachés à son service. La langue nouée augure de l'appauvrissement ou de la maladie. Si le rêveur voit pousser sur sa langue des poils noirs, son rêve présage un malheur imminent. Les poils blancs sur la langue annoncent un malheur qui s'abattra, dans un avenir lointain, sur la personne du rêveur. Se voir doté de deux langues vaudra au rêveur davantage de savoir, d'arguments [dans les débats] et de succès face à ses ennemis. On dit qu'avoir en rêve une langue de dimensions normales dans une bouche saine est d'un bon augure pour tous les dormeurs.

Des gencives il est dit que celui qui voit les siennes gonfler jusqu'à obstruer son gosier saura que son empressement à rassembler les richesses et son avarice l'étouffent et que sa mort est proche.

Les dents figurent dans le rêve la famille du rêveur ; les dents du haut sont les mâles et les dents du bas sont les femmes. La canine et le maître de la demeure. L'incisive droite est le père et la gauche l'oncle paternel. Si le rêveur n'en a pas, elles figurent deux frères ou deux fils. S'il n'en a pas elles figurent des amis intimes. Les incisives latérales représentent les cousins du côté du père et les prémolaires les oncles ou les tantes maternels ou ceux qui peuvent en tenir lieu pour assister le rêveur et lui apporter le bon conseil. Les molaires figurent les ancêtre s ou les petits-enfants. L'incisive inférieure droite figure la mère et la gauche, la tante du côté du père. Si le rêveur n'en a pas elles indiquent deux sœurs, deux filles ou ceux qui peuvent en tenir lieu. Les incisives latérales inférieures figurent les cousines du côté du père. Quant à la canine inférieure, elle signale, dans le rêve, la maîtresse de maison. Les prémolaires du bas indiquent les cousines du côté maternel et les molaires inférieures, des parentes éloignées et les petites-filles.

Le mouvement de certaines dents sont à interpréter dans le

même sens que les maladies. La chute des dents présage la mort du rêveur ou de la personne représentée par la dent tombée ; ou, peut-être, le départ au loin du rêveur, sans espoir de retour. Si la dent est récupérée après sa chute le rêveur est autorisé à espérer un retour.

L'érosion des dents augure d'un malheur qui atteindra l'un des proches du rêveur ; tandis que le claquement des dents signale des querelles en la demeure du rêveur. La laideur des dents est à rapporter à un défaut semblable, selon la personne que la dent figure, au sein de la famille. La mauvaise haleine indique que la famille du rêveur est victime de médisance.

La fragilité des dents signifie la faiblesse de la famille du rêveur. Le détartrage des dents signale de grandes dépenses consenties par le rêveur pour écarter des soucis qui préoccupent les siens. La blancheur des dents, leur longueur et leur beauté signalent davantage de force, de fortune et de gloire pour la famille du rêveur. S'il voit apparaître une incisive sous la sienne, les siens croîtront. Si la nouvelle dent apparue nuit à l'incisive initial, les siens connaîtront déshonneur et malheur. S'il se voit s'arrachant les dents, il rompra ses liens avec sa famille ou dépensera sa fortune sans qu'il y soit consentant. S'il se voit en train de rejeter ses dents de sa bouche avec la langue, les affaires de sa famille seront altérées du fait de paroles qu'il profère. Les dents en or, pour ceux des rêveurs qui sont parmi les gens du savoir et du débat, sont toujours de bon augure. Si les rêveurs ne sont pas de ces gens-là un tel rêve est de mauvais augure, il signale en effet, la maladie ou l'incendie. Les dents en argent augurent d'une perte de la fortune; en verre ou en bois, elles augurent de la mort. Si le rêveur voit ses incisives tomber et que d'autres les remplacent, il connaîtra des changements dans la gestion de ses affaires. On dit que le rêveur qui voit ses dents du devant tomber et qu'il les a recueillies dans sa main, obtiendra des biens. Si elles tombent dans son giron, cela lui annonce la naissance d'un enfant mâle, selon la parole du Très-Haut, à propos de Jésus: « *Dès le berceau, il parlera aux hommes comme un vieillard ; il sera au nombre des justes*».(III, 46), le berceau pouvant dire le giron. S'il voit ses dents tomber par terre, cela annonce la mort. S'il attrape les dents qui sont tombées et qu'il ne les enterre pas, il profitera, au dépens de quelqu'un qui se trouve dans la même situation que lui, d'un acte de charité ou d'un bon conseil ; l'interprétation devrait être la même pour la perte d'autres membres que le rêveur n'enterre pas. Si le rêveur voit apparaître des dents dans son cœur, il saura que la mort est proche.

On dit que la chute des dents signifie toujours dans le rêve un obstacle que le rêveur rencontre dans la conduite de ses affaires ; on dit aussi que cela annonce l'acquittement de ses dettes. Si toutes ses dents tombent et qu'il les recueille dans la manche de son vêtement ou dans son giron, il saura qu'il vivra jusqu'à la chute de la totalité de ses dents et qu'il aura une descendance nombreuse. Mais s'il voit que toutes ses dents sont tombées et qu'elles ont été dérobées à son regard, les membres de sa famille mourront avant lui ou alors la mort frappera ceux qui sont de son âge et de sa génération.

Si le rêveur voit que les gens le broient avec leurs molaires ou le mordent, il saura qu'il doit se soumettre à ces gens mais qu'il refusera de leur obéir.

Certains disent que la bouche doit être tenue, dans l'interprétation, pour la figuration de la demeure du rêveur et les dents, pour la maisonnée. Celles parmi les dents qui sont à droite seront alors les personnes mâles, celles qui sont à gauche, les personnes femelles, à quelques exceptions. On dit aussi que celui qui voit ses dents se casser, s'acquitte de ses dettes à tempérament. Si la chute des dents se fait sans douleur, ses espoirs seront déçus. Si douleur il y a, il perdra quelque chose dans sa maison ; et les incisives qui tombent en rêve indiqueront que les rêveur sera empêché d'agir par la parole dans quelque domaine qui lui est propre ; et s'il y a douleur, saignement ou détachement d'un peu de chair, le but escompté de l'action échouera complètement. Quant aux sujets sains, les hommes libres ou les voyageurs qui se voient victimes de chute de toutes leurs dents, ils seront malades ou trébucheront sur la route sans pour autant en mourir, car les morts ne perdent pas leurs dents. Dans le rêve, se voir affecté par quelque chose qui n'arrive pas aux morts est salutaire pour les rêveurs malades. S'ils se voient perdre toutes leurs dents, cela annonce une proche guérison. Les commerçants qui, en voyage, voient leurs dents atteintes sauront que cela indique la légèreté de leurs chargements caravaniers, surtout quand ils voient que leurs dents bougent. Si le rêveur voit que ses dents s'allongent et augmentent de volume, il verra éclater des querelles et des conflits chez lui. S'il se voit doté de dents noircies, érodées et tordues et qu'elles tombent, il sortira indemne de toutes les dures épreuves. S'il voit ses dents tomber et qu'il se met à les ramasser de la main ou les recueillir dans sa barbe ou dans son giron, il cessera de procréer ; il n'enfantera plus ou s'il lui arrive d'enfanter, ses enfants ne vivront pas ni ne grandiront.

On raconte qu'un homme a vu en rêve tomber toutes ses dents. Il s'en est beaucoup inquiété et a raconté son rêve à un interprète qui lui a dit: «Tous ceux qui sont de ton âge mourront avant toi !» [*asnân* «dents», mais aussi «ceux qui ont le même âge»] Et il en a été ainsi. Un autre rêveur a vu qu'il avait perdu trois dents, qu'il avait recueillies dans la main, et il dut bien serrer les doigts pour les maintenir. A son réveil, il a trouve un drachme et demi.

Le menton dans l'interprétation des rêves figure le commandeur du clan, mais aussi un homme pourvu d'une descendance nombreuse.

L'oreille est, dans le rêve, l'épouse du rêveur ou sa fille. S'il se voit doté de trois oreilles, il est mari d'une seule épouse et père de deux filles. S'il se voit doté de quatre oreilles, c'est qu'il est l'époux de quatre femmes ou père de quatre filles orphelines de la mère. S'il se voit perdre une oreille, il répudie son épouse ou perdra, par la mort, une fille. S'il se voit pourvu d'une seule oreille, ses proches ne tarderont pas à mourir. S'il perd la moitié de son oreille, son épouse mourra et il en prendra une autre. S'il accroche une boucle à son oreille, il mariera sa fille à un homme et elle en aura un enfant mâle. On dit que l'oreille figure la Foi. S'il se voit bourrer les oreilles de quelque chose, il reniera sa Foi. S'il se voit avec de nombreuses oreilles, il se détournera de la vérité et refusera de la recueillir, selon la parole du Très-Haut [à propos des polythéistes]: «*Ont-ils des oreilles pour entendre ?*» (VII, 195). On dit que l'homme riche qui voit en rêve des belles oreilles assorties, apprendra de bonnes nouvelles. Si elles ne sont ni belles ni assorties, les nouvelles qu'il apprendra seront nombreuses et désagréables. Celui qui se voit avec des yeux dans les oreilles sera frappé de cécité ; les choses qu'il avait l'habitude de voir ne seront pour lui qu'ouïes. Mais, certains disent qu'avoir plusieurs oreilles dans le rêve est une vision bénéfique pour celui qui se veut obéi de ses subordonnés, de sa femme, de ses enfants ou de ses esclaves. Pour les riches un tel rêve peut annoncer d'heureuses nouvelles au cas où les oreilles sont de belle forme, dans les cas contraire, les nouvelles que ce rêve annonce seront détestables ; pour les esclaves et les accusés dans des affaires litigieuses, un tel rêve signifie le maintien de leur esclavage, recevant les ordres et obéissant, pour les premiers ; il signifie pour les seconds, qu'il sera prononcé un jugement exécutoire qui leur est défavorable.

On raconte qu'un rêveur s'est vu pourvu de douze oreilles ou davantage, il a rapporté son rêve à un interprète qui a dit. Si l'homme possède des esclaves et hommes de cours, un tel rêve lui annonce beaucoup de bien. S'il est riche, il recevra des nouvelles au nombre des oreilles dont il a eu la vision, concernant ses ressources. S'il est esclave, il en aura désagrément et chagrin. S'il est en procès, le juge lui annoncera de nombreuses condamnations et il entendra des paroles désagréables et s'il est partie dans une querelles, il triomphera de ses adversaires.

La barbe, quand elle se présente en rêve démesurément longue, annonce endettement et soucis. Si elle s'allonge jusqu'à toucher terre, elle annonce la mort, selon la parole du Très-Haut: «*De la terre nous vous avons crées / en elle nous vous ramènerons*» (XX, 55). Si, dans le rêve, la barbe s'allonge jusqu'à s'étaler sur sa panse, le rêveur obtiendra richesse et gloire après avoir souffert une grande peine pour les obtenir, proportionnelle à l'étalement de la barbe dont il a rêvé. S'il voit que sa longueur correspond à la mesure et aux normes de la beauté et de la bonne proportion, il aura richesse, prestige et vie heureuse. on a dit qu'une longue barbe qui atteint, dans le rêve, le nombril du rêveur, signifie que celui-ci ne se conformera pas aux ordres de Dieu. Si le rêveur voit sa barbe grandir par les deux côtés sans qu'elle s'allonge au milieu, il obtiendra une richesse dont d'autres que lui jouiront. On rapporte qu'un homme est venu raconter son rêve à Ibn Sîrîn il s'est vu pourvu d'une barbe qui atteint son nombril et il s'est appliqué à la scruter. Ibn Sîrîn lui dit: «Tu es le muezzin qui épie les voisins du haut de son minaret !»

Le rêve de la barbe chez un enfant non pubère n'est pas un rêve bénéfique. Si le rêveur se voit arracher la barbe d'un autre et la tirer, il héritera de la fortune du barbu et la dépensera. Une barbe peu fournie, si elle n'est pas hirsute indique la prospérité, l'acquittement des dettes et l'heureuse issue. Si la pauvreté de la barbe est exagérée, cela annonce la déception, l'appauvrissement et la perte de prestige. Si le rêveur voit un homme pourvu d'un bouc parler à son épouse, celui-ci sème le trouble dans la demeure du rêveur selon l'importance du bouc porté par cet homme qui le sépare ainsi de ceux qu'il aime, car Satan, que Dieu le maudisse, a parlé à Eve accoutré d'un bouc.

La noirceur des poils de la barbe signale l'enrichissement, s'il s'agit d'un noir profond. Si le rêveur y décèle une nuance de vert, il en aura un royaume et une grande fortune, mais sera porté à la tyrannie, car c'est la couleur de la barbe de Pharaon ; la couleur jaune d'une barbe dans le rêve, indique l'indigence et la maladie ; tandis que la couleur rouge est signe de piété. Si le rêveur se voit tenir sa barbe de la main et que les poils tombent, s'il tient la touffe et ne la jette pas, il verra lui échapper des biens qu'il récupérera mais s'il jette les poils, il perdra des bien sans espoir de retour.

Les moustaches plus fournies qu'il n'est permis ne sont pas de bon augure. Qu'elles soient peu fournies est plutôt de bon présage. S'arracher les poils de la barbe dans le rêve signifie pour le riche la tendance à dilapider sa fortune ; pour le pauvre deux soucis qui s'abattront ensemble sur lui. Il demandera un prêt à quelqu'un et le prêteur en fera bénéficier un autre. Se raser la barbe en rêve annonce la perte de la fortune et du prestige. Si le rêveur se voit tenir la barbe dans sa paume repliée et qu'il en coupe ce qui dépasse, il s'acquittera de l'aumône légale en puisant dans sa fortune.

Les poils blancs de la barbe indiquent la vénérabilité et sa teinte indique la discrétion du rêveur. Si la teinte est au henné, cela indique que le rêveur tient à la bonne tradition. Si la rêveur s'est vu teindre les cheveux et non la barbe, il sera gardien de l'intimité de son chef. S'il a teint et les cheveux et la barbe, il indique sa grande peine à cacher sa pauvreté et à revendiquer le respect des hommes. Si les cheveux ne rejettent pas la teinture, le prestige du rêveur lui reviendra mais pas pour longtemps ; il se parera alors de l'habit de la résignation, mais sa situation réelle finira par être connue. Si le rêveur se voit les cheveux couverts d'argile ou de la glaise, il sera à la poursuite de la fortune et il jouira une grande réputation. La barbe portée par une femme en rêve indique que la rêveuse n'enfantera plus jamais. Certains disent qu'un tel rêve lui annonce la maladie ; d'autres disent que ce rêve augure de l'augmentation de la fortune de son époux ou de son fils, ainsi que davantage de prestige pour sa descendance. On dit encore que la barbe d'une femme mariée, indique l'absence de l'époux. Si la rêveuse est enceinte, elle enfantera d'un nouveau-né mâle qui aura une destinée heureuse. Il est dit aussi que celui qui se voit pourvu d'une longue barbe et de longs cheveux, vivra longtemps et augmentera sa fortune. On soutient que dans l'interprétation des rêves tout phénomène prématuré est l'indice d'un mauvais augure, comme lorsque des petits enfants mâles se voient pourvus de barbes ou de cheveux blancs ; ou lorsque des petites filles se voient mariées ou mères ; il en va ainsi de tout ce qui arrive hors de son temps, sauf la parole qui, si elle est prématurée dans la scène du rêve, demeure toujours de bon présage ; car l'homme est un animal parlant de par sa nature. Ainsi donc le garçon non encore pubère qui se voit doté de barbe mourra avant d'atteindre sa maturité, car cette barbe du rêve lui est apparue avant terme ; mais si le garçon qui a fait un tel rêve n'est pas loin de l'âge où il peut en avoir effectivement, cela indique qu'il n'est pas encore capable d'assurer sa propre autonomie.

Un homme est venu demander à Ibn Sîrîn de lui interpréter un rêve ou il avait vu sa barbe s'allonger sans que ses moustaches suivent ; il lui a prédit une fortune qui profitera à d'autres que lui.

La mouche figure dans le rêve le soutien dont le rêveur s'enorgueillit devant les gens. Tout ce qui l'atteint dans le rêve est à interpréter dans ce sens. Un rêveur qui voit la moitié de sa barbe rasée, s'appauvrira et perdra son prestige. Si c'est un jeune homme inconnu qui la lui a rasé, il perdra son prestige par l'intervention d'un ennemi qui lui est connu ou d'un homonyme de cet ennemi ou d'un homologue. Si c'est un vieillard qui l'a rasée son prestige diminuera selon les proportion du rasage. Si le vieillard lui est inconnu, son prestige disparaîtra par l'intervention d'un chef hautain, tyrannique et sans noblesse. Si le rêveur voit sa barbe coupée – non rasée – il perdra de ses richesses selon la quantité de poils coupés ; son prestige diminuera aussi d'autant. S'il voit qu'elle a été complètement rasée, son rêve annonce qu'il sera couvert de honte dans son clan, mais qu'il perdra aussi de ses capacités financières. Par ailleurs, le rasage de la barbe dans un rêve, est moins défavorable que l'arrachement des poils ; ce rêve peut indiquer quelque chose de bénéfique pour les affaires du rêveur qu'il obtiendra au prix d'une peine.

On raconte qu'un homme est venu voir Ibn Sîrîn et lui a raconté son rêve:

— Je me suis vu, dit-il, saisissant la barbe de mon oncle paternel. J'ai tiré jusqu'à la lui arracher !

— Tu dépenseras l'héritage légué par ton oncle ! lui a dit Ibn Sîrîn. Et il n'aura pas d'autre légataire à part toi. Si tu t'étais saisi de quelque chose de lui en rêve, ton héritage sera à la mesure de ce que tu avais saisi.

Celui qui se voit pourvu d'une barbe blanche et luisante aura puissance, prestige, renommée et célébrité dans le pays, car Abraham, paix sur lui, avait la barbe blanche. La barbe grisonnante vaudra prestige et vénérabilité pour le rêveur qui s'en voit pourvu. Et si elle parait dans le rêve encore plus noire et plus belle qu'elle n'est en réalité, le rêveur obtiendra majesté, puissance, prestige et beauté. Si le rêveur voit que sa barbe a blanchi et qu'il en n'est resté que très peu de poils noirs, son rêve indique la vénérabilité. Mais si aucun poil noir n'est visible, il en sera appauvri.

Un homme a interrogé Ibn Sîrîn à propos d'un rêve où il s'était vu avec une barbe blanchie qu'il tentait de teindre, sans arriver à fixer la teinte. Ibn Sîrîn a dit alors à ce jeune homme à la barbe parfaitement noire: «La blancheur de ta barbe indique une diminution dans ta fortune, que tu essaies de cacher, mais les gens en n'ont pas été dupes !» Le jeune homme a confirmé la vérité de cette interprétation.

Le cou figure toujours le siège de la confiance[1]. Voir dans un rêves qu'on a le cou plus long que nature indique la foi solide du rêveur et sa probité. Si le cou apparaît au rêveur plus court qu'il ne l'est en réalité le rêve indique un manque de foi et de probité. Si le rêveur voit une vipère enroulée à son cou ; on saura qu'il refuse de s'acquitter de l'aumône légale, selon la parole du Très-Haut, à propos des avares: «*Bientôt, le Jour de la Résurrection / ils porteront autour du cou / ce dont ils se montraient avares*» (III, 180). Si le rêveur voit que ses veines jugulaires ont éclaté en sang, il mourra. Si on rêve d'un homme de pouvoir doté d'un cou rude, le rêve indique sa puissance dans la justice et sa suprématie sur ses ennemis. La rudesse de la nuque indique que le rêveur reconnaît ses dettes, mais que ses créanciers lui sont reconnaissants pour d'autres choses. Se raser la nuque en rêve indique que le rêveur restituera un dépôt de confiance et s'acquittera de ses dettes. S'il se voit dépourvu de poils à la nuque, on saura qu'il est en faillite.

1- Une expression arabe dit : "Untel a déposé sa confiance *à mon cou*".

Un homme s'est vu muni de taille moyenne. Il a interrogé un interprète qui lui a dit: «Si tu es un homme de mauvaise conduite, ta conduite s'améliorera. Si tu es courageux, tu le seras davantage et si tu as mauvais caractère, tu seras généreux !»

Le creux de l'omoplate dans le rêve figure un ami, un associé ou un salarié dans l'entreprise du rêveur. L'épaule, son épouse ; le flanc, sa coquetterie, sa beauté et sa nonchalance ; tout ce qui les atteint dans une vision de rêve doit être rapporté à ce qu'ils figurent. On dit que voir les creux de l'omoplate épais et bien musclés annonce un voyage et des affaires solides. Pour les prisonniers ce rêve présage la longue durée de leur captivité et leur patience à supporter leurs chaînes. Si le rêveur se voit flanqué d'entraves au niveau des omoplates, son rêve peut lui annoncer la maladie de ses frères et peut-être leur mort, car les omoplates figurent les frères. Un homme a vu en rêve qu'il tentait en vain de regarder son épaule, il est devenu borgne de ce même œil qui n'était pas arrivé à voir l'épaule pendant le rêve.

La main droite figure toujours pour le rêveur tout moyen de gagner sa vie et sa fortune pour un rêveur. Elle est aussi ce qui lui permet d'exercer sa générosité. Dans l'interprétation, une main longue signifie pour l'homme de pouvoir la victoire ; pour le commerçant le profit, pour le marchand, l'ingéniosité. On dit que la force d'une main chez l'homme de pouvoir signale la force de ses agents et une vie plus longue. S'il en voit les os en rêve, sa fortune augmentera. S'il voit que ses deux mains sont devenues de marbre, il jouira d'une longue vie dans la joie. On dit aussi que des mains saines et belles indiquent dans l'interprétation la justesse dans le don comme dans la manière de recevoir. Certains affirment que la main droite figure les hommes forts et la main gauche les femmes ayant le même caractère. Si le rêveur se voit perdre l'une de ses mains, son rêve annonce la disparition de l'un de ses proches, par l'éloignement ou par la mort. S'il se voit enfouir la main sous son aisselle et l'en sortir illuminée, il obtiendra un savoir, s'il en est digne, ou un profit, s'il est commerçant. S'il la sort enflammée, il aura force, domination et puissance dans les affaires qu'il projette. S'il la sort imbibée d'eau, son rêve annonce la richesse.

Une troisième main dans le rêve signale un surplus de pouvoir et de force ; elle peut aussi annoncer la naissance d'un enfant mâle, le retour d'un proche absent ou bien la naissance d'un petit frère. Si le rêveur se voit manchot, son rêve rendra ses affaires difficiles. S'il se voit utiliser plus souvent la main gauche, il obtiendra le bien qu'il a escompté. Quant aux mains tendues, elles indiquent dans le rêve la générosité. Si le rêveur se voit marcher sur les mains, sont rêve indique qu'il prendra appui sur l'un de ses proches. Et s'il se voit en train de voir avec les mains comme si elles étaient des yeux, il s'adonnera à des attouchement sur des personnes qui lui sont interdites par l'inceste. Si le rêveur entend ses mains droite lui tenir de bonnes paroles, il constatera une bonne amélioration dans sa vie quotidienne. Si c'est la main gauche qui lui parle ainsi dans le rêve, il sera loué par ses proches ; mais si l'une ou l'autre de ses mains lui tienne des paroles de reproches, qu'il y voit là le signe de remords pour un acte répréhensible qu'il a commis. Se voir pourvu d'une main en or dans le rêve annonce au rêveur la mort de son associé ou de son épouse. Voir en rêve que la main de quelqu'un est devenue la main d'un souverain, annonce une souveraineté pour la personne vue en rêve, qui agira alors selon les attributs de son statut pour le juste et l'injuste. Et celui qui se voit doté de deux ailes aura deux enfants mâles.

L'avant-bras, dans le rêve, figure le frère. Celui qui voit que son avant-bras croît, constatera une amélioration dans la situation de son frère ou de son fils majeur. S'il voit un défaut dans son avant-bras, il craindra un malheur pour ces deux proches à la mesure du défaut observé dans le rêve.

Un homme s'est vu en rêve sans avant-bras et l'interprète qu'il a consulté lui a dit: «Tu deviendras moins raisonnable et trop orgueilleux !»

Les bras dans l'interprétation figurent deux proches ou deux amis du rêveur, son frère ou son fils majeur, qui lui procurent assistance et appui. Si un rêveur voit une femme avec les bras nus, il saura qu'il s'agit de la vie ici-bas, selon le dit du Prophète, appelé «le *hadith* de l'Ascension». La douleur du bras dans le rêve annonce la tristesse et l'échec des actions qui se réalisent grâce à la main ; ou indique l'absence, auprès du rêveur, de serviteurs. Les poils au bras indiquent l'endettement.

La paume ouverte signifie dans le rêve les joies de l'ici-bas ; la paume fermée, les difficultés en ce monde ; les poils sur la paume indiquent tristesse et endettement ; mais on dit aussi que cela signifie plutôt des richesses qui apparaîtront entre les mains du rêveur. Les poils au rêver s de la main, indique une perte de richesses.

Les doigts sont les neveux, fils du frère, si l'on retient que la main figure le frère. Les croiser dans le rêve par oisiveté indique une difficulté d'ordre financier ainsi que des soucis familiaux qui peuvent aussi concerner les neveux, soucis provenant d'un événement attristant que tous chercheront à repousser sans y arriver vraiment. Certains disent que les doigts de la main droite signifient dans le rêve les cinq prières: le pouce est la prière de l'aube ; l'index, celle du milieu de la journée, le médius, la prière de l'après-midi, l'annulaire, celle du crépuscule et l'auriculaire, la prière de la nuit. Si l'on voit ses doigts plus courts que nature dans le rêve, le rêve indique négligence et paresse dans l'exercice des prières. La longueur des doigts signifie la persévérance dans la prière ; et la perte d'un doigts indique que le rêveur a omis l'une des cinq prières. Celui qui se voit avec un doigt à la place d'un autre différera une prière et l'accomplira en même temps que la suivante. Rêver de quelqu'un qui mord le doigt d'un autre signale le manque d'éducation du mordu et la sévérité exagérée du mordant qui a voulu ainsi le punir. Voir que de son médius sort du lait et de son index du sang et en boire, indique que le rêveur copule avec la mère ou la sœur de son épouse. Craquer les doigts en rêve annonce que des propos désagréables seront échangés parmi les proches du rêveur. Et si l'homme de pouvoir voit les doigts s'allonger son rêve annonce davantage de cupidité, de tyrannie et d'iniquité.

On raconte que le calife Harûn ar-Rachîd a vu en rêve l'Ange de la Mort, paix sur lui, se présenter devant lui. Le calife s'est adressé à lui ainsi:

— O Ange de la Mort ! Combien donc me reste-t-il à vivre ?

L' Ange lui a fait signe avec les cinq doigts de la main. Le calife s' est réveillé en sursaut, effrayé et pleurant. Il a raconté son rêve à un barbier connu pour ses dons d' interprète:

— O Prince des Croyants ! lui dit-il, l' Ange t' a seulement informé que cinq choses n' appartiennent qu' à la Science de Dieu ; cinq choses qu' Il a d' ailleurs réunies dans ce verset: «*La Science de l' Heure est auprès de Dieu...* / etc.» (XXXI, 34).

Le calife s' est mis à rire, heureux de ce qu' il venait d' entendre.

Les doigts de la main gauche figurent aussi les neveux du côté du frère et de la sœur ; les ongles, les aptitudes du rêveur dans la vie ; leur blancheur indique la faculté de la mémoire rapide et la prompte intelligence. Voir les ongles selon leur apparence normale est bénéfique dans la vie ici-bas comme dans la vie future ; mais manipuler quelque chose avec les ongles indique la propension du rêveur à la ruse. Des ongles longs et beaux annoncent fortune, parures et fabrication d' armes pour affronter un ennemi, ou l' affûtage d' arguments pour les confondre ou des deniers pour financer de tels face à face. Une longueur exagérée des ongles qui en fait craindre la cassure indique qu' une autre personne provoquera l' échec d' une affaire que le rêveur n' a pas su conduire, en abusant de sa force. Si le rêveur se voit couper les ongles, il s' acquittera de l' aumône légale de la rupture du mois du jeûne. S' il voit un vieil homme lui ordonner de les couper, sa conscience lui ordonnera de se reprendre et de faire attention au maintien de son prestige.

Teindre les doigts au henné, dans le rêve, indique pour un homme l' assiduité du rêveur à célébrer les louanges de Dieu au moyen de son chapelet ; pour une femme un tel rêve signale des bienfaits que son époux est en train de lui prodiguer. Si elle voit que ses doigts ne maintiennent pas la teinte, on saura que son époux ne lui manifeste pas son amour. Si l' homme voit la paume de sa main teinte au henné d'une manière disgracieuse, il gagnera sa vie dans la peine. Mais si sa main droite lui apparaît dans le rêve teinte avec disgrâce, il commettra un meurtre. Si ses deux mains lui apparaissent teintes au henné, il entreprendra de dévoiler le secret de ce qu'il détient, en bien ou en mal: sa fortune ou ce qu'il aura pu acquérir grâce à ses efforts ou son art. S'il voit ses mains piquées au henné, il entreprendra une ruse pour dérober quelque meuble de sa propre maison [à l'insu des siens] qu'il revendra et subvenir à des besoins courants. Ses ennemis le sauront, s'en réjouiront et il en sera humilié. La femme qui voit ses mains piquées au henné entreprendra des artifices pour se parer dans un but légitime. Si le piquetage s'est fait avec de l'argile, on saura qu'elle manie souvent le chapelet pour célébrer les louanges de Dieu. Si elle voit le piquetage sur ses mains embrouillés, un malheur s'abattra sur l'un de ses enfants ; et si elle voit ses mains teintes ou piquées d'or, elle offrira sa fortune à son époux ou connaîtra de celui-ci un moment de joie. Tandis que l'homme qui voit ses mains teintes ou piquées d'or, entreprendra une machination qui lui fera perdre sa fortune et ses ressources.

Les poils des aisselles indiquent dans le rêve, quand ils sont longs, la satisfaction d'un besoin, selon la parole du Très-Haut, s'adressant à Moïse: «*Mets ta main sur ton côté ; / elle sortira blanche, sans aucun dommage*» (XX, 22). Ils indiquent aussi la noblesse d'âme du rêveur et sa générosité. Si l'on voit ses poils de l'aisselle très fournis, on saura que le rêveur poursuit avec un grande patience l'accumulation de richesses, de savoirs ou de pouvoirs, et qu'il en oublie la vertu et la foi. S'il y voit beaucoup de poux ou saura qu'il a une famille nombreuse.

Le dos de l'homme est son appui, sa valeur et le refuge qui assure ses arrières ainsi que le lieu de sa force. Si donc le rêveur se voit avec un dos courbé, un malheur s'abattra sur lui ; on dit que cela indique simplement la vieillesse. Voir le dos d'un ami en rêve signifie que le rêveur s'éloignera d'un faux ami et se détournera de lui pour se prémunir contre sa malveillance. La vision du dos de la vieille femme signifie l'étiolement de la vie et son caractère éphémère ; mais voir celui de la jeune femme annonce un retard dans la réalisation d'un projet ; le dos de la femme d'âge moyen indique que le rêveur trouve des difficultés à mener à bien une affaire et qu'il finira par échouer.

L'échine est le lieu de la gravité, là où se constitue la semence responsable de l'enfantement ; elle est aussi le lieu de la force. Celui qui voit son échine solide aura la sagesse ; on dit qu'il en aura un enfant solide. D'autres disent que l'échine figure un homme robuste sur lequel le rêveur peut compter.

La haute stature, selon la bonne mesure, est une vision bénéfique, dans le rêve. Si elle est démesurée elle annonce l'approche de la mort du rêveur et la disparition de la vie. De même que la petite taille signifie une vie courte et peu de gloire.

L'embonpoint et la robustesse indiquent la force de la piété et de la foi.

Si le rêveur voit que son corps s'est transformé en un corps de serpent, il manifestera ce qu'il a caché jusque-là de son inimitié à l'égard d'autrui. S'il se voit pourvu d'un postérieur comme celui du bélier, il aura un enfant fortuné qui lui survivra. Celui qui se voit doté d'un corps de fer ou de pierre, mourra. S'il constate un surplus dans son corps sans que cela soit nuisible, le rêve lui vaudra une augmentation de sa fortune. Un homme de petite renommée, désargenté est venu consulter un interprète pour lui raconter ce rêve: «J'ai vu mon corps, a-t-il dit, devenir plus volumineux, redoubler, croître démesurément, puis devenir plus lumineux et plus beau. J'ai eu l'impression de devenir ermite errant dans les montagnes et les grands espaces !» L'interprète lui a alors prédit un royaume, la fortune et la gloire. Peu de temps après, l'homme s'est engagé courageusement dans une bataille contre les païens et les a vaincus. Il en a tiré une grande richesse et de gros butins.

Les poils du corps, quand ils poussent en rêve, annoncent pour un homme malheureux la grossesse de sa femme, l'aggravation de ses malheurs ; alors que la chute des poils signifie la disparition des ses malheurs. Pour un homme heureux, un tel rêve augmente son bonheur et sa prospérité, tandis qu'une chute des poils, pour ce même rêveur, augure de la disparition de ce bonheur. Les poils touffus signifient la fortune pour le fortuné et le surendettement pour le pauvre. S'épiler avec de la *nawra*[1] annonce dans le rêve la disparition de la fortune pour le rêveur riche et l'acquittement des dettes – par l'effort et la peine – pour le rêveur pauvre. Les poils du corps quand ils sont blancs dans le rêve annoncent pour le riche la perte de sa fortune, jusqu'à la faillite ; et au pauvre la possibilité de se débarrasser de ses dettes. Si le rêveur voit les poils de son corps se transformer en poils de bête de somme ou de fauve, il doit s'attendre à de dures épreuves.

La poitrine étroite signifie dans le rêve l'égarement. Si le fidèle d'une religion tolérée[2] se voit avec une poitrine étroite, il en subira des pertes dans ses deniers. La poitrine large, dit-on, signifie la générosité du rêveur, alors que la poitrine étroite indique son avarice. Les poils fournis sur la poitrine annonce au rêveur le poids d'une dette. Et si le dormeur voit que sa poitrine est devenue de pierre, il aura le cœur endurci.

Un homme est venu consulter Ibn Sîrîn au sujet d'un rêve:

— J'ai rêvé qu'une grande quantité de poils avait poussé sur ma poitrine ; tellement longs que j'en faisais des nœuds !

— Tu as contracté une dette et tu as fini par t'en acquitter, n'est-ce pas ? lui a dit Ibn Sîrîn…

Enfin, la poitrine large peut signifier aussi la magnanimité.

Le sein figure dans le rêve l'épouse du rêveur ou sa fille. S'il est beau dans le rêve, cela indique leur beauté. S'il est mal en point, elles le sont aussi. Rêver d'une femme suspendue par ses seins

---

1- Mixture à base de chaux et d'arsenic utilisée jadis pour l'épilation.
2- *Dhimmi* : Chrétien ou Juif, les "Gens du Livre" qui doivent payer une capitation au Trésor s'ils désirent garder leur religion (Coran IX, 29). Litt. *sous la protection de la parole donnée de tous les Musulmans*. On suppose que le calife 'Umar a intégré dans cette catégorie de *"contribuables"* les fidèles de Mani, en s'assurant qu'ils se reconnaissent bien d'un Livre considéré – par eux – comme un message divin.

indique que cette femme s'adonne à la fornication et enfante d'un enfant naturel, car le Prophète, Dieu le bénisse et lui accorde le salut, a dit: «Le jour de mon voyage nocturne dans le ciel, j'ai aperçu une femme suspendue par les seins, j'ai interrogé Gabriel:

— Qui est cette femme ?

— Elle a eu un enfant illégitime ! m'a-t-il dit.»

On raconte qu'un homme est venu retrouver Ibn Sîrîn et lui dit:

— J'ai vu en rêve que mon sein était devenu énorme !

— Tu forniqueras avec quelqu'un qui t'est interdit ! lui a dit Ibn Sîrîn.

Le sein de l'homme indique en effet ce qui fait sa propre identité et sa chair, et c'est bien là où l'on situe l'interdiction de l'inceste et qu'une telle vision, en effet, signale toujours un acte sexuel incestueux. On rapporte qu'un homme a vu en rêve que son sein était devenu lactifère. Si l'auteur de ce rêve est célibataire il se mariera et aura des enfants. S'il est pauvre il sera mieux nanti. S'il est jeune, il aura longue vie. Mais la jeune femme qui fait un tel rêve sera enceinte et aura un enfant. Si elle est vieille, elle sera appauvrie et perdra sa fortune. La fille vierge qui fait une tel rêve sera mariée ; et si elle n'est que petite fille, elle mourra.

Voir dans un rêve des seins d'homme qui s'étirent jusqu'à toucher la poitrine, indique une passion contraire aux prescriptions de Dieu, le Très-Haut. On dit aussi que cela peut être le présage de la mort des enfants du rêveur. S'il n'a pas d'enfant, il en connaîtra pauvreté et tristesse. Les seins de la femme devenus démesurément longs dans un rêve, indiquent un chagrin extrême, car les femmes atteintes d'un grand malheur ont l'habitude d'exprimer leur chagrin en s'étirant les seins et en se les griffant. Quant au rêveur qui se voit suçant le sein d'une femme, il doit y voir l'annonce d'une maladie, à moins que la femme ne soit son épouse enceinte, auquel cas, elle mettra au monde un enfant mâle. Si c'est la femme elle-même qui fait un tel rêve, elle enfantera une fille.

Le ventre vu en rêve – qu'il apparaisse de l'intérieur ou de l'extérieur – figure la fortune du rêveur ou sa progéniture, ses proches ou son clan, le coffre [où il range ses biens] ou la demeure de sa famille. S'il on le voit petit ou volumineux, dans la scène du rêve, tout ce qu'il figure aura pour le rêveur dans la réalité, les mêmes proportions. S'il est réduit, sans que la faim en soit la cause, le rêve indique le peu de fortune. Si tel est le cas, on saura que le rêveur est un personnage entreprenant, et qu'il ramassera une fortune à la mesure de la faim sentie dans ce rêve. Le gros ventre signale le gain usuraire. Celui qui se voit se déplacer sur le ventre s'appuiera [exclusivement] sur sa fortune. Etre repu [dans le rêve] signale l'ennui qui ressentent les fortunés. Etre assoiffé dans le rêve signale une foi défaillante, à l'inverse de tout rêve d'assouvissement.

Le cœur signale le courage et la magnanimité ; la hardiesse et l'opiniâtreté ; la générosité et prodigalité ; l'endurance et la vertu. Celui qui voit en rêve que son cœur est sorti de sa poitrine, indique la pureté et la loyauté de sa foi. Si le rêveur ne sent pas du tout battre son cœur, il saura qu'il a atteint la Vérité. Certains ont pu soutenir que le cœur signale l'épouse de l'auteur du rêve, en tant qu'elle est celle qui gère ses affaires. Mais si le rêveur malade dans la réalité voit son cœur arraché, il guérira et verra disparaître ses malheurs.

Le foie est le siège de la colère comme de la commisération. On dit que dans un rêve cet organe signale les enfants du rêveur[1] ou la vertu de pudeur. Celui qui voit son foie sortir de son ventre, découvrira une fortune enfouie. Si dans ce rêve on se voit manger ce foie cuit, grillé ou crue, on disposera d'une fortune que l'on aura déterrée et on la dépensera. Dans de tels rêves, le foie humain et le foie animal ont la même pertinence. Le rêveur qui regarde dans son foie, comme dans un miroir, mourra. La rate figure une issue heureuse. Elle est en effet essentielle pour le corps.

1- Il est très courant, de nos jours encore et dans l'ensemble des pays arabes, d'appeler son enfant "mon foie" (*ya kibdî*) pour marquer un grand attendrissement, et surtout pour exprimer la communion d'une mère ou d'un père avec l'enfant qui souffre.

Le rêve où l'on voit quelqu'un déchirer de ses dents la vésicule biliaire d'une autre personne, qui en perd la vie, indique que la victime est l'objet d'une haine immense de la part de l'agresseur. Si l'agresseur boit le sang de sa victime dans cette scène, il disposera illicitement de sa fortune.

Que le poumon soit en bonne santé dans un rêve, indique une longue vie. Si le poumon est malade, la personne qu'il figure aura une vie courte, car le poumon est le siège de l'âme.

Les reins figurent tout à la fois la richesse et la droiture, l'éloquence et l'erreur. Si on les voit bien entourés de graisse, le personne qu'ils figurent y trouvera l'indice de sa fortune et de la justesse de ses dires. Si on les voit maigres, le personnage qu'ils signalent fera preuve, en plus de sa nature maladive, d'une tendance à formuler des avis erronés.

Voir ses boyaux sortir de son ventre, ou se voir manger ses propres intestins, indique que le rêveur dilapidera une fortune qu'il a jusque-là cachée, ou alors le rêve annonce l'apparition d'un homme de la descendance du rêveur qui dominera les siens. Le rêveur lui-même peut tout aussi bien devenir dominateur, si ce rêve se vérifie. La scène des boyaux en l'air a encore d'autres significations: le rêveur mariera sa fille ou, en mettant en exécution le testament d'une autre personne, il mariera la fille du défunt ; des secrets seront dévoilés ou des agents du souverains feront une descente et procéderont à des fouilles. Si le rêveur voit que le souverain s'est emparé des boyaux [de ses sujets] il confisquera les biens de la population. Si le rêveur voit que les boyaux lui sont extraits du ventre, et que celui-ci a subi un lavage, il mourra, – que les boyaux aient été remis en place ou non. S'il se voit le ventre à découvert, et qu'il en constate la vacuité, il connaîtra la ruine de sa demeure, la mort de ses enfants et la solitude. Et s'il est malade, ce rêve annonce sa mort.

Le nombril figure soit l'épouse du rêveur ou sa concubine favorite, soit son ambition. La beauté du nombril ou sa laideur et tout ce qui l'affecte est à rapporter à ce qu'il figure. On a dit que le nombril infecté annonce la mort des deux parents du rêveur. S'il n'a pas de parents [en vie] il retournera au pays qui a vu naître les auteurs de ses jours.

Le diaphragme indique la solidité du corps ou la royauté. Tout ce qui l'affecte annonce la maladie ou l'appauvrissement du rêveur.

La côte figure la femme ; elle en a été créée.

Les parties pudiques que l'on situe entre le nombril et le genou, figurent – quand elles sont à nu – un scandale dont pâtira le rêveur, et la jubilation de ses ennemis pour ce qu'il lui arrivera. Se dénuder dans le rêve dépend de la situation de celui qui se dénude: s'il le fait sur la place du marché ou en public, qu'il voit ses propres parties intimes et en ressent de la honte, son rêve lui promet un scandale qui le rabaissera. S'il ne voit pas ses parties intimes et ne ressent de sa nudité nulle honte, il sera tiré du mauvais pas qu'il traverse au moment où il a fait son rêve: endettement, peur ou tout autre souci.

L'éjaculation annonce la réalisation des espérances[1]. La fortune par exemple, à partir d'un dinar jusqu'à mille dinars, selon le rang du rêveur. Celui qui se voit nouer son membre viril rencontrera des difficultés dans ses affaires, et sa descendance sera la risée du monde. S'il voit son sexe enfoui dans son ventre, il retiendra un témoignage quand il sera tenu se le produire. Si le rêveur se voit embrasser son sexe, il sera père. S'il l'est déjà, ses enfants absents seront de retour et il aura la joie de les embrasser.

Une femme a vu en rêve que des poils ont poussé sur le sexe de son [petit] enfant. L'interprète qu'elle a interrogé sur le sens de ce rêve a prédit au garçon une mort imminente. Peu après l'enfant a effectivement péri.

1- *Imnâ* et *manî* (éjaculation et sperme) de la racine *m.n.y.* qui donne aussi *munia*, *umnia* : désir, vœu, espérance... A noter que la même racine donne *manûn* et *manyya*, synonyme emphatique ou poétique de *mort* !

Un rêveur a vu le sommet de son sexe devenir poilu. L'interprète sollicité a conclu que son rêve révèle sa débauche et son obstination à se maintenir dans une conduite licencieuse. Un autre rêveur a raconté qu'il s'est vu donner de la nourriture à son sexe ; il est mort peu après d'une mort affreuse. En fait [dans ce rêve] il s'est vu privé de la bouche et du visage qui, pour tout être vivant, accueillent la nourriture.

Le sexe de la femme figure la délivrance des soucis[1]. Si la rêveuse voit son sexe inondé, elle donnera naissance à des enfants mâles. Mais si elle l'a vu en fer ou en cuivre, elle doit désespérer de sa fécondité. Celui qui se voit manœuvrer le sexe d'une femme par tout autre chose que son propre membre, obtiendra de cette femme un bonheur incomplet. S'il se voit mordre dans le sexe de la femme, le rêveur se tirera d'affaire dans une situation difficile. S'il voit que le sexe de la femme est placé dans son postérieur, il cherchera à établir des liens d'amitié [avec des personnes de son entourage] qui se transformeront vite en répulsion et en inimitié. Si le sexe qu'il a vu est de petite taille, il vaincra un ennemi ; s'il est volumineux, il sera vaincu. S'il voit que son sexe s'est transformé en un sexe de femme, il perdra sa force. S'il voit que son épouse enceinte a un sexe d'homme, elle mettra au monde un enfant qui dominera les siens. Si elle n'est pas enceinte et si elle ne l'a jamais été, elle n'enfantera jamais. Et même s'il lui arrive d'enfanter, son enfant mourra avant l'âge de la puberté. Mais l'interprétation du rêve de la femme au membre viril peut glisser pour concerner son tuteur ou son maître. Celui-ci aura grande renommée, à la mesure du pénis du rêve.

Si l'homme se voit en rêve doté d'un sexe de femme, il subira abaissement et humiliation. S'il voit qu'on a coïté avec lui dans ce sexe, l'agent de l'acte obtiendra de lui – ou de son homonyme –

1- *Faraj* : heureuse issue, délivrance, est ici mis en rapport avec *farj* pl. *furûj* ; ce mot – bien qu'il signale le sens de fente, interstice, séparation – connote en fait le "sexe éthique", celui des humains (hommes ou femmes) cf. le Coran : "...[Ceux et celles] *qui contiennent leur sexe* (furûj-ihim)" (XXXIII, 35. Trad. de J. Berque) ; mais aussi XXIII, 5, XXIV, 30, LXX, 29.

ce qu'il a toujours espéré obtenir. Certains [interprètes] ont affirmé que le rêve de la femme dotée d'un sexe d'homme révèle la grossièreté de son parler avec son époux et son ton dominateur, quand elle s'adresse à lui.

Les testicules figurent le maillon [faible] du rêveur qui donnera à ses ennemis prise sur lui. S'il voit ses testicules coupés sans que pour autant ils en deviennent puants et sans qu'ils soient affectés d'un mal précis, ses ennemis lui raviront quelque chose à la mesure du ce qui a été coupé de ses testicules. S'il a vu ces organes plus volumineux que nature, il sera protégé contre les menées de ses ennemis. La section des testicules peut aussi signaler l'interruption de la série de filles que le rêveur a eues de son épouse, si dans le rêve il y a des indices favorables ; puisque le mot *unthayân* «[deux] femelles» est synonyme de *khisyatân* «testicules». Le testicule gauche est responsable de la naissance de l'enfant mâle, c'est bien pourquoi le rêveur qui voit ce testicule coupé apprendra la mort de son fils et n'aura plus jamais d'enfant. S'il se voit offrir ce testicule gauche de son propre gré, et qu'il disparaît de sa vue, il aura un enfant illégitime qui sera rattaché à quelqu'un d'autre. Si le rêveur se voit atteint d'une hernie [inguinale] il aura une fortune qui demeurera toujours convoitée par ses ennemis.

Un rêveur s'est vu doté de dix pénis et d'un seul testicule ; l'interprète qu'il a consulté lui a prédit la naissance de dix enfants mâles et pas une seule fille.

L'aine peu poilue est [du point de vue de l'hygiène] appréciée dans la Tradition du Prophète. Mais le rêve de l'aine très poilue augure d'une fortune et d'un pouvoir que le rêveur obtiendra d'un personnage non arabe. S'il regarde la zone de l'aine sans y remarquer de poil – de sorte qu'il se sent convaincu de n'en avoir jamais eu – sa fortune sera mise sous scellé et il subira de grandes pertes. Si au contraire il y voit des poils tellement longs qu'ils traînent au sol, il aura grande fortune, avec une foi corrompue, des années d'oisiveté et peu de vertu.

Le postérieur figure la fortune de la femme. Si le rêve montre un gros postérieur, le rêveur saura que la fortune de sa femme est énorme. Si, par conséquent, il se voit doté d'un gros derrière, le rêveur dominera grâce aux biens de son épouse, et il en aura une grande prospérité. Si le rêveur voit un autre homme dévoiler devant lui son derrière, il obtiendra de ce même homme – s'il est jeune – étrennes et autres avantages, ce qui sera toutefois suivis de nombreux désagréments. Si l'homme est un vieillard connu du rêveur, le même individu lui fera subir, dans la vie réelle, des désagréments.

La cuisse figure le clan du rêveur. Celui qui voit se cuisse sectionnée et disparaître de sa vue, s'exilera loin des siens et mourra dans l'exil, car la cuisse sectionné ne peut être remise en place. S'il voit que sa cuisse est en cuivre, il saura que son clan s'aventure à pratiquer le vice. On raconte qu'un homme a interrogé Ibn Sîrîn à propos d'un rêve où il a vu sa cuisse rougie et poilue. Ibn Sîrîn lui a dit: «Tu es endetté et une autre personne acquittera tes dettes !»

Le nerf figure le seigneur de son peuple ou le lien de parenté ; les vaisseaux sanguins figurent la famille du rêveur ; leur santé comme leur affection est à rapporter, dans l'interprétation, aux membres de la famille. Voir en rêve que l'on opère une incision horizontale d'un vaisseau sanguin, annonce le décès imminent d'un parent aussi proche du rêveur que n'est important le vaisseau incisé. Il est possible que le rêveur lui-même soit concerné par cette mort annoncée, s'il y a des indices qui confortent l'interprétation dans ce sens. Si l'interprète répugne à donner un tel avis, il peut annoncer une séparation entre le rêveur et les siens, sans parler de mort.

Le genou, figure la peine et l'effort du rêveur pour assurer sa propre subsistance ; tout affection qui touche le genou est à rapporter à ce thème ; la résistance du genou figure ainsi la persévérance du rêveur dans la recherche de sa subsistance ; voir son genou écorché, signifie que rêveur souffrira davantage pour gagner sa vie ; le gonflement de la peau du genou ou sa tuméfaction, signale un gain acquis grâce à une grande fatigue. On dit que le malade qui voit en rêve doit se rapporter à la force du corps, sa vigueur et l'excellence de son activité - dans la mobilité et les voyages, par exemple - si l'on voit des genoux sains. Sinon, on interprète dans le sens contraire.

La jambe figure ce qui soutient un homme, sa fortune et sa vitalité ; elle peut aussi figurer la longévité du rêveur, si bien que se voir doté d'une jambe de fer augure d'une longue vie ; tandis que se voir avec des jambes de verre annonce sa mort proche ou la faillite ou l'extinction des siens ; car le verre ne peut durer longtemps intact. Rêver de sa jambe coupée, vaudra au rêveur la disparition de la moitié de sa fortune ; avec deux jambes coupées, le rêveur doit s'attendre à la disparition de toute sa fortune et sa force ; ou verra la mort de tous les siens. On dit aussi que les deux jambes figurent les deux parents. Marcher pieds nus en rêve, annonce peine et fatigue. On affirme que se voir doté de jambes nombreuses, facilite le voyage pour l'itinérant qui tire des profits de ses déplacements ; pour le pauvre, un tel rêve annonce l'obtention d'une fortune ; mais, il augure de la maladie pour le rêveur riche. Voir ses pieds teints de henné et piqués de tatouage annonce au rêveur la mort dans sa famille et pour une rêveuse la mort de son époux. voir qu'on plie une jambe et qu'on en étend une autre et que les deux jambes se rejoignent, approche le rêveur de sa mort ou de grandes difficultés ; ce rêve signifie aussi que le rêveur est un menteur. Voir la jambe d'une femme annonce au rêveur son mariage. Et si la femme dévoile sa jambe, elle en aura une foi consolidée et verra sa situation s'améliorer.

La cheville figure un fils pris dans la passion du jeu de hasard ; on dit aussi que la cassure la cheville augure de la mort du rêveur et que celle du talon signale la poursuite d'une action qui est précédée de remords.

La plante du pied figure l'apparat du rêveur et ses doigts du pied ses femmes esclaves et ses esclaves mâles. S'il voit quelques uns de ses doigts s'élever vers le ciel quelques uns de ses esclaves mourront. Le poils sur les plante des pieds signifient de lourdes dettes. Le rêveur qui voit ses deux pieds s'élever dans le ciel et disparaître de sa vue, verra ses deux enfants mourir ; et celui qui se voit s'adonnant à l'acte sexuel avec son pied pourchasse les femmes d'une manière illicite. Les pieds nombreux, dit-on signifient la maladie pour le rêveur riche, puisque sa richesse dans la vie réelle ne lui impose pas d'avoir de nombreux pieds qui l'assistent dans ses démarches pour assurer sa subsistance ; un tel rêve peut aussi présager la cécité qui exige des ceux qui en sont atteint de s'assurer des accompagnateurs ; chez les malfaiteurs, ce rêve annonce l'emprisonnement, ce qui les flanque de gardiens qui suivent leurs déplacements ; un homme s'est vu en rêve avec un pied en pierre, plus tard ce même pied a été frappé de paralysie. Un autre rêveur s'est vu en train d'asséner des coups de pied au souverain ; plus tard, réveillé, il a marché sur une pièce de monnaie avec l'effigie du roi.

Un homme est venu retrouver Ibn Sîrîn et lui a dit: «J'ai rêvé que j'avais un pied trop poilu !» L'interprète lui a prédit un lourd endettement et l'emprisonnement. L'auteur de ce rêve s'est alors ravisé en affirmant que le pied vu en rêve appartenait à Ibn Sîrîn. Celui-ci a maintenu quand même son interprétation. Plus tard le rêveur est mort en prison, laissant une dette de quarante mille drachmes qu'Ibn Sîrîn a dû acquitter pour lui.

Un autre rêveur s'est vu avec un pied qui boitait, il a sollicité l'avis d'un interprète qui a vu en lui un futur fornicateur. Un peu plus tard on l'a arrêté avec une femme.

Un autre rêveur a relaté ainsi son rêve à Ibn Sîrîn:

— J'ai vu mon doigt du pied par-dessus la braise ; quand je le déposais à même le feu, celui-ci s'éteignaitt et dès que je le soulèvais le feu se ravivait...

Ibn Sîrîn a déclaré d'abord qu'il s'agit là d'un homme de passion coupable. Mais on lui a affirmé que l'homme était plutôt un logicien qui exposait des idées sur la Prédestination de nos actes. L'interprète a maintenu son avis en disant:

— Que voulez-vous qu'il y ait de plus passionné qu'un tel discours ?

Une femme est venue raconter à Ibn Sîrîn un rêve où elle a vu son orteil coupé ; il lui a affirmé qu'elle renouera des liens rompus avec certains de ses amis. Dans cet ordre d'idées, les doigts du pied figurent l'apparat du rêveur et ses bonnes actions, ainsi que l'essentiel de sa fortune et tout ce qui l'assiste dans son existence.

chapitre vingt-trois

De l'interprétation des rêves de sécrétions humaines et animales eaux, lait, sang, le bruit qu'elles produisent et les descriptions qui s'y attachent

Celui qui se voit uriner
sur un exemplaire du Coran
aura un enfant
qui apprendra ce Livre saint.

On rapporte que le Prophète, Dieu le bénisse et lui accorde le salut, a dit: «Celui qui se voit en rêve buvant du lait, qu'il sache qu'il a rêvé de sa bonne nature»

Maître Abû Sa'ïd a dit:

Le rêve du lait ou des seins promet la fortune au rêveur comme à la rêveuse. Et l'abondance de lait dans les seins signale une fortune étendue. Une femme qui manque de lait dans la réalité et qui rêve d'allaiter un enfant, un homme ou une autre femme, qui lui sont connus, verra les portes de la prospérité matérielle s'ouvrir devant elle et devant ceux qu'elle a allaités. Certains disent que se voir en rêve tétant une femme donnera au rêveur fortune et profit. Celui qui se voit téter une jument ou une pouliche se fera aimer du souverain et en obtiendra grand profit ; car le lait des bêtes figure toujours une fortune licite qui provient du pouvoir. Mais celui qui voit se déverser sur lui du lait humain connaîtra des situations difficiles et l'emprisonnement. Si l'interprétation penche dans le sens des difficultés et de l'emprisonnement, la situation du rêveur sera d'autant plus dure que l'allaitant et l'allaité sont connus de lui.

L'action de traire figure la ruse. Traire une chamelle ordinaire signale que le rêveur gérera une terre arabe ; tandis que traire une chamelle de Khorassân indique que le rêveur gérera plutôt une terre étrangère. Si le rêveur traie la chamelle et en tire du sang, il sera tyrannique dans l'exercice d'un pouvoir. S'il en tire du venin, il fera l'acquisition d'une fortune illicite. Si le rêveur trayeur est un commerçant, il en aura un gain légitime et des bénéfices importants dans son commerce ; la fortune viendra à lui selon l'importance de ce qu'il a traie dans son rêve.

Rêver de la chamelle laitière signale la bonne nature dans le vécu de la foi. Si le rêveur boit son lait ou suce deux ou trois fois le mamelon, il saura qu'il vit selon la bonne nature, faisant régulièrement ses prières et s'acquittant de l'aumône légale. Boire le lait de cette bête annonce fortune licite, mais aussi science et sagesse. On dit encore que traire une chamelle et boire de son lait annonce au rêveur le mariage avec une femme vertueuse. Si le rêveur dans cette scène est un chaste, il pourra espérer de son mariage la naissance d'un garçon qui sera un enfant béni.

Le lait de brebis ou de chèvre annonce une fortune légitime ; tandis que le lait de la lionne annonce à celui qui en boit en rêve la victoire sur un ennemi. On dit aussi qu'un tel rêve apporte une fortune au rêveur qui lui sera octroyée par un pouvoir puissant.

Le lait de la chienne augure d'une grande frayeur, tout comme celui de la louve. Ce rêve peut annoncer l'octroi d'une fortune au rêveur par un pouvoir inique. Le lait de la truie signale l'altération de la raison du rêveur et le trouble de son esprit. Une grande quantité du lait de cet animal signale une fortune illicite ; une petite quantité augure d'un gain légitime, selon la parole du Très-Haut: «*Nul péché ne sera imputé à celui qui sera contraint*» (II, 173). Le Très-Haut a ainsi permis la modération et interdit l'excès [dans ce qui est prohibé].

Le lait de la panthère signale l'apparition d'une inimitié. Celui de la gazelle un vœu prononcé et qui reste à réaliser. Le de l'ânesse [domestique] annonce un malaise bénin. Et le lait de tous les animaux sauvages signale une solidité de la foi. Celui des brebis et des vaches figure la bonne nature. Le lait de l'ourse annonce une affection et un souci imminent. Celui de la renarde présage un malaise bénin. Celui de la chatte aussi ; mais il peut également annoncer une querelle. Celui de la jument pour le rêveur signale sa bonne réputation.

Voir du lait surgir du sol annonce l'apparition de la tyrannie. Voir du lait produit par des animaux non mammifères signale un bien inattendu.

Téter de son propre sein indique le penchant à ia traîtrise chez le rêveur. Le lait des rongeurs et des bêtes venimeuses annonce au rêveur qui en boit sa réconciliation avec ses ennemis. Boire le lait d'une vipère est un rêve qui pousse à entreprendre une action qui satisfait Dieu. On dit aussi que boire de ce lait annonce au rêveur une heureuse issue et l'immunité face aux malheurs.

Le beurre est signe d'une somme de profits et d'un butin, qu'il soit ordinaire, salé ou fondu. Même si l'on s'accorde à voir dans le beurre fondu une plus grande pertinence, du fait qu'il a été touché par la puissance du feu. Le lait caillé n'apporte nul bien pour celui qui en rêve, même si l'on a soutenu que ce lait peut annoncer le profit tiré du voyage. Le petit lait acide annonce un gain à l'issue d'une situation difficile ou d'une souffrance. Mais on dit qu'il est l'indice d'un profit mal acquis et de la fréquentation de gens pauvres, puisqu'il a été écrémé. On prétend aussi que celui qui en boit en rêve cherche la vertu chez celui qui n'en a pas. Le lait rendu pâteux vaudra au rêveur d'être interpellé par des femmes. Le lait extrait aux premiers instants du vêlage ou de la mise bas indique l'ascèse et la vénérabilité.

Le fromage figure une fortune acquise sans peine. Dans le rêve le fromage mou est plus pertinent que le fromage dur. S'il est dur en effet il indique un bien patent et annonce une saison fertile. On dit que le fromage dur annonce aussi un voyage.

On rapporte qu'un jour, pendant le [premier] siège de la ville de Taëf[1], on a présenté au Prophète, Dieu le bénisse et lui accorde le salut, une coupe de lait qui s'est accidentellement renversée. Abû Bakr, que Dieu soit satisfait de lui, lui a dit:

— O Envoyé de Dieu ! Je n'ai pas le sentiment que tu obtiendras quelque chose de ce siège !

1- Cité rivale de la Mecque aux temps pré-islamiques, habitée par la tribu des Thaqîf. Perchée sur une montagne (à 1600 m), elle a résisté aux assauts des premiers Musulmans. Muhammad a confié à des Bédouins le harcèlement de la ville à la place de ses combattants, jusqu'à sa reddition en 630, à la même année que celle de la Mecque.

— C'est vrai ! Dieu ne m'en a pas donné l'ordre ! a-t-il dit. Et il a ordonné la levée du siège.

Un homme est venu voir Ibn Sîrîn et lui a raconté ce rêve:

— J'ai vu qu'on nous a apporté, mes amis et moi, un grand récipient de lait, puis un autre plus petit, qu'on a placé dans le premier. Nous nous sommes mis à en avaler seulement la mousse, avant que l'ustensile ne se transforme en tête de dromadaire. On a continué à puiser dans cette tête en l'accompagnant de miel.

— Le lait, figure la bonne nature, a dit Ibn Sîrîn. L'ustensile en surplus est tout le contraire de la bonne nature. Que vous n'ayez consommé que la mousse du lait rappelle la parole du Très-Haut: «*L'écume s'en va au rebut*» (XIII, 17). Quant au dromadaire, il ne peut figurer qu'un noble Arabe, d'autant que rien n'est plus important dans [l'anatomie de] cette bête que la tête. Or la tête des Arabes n'est autre que le Prince des croyants [le calife]. Ainsi donc, votre rêve indique que vous n'avez pas cessé de médire de lui et que vous en mangiez la chair[1]. Vous agrémentiez vos palabres par ces médisances, tout comme le mangeur accompagne les mets avec du miel.

Notons que ce rêve a été fait du temps de 'Umar Ibn 'Abbelazîz[2], que Dieu soit satisfait de lui.

Un autre homme a raconté à Ibn Sîrîn un rêve où il s'était vu téter son propre sein. Quand le savant a su quel métier ce rêveur exerçait – vendeur chez un boutiquier – il lui a dit: «Crains Dieu et cesse de voler ton maître !»

1- Allusion à une parabole coranique associant la médisance au cannibalisme (verset déjà cité ; XIL, 12).

2- Le seul calife omeyyade qui bénéficie d'un consensus favorable pour son sens de l'équité, son respect quasi maniaque des finances publiques et sa piète (61-101/681-720).

Adî Ibn Arta'a[1] a vu en rêve une chamelle laitière lui proposer son lait, une fois, puis une deuxième, et il n'avait fini par accepter qu'à la troisième fois. Ibn Sîrîn a conclu que ce rêveur a d'abord refusé la proposition d'une concussion ; il a changé d'avis en l'acceptant en fin de compte.

Le Prince des Croyants Harûn ar-Rachîd, que Dieu soit satisfait de lui et de ses ancêtres, s'est vu dans le Sanctuaire sacré [de la Mecque] tétant les mamelles d'une gazelle. Il a interrogé al-Kirmanî sur le sens de ce rêve et l'interprète lui a dit:

— Dans le rêve, être allaité quand on est loin de l'âge du sevrage, o Prince des croyants, augure de l'emprisonnement ; or, un homme comme toi ne peut être emprisonné ! Mais tu es captif d'un amour que tu voues à une femme qui se trouve astreinte en ce moment à la chasteté du Pèlerinage. Cet avis a reçu confirmation.

Le saignement du nez, s'il prend la forme d'un filet fin et continu d'un sang fluide, annonce l'obtention d'une fortune durable. Si le sang est épais, le rêve annonce la naissance d'un avorton. Si le rêveur se voit saigner du nez et se sent convaincu que cela lui fait du bien, il sera récompensé par son maître ; s'il est convaincu que cela lui est nuisible, il subira de son maître un dommage. S'il est son propre maître, sa santé sera affectée ou non, selon le jugement porté pendant le rêve sur ce qu'il lui est arrivé, et selon la quantité du sang écoulé. Si par exemple, il n'y a eu qu'une goutte ou deux, son rêve est bénéfique ; s'il a dégagé une livre ou deux, en étant convaincu que ce saignement est bon pour lui, il renforcera sa piété et renoncera à un péché ; sinon, sa foi fléchira et il s'adonnera à quelque méfait. S'il a senti toute sa force le quitter lors de ce saignement, il s'appauvrira ; inversement, il s'enrichira s'il a senti croître ses forces. S'il a taché de sang ses habits, il obtiendra, dans le péché, une fortune mal acquise. S'il

1- Prince damascène chargé par ce même 'Umar Ibn 'Abdelaziz de gouverner la province de Bassora où il a été assassiné par les rebelles de Muawya Ibn Yazîd Ibn al-Muhallab en l'an 102 de l'Hégire.

voit les égouttures de son sang sur un chemin passant, il s'acquittera de son devoir d'aumône sur la voie publique. Enfin, on dit que le saignement du nez annonce la découverte d'un trésor, tandis que le rêve de l'éternuement amènera la certitude dans une affaire jusque-là soumise au doute.

Le rêve des larmes – si le rêveur les sent froides – annonce la joie. Si elles sont chaudes, elles annoncent effectivement le chagrin. Celui qui se voit le visage couvert de larmes sans qu'il y ait pleurs, sera suspecté quant à la pureté de sa lignée, et on donnera raison à celui qui a émis ce doute. S'il sent les larmes lui poindre des yeux sans couler, il cachera des fonds légalement acquis pour les dépenser dans une œuvre de piété. Si les larmes contenues finissent par couler, il aura le bonheur de dépenser enfin ces fonds. Et s'il voit que les larmes sortent de l'œil droit et s'écoulent dans l'œil gauche, il sodomisera son petit-fils [le fils de sa fille] Dieu nous préserve de la colère de Dieu !

Celui qui se mouche en rêve s'acquittera de sa dette, sera délivré d'un souci, ou rétribuera quelqu'un pour un acte méritant. Si le rêveur se mouche sur sa femme, celle-ci sera enceinte et fera une fausse couche ; s'il voit son épouse se moucher sur lui, elle accouchera d'un petit garçon ou fera sevrer son nourrisson. Si le rêveur se mouche dans la demeure de quelqu'un parmi ses connaissances, il copulera avec une femme de la maisonnée, dans le licite ou dans l'illicite. S'il se mouche dans le lit d'un autre homme, il le trompera en copulant avec l'épouse. S'il s'est mouché dans le mouchoir de cet homme, il le trompera avec la complicité de son serviteur. Si le rêveur a vu qu'il s'était mouché et qu'une femme avait recueilli sa mouchure, cette même femme rusera pour être engrossée par lui, à son insu. S'il se voit en train de laver les mouchures d'une autre personne, on saura que sa propre épouse le trompe avec cet homme, qu'il l'a toujours su et qu'il tente d'étouffer l'affaire sans y parvenir. S'il mange sa propre morve, il gaspillera les biens de ses enfants ; s'il mange la morve d'une autre personne, il dilapidera les biens des enfants de cette même personne. S'il a le nez plein de morve, il saura que sa femme est enceinte. S'il a éternué et qu'il a vu sortir une bête quelconque de son nez, on lui rattachera un enfant né de quelqu'un d'autre. Si l'animal sorti de son nez est un chat sauvage, il aura un enfant qui deviendra voleur ; si c'est une colombe, il aura une charmante petite fille. S'il voit sa morve lui couler du nez, il aura des enfants qui lui ressembleront. Et s'il voit qu'un homme s'est mouché dans ses propres habits, l'homme de ce rêve sera son allié par le mariage.

Le bâillement figure la maladie ; la bonne haleine, une présence agréable ; le rire annonce le chagrin, selon la parole du Très-Haut: «*Qu'ils rient donc un peu ! / Et qu'ils pleurent abondamment*» (IX, 82). Mais le rire en rêve peut aussi annoncer une naissance, selon la parole du Très-Haut: «*... Elle riait, / nous lui annonçâmes la bonne nouvelle d'Isaac*» (XI, 71). Le sourire est toujours de bon augure.

Rêver de son propre ronflement pendant le sommeil indique l'étourderie du rêveur et sa candeur. Elever la voix en rêve indique que le rêveur est hautain envers les autres, selon la parole du Très-Haut: «*Modère ta voix*» (XXXI, 19). Entendre une voix pure et douce vaudra au rêveur l'accès à une charge de pouvoir. Celui qui entend quelqu'un l'insulter subira un dommage de l'insulteur, mais il finira par avoir le dessus. Certains disent que ce rêve indique que l'insulté disposera d'un jugement en sa faveur, condamnant l'insulteur à subir le châtiment légal. Si l'insulteur dans ce rêve est un roi, le bon augure profitera à l'insulté, parce qu'il est victime d'une injustice. S'entendre crier dans un lieu désert, indique que le rêveur perdra ses forces. Elever la voix devant un savant signale que le rêveur commettra un péché, selon la parole du Très-Haut: «*O Vous les croyants ! / N'élevez pas la voix au-dessus de celle du Prophète !*» (XLIX, 2). Or, les savants sont les héritiers des prophètes.

La sueur annonce un dommage que subira le rêveur dans ce bas monde. Mais celui qui se voit en nage conclura une affaire en souffrance. Le rêve de la transpiration des aisselles indique, pour l'homme du commun, l'hypocrisie ; et pour le détenteur d'un pouvoir, il annonce une fortune inséparable d'une mauvaise réputation.

Si le rêveur se voit nettoyer les oreilles du cérumen ou du pus, il apprendra des bonnes nouvelles. Mais s'il a mangé les saletés qu'il a dégagées de l'oreille, il sodomisera des garçons ou s'adonnera à une autre obscénité.

Le crachat figure les biens du rêveur et ses aptitudes. Si le rêveur crache sur un mur, il dépensera ses deniers pour la Cause sacrée, ou dans un commerce. S'il crache sur le sol, il fera l'acquisition d'un verger ou d'une terre cultivable. S'il crache sur un arbre, il trahira un pacte ou reniera un serment. S'il crache sur quelqu'un, il calomniera cette même personne. Un crachat chaud est l'indice de longévité pour le rêveur ; mais le crachat froid annonce la mort. Celui qui sent en rêve sa salive s'assécher, s'appauvrira. Celui qui voit de la salive lui couler de la bouche aura une fortune qui ne tardera pas à lui échapper. S'il se voit saliver sans que la salive lui mouille une partie du corps, et que les gens en recueillent de leurs mains, le rêveur sera amené à dispenser son savoir aux autres. Mais si la salive contient du sang, ce savoir sera imprégné de mensonge. Le rêveur qui voit qu'une eau abondante lui coule de la bouche connaîtra la prospérité, s'il est commerçant ; et ce rêve indique aussi sa probité. S'il voit couler la salive sur les mains d'un homme jeune, ses secrets seront dévoilés à son ennemi. Si dans cette salive, il aperçoit du sang, il déformera sciemment des secrets qui lui ont été confiés.

La glaire figure une fortune thésaurisée qui ne peut fructifier. Si le rêveur dégage de la glaire, il aura salut et guérison, s'il est malade. S'il évacue bruyamment de la glaire, il fera des dépenses dans le secret. Si, dans un tel rêve, le rêveur est un homme de savoir, il sera avare de sa science. Si un poil, un fil ou un filet d'eau inodore sort de sa bouche, il vivra longtemps. On dit aussi que l'eau qui sort de la bouche du rêveur est l'indice d'un enseignement, juridique ou autre dont il fera profiter les gens.

Le rêve de vomissement est l'indice d'un repentir de bon cœur ; mais s'il arrive difficilement et que le rêveur sent de la répugnance au goût de ce qu'il a rendu, il se repentira sous la contrainte. Vomir pendant le jeûne rituel et se noyer dans ses vomissures, signale que le rêveur est endetté, qu'il peut s'acquitter de sa dette, mais qu'il préfère rester dans le péché. S'il boit du lait et vomit du lait et du miel, il connaîtra le repentir. S'il avale des perles et vomit du miel, il apprendra l'exégèse du Coran. S'il vomit seulement du lait, il reniera l'Islam. S'il vomit de la nourriture, il offrira un présent à quelqu'un. S'il ravale ce qu'il a vomi, il reprendra son don.

Si le rêveur a bu du vin sans se saouler et qu'il a fini par vomir, il s'emparera d'un bien d'une façon illégitime et le restituera. S'il devient ivre et vomit, on saura qu'il est avare et ne subvient que très parcimonieusement aux besoins de sa famille, tout en regrettant le peu qu'il a consenti à débourser. S'il voit ses boyaux sortir de la bouche, il doit s'attendre à la mort de ses enfants.

On dit que le rêveur victime du hoquet, avec un vomissement important, mourra. On dit aussi que vomir beaucoup de sang de bonne couleur promet au rêveur la naissance d'un enfant mâle. Et si le sang coule dans un récipient, l'enfant vivra ; mais s'il se déverse par terre l'enfant mourra rapidement. Un tel rêve, pour le pauvre est l'annonce d'une fortune et de biens nombreux,. Mais le rêve est néfaste pour un imposteur puisqu'il signale que son imposture sera dévoilée.

Quant à l'urine, elle indique dans l'interprétation un bien mal acquis. Se voir en train d'uriner dans un lieu inconnu vaudra au rêveur le mariage d'avec une femme habitant ce lieu même. Il répandra en elle sa semence et aura ainsi des liens de parenté avec les gens de ce lieu ou des voisinages. On dit que celui qui se voit uriner, dépensera des deniers qu'il récupérera par la suite, selon la parole du Très-Haut: «*Il vous rendra tout ce que vous avez donné en aumône*» (XXXIV, 39). Se voir en train d'uriner dans un puits amène le rêveur à dépenser des deniers légitimement acquis. S'il se voit uriner sur une marchandise il sera perdant dans son commerce. Uriner dans un *mihrab* annonce au rêveur la naissance d'un enfant qui deviendra un ra savant.

On raconte que Marwân Ibn al-Hakam[1] s'était vu en rêve uriner dans un *mihrab*. Il a interrogé le grand jurisconsulte Sa'ïd Ibn al-Mussayyab qui lui a prédit une lignée de califes de sa descendance.

Celui qui se voit uriner sur un exemplaire du Coran aura un enfant qui apprendra le Livre saint.

Rêver qu'on retenait une partie de son urine, alors qu'on en avait déjà évacué une partie, vaudra pour le riche la disparition d'une part de sa richesse et pour le malheureux une partie de ses misères. Si le rêveur se voit uriner avec quelqu'un d'autre et que les urines se mélangeaient, les deux personnes seront unies par des liens familiaux. Le rêveur qui se voit incapable d'uriner se fâchera avec son épouse. S'il a un besoin urgent d'uriner sans trouver le lieu propice, on saura qu'il cherche à enfouir une richesse sans y parvenir. S'il se voit le faire dans un urinoir et qu'il urine abondamment, il connaîtra une heureuse issue à ses difficultés, s'il est pauvre. S'il est riche, il perdra sa fortune. S'il voit les gens s'enduire le corps avec son urine, il lui naîtra un enfant qui sera un meneur d'hommes. Si un homme lui urine dessus, ce même personnage l'humiliera en le faisant dépendre de sa fortune. Voir une femme uriner abondamment indique son grand désir des hommes. Et si le rêveur se voit uriner du lait, il perdra sa bonne nature. Si, dans un tel rêve, une personne connue boit ce qu'il a évacué, le rêveur dépensera pour cette personne des deniers bien acquis.

Celui qui se voit uriner du sang copulera avec une femme pendant son cycle de menstrues. On rapporte qu'un homme est venu retrouver Ibn Sîrîn pour l'interroger sur un rêve où il s'était

---

1- Calife omeyyade (2-65/623-685). Le premier qui fonda une institution pour fixer poids et mesures. Mort de la peste.

vu uriner du sang. Le savant a prédit qu'il en sera ainsi dans la réalité. On dit aussi que la femme enceinte de l'auteur de ce rêve avortera. Si le rêveur s'aperçoit que le sang ainsi évacué brûle son membre ou lui fait mal, il copulera avec une femme divorcée, ou qui lui est interdite, sans qu'il en ait conscience.

Si le rêveur a une urine couleur safran, il aura un enfant maladif. S'il urine du jus de fruits, il sera dépensier. S'il urine de la poussière ou de l'argile, on saura qu'il ne se conforme pas aux règles de l'ablution rituelle, et qu'il n'en respecte pas la procédure. S'il urine du feu, il lui naîtra un enfant qui sera un voleur. Et si un fauve sort avec le jet de son urine, l'enfant qu'il aura sera un tyran. S'il voit sortir un poisson avec son urine, il aura un enfant d'une esclave avec laquelle il aura copulé au bord de la Mer d'Orient [la mer Caspienne]. S'il en sort un oiseau, l'enfant aura la mauvaise ou la bonne nature de ce même volatile.

Celui qui se voit uriner debout[1] s'adonnera à la prodigalité. S'il urine sur sa tunique, il lui naîtra un enfant ou se mariera, s'il est célibataire. S'il urine dans son nez[2], il commettra l'inceste. S'il le fait là où il prend d'habitude son déjeuner, il fera des dépenses inopportunes.

Un homme est venu solliciter Ibn Sîrîn à propos d'un rêve où il avait vu une femme en compagnie de ses proches avec, entre les seins, un récipient de lait. Chaque fois qu'elle le soulevait pour boire, elle se sentait pressée d'un besoin d'uriner et se précipitait pour se soulager.

— Cette femme est une bonne musulmane, a dit Ibn Sîrîn au rêveur. Elle est vertueuse et d'une bonne nature. Elle désire les hommes et les convoite. Craignez Dieu et trouvez lui un mari ! Ce qui a été fait.

Le père du sassanide Ardéshir du temps où il n'était que pâtre,

1- Ce qui n'est pas conforme à la Tradition et à la bienséance en Islam.

2- Le nez (*anf*) est, chez les Arabes, le "siège" ou le symbole de la fierté (*anafa*) et de l'honneur.

s'est vu en rêve en train d'uriner. De son urine s'était dégagée une vapeur qui avait totalement couvert le ciel. Il a interrogé Bâbek l'interprète qui lui a dit: «Je ne t'en donnerai l'interprétation que si tu promets de rattacher à moi un enfant qui te naîtra !» Ardéshir s'y est engagé et l'interprète lui a prédit alors la naissance d'un enfant qui régnera sur tous les horizons. Quand l'enfant est né son père l'a rattaché à Bâbek, honorant ainsi sa promesse. C'est pourquoi on dit Ardéshir fils de Bâbek, alors que celui-ci n'est pas son vrai père.

Un rêveur s'est vu uriner au milieu d'un rassemblement sur la place du marché. Il est devenu le superviseur de ce marché ; car, quand un homme domine ses semblables, il a plutôt tendance à faire peu cas de ceux qu'il domine. Les dernières gouttes d'urine signifient en rêve une richesse éphémère accompagnée de remords.

Quant au rêve de sperme, il signifie une richesse durable et abondante. Voir que l'on sécrète du sperme annonce une fortune Si le rêveur en mouille son épouse, il lui offrira bijoux et habits neufs. S'il se voit en possession du sperme d'un autre homme, il s'emparera des biens de cet homme. Le rêve de la jarre pleine de sperme, pour celui qui se voit en posséder une, signale un trésor. Si le rêveur se voit éclaboussé du sperme sécrété par une femme, il obtiendra d'elle un profit.

Si le rêveur voit un liquide jaunâtre sortir du sexe d'une femme, celle-ci mettra au monde un enfant maladif. Si le liquide est plutôt rougeâtre, son enfant aura une vie courte. Si le liquide est noir, l'enfant dominera les siens. S'il sort de son sexe du feu, l'enfant qui naîtra aura le pouvoir, y sera tyrannique et injuste. Si la femme enceinte voit sortir un poisson de son sexe, les avis sur un tel rêve s'opposent: certains disent que l'enfant qui naîtra aura une longue vie, d'autres soutiennent le contraire.

Si un homme se voit en état de menstruation, il commettra l'inceste. Une femme qui se voit en train de se laver avec du sang de menstrues, se repentira d'un péché et connaîtra une heureuse issue. Si elle se voit en ménopause, elle sera enceinte d'un enfant mâle, selon la parole du Très-Haut: «*Elle riait / et nous lui annonçâmes la bonne nouvelle d'Isaac*» (XI, 71), car le rire figure les menstrues. Si la rêveuse se voit en retard de cycle, on saura qu'elle est dans le péché et qu'elle cherche en vain à s'en délivrer.

Quant aux fèces, on dit qu'elles figurent une richesse obtenue par l'injustice. Mais on dit aussi qu'elles annoncent une heureuse issue et la disparition des soucis. Se voir déféquer, pour une personne aisée, indique qu'elle s'acquittera de l'aumône légale. Si le rêveur se voit déféquer abondamment, alors qu'il s'apprête à partir en voyage, il ne partira pas ou, s'il est déjà parti, la route qu'il a empruntée sera coupée. Se voir manger de la matière fécale, en posséder ou l'acquérir, annonce une prochaine acquisition de biens illégitimes, suivie d'un sentiment de remords. Ce rêve peut aussi indiquer que le rêveur proférera des paroles d'envieux qu'il regrettera. Si le rêveur défèque et constate que ses fèces sont compactes, il dépensera une partie de sa fortune d'une manière opportune. Si elles sont liquides, il dépensera toute sa fortune. Si l'endroit où il a déféqué est connu, un cabinet de toilette par exemple, ses dépenses correspondront à ses désirs. Mais si l'endroit lui est inconnu, il dépensera des deniers mal acquis, en toute connaissance de cause et dans des domaines éloignés de ses besoins réels ; il n'en tirera ni récompense ni mérite. Tout ce qui sort du ventre des humains et des animaux, telles les crottes, figure des biens pécuniaires. Que cela soit déclaré mal acquis ou légitime dans l'interprétation, dépendra de la puanteur, de la quantité et de la nuisance des défécations. A moins que ces excréments ne soient mélangés dans le rêve à une autre matière prédominante, telle de la boue ; auquel cas, il s'agit d'un rêve qui signale une grande inquiétude ou la peur inspirée par un despote. Si le rêveur défèque dans ses vêtements, il commettra un acte obscène. S'il le fait dans sa culotte, il se fâchera avec sa femme et bloquera sa dot. S'il défèque dans un endroit quelconque et jette de la terre sur ses excréments, le rêveur cachera des deniers. S'il défèque sur sa propre personne, il s'adonnera au péché. S'il le fait dans son lit, il sera atteint d'une longue maladie, car on n'agit ainsi à l'état de veille que si l'on est incapable de se mettre debout. Ce rêve signifie aussi que le rêveur se séparera de sa femme. On dit que celui qui se voit manger du pain avec des excréments, mangera, à l'état de veille du pain et du miel. Mais on dit aussi que ce rêve indique la transgression par le rêveur des règles de la Tradition. Si le rêveur défèque involontairement et recueille ses excréments dans ses mains, il gagnera une bourse pleine de dinars ; richesse d'autant moins légitime que le volume des excréments dans le rêve était grand. Se voir déféquer sur les places des marchés animés, dans les *hammams* ou tout autre lieu de rassemblement, indique que le rêveur subit la colère de Dieu et des anges ; qu'il sera objet d'un scandale énorme et d'une grande faillite. Tout ce qui est en lui de l'ordre de l'intimité sera étalé au grand jour et il en sera diminué. S'il défèque dans un dépôt d'ordures, sur la plage et dans un tout autre endroit où un tel acte ne choque pas, son rêve sera bénéfique et il en verra disparaître ses souffrances ou ses soucis. Si le rêveur se voit la cible d'un jet d'excréments, il subira l'hostilité des autres et aura des opinions différentes des opinions admises. Il sera victime d'une injustice de la part de celui-là même qui l'a pris pour cible, et en aura grand dommage. Voir de grosses quantités de déchets humains en rêve annonce des handicaps pour les activités dans l'entourage du rêveur et de nombreuses nuisances. Se voir éclaboussé par des excréments humains signale la maladie ou la peur. Ce rêve est toutefois un bon indice pour celui dont les actes sont blâmables à l'état de veille. Nous avons éprouvé la règle selon laquelle une telle vision ne peut que lui être bénéfique.

L'émission de gaz figure le discours obséquieux. Celui qui émet des gaz en rêve aura un chagrin. S'il le fait en présence des autres, son chagrin sera connu de tous. Si on émet des gaz en présence du rêveur et qu'il en sente l'odeur, il sera témoin du chagrin d'autrui. S'il émet des gaz inodores au cours de sa prière, le rêveur poursuivra un dessein important et quémandera l'aide de Dieu. mais il entendra des paroles humiliantes et trouvera des difficultés dans sa quête.

Le pet lancé par le rêveur en présence des autres, involontairement, annonce une heureuse issue après chagrin et dures épreuves. Seulement, le rêveur sera victime d'un scandale. S'il pète sciemment et que son pet est très fort et malodorant, il proférera des paroles repoussantes ou agira d'une façon détestable. Il en subira un blâme d'autant plus sévère que la puanteur dégagée dans son rêve est répugnante. Il pâtira d'une dénonciation aussi grave que le bruit du pet perçu en son rêve par l'assistance. S'il dégage une puanteur sans émettre un bruit, il sera blâmé seulement selon le degré de puanteur dégagée, sans subir de dénonciation publique. S'il pète en présence d'autres personnes et que celles-ci soient dans le chagrin et la peine, elles en seront débarrassées. Si elles sont dans le malheur, elles en seront sauvées. Enfin, si le rêveur pète en se forçant, il entreprendra des initiatives au-dessus de ses capacités ; et s'il le fait sans effort, son entreprise sera à la mesure de ses moyens. Si le rêveur voit un paon lui sortir de l'anus, une belle petite fille lui naîtra. Et si c'est un poisson qui lui sort de l'anus, la fille qu'il aura sera laide. S'il s'agit de vermines, de poux ou de tout autre parasite, il rompra avec quelques-uns de ses proches parents. S'il voit des reptiles lui sortir de l'anus, on saura qu'il a à sa charge des personnes étrangères, d'autant plus nombreuses que les reptiles dans la scène du rêve. S'il lui sort du sang de l'anus, il se débarrassera d'une souffrance. Si le sang l'a entaché, il écoulera des deniers mal acquis. On dit aussi que le sang qui sort de l'anus figure les petits-fils. Si le rêveur se voit boire de son anus, on saura qu'il s'agit d'un pédéraste [*ma'bûn*]. S'il ne l'est pas, il subira une purge.

Celui qui se voit balayer des crottes de cheval obtiendra des biens d'un homme de noble rang. La bouse de vache n'est un bon indice que dans les rêves des laboureurs et des travailleurs de la terre. Si le rêveur se voit légataire de crottes, il obtiendra des biens de ses pproches.

Quant aux œufs, si on en voit sur un plateau, ils indiquent des belles esclaves, selon la parole du Très-Haut à propos des *houris*: «*Semblables au blanc caché de l'œuf*» (XXXVII, 49). Le rêveur qui voit sa poule pondre un œuf, aura un enfant mâle. Les œufs durs sans coquille annoncent un gain sans peine. Si le rêveur gobe un œuf cru, il dépensera des deniers mal acquis, en aura des soucis ou commettra un acte obscène. S'il mange la coquille, on saura qu'il est profanateur de tombes. Si le rêveur voit que sa femme a pondu un œuf, elle mettra au monde un enfant qui sera un apostat, selon la parole du Très-Haut: «*Il fait sortir le mort du vivant*» (XXX, 19). S'il se voit mettre un œuf à couver sous la poule et que l'œuf se craquelle, il fera revivre une affaire oubliée ou aura un enfant croyant, selon cette même parole du Très-Haut: «*Il fait sortir le vivant du mort*» (*ibid.*). Il est même possible qu'il ait autant d'enfants qu'il n'y a de craquelures dans la coquille d'œuf. S'il met des œufs à couver sous un coq et qu'il en voit sortir des poussins, il amènera un précepteur pour ses enfants. S'il casse un œuf, il déflorera une vierge. S'il se voit incapable de casser un œuf, il lui sera impossible de déflorer une vierge. S'il se voit cogner sur un œuf, pendant la grossesse de sa femme, il lui ordonnera d'interrompre sa grossesse. S'il voit quelqu'un casser un œuf qui lui appartient et le lui rendre, sa fille sera déflorée par un homme. S'il tire de sa manche un œuf, il copulera avec son esclave et celle-ci donnera naissance à une petite esclave. S'il se voit posséder une grande quantité d'œufs, on saura qu'il a des biens, en numéraire et autres, dont il craint la détérioration. Tout cela ne vaut que pour les œufs crus. Mais celui qui rêve d'une quantité d'œufs cuits reprendra une affaire en souffrance qu'il avait du mal à mener à bien, et il en tirera des profits. Rappelons que si le rêveur mange l'œuf avec la coquille, on saura qu'il s'agit d'un profanateur de tombes. S'il avale d'un coup le contenu d'un œuf, il dilapidera ses deniers. Et s'il le mange à la manière ordinaire, il épousera une femme fortunée.

Les oeufs de héron figurent un enfant chétif ; ceux du perroquet une esclave pieuse. On dit que celui qui reçoit un œuf en rêve, aura un enfant mâle de bonne naissance. Si l'œuf reçu se casse, l'enfant mourra. On dit que les œufs sont de bon augure seulement pour les rêveurs qui sont guérisseurs, miraculés et pour ceux qui en font leur gagne-pain, Pour les autres rêveurs, ils indiquent des profits, quand ils sont en petite quantité destinée à la consommation courante ; ils annoncent des soucis et des malheurs, s'ils se présentent en grande quantité. Ils peuvent indiquer, parfois, les choses occultes. On dit aussi que les œufs de gros calibre figurent les enfants mâles, tandis que les petits œufs dans le rêve indiquent les filles du rêveur.

Un homme est venu consulter Ibn Sîrîn et lui a rapporté un rêve où il s'est vu manger de la coquille d'œuf.

— Crains Dieu ! lui a dit l'interprète. Tu es un profanateur de tombes et tu dépouilles les morts !

Un autre homme, célibataire, a vu en rêve qu'il avait trouvé beaucoup d'œufs. L'interprète sollicité lui a dit qu'un tel rêve annonce le mariage pour des célibataires et des naissances pour des hommes mariés. Un autre rêveur encore, s'est vu en train de décortiquer des œufs durs. On lui a prédit des biens qui lui seront octroyés par un étranger aux Arabes. Un esclave a vu en rêve qu'il avait pris de sa maîtresse un œuf dur dont il a jeté la coquille avant de le consommer. Sa maîtresse a mis au monde un enfant que l'esclave a pris sous sa tutelle, sur ordre de son maître. L'enfant est devenu ainsi pour l'esclave une source de revenus.a grossesse d'un homme annonce une amélioration de sa vie matérielle. Mais on dit que cela signale plutôt un gros et profond chagrin que le rêveur dissimule. Si l'homme accouche d'une petite fille, il en connaîtra un bonheur proche et une heureuse issue. Il aura parmi sa descendance un homme qui dominera les siens. Et s'il accouche d'un enfant mâle, il aura des soucis. Rêver de la grossesse d'une femme annonce la fortune. En général, si la femme rêve de la naissance d'un enfant mâle, elle aura une fille. A moins que sa nature ne la rende incapable de prévoir par le rêve le sexe de son bébé.

Il est de bon augure de rêver de son épouse ou de son esclave accouchant d'une petite fille. Si l'une ou l'autre accouche d'un enfant mâle, le rêveur aura un grand souci. Cette interprétation vaut tout aussi bien pour un rêveur qui se voit faire l'acquisition d'une esclave ou d'un esclave.

chapitre vingt-quatre

Des voix des animaux et de leur langage

[Un rêveur] *a vu une bête lui parler,*
Le savant lui a prédit une mort prochaine, et a récité la parole du Très-Haut:
«Lorsque la Parole tombe sur eux, / nous ferons, pour eux, sortir une bête /
et celle-ci proclamera que les hommes / ne croyaient pas fermement
à nos Signes.»
L'auteur du rêve est décédé le jour même !

Le hennissement du cheval en rêve figure le prestige et la parole de l'homme de noble . Si le rêveur entend cet animal parler, ses dires doivent être compris dans leur sens manifeste. Les bêtes ne mentent jamais.

Le braiment de l'âne augure d'une dénonciation du rêveur par un ennemi infâme.

Le bramement du mulet signale un commerce difficile avec une personne têtue.

Le mugissement du taureau annonce une discorde.

Le cri du dromadaire qui blatère, annonce un le Pèlerinage, le départ pour le Combat sacré ou un commerce florissant.

Le bêlement du mouton figure la générosité et un grand cœur. Le cri du bélier ou de l'agneau indique la calomnie du serviteur fripon.

Celui d'un renard signifie l'intrigue ourdie par un imposteur.

L'aboiement du chien esignale le remords à la suite d'une injustice commise par le rêveur.

Le grognement du porc annonce la victoire sur des ennemis barbares dont on confisquera les biens.

Le cri du rat présage un dommage causé par une personne fureteuse, voleuse et perverse.

Le feulement du tigre signale le discours d'un homme cupide.

Le roucoulement de la colombe figure une femme instruite, pieuse et vertueuse.

Le trissement de l'hirondelle figure le sermon du moralisateur. On affirme que l'on doit interpréter ainsi les paroles de tous les oiseaux; elles signalent généralement le haut rang du rêveur.

Le sifflement de la vipère annonce l'éloignement d'un ennemi dissimulateur et jusque-là invaincu, dont le rêveur serait ainsi immunisé.

Quant au coassement de la grenouille, il vaudra au rêveur l'entrée au service de quelque chef, Sultan ou homme de pouvoir.

Un homme est venu voir Ibn Sîrîn pour lui demander l'interprétation d'un rêve où il avait vu une bête lui parler. Le savant lui a prédit une mort prochaine, et a récité cette parole du Très-Haut: «*Lorsque la Parole tombe sur eux, / nous ferons, pour eux, sortir une bête / et celle-ci proclamera que les hommes / ne croyaient pas fermement à nos Signes.*» (XXVII, 82). L'auteur du rêve est décédé le jour même !

chapitre vingt-cinq

Des rêves de maladies douleurs et infirmités qui affectent l'organisme humain

La folie dans le rêve annonce au rêveur une richesse
aussi grande que la gravité de la maladie constatée pendant le rêve.
On dit aussi que la folie
annonce un legs de vêtements.

Maître Abû Sa'ïd, que Dieu ait son âme, a dit:

La fièvre n'est jamais de bon augure dans l'interprétation. Elle est, dans le rêve, prémonition de la mort ou son messager. Tous ceux que l'on voit en rêve en proie à la fièvre s'engageront dans une voie qui les conduira à l'hérésie.Une fièvre qui dure indique la persistance du rêveur dans l'exercice du péché. La fièvre qui revient périodiquement signale un péché dont le rêveur s'est repenti à la suite d'une sanction. Celle accompagnée de frissons indique le manque d'enthousiasme ; et le paludisme signale que le rêveur court derrière des vanités. La fièvre qui revient tous les quatre jours indique que le rêveur, puni pour un péché, a récidivé plusieurs fois. Mais il est dit aussi que le rêveur victime de fièvre aura une vie longue, verra sa santé s'améliorer et augmentera sa fortune.

La lèpre annonce l'acquisition d'habits banals. On dit qu'elle signale aussi la fortune. Celui qui se voit la peau bariolée, attrapera la lèpre.

Les verrues figurent une immense fortune dont le rêveur appréhendera toutefois la disparition.

La gale quand elle n'est pas prurigineuse indique des soucis et des peines causées par des proches. Si elle l'est, elle signale l'acquisition d'un gain au prix d'une certain effort. On dit que la gale pour les rêveurs pauvres annonce la fortune et pour les riches le pouvoir. On dit aussi que le rêveur qui se voit lui-même atteint de la gale ou de la lèpre sera plus favorisé dans l'interprétation que celui qui voit les autres affectés de ces mêmes maladies. C'est que voir autrui atteint oblige le rêveur à dénier son rêve, ce qui ne permet pas une interprétation bénéfique. Les pustules qu'on voit crever et devenir purulentes signalent le succès. Le pus des pustules, de la gale ou de la lèpre indique une fortune étendue.

La variole figure un surplus de richesse ; tandis que les boutons et la rougeole indiquent l'acquisition de richesses d'un homme de pouvoir, accompagnées de soucis et de la peur de mourir. Les démangeaisons, signalent une inquiétude au sujet de proches parents et peut-être leur départ, ou la résignation du rêveur qui s'attend à des reproches de leur part. Les furoncles indiquent une richesse aussi grande que la quantité de pus [dans l'image du rêve]. Les nodosités sur le visage et le corps signalent une grande quantité de péchés commis par le rêveur. La chute de poils du corps annonce la faillite. Le tremblement dans les membres est l'annonce de difficiles épreuves. Si le rêveur se voit trembler de la tête les difficultés lui parviendront de son maître ou de son chef. Si le tremblement saisit le bras droit du rêveur, les difficultés apparaîtront dans sa vie professionnelle. Dans la cuisse, il subira des épreuves de la part des siens. Dans les jambes, il rencontrera des difficultés dans sa vie quotidienne ; et si les pieds du rêveur tremblent, il sera éprouvés dans ses finances.

Le rêveur qui se voit victime d'empoisonnement, et voit apparaître des boursouflures et des enflures purulentes, profitera d'une richesse aussi étendue que l'étendue de son mal. S'il n'y a pas de pus, il aura chagrin et malheur. On dit que tous les poisons mortels annoncent la mort du rêveur. Une exulcération de la peau signale aussi l'acquisition d'une fortune. L'urticaire figure une richesse rapidement obtenue dans la joie, ou l'imminence d'une sanction. La peste annonce la guerre et la guerre dans le rêve présage la peste. La stérilité n'est jamais de bon augure. Se voir atteint de la cataracte n'est pas bon signe dans l'interprétation. La paralysie faciale est une vision qui indique que le rêveur s'adonne à l'hérésie, ce qui lui vaudra le châtiment de Dieu, le Très-Haut. D'ailleurs on dit que les rêves de maladies concernent généralement la foi du rêveur, selon la parole du Très-Haut [à propos des hypocrites]: «*Leur cœur est malade*» (III, 10) ; ceci quand le rêveur est en bonne santé. Seulement avoir de tels rêves quand on est en guerre, annonce une blessure, selon la parole du Très-Haut: «*Il n' a pas de faute à vous reprocher / si vous déposez vos armes / lorsque vous êtes gênés par la pluie / ou lorsque vous êtes malades*» (IV, 102) ; c'est-à-dire ici: si vous êtes blessés. Si le rêveur se voit agonisant, proche du dernier râle, qu'il finit par mourir et voit sa veuve se remarier, il mourra dans l'apostasie ; s'il voit son épouse malade, celle-ci consolidera sa foi.

Il n'est pas de bon augure de voir le malade en rêve couvert de sang, ni monté sur un dromadaire, un âne, un porc ou un bœuf. Par contre, il est de bon augure de le voir plus gros que nature, plus grand ou plus large. Il est également de bon présage que le rêveur malade rêve de troupeaux de moutons ou de vaches, vus de loin ; ou qu'il se voit utiliser de l'eau pour se laver. Toutes ces visions augurent de la guérison et de la santé retrouvée ; de même s'il se voit boire de l'eau douce, porter des lauriers, grimper sur un arbre fruitier ou au sommet d'une montagne. S'il se voit frappé d'une diminution de son volume causée par la maladie, on doit y voir un fléchissement de sa foi. On dit que voir un malade en rêve présage une joie proche, un succès et un gain d'ordre pécuniaire, pour un rêveur qui se trouve dans la misère. Un tel rêve ferait par contre basculer un rêveur riche dans le besoin, car la maladie figure toujours la privation. Se voir malade à la veille d'un voyage annonce des empêchements qui rendront tout déplacement impossible, puisque le malade est incapable de mobilité. Constater une infirmité dans l'un de ses organes annonce une diminution des biens du rêveur et de sa prospérité.

La tumeur dans le rêve figure un surplus de biens et une confortable situation matérielle, elle peut prédire aussi l'acquisition d'un savoir ou d'une fortune, suite à une période de soucis et de doute; on dit aussi qu'un tel rêve peut présager de l'emprisonnement ou d'un tort quelconque infligé par le pouvoir.

L'anémie signale un appauvrissement, tandis que la boulimie serait l'indice d'un comportement d'usurier.

La scrofule signale à celui qui s'en voit atteint l'échec de ses initiatives s s'il y montre de l'arrogance envers Dieu, le Très-Haut ; le scrofuleux en rêve serait aussi, et injustement, la cible de médisances ; s'il voit que la maladie a manifesté dans son corps gonflements et tumeurs, il possédera une richesse durable ; on dit aussi qu'il héritera des habits. Et le rêveur qui se voit frappé de cette maladie, alors que dans son rêve il se trouvait en train de prier, oubliera le Coran.

Un homme a interrogé un interprète au sujet d'un rêve où il s'est vu atteint de scrofule. L'interprète lui a dit: «Tu fais l'objet d'une accusation dont tu es innocent !»

Le rêve d'eczéma [*al-qawbâ*] indique des biens suspects dont il sera demandé des comptes au rêveur.

Les fluctuations du temps sont également à considérer pour comprendre les rêves de maladies. Les maladies liées au froid signalent la négligence de prescriptions dans l'exercice du culte et des devoirs imposés par le [divin] Législateur. Celui qui a fait un tel rêve doit s'attendre à en subir le châtiment. Les maladies liées à la chaleur signalent des soucis qui proviendront du pouvoir. Les maladies sèches indiquent chez le rêveur une prodigalité que Dieu ne saurait approuver, avec une tendance à accumuler des dettes sans espoir de s'en acquitter, ce qui vaudra au rêveur la sanction méritée. Les maladies accompagnées d'humidité sont l'indice de l'adversité et de l'impuissance à agir.

La folie annonce au rêveur une richesse aussi grande que la gravité de la maladie constatée pendant le rêve. Seulement, le rêveur en dépensera plus que de raison, avec un mauvais compagnon. On dit aussi que la folie annonce un legs de vêtements; et qu'un tel rêve peut annoncer la conquête d'un pouvoir pour celui qui mérite d'y accéder. Rêver de la folie d'un petit enfant annonce au père une richesse qui lui proviendra de son fils. La folie d'une femme présage d'une année de bonne récolte.

Les maladies de la tête doivent être rapportées dans

l'interprétation à toute personne détenteur d'un pouvoir de commandement. On dit que la migraine signale un péché dont le rêveur doit se repentir en entreprenant une bonne action, selon la parole du Très-Haut [à propos des cas de dérogation dispensant du Pèlerinage]: «*Si l'un de vous est malade ; / s'il souffre d'une affection de la tête, / il doit se racheter par le jeûne, / par une aumône, ou par des sacrifices.*» (II, 196). Celui qui se voit perdre les cheveux jusqu'à la calvitie, aura des raisons de craindre la perte de ses deniers, et peut-être aussi sa réputation. Rêver d'une femme chauve annonce l'apparition d'un sujet de discorde. Se voir la tête dégarnie signale au rêveur la diminution du capital de son chef ; celui-ci en subira un dommage qui affectera son pouvoir ou sa réputation. Mais certains disent que ce rêve peut annoncer que le rêveur endetté s'acquittera de sa dette. Etre teigneux en rêve indique que le rêveur disposera illicitement des deniers de son chef, qu'il n'en profitera pas réellement et n'en tirera que des difficultés. La femme teigneuse dans le rêve est le présage d'une année de vaches maigres et de faillite financière.

La maladie qui affecte le front augure d'une réputation ternie.

Le rêveur qui se voit le nez coupé ou l'œil crevé, se verra restituer son dû par celui qui a commis le forfait ; celui-là aura aussi, en vertu de ce rêve, à dédommager des gens pour un effort qu'ils ont entrepris, selon la parole du Très-Haut: «... *oreille pour oreille,* etc.» (V, 45). Si le rêveur voit un vieillard inconnu lui couper les deux oreilles, il aura à s'acquitter deux fois d'un prix de sang ; s'il se voit couper l'oreille d'un homme, il trahira cet homme en nuisant à sa famille ou à ses enfants ; ce rêve annonce aussi le déclin de sa gloire. Certains affirment que faire un tel rêve pour quelqu'un dont l'épouse est enceinte, augure de la mort de celle-ci. S'il n'est pas marié, une femme de ses proches mourra. Quant à la surdité, elle signale chez le rêveur la foi corrompue.

La chassie, signale chez le rêveur qui s'en voit atteint son détournement de la vérité et sa mauvaise foi, selon la gravité de l'affection, car celle-ci est l'un des indices de la cécité ; Dieu, qu'Il soit magnifié, n'a-t-Il pas dit: «*Ce ne sont pas leurs yeux qui sont aveugles, / ce sont leurs cœurs qui sont aveugles / dans leurs poitrines.*» (XXII, 49). Certains ont dit que la chassie signale que le rêveur est très proche de la prospérité ; si la maladie n'a rien diminué de son acuité visuelle, il sera accusé à tort d'écarts dans sa vie religieuse, et Dieu le dédommagera pour cette injuste accusation. On a dit aussi que la chassie signale des soucis qui affecteront le rêveur dans ses rapports avec ses enfants. Se voir en train de se soigner les yeux indique que le rêveur assurera sa foi ; s'il se voit utiliser du *khôl*, en ayant le sentiment d'en user comme d'une médication, il consolidera sa foi ; s'il est convaincu dans son rêve qu'il l'utilise comme un fard, il entreprendra des actes de culte pour la parade. Si on lui fait don d'une quantité de *khôl*, il obtiendra des biens; ce produit figure en effet, dans l'interprétation, les esclaves. Si l'entourage se trompe sur la qualité de sa vue, que tous la croient bonne alors qu'elle est fatiguée et usée, on saura que ce qu'il montre de sa conduite religieuse est bien en deçà de ce qu'il cache. Mais s'il se voit pourvu d'une plus grande acuité visuelle, bien meilleure que ne croit son entourage, on saura que ce qu'il voile de sa foi est bien meilleur que ce qu'il en révèle. S'il se voit nanti de nombreux yeux, il consolidera sa foi. On doit aussi lui reconnaître la rectitude religieuse s'il se voit en rêve doté d'un œil dans le cœur. Enfin, on dit que la bonne santé de l'œil dans le rêve et les affections qui peuvent altérer cet organe doivent être rapportées par l'interprète aux biens du rêveur, à ses enfants, à son savoir ou à la santé du corps en général.

Etre borgne en rêve, pour un homme discret, indique la sincérité de sa ferveur et la solidité de sa foi. Mais si le rêveur est un débauché, il perdra, suite à ce rêve, la moitié de sa foi et commettra un très grave péché. Il sera victime d'un malheur ou d'une maladie qui le conduira tout prés de la mort. Il peut aussi être victime d'un malheur qui frappera l'un de ses enfants, son épouse, son frère ou son associé ; ou alors il verra s'évanouir son bonheur, selon la parole du Très-Haut: «*Ne lui avons-nous pas donné / deux yeux / une langue et deux lèvres ?*» (XC, 8-9). Si on rêve de la disparition d'un œil, cela présage de la disparition d'un don de Dieu. Si le rêveur se fait crever les deux yeux, il sera affecté par la perte d'une chose qui lui a toujours procuré le bonheur.

La cécité figure l'égarement dans la vie religieuse. Elle signale aussi que rêveur fera l'acquisition de biens grâce à une bande de malfaiteurs. Mais on dit que la cécité pour le rêveur pauvre annonce l'enrichissement. Elle peut signifier aussi l'oubli du Coran, selon la parole du Très-Haut: «*Il dira: / "Mon Seigneur ! / Pourquoi m'as-tu amené ici, aveugle / alors que je voyais clair auparavant ?"*» (XX, 125). Se voir en rêve victime d'une cécité provoquée par quelqu'un, signale au rêveur que l'agresseur le mènera à l'erreur et l'écartera de ses convictions. Si l'infidèle fait le rêve de cécité, il subira faillite, chagrin et malheur. Si le rêveur se voit aveugle, portant des habits neufs, il mourra. S'il se voit soigné par quelqu'un, et qu'il recouvre la vue, la personne qui l'a soigné dans ce rêve lui indiquera le bon chemin et le poussera au repentir. Mais la cécité peut signaler aussi l'impuissance du pénis.

Voir dans le sombre des yeux une tache blanche annonce au rêveur soucis et chagrin. On raconte qu'un homme est venu interroger Ja'far es-Sâdeq, que Dieu soit satisfait de lui, au sujet d'un rêve où il s'est vu atteint de cette anomalie. L'imam lui a répondu: «Tu perdras une partie de tes biens et tu dois désespérer de la conclusion d'une affaire qui te tient à cœur !»

Si le rêveur qui a un proche absent le voit revenir aveugle, l'auteur du rêve mourra ; car l'arrivant, dans ce cas, figure un homme venu présenter ses condoléances. On dit que la tache blanche sur le sombre de l'œil est toujours l'indice d'un grand chagrin pour le rêveur, qui subira ainsi le sort de Jacob lors de la disparition de son fils Joseph.

Celui qui rêve d'une eau noire lui tomber des yeux, de telle sorte qu'il en devient aveugle, attestera par ce rêve de son manque de pudeur ; car les yeux sont le siège de cette vertu.

Quant aux affections qui touchent le visage, telles la laideur ou les gerçures, elles indiquent également l'impudence du rêveur, tout comme la beauté du visage signale, elle, sa pudeur. La pâleur du visage augure d'un chagrin qui frappera l'auteur du rêve ; les taches de rousseur figurent un grand nombre de péchés.

Le rêveur qui voit quelqu'un lui couper le nez, verra son agresseur lui tenir un discours humiliant [litt.: *lui mettre le nez dans la poussière*] On dit que selon les principes de l'interprétation, avoir le nez coupé annonce la mort du rêveur ; on dit aussi que ce rêve peut annoncer la mort de l'épouse du rêveur, si elle est enceinte ; plus généralement, on affirme qu'une telle vision annonce un malheur quelconque, du fait que le visage devient laid quand on lui ôte le nez. Pour le commerçant, par exemple, cela augure de la faillite.

La langue est l'interprète de l'homme et le garant de son salut. Celui qui se voit avec une langue enflée, incapable d'articuler, dira à l'état de veille des mots qui lui causeront des malheurs, et il en sera lésé selon la gravité de l'anomalie constatée pendant ce rêve. Ce même rêve signale aussi la propension du rêveur au mensonge. Ainsi, s'il est commerçant, il fera faillite ; s'il est homme de pouvoir, il sera démis de ses fonctions. Celui qui voit le bout de sa langue coupé, sera dans l'incapacité de présenter ses preuves dans un débat contradictoire. S'il est seulement témoin, son témoignage sera nul et non avenu. Mais certains disent que celui qui rêve de sa langue coupée sera clément. Et si le rêveur voit que son épouse lui a coupé la langue, il sera tendre et généreux avec elle ; s'il voit que c'est plutôt son épouse qui a la langue coupée, il saura qu'elle est vertueuse et discrète. Voir qu'on a coupé la langue d'un homme pauvre, amènera le rêveur à faire un don à un imposteur. Si la langue du rêveur se colle à la paroi interne de la joue, il commettra un déni de dette ou d'un dépôt de confiance.

La mutité en rêve signifie la foi corrompue et l'imposture. Elle indique que le rêveur se permet d'insulter les Compagnons du Prophète et médit des gens de noblesse. Mais celui qui se voit la langue nouée aura éloquence et profond savoir, selon la parole du

Très-Haut [à propos de Moïse qui s'apprêtait à aller voir le Pharaon]: *«Dénoue le nœud de ma langue / afin qu'ils comprennent ma parole»* (XX, 27). Celui qui fait donc un tel rêve jouira de la maîtrise de la parole et aura la victoire sur ses ennemis.

Parlons maintenant de la lèvre. Celui qui se voit avec les deux lèvres coupées, indique, par ce rêve, son penchant à la calomnie ; s'il voit que seule sa lèvre supérieure est coupée, il verra un assistant le quitter. On dit que les lèvres peuvent figurer la femme dans l'interprétation.

La mauvaise haleine dans le rêve signale une détestable suffisance chez le rêveur, qui lui vaudra de la part des autres de grands ennuis ; si le rêveur subit la mauvaise haleine d'un tiers, il entendra des paroles repoussantes ; si le rêveur se voit atteint d'une mauvaise haleine permanente, il se maintiendra sur la voie de la prostitution et de l'obscénité.

Des maux de gorge – et si l'on parle de la toux par exemple – nous disons que le rêveur qui se voit en train de tousser aura à se plaindre d'un homme de pouvoir. S'il tousse jusqu'à l'étouffement, il mourra. On dit que la toux signale que le rêveur portera plainte contre quelqu'un, et qu'il abandonnera ses droits par la suite. Le rêveur qui voit sortir de sa gorge un cheveu ou un fil, qu'il tire sans le casser ni le retirer complètement, verra son procès, pour un litige avec son chef, traîner en longueur. S'il est commerçant par exemple, il en perdra son commerce. Celui qui voit quelqu'un l'étrangler sera astreint à garder un dépôt de confiance. S'il meurt par strangulation, il sera appauvri. S'il se voit ressusciter après sa mort, il s'enrichira, effaçant ainsi les effets d'une faillite ; et s'il se voit en train de s'étrangler lui-même, il s'abandonnera aux soucis et à la tristesse.

Les maux des molaires ou des dents vaudront au rêveur des réprimandes et des propos détestables du parent proche figuré par la dent ou la molaire endolorie ; ce proche parent agira avec le rêveur d'une manière aussi éprouvante que la douleur ressentie est grande.

Les douleurs du cou indiquent que le rêveur a mal agi avec les autres et qu'il a fait l'objet d'une plainte. Ce rêve peut signifier aussi que le rêveur a commis un abus de confiance, et qu'il en a subi un châtiment divin.

Le rêveur qui se voit bossu obtiendra une grande richesse ou une propriété, aux dépens d'un homme de pouvoir ou d'un proche parent. Quant au hoquet, il annonce au rêveur des crises de colère où il proférera des paroles inconvenantes ; il en sera aussi très malade. Les douleurs lombaires vaudront au rêveur des dommages dans ce qu'il a acquis par l'effort et le travail.

Les affections qui atteignent la main indiquent une épreuve que subiront les frères du rêveur: si l'affection atteint les doigts, l'interprétation se rapportera à leurs enfants. Le rêveur qui se voit dépourvu de mains attendra des deniers qui finiront par arriver ; s'il se voit donner la poignée de main à un homme musulman qui s'avise de retirer promptement sa main, celui-ci lui confiera un dépôt que le rêveur refusera de restituer. Le rêveur qui se voit la main coupée deviendra un fieffé menteur. Rêver de sa main droite coupée, posée en face de lui, annonce au rêveur l'acquisition de biens grâce à ses propres efforts. Toute insuffisance affectant les mains signale un manque de force et d'assistance. Il est possible que la section de la main indique l'abandon d'un travail en cours. Si la section se fait au niveau de la paume le rêveur obtiendra des biens; si elle se fait au niveau du poignet, il subira l'injustice d'un homme de pouvoir ; si elle se fait au niveau du bras, il apprendra la mort de son frère, s'il en a un, selon la parole du Très-Haut [à propos de Moïse et d'Aaron]: «*Dieu dit: / "Nous allons te faire aider par ton frère"*» [litt.: Nous allons *consolider ton bras par...*] (XXVIII, 35). Si le rêveur n'a pas de frère, ni un autre proche qui peut aussi bien l'assister, il verra sa fortune diminuer. Voir en rêve qu'un homme de pouvoir coupe les mains et les pieds à ses sujets, signale que ce même potentat spoliera les gens et troublera leur tranquillité.

On a interrogé Ibn Sîrîn sur le rêve d'un homme qui s'est vu avec la main coupée ; il a conclu que ce rêveur ne peut être qu'un ouvrier qui change souvent de métier. Un autre visiteur est venu retrouver l'interprète pour connaître la signification d'un rêve où il a vu d'abord un homme dont on a coupé les mains et les pieds, puis un autre pendu à l'envers. Ibn Sîrîn lui a dit: «Si ton rêve se vérifie un prince sera démis et un autre prendra sa place !» Le jour même Qat'n Ibn Moudrik [le gouverneur] a été écarté, et al-Jarrah Ibn Abdullah lui a succédé.

Si le rêveur voit qu'un homme de pouvoir lui a coupé la main droite, il prononcera devant ce puissant un serment fallacieux [*yamîn* «main droite» *et* «serment»]. Si le rêveur voit sa main gauche coupée, il verra mourir un frère ou une sœur, ou rompra les liens d'affection avec eux, ou alors reniera ses liens de parenté avec les siens. Il peut tout aussi bien se séparer d'un associé ou répudier l'une de ses femmes. S'il se fait couper la main devant la porte d'un souverain, il perdra la jouissance de ses propriétés. Une main plus courte que nature dans le rêve annonce l'insuccès dans la poursuite d'un but, mais aussi l'impuissance devant une femme, ou la trahison des collaborateurs et des frères.

Ibn Sîrîn a été interrogé sur une vision où le rêveur a vu sa main droite plus longue que la main gauche. Il a conclu qu'il s'agissait sans doute d'un homme qui faisait du bien et estimait à leur juste valeur les liens de parenté. Celui qui se voit avec des avant-bras et des bras trop courts, indique qu'il est traître, voleur ou porté à l'injustice. Si inversement, il se voit pourvu d'avant-bras et de bras trop longs, on saura que c'est un homme habile, généreux et courageux.

La paralysie des mains et de leurs articulations signale généralement que le rêveur qui en est frappé commettra un péché très grave ; s'il voit sa main droite paralysée, il agressera un homme innocent et fera preuve d'injustice à l'égard d'un faible. Si la paralysie frappe sa main gauche, il perdra son frère ou sa sœur ; si son pouce devient rigide, il apprendra la mort de son père; si la rigidité affecte son index, sa sœur mourra ; avec un majeur paralysé, il apprendra la mort de son frère. La rigidité de l'annulaire présage de la mort de sa fille ; celle de l'auriculaire, de la mort de sa mère ou de l'extinction de toute sa famille. S'il voit sa main tordue, il évitera les péchés. Mais on affirme aussi qu'avec un tel rêve, il commettra un péché et en subira le châtiment de Dieu.

Celui qui se voit les mains et les pieds coupés, entreprendra des violences et se rebellera contre le pouvoir, selon la parole du Très-Haut: «*Telle sera la rétribution / de ceux qui font la guerre / contre Dieu et contre son Prophète,* etc.» (V, 33). On dit que le rêveur qui se voit la main coupée commettra un vol, selon la parole du Très-Haut: «*Tranchez les mains du voleur et de la voleuse*» (V, 38). Mais on nous a rapporté qu'un homme a fait un rêve semblable et, en sollicitant l'avis d'un interprète, il lui a prédit la disparition d'un frère, d'un ami ou d'un associé. II a effectivement appris, peu après, la mort d'un ami. Un autre rêveur s'est vu la main coupée par une personne connue de lui, a interrogé un interprète qui lui a prédit un gain de cinq mille drachmes grâce à cette même personne, si jamais ce rêveur n'avait rien à se reprocher. Sinon, il commettra une mauvaise action qui lui sera suggérée par la personne en question.

Les affections des doigts annoncent un malheur qui frappera les enfants du rêveur ; s'il n'a pas d'enfant, il négligera ses prières.

S'il voit son annulaire coupé, il lui naîtra un enfant mâle. S'il voit son majeur coupé, il apprendra la mort du savant de son pays ou son cadi. S'il voit quatre de ses doigts coupés d'un coup, il prendra quatre épouses qui mourront toutes les quatre. Si le rêveur entreprend de couper le doigt d'une autre personne, il causera des dommages aux biens de sa victime. On dit que la disparition des doigts signifie l'absence de serviteurs. Se ronger les doigts en rêve annonce l'appauvrissement ; tandis que la raideur des doigts signale le renoncement aux interdits.

Les affections des ongles indiquent l'incapacité du rêveur et le dérèglement dans sa foi comme dans ses initiatives. On dit que les ongles longs en rêve annoncent le chagrin. Mais se voir démuni d'ongles indique la faillite du rêveur. Voir que tous ses ongles sont cassés annonce la mort du rêveur, de même s'il les voit verdâtres, et qu'il tente en vain de les curer.

Celui qui rêve d'une douleur à la poitrine dépensera ses deniers avec une prodigalité qui ne saurait mériter la satisfaction de Dieu, et il en sera châtié.

Le rhume du rêve annonce la guérison d'une maladie bénigne, suivie de joie et de béatitude.

La pleurésie dans le rêve signale l'audace du rêveur à contrevenir aux lois. Il subira la sanction du souverain et un avertissement afin qu'il tente de se repentir.

L'entérite indique que le rêveur a dilapidé tous ses biens dans la débauche, qu'il en ressent des remords et cherche à s'amender.

La colique indique que le rêveur est avare de ses deniers quand il s'agit d'assurer la subsistance de sa famille et qu'il en a subi la sanction. On dit aussi que le mal de ventre signale la bonne santé des proches et de tous les membres de la famille.

La douleur au nombril signale que le rêveur maltraite sa femme.

Les maladies du cœur indiquent la mauvaise conduite dans les affaires de religion ; elles sont aussi l'indice de l'hypocrisie et du doute, selon la parole du Très-Haut: «*Leur cœur est malade*» (I, 10). Se sentir en rêve le cœur gros de chagrin, annonce le repentir du rêveur.

Les douleurs au foie dans l'interprétation indiquent un mal dont seront victimes les enfants du rêveur. Le Prophète, paix sur lui, a bien dit: «Nos enfants nous sont aussi précieux que notre foie». Se voir amputé du foie, présage de la mort d'un enfant du rêveur. La tumeur du foie signale que le rêveur succombera à la passion et au fol amour.

Les douleurs dans la rate signalent que le rêveur a dilapidé une immense richesse qui aurait dû lui assurer une vie décente, pour lui, pour sa famille et ses enfants, qui se trouvent tous, au moment où il a eu ce rêve, au bord de la catastrophe. Si la douleur s'accentue et que l'entourage du rêveur craint pour lui la mort, on saura qu'il a perdu la foi, Dieu nous en préserve !

Voir son poumon pourrir augure de la mort du rêveur, car le poumon est le siège du souffle vital.

Le mal de dos augure de la mort du frère du rêveur ; car l'adage dit: «La mort d'un frère casse l'échine». Plus généralement, on dit que le mal de dos doit être rapporté dans l'interprétation à tous ceux qui assistent le rêveur dans sa vie, frère, fils, chef ou ami. Si le rêveur se voit le dos courbé de douleur, son rêve annonce son appauvrissement dans la sénilité.

La malformation de la cuisse indique que le rêveur qui se voit en atteint a peu de famille, qu'il est dans l'exil et la solitude ; les douleurs dans cette partie du corps signalent que le rêveur se conduit mal avec son clan.

Les douleurs du pied signalent la richesse du rêveur ; et un pied coupé annonce au rêveur d'autres infirmités. Celui qui voit disparaître son pied coupé s'appauvrira et mourra ; s'il s'agit d'un seul pied, seule la moitié de sa fortune sera perdue, ou alors il en perdra de la force, de l'assurance et de la vitalité. S'il voit quelqu'un lui couper l'orteil, on saura qu'il refuse d'honorer une dette, ou il verra s'épuiser des fonds sur lesquels il comptait pour assurer sa subsistance. S'il se voit grabataire, il perdra ses capacités pour les affaires de ce monde comme pour celles de l'au-delà. S'il se voit ramper, il sera affecté d'une maladie qui le rendra inactif, le contraindra à épuiser sa fortune et il s'en appauvrira. S'il se voit incapable de ramper quand la peau de son ventre a été usée à force de le faire et qu'il demande aux autres de le porter, il s'appauvrira et sera réduit à la mendicité.

Celui qui sent en rêve son membre endolori a dû porter préjudice à des gens qui – pour cette raison – médisent de lui et appellent contre lui la colère de Dieu. S'il se voit couper son propre sexe et le jeter loin de lui, il mourra et n'aura pas de descendance ; ce rêve peut aussi annoncer au rêveur la mort de son fils. S'il n'a qu'une fille, et qu'il voit en rêve son sexe coupé, accroché à son oreille, sa fille aura un enfant qui ne sera pas de son époux légitime. Rêver de son sexe coupé, pour l'homme de pouvoir, lui annonce la perte de sa charge, et pour le guerrier la défaite.

Celui qui se voit châtré ou qui se châtre lui-même subira l'humiliation. Si un homme s'apprête à confier un secret ou un dépôt à quelqu'un, et qu'il rêve d'un castrat, il doit éviter de mettre son projet à exécution. Mais on dit que celui qui se voit lui-même devenir castrat aura la grâce de Dieu ; et si le rêveur voit un castrat qui lui est inconnu, ayant les traits des saints hommes et parlant en sage, qu'il sache que c'est un ange venu l'avertir ou lui porter la bonne nouvelle.

Le rêveur qui se voit atteint d'anurie [impossibilité d'uriner] se verra incapable d'assurer sa subsistance ; de même que le rêve de celui qui se voit avec un canal urinaire obstrué révèle qu'il a une dette dont il ne peut s'acquitter. Le gonflement des bourses annonce une fortune ; le rêveur doit prendre garde à la convoitise de ses ennemis.

Avoir une douleur lancinante et insupportable dans un organe précis vaudra au rêveur des propos désagréables proférés par le proche parent que représente l'organe affecté. S'il voit quelqu'un égratigner un de ses organes, l'agresseur causera un dommage à ses biens ou à l'un de ses proches. S'il voit du sang ou du pus sur l'égratignure, son agresseur médira de lui mais l'agressé en obtiendra un certain gain. Se voir le front égratigné annonce au rêveur une mort imminente. Toute plaie sur le corps du rêveur faisant apparaître du pus signale un gain en numéraire, et toute excroissance sans gravité annonce un surplus de prospérité.

La scrofule, la lèpre et la variole dans les rêves ont été déjà examinées. Disons seulement qu'il est de meilleur augure que le rêveur se voit lui-même atteint, plutôt qu'il ne voit les autres subir ces maux ; car dans ce cas, ses visions annoncent un chagrin et une diminution de la gloire du rêveur témoin de scènes repoussantes. S'il voit ces maladies affecter son serviteur par exemple, il saura qu'il n'est plus souhaitable de le maintenir à son service et qu'il lui causera désagréments et scandales. Mais celui qui se voit lui-même atteint de variole aura davantage de fortune ; s'il voit son fils attraper la même maladie, le rêveur et le fils jouiront de nombreux avantages.

La rougeole annonce un don qui proviendra du pouvoir. On dit aussi qu'elle peut augurer d'une mise en accusation.

Les furoncles sur le corps signalent un surplus de richesses ; de même si le rêveur se voit avec des abcès purulents sur la main.

Le tremblement signale une difficulté dans la conduite des affaires que figure le membre pris de tremblement dans la scène du rêve ; le tremblement de la main droite par exemple, annonce au rêveur qu'il aura des difficultés pour assurer son gagne-pain. S'il voit sa cuisse trembler, il aura des ennuis avec son clan. Et s'il a les pieds qui tremblent, le rêveur aura des problèmes d'ordre pécuniaire.

La peste figure la tristesse. Celui qui se voit atteint de la peste sera triste, et celui qui se voit triste, attrapera la peste.

Voir l'un de ses organes tranché peut annoncer au rêveur un voyage et lui prédire la dispersion de son clan, selon la parole du Très-Haut: «*Nous les avons divisés sur la terre...*» [*qatta'na-hum* litt.: «nous les avons *déchirés*»] (VII, 168).

L'impuissance sexuelle indique que le rêveur qui s'en voit frappé restera dans la chasteté et aura une vie d'ermites. S'il se voit guéri de cette impuissance, il aura pouvoir et renommée. On dit que celui qui se voit épouser une femme ou acquérir une esclave et ne peut copuler avec l'une ou l'autre du fait d'une impuissance, entreprendra un commerce sans capital et sans faire preuve de persévérance.

L'entaille dans la plante du pied annonce un malheur et une calamité. Si le rêveur a subi une entaille suite à une agression, il sera victime d'un malheur causé par son agresseur qui deviendra l'objet de la haine de sa victime.

Voir son pied droit malade, fracturé ou luxé annonce au rêveur la maladie de son fils, si jamais il a remarqué dans son rêve l'apparition d'une plaie. S'il voit en rêve ces mêmes affections à son pied gauche, sa fille – s'il a en a une – sera demandée en mariage ; et s'il n'a pas de fille, il lui en naîtra une. S'il fait un tel rêve à la veille d'un voyage, il sera bien inspiré d'y renoncer. S'il se voit le pied arraché, son épouse tombera malade. S'il se voit flanqué d'une jambe plus longue que l'autre, il fera un lointain voyage. Si le rêveur se voit boiteux ou paralytique, incapable d'utiliser ses jambes, qu'il considère ce rêve comme l'indice d'une impuissance, ou de l'absence du soutien qu'il est en droit d'attendre du proche parent que les jambes figurent dans l'interprétation. On dit que celui qui se voit boiteux en rêve consolidera sa foi et approfondira ses connaissances en matière de religion. On peut, de l'avis d'Ibn Sîrîn, engager sa parole, sans craindre un contradicteur. Le boiteux en rêve indique aussi l'homme qui ne peut exercer correctement un métier et qui ne vit que grâce à de petites sommes de deniers. Celui qui rêve d'une femme boiteuse ne réalisera que partiellement une affaire [*amr* «affaire» et *imrâa* «femme»]. Tout comme la femme qui voit en rêve un homme boiteux, elle ne réalisera son but que d'une manière incomplète. Le vieillard boiteux figure l'effort déficient du rêveur, ou un ami à lui frappé de la même infirmité. Si le rêveur se voit marcher avec une seule jambe en cachant une jambe derrière l'autre, on saura qu'il a caché la moitié de sa fortune, et qu'il mettra des projets en chantier grâce à l'autre moitié.

Les brûlures admettent plusieurs interprétations. Si le rêveur se voit porter les traces de brûlures anciennes apparaissant en relief sur la peau, il s'agira de la découverte prochaine d'un trésor qui le comblera de bonheur. S'il utilise cette fortune conformément aux ordres de Dieu, il en sera récompensé. S'il en use pour désobéir à

Dieu, il sera brûlé [avec les pièces] de ce même trésor le jour du Jugement dernier, selon la parole du Très-Haut: «*Ceux qui thésaurisent l'or et l'argent / sans rien dépenser sur le chemin de Dieu ; / le jour où ces métaux seront portés à incandescence / dans le Feu de la Géhenne / et qu'ils serviront à marquer / leurs fronts, leurs flancs et leurs dos...*» (IX, 35). On dit que rêver d'une trace de brûlures, qu'elle soit ancienne ou récente, apportera au rêveur la plus efficace des médications, à condition que la plaie soit débarrassée de sa croûte. On dit aussi que la brûlure figure des propos blessants. D'autres affirment encore qu'une brûlure de forme ronde signale que le rêveur, dans l'exercice du pouvoir dont il est investi, maintiendra une décision non conforme à la Tradition. Les rêves de brûlure peuvent aussi annoncer le mariage du rêveur ou la naissance d'un fils.

On raconte qu'Abû Bakr [1er calife], que Dieu soit satisfait de lui, a interrogé le Prophète à propos d'un rêve où il s'était vu subir deux marques de brûlure. Le Prophète, Dieu le bénisse et lui accorde le salut, lui a répondu: «Tu porteras la charge des affaires de ce monde pendant deux ans !»

Une femme a vu en rêve ses enfants tomber malades, elle a attrapé une conjonctivite. Un autre rêveur s'est vu malade et n'avait pu [dans la scène du rêve] trouver un médecin. A l'état de veille il a perdu un procès contre un adversaire. C'est que la maladie figure toujours l'adversaire et le médecin le défenseur. Un homme a rêvé que son père était tombé malade, il a eu – à son réveil – des maux de tête. C'est que la tête dans l'interprétation figure toujours le père.

Le dessèchement de la peau du visage avec des craquelures, indique l'impudence du rêveur. Avoir le visage frais et rayonnant signale sa grande pudeur. La laideur du visage indique une infirmité, et l'infirmité, la laideur.

Un homme a rêvé d'une épidémie qui s'était abattue sur les gens et le bétail. L'interprète interrogé sur le sens de ce rêve lui a dit: «Le souverain de ce temps massacrera les hommes ou les emprisonnera. Il s'en prendra à tous les gens de bien !» En ces temps en effet, on a connu un monarque tyrannique et injuste. Peu après, un saint homme a vu en rêve ce même potentat, laid, le visage retourné, incapable de marcher, mutilé des mains et des pieds. Le rêveur avait entendu un récitant clamer ce verset du Coran: «*N'as-tu pas vu comment ton Seigneur a traité les Ad / et Iram, la ville à la colonne ?*» (LXXXIX, 6-7). Quand le rêveur a raconté son rêve à l'interprète, celui-ci a prédit au roi une fin semblable à celle des 'Ad. Vingt jours à peine après ce second rêve, le roi a perdu son royaume et sa fortune. Dieu l'a anéanti et sauvé les gens de sa cruauté.

chapitre vingt-six

Des rêves de soins, et de médications, de potions et de ventouses, et des saignées

On dit que les médicaments de bon goût
faciles à avaler ne font de bons rêves que pour
les riches capables de se les procurer
Pour les pauvres de tels rêves ne peuvent annoncer
que la maladie qui les obligera à en user.

Toute potion de couleur jaune dans le rêve est l'indice de la maladie ; et tout médicament facile à avaler augure de la guérison, pour le malade comme pour un sujet en bonne santé. Car le rêve de la potion qu'on avale avertit de ce qui est nuisible. Le médicament de mauvais goût, insupportable, présage d'une maladie bénigne suivie d'une rapide guérison. On dit que les médicaments de bon goût, faciles à avaler ne font de bons rêves que pour les riches capables de se les procurer ; pour les pauvres, de tels rêves ne peuvent annoncer que la maladie qui les obligera à en user.

Les potions à base de tiges de plantes indiquent une foi solide et prédisent un voyage, selon la parole du Très-Haut: «*Emportez des provisions de voyage ; / mais, vraiment, la meilleure provision de voyage / est la crainte révérencielle de Dieu*» (II, 197).

Celui qui se voit prendre un médicament et constate que son état s'était amélioré, saura qu'il est dans la bonne religion. Les potions à base d'orge figurent une satisfaction qui proviendra d'un serviteur, de l'initiative d'un homme fort ou suite à la disparition de ce qui a causé le chagrin. Les rêves où l'on voit les selles évacuées pendant la consommation d'un médicament ne sont pas interprétables, tout comme les selles ordinaires.

Subir dans le rêve une saignée effectuée par un vieil homme, vaudra au rêveur des propos désagréables proférés par l'un de ses amis. S'il voit le sang jaillir, il méritera d'une récompense [de Dieu]. Si point de sang, il sera mis en cause par un témoin à charge [qui dira la vérité] et le rêveur ne sera pas donc pas en droit de lui en vouloir. S'il a été saigné dans le sens de la largeur [*'ardh* signifie «largeur» *et* «honneur»], on ne produira plus de témoignages qui le mettent en cause. S'il a été saigné dans le sens de la longueur, les témoignages compromettants contre lui seront plus fréquents. S'il voit un jeune homme le saigner dans le sens de la longueur, il sera calomnié par un ennemi, mais augmentera sa fortune. Si le jeune homme le saigne dans le sens de la largeur, il apprendra la mort d'un proche. Si le jeune homme l'a saigné en longueur et qu'il a vu jaillir le sang, il sera victime d'un malheur causé par le souverain, qui lui confisquera ses biens dans la proportion du sang perdu. Si le jeune homme le saigne en largeur, il aura d'autres démêlés avec le pouvoir. Si le rêveur fera la saignée à un savant et qu'il a vu couler beaucoup de sang, remplissant une cuvette ou une écuelle, il tombera malade et dépensera tous ses deniers pour payer les médecins, tout en continuant à assurer la subsistance des siens ; car les écuelles figurent les médecins. S'il fait la saignée à ce savant sans voir de sang ni d'incision, il entendra un proche représenté par l'organe saigné lui adresser des propos désagréables. Ce désagrément sera aussi grand que la douleur ressentie par le personnage saigné. S'il se fait saigner et que le sang lui a inspiré de la répulsion, il sera malade et subira des pertes dans ses biens. S'il a la conviction en rêve que la saignée lui était bénéfique et qu'il voit le sang surgir en quantité raisonnable, sa foi sera consolidée et il demeurera en bonne santé pour le restant de l'année.

La saignée au bras droit annonce davantage de fortune ; au bras gauche, des amis plus nombreux. Si le rêveur marié se voit subir la saignée, sa femme deviendra bedonnante, mais il connaîtra une plus grande prospérité. S'il subit la saignée dans les vaisseaux sanguins de la tête, il aura un nouveau chef. Et s'il ne voit pas de sang dans ce rêve, il fera l'objet d'un reproche fondé. S'il se voit donner la saignée à quelqu'un d'autre, il s'écartera d'un péché. S'il se débarrasse du sang recueilli après la saignée, il se repentira d'un péché, car évacuer le sang dans le rêve annonce le repentir. Si le sang recueilli est de couleur noire, on saura que le rêveur persévère dans une conduite très blâmable, car le sang figure le mal et son évacuation indique la contrition. S'il se voit tenir un scalpel et en saigner sa femme dans le sens de la longueur, elle mettra au monde une fille. S'il le fait dans le sens de la largeur, il l'éloignera des siens. Et s'il a en rêve l'intention de se faire saigner, on saura qu'il est prêt à se repentir.

Celui qui se pose des ventouses en rêve ou qui se les fait poser aura une fonction de pouvoir ou une charge de confiance. Il signera un contrat ou se mariera ; car la nuque figure le siège de la confiance. S'il a une congestion lors de cette opération, il épousera une femme qui exigera de lui une insupportable pension. S'il n'y pas de congestion, il sera dispensé de la pension. Si le poseur de ventouses est un vieillard connu du rêveur, il figure l'un de ses amis ; mais s'il est jeune, il figure l'ennemi qui le liera par un contrat ou l'obligera par une dette. Et si le rêveur lui-même pose des ventouses à un jeune homme, il remportera une victoire contre un ennemi.

On a dit que les ventouses indiquent la guérison, mais aussi qu'elles annoncent dans un rêve la diminution de la richesse. Il est dit que celui qui voit un guérisseur lui poser des ventouses déboursera ses deniers pour une dépense utile. Mais si le rêveur est un homme de pouvoir, il sera écarté de sa fonction. S'il a posé des ventouses et n'a pas vu sortir de sang, on saura qu'il a enterré une richesse, qu'il ne se souvient plus de l'endroit où il a pu la cacher, ou qu'il a confié un dépôt à une personne qui refusera de le restituer. S'il voit jaillir du sang, il sera en bonne santé pendant l'année en cours. Si, à la place du sang, des cailloux lui sortent de la nuque, sa femme mettra au monde un enfant illégitime et il refusera de le reconnaître. Si la ventouse se brise dans la scène du rêve, sa femme mourra ou il la répudiera. Enfin, les ventouses peuvent augurer d'une bonne récolte ou d'une protection contre un malheur.

On raconte que Yazîd Ibn al-Muhallab, emprisonné par son successeur al-Hajjaj, s'est vu en rêve subir des poses de ventouses. Peu après, il a été relaxé. Mais Ma'an Ibn Zay'da[1] en faisant un

1- Notable de la noblesse arabe (assassiné vers 769) *"chevalier"* cité en exemple par les

rêve semblable, a vu toutefois que le sang avait sali son dais. Le lendemain matin, deux hommes noirs y ont pénétré et l'ont tué.

Celui qui se voit prendre de la poudre à éternuer, connaîtra une grande colère difficile à maîtriser, à la mesure de ce qu'il a pris pour provoquer l'éternuement.

Celui qui se voit subir une purge pour un mal qu'il ressent, modifiera [dans le bon sens] sa conduite religieuse. S'il le fait sans qu'il soit malade, il reniera une promesse faite à quelqu'un, trahira un vœu ou une parole donnée dans un moment de colère, etc. Cela peut indiquer qu'il sera saisi d'une terrible colère.

Les rêves d'onguents, quand on en apprécie la bonne odeur, annoncent au rêveur des éloges. S'ils sentent mauvais, ils annoncent plutôt des blâmes. On dit toutefois que les onguents en général annoncent des soucis. Si le rêveur se voit en possession d'une fiole d'onguent et qu'il use de son contenu pour se soigner, il fera preuve d'obséquiosité, prononcera un serment mensonger ou proférera des médisances, selon la parole du Très-Haut: «*Ils aimeraient que tu les flattes* [Litt.: que tu leur appliques *une onction*] */ pour te rendre la pareille.*» (LXVIII, 9). S'appliquer des huiles sur les cheveux apportera des soucis au rêveur, s'il a dépassé la mesure et si le produit lui a coulé sur le visage. S'il voit qu'il n'a pas dépassé la mesure, son rêve est de bon augure. On dit que l'onguent de mauvais odeur figure la femme adultère ou l'homme vicieux. On a dit aussi que se voir soi-même appliquer des onguents sur la tête d'une autre personne dans un lieu inapproprié, portera le rêveur à imaginer une ruse pour perdre l'homme qui a subi l'opération. Se voir avec le visage huilé signale que le rêveur jeûnera sa vie durant.

Celui qui voit quelqu'un lui offrir un élixir aura une longue vie.

Quant au thériaque, je pense qu'Ibn Sîrîn lui attribuait un mauvais augure.

---

poètes pour sa générosité et sa grandeur d'âme. A servi et les Omeyyades et les Abbassides, et gouverné la province du Yémen, puis le Sajistân.

chapitre vingt-sept

Des aliments et sucreries, des viandes et tout ce qui s'y rapporte, marmites, tables, banquets, couverts et pierres du brasero

Les viandes en général, dans l'interprétation
augurent des souffrances et des maladies
et en acheter annonce le malheur.
La viande tendre [...] annonce la mort.
En manger signale que le rêveur
médit de l'homme représenté
par la bête consommée.

Les interprètes s'accordent à dire que la farine de froment figure des deniers épargnés ou des personnes à la charge du rêveur. En pétrir la pâte en rêve annonce au rêveur un voyage imminent pour retrouver les siens. La pâte, si on la voit lever, annonce une fortune de saine provenance, d'un commerce donnant de grands profits rapides, par exemple. Si la pâte ne lève pas, le rêveur doit s'attendre à une détérioration de sa situation et à des difficultés financières. Si la pâte a levé, il sera au bord de la faillite. Si le rêveur se voit pétrir de la farine d'orge, on saura qu'il s'agit d'un homme pieux, et il en retirera pouvoir, fortune et victoire contre ses ennemis.

Le son figure la vie dure et en manger en rêve annonce l'appauvrissement.

Faire du pain signale que le rêveur cherche par l'effort à s'assurer sa subsistance d'une manière durable. S'il s'active de crainte que le four ne perde de la chaleur, il en aura pouvoir et fortune, selon la quantité de pains de la fournée. Un pain figure la durée de vie. S'il est entier, il représente quarante ans et toute entame signale autant d'années en moins dans la vie du rêveur. La blancheur du pain signale dans le rêve une vie dans la sérénité. On dit que rêver d'un seul pain vaudra au rêveur mille drachmes, la prospérité, la bénédiction et un gain immédiat et facile qui chasse la tristesse, selon la parole de Dieu, qu'Il soit magnifié: « *Ils diront: /"Louange à Dieu qui a écarté de nous la tristesse"* » (XXXV, 34); ici, et selon les exégètes, *tristesse* désigne le sentiment de la honte. Si le rêveur voit plusieurs pains et qu'il n'en mange pas, il retrouvera rapidement des frères à lui. S'il voit un pain noir, il se contentera d'une vie tout juste acceptable, et d'une foi moyenne.

Si le pain noir est d'orge, il connaîtra une vie de misère et d'ascétisme. S'il voit du pain sec, il vivra difficilement au jour le jour. S'il reçoit de quelqu'un un quignon de pain, il saura que sa fin est proche ; mais certains disent qu'un tel rêve annonce plutôt une vie agréable. S'il n'en prend qu'une bouchée, on saura que c'est un homme cupide. Plus généralement, rêver d'un pain vaudra pour un Arabe la compagnie d'une épouse. Si le pain est blanc et bien cuit, il signale l'équité d'un homme de pouvoir, la probité d'un commerçant et la conscience professionnelle d'un artisan.

Le pain chaud figure l'hypocrisie et la transgression des interdits. Si le rêveur voit un pain accroché à son front, il s'appauvrira. Le pain moisi figure une grande fortune dont le rêveur ne profitera pas et dont il ne prélèvera pas l'aumône légale. Le pain cuit sous les cendres ardentes signale une vie difficile, car on n'a recourt à ce mode de cuisson que dans la contrainte. Manger du pain nu vaudrait au rêveur la maladie puis la mort, dans la solitude. On dit que le pain mal cuit annonce une grosse fièvre, car il exige sa remise dans la fournaise pour le recuire ; on dit aussi que le pain de mie blanc et chaud annonce la naissance d'un enfant mâle ; que le pain plat, signale gain confortable et prospérité; mais d'autres disent que le pain plat et mince annonce une vie courte ; selon d'autres avis ce genre de pain figure un petit profit qui paraît aux autres plus important qu'il ne l'est vraiment.

Un homme est venu interroger Ibn Sîrîn au sujet d'un rêve où il s'était vu tenir deux pains plats dont il prend une bouchée tour à tour. Ibn Sîrîn lui dit: «Tu réunis [dans le même foyer] deux sœurs!»

Le thème de la table rappelle l'anecdote du rêveur qui avait entendu un être invisible réciter ce verset: *«O Dieu / notre Seigneur! / Du ciel, fait descendre sur nous / une Table servie !»* (V, 114). Il a rapporté sa vision à un interprète qui a conclu que l'homme traversait un moment difficile au moment où il avait fait son rêve et qu'il implorait Dieu pour en sortir ; il sera exaucé. Il en a été ainsi.

Les interprètes ne sont pas du même avis pour expliquer les rêves de table. Certains d'entre eux affirment que la table figure l'homme noble et généreux. S'asseoir à table annonce l'arrivée des amis, y manger annonce un gain. Si le rêveur se voit en compagnie d'autres hommes autour de la table, il connaîtra l'allégresse dans la fraternité, suite à un litige entre lui et les convives, qui trouvera une juste résolution. Des bons pains blancs et de la bonne nourriture sur la table signalent la grande amitié entre hôtes présents dans la scène du rêve. On dit aussi que la bonne table figure la foi du rêveur.

Il a été rapporté qu'un homme est venu voit le Prophète, Dieu le bénisse et lui accorde le salut, et lui a dit:

— O Envoyé de Dieu, j'ai vu hier en rêve une verte prairie, avec une table dressée au milieu et une tribune installée, munie de sept marches. Et je t'avais vu, ô Envoyé de Dieu, sur la septième, appelant les gens à se mettre à table !

— La table c'est l'Islam ; a explique le Prophète. La verte prairie, c'est le Paradis ; la tribune et ses sept marches, c'est l'âge du monde, sept mille ans. Je me trouve au septième millénaire. Enfin l'appel, c'est mon appel pour que les gens viennent à l'Islam et optent pour le Paradis !

D'autres interprètes soutiennent quc la table figure la concertation entre des hommes pour le bien-être d'une ville ou d'un hameau. La table, dit-on enfin, figure une femme.

On raconte qu'un homme s'est vu en rêve attablé pour manger. Chaque fois qu'il se saisissait de quelque chose, un chien blond sortait de sous la table et lui dérobait ce qu'il avait pris. Il a interrogé un interprète qui lui a dit: «C'est l'un de tes esclaves slaves qui partage avec toi et ton lit et ta femme !» Il a fait son enquête et a découvert que cette interprétation était exacte.

Si le rêveur voit des pains disposés sur la table, il entrera en conflit avec quelqu'un. S'il mange de ces pains, ce conflit éclatera au grand jour, selon l'avis de certains interprètes. Si le rêveur mange beaucoup plus qu'à son habitude à une table où il a été convié, il vivra aussi longtemps, selon l'excès de son séjour à table. S'il voit que cette même table a été débarrassée, il saura que sa mort est proche. S'il y voit un met ou deux, lui-même et ses enfants auront un gain inattendu, selon la parole du Très-Haut [déjà citée dans ce chapitre]: «*Seigneur, fais descendre sur nous une table.*»

On affirme que la table figure un butin menacé. Voir qu'on l'a débarrassée annonce la perte de ce butin. Si le rêveur s'y voit attablé seul, il n'aura pas de rivaux dans sa vie ; mais s'il s'y voit en compagnie des autres, il aura de bons associés qui seront bienveillants aussi longtemps que les pains sont nombreux ; car un pain figure l'amitié qui dure une année. Si le rêveur se voit couché sur de la nourriture, on saura qu'il fait peu cas des dons de Dieu. Un esclave a vu en rêve que la table de son maître s'était éloignée et qu'elle avait pris la fuite comme fuirait une bête ; arrivée à la porte de la pièce, elle s'était brisée. Le lendemain même l'épouse de son maître est morte et tous ses biens ont disparu.

Le banquet annonce un voyage prestigieux qui apporte une grande prospérité au rêveur [en arabe *soufra* signifie «banquet, table garnie» et *safar*, «voyage»]. On dit que le voyage porte le rêveur auprès d'un puissant souverain. Plus simplement on dit que voir un banquet annonce prospérité et absence de soucis, puisqu'il s'agit d'un catalogue de nourritures et de plats.

L'écuelle en bois annonce un gain à la suite d'un voyage ; celle faite en poterie, le gain d'une activité sédentaire.

Les argenteries en général figurent les serviteurs, dans la maison comme dans le commerce du rêveur, surtout les bols. On dit que les assiettes et les tasses signalent la tendance du rêveur à bien gérer sa vie. Les marmites figurent les maîtres d'hôtel trop dépensiers ou, comme disent certains, des femmes non arabes. Celui qui se voit préparer une marmite aura une grande fortune d'un souverain non arabe. La viande et le bouillon dans la marmite annoncent un gain honnête et durable, consommé dans une ambiance joviale.

La cuiller figure un intendant honnête qui gère bien le budget des siens. Les pierres du brasero figurent la fortune du rêveur, car si la marmite ne trouve son équilibre sur le feu que grâce aux pierres, les hommes ne trouvent le leur qu'avec la possession de biens.

Les plats aux œufs et à la viande figurent un gain acquis sans effort. Les salaisons annoncent toujours des soucis et des querelles; celui qui se voit en manger doit s'attendre à en avoir. Mais s'il en voit sans en manger, il fera un investissement à perte.

Celui qui se voit boire de l'huile sera ensorcelé ou malade. Le vinaigre est le signe d'un gain béni dans la piété et l'ascétisme ; le rêveur qui en consomme avec du pain aura une longue vie ; mais la lie de vinaigre indique un gain faible et peu profitable. Le bol de vinaigre figure une esclave malsaine. On dit que celui qui se voit boire du vinaigre rompra avec les siens à cause de la sensation de crispation que ce liquide provoque dans la bouche.

Les avis sont partagés quant à l'interprétation des visions du sel. Certains y voient une tendance du rêveur à mépriser ce bas monde et à vivre dans la sérénité et la félicité, s'il s'agit de sel blanc. Mais Ibn Sîrîn n'y voit que mauvais présage. On affirme que le gros sel annonce les soucis, la peine, le désordre et la maladie, ou alors des deniers acquis dans l'inquiétude. Celui qui voit manger du pain avec du sel se contentera dans cette vie de peu de choses. La salière en rêve figure la promesse d'une jolie femme. Mais rêver de sel augure de dures épreuves et d'une grave maladie.

Les viandes en général, dans l'interprétation, augurent de souffrances et de maladies ; et en acheter annonce le malheur. La viande tendre par exemple, annonce la mort. En manger signale que le rêveur médit de l'homme représenté par la bête consommée. Les viandes ovines salées – si le rêveur en apporte chez lui après avoir subi un malheur – sont de bon augure. Si elles contiennent beaucoup de gras, le rêve est encore de meilleur augure. S'il s'agit d'autres viandes salées [autres que la viande ovine] elles annoncent un gain béni. On dit que la viande maigre signale la pauvreté ; mais on dit aussi qu'elle annonce la faillite. La viande séchée au soleil figure un bien dont on a dépouillé un mort. Enfin, on dit que celui qui se voit manger de la viande maigre et salée perdra une bonne part de ses biens.

La viande de dromadaire annonce des biens pris à un ennemi puissant et de grande taille, si le rêveur n'y touche pas. S'il y a touché, il subira un malheur d'un ennemi ayant le même aspect. S'il mange de cette viande quand elle est cuite, il dépensera les biens d'un homme puissant, attrapera une maladie, puis en guérira. On dit aussi que la viande du dromadaire vaudra au rêveur qui en consomme un profit qui lui proviendra du pouvoir.

La viande bovine signale de rudes épreuves, car elle est lente à la digestion ; elle indique aussi une baisse d'activité chez le rêveur, car elle est trop dure. On dit que cette viande annonce pour le rêveur la sécurité après un moment de peur, s'il en voit un morceau grillé. S'il s'agit d'une rêveuse enceinte ce rêve lui annonce un enfant mâle, selon cette parole du Très-Haut [à propos d'Abraham accueillant les anges]: «*Et il apporta sans tarder un veau rôti.*» (X, 69). Tout ce qu'on voit touché par le feu en rêve correspondra, à l'état de veille, à un gain associé au péché. Se voir manger de la viande de bœuf vaudra au rêveur une convocation auprès d'un homme de pouvoir. Le veau gras cuit sur le feu annonce une grande et bonne nouvelle qui se réalisera rapidement, et elle sera à la mesure de la corpulence du veau rêvé. On dit que ce rêve annonce aussi gain, bonne récolte et dissipation de la peur. La viande bovine cuite au bouillon signale une grâce de Dieu qui exigera du rêveur des louanges adressés au Seigneur, selon la parole du Très-Haut: «*... Des chaudrons gros comme des bassins et de solides marmites / O Famille de David ! / Travaillez avec gratitude !*» (XXXIV, 13). Si le rêveur voit de la viande ovine grillée dans sa demeure, il se fera de nouvelles connaissances, accueillera des hôtes inconnus ou recevra des frères qui le rendront heureux. Si la chair est maigre, ces frères seront des frères pauvres dont la fréquentation ne peut apporter de profit. S'il voit un mouton écorché mais non encore découpé, il subira un malheur imprévu. Si la bête est grasse, un homme de son entourage mourra, et il héritera de lui. Si elle est maigre point d'héritage. On dit enfin que la viande bovine cuite figure un gain aussi difficilement accessible que le feu qui l'a cuite. Si elle est crue ou mal cuite, elle annonce soucis et querelles.

Les os d'animaux figurent l'essentiel de ce que possède le rêveur. La cervelle, une fortune thésaurisée dont il entend profiter un jour. Tout animal écorché est de mauvais augure, surtout quand le rêveur en voit dans sa demeure ; car les moutons figurent les hommes dans le rêve, et la chair humaine ne se mange pas. Toutes les autres chairs animales comestibles sont de bon augure, sauf de rares exceptions. Mais la viande crue est toujours porteuse d'un mauvais présage et indique la détérioration d'un bien en possession de tout rêveur dont la bonne nature [*fitra*] refuse la consommation de la chair crue. Quelques interprètes disent pourtant que la viande crue n'est de mauvais augure que pour le rêveur qui en voit et s'abstient d'en manger ; pour celui qui en consomme, le rêve annonce l'obtention de quelque rang de prestige auprès du souverain.

La viande de dromadaire grillée donne lieu à des interprétations différentes ; certains disent qu'elle annonce une grande richesse, si elle est grasse, et des petits gains, durement acquis, si elle est maigre. D'autres disent qu'elle indique plutôt des richesses obtenues dans la peur ; d'autres encore affirment que la viande de dromadaire grillée augure de la naissance d'un enfant mâle. Si le rêveur en consomme, l'enfant grandira et vivra de son propre labeur. Si elle est cuite à point, l'enfant sera bien éduqué. Si elle est mal cuite, il se conduira mal dans l'exercice de son métier. Enfin d'autres interprètes disent que le rêve de l'étal de grillades en plein air ou sur la place du marché est porteur de bonnes nouvelles ; mais, si la viande est mal cuite le rêve annonce un chagrin consécutif à un malheur qui touchera l'enfant de l'auteur du rêve. Si le rêveur entend la broche à griller lui parler, il sera sauvé d'un malheur, conformément à cette histoire du Prophète qui a entendu la brochette de viande empoisonnée lui parler [pour l'avertir du danger].

La tête de l'animal rôtie au four figure un chef. Celui qui se voit acheter une tête grasse et grosse obtiendra un profit d'un homme de pouvoir. Si la tête est maigre le profit sera nul. Si elle est avariée, il médira de cet homme de pouvoir. Dans ce même ordre d'idées, se voir manger une tête d'animal, crue, indique que le rêveur proférera des médisances contre l'homme de pouvoir figuré par l'animal dans la scène du rêve. Celui qui se voit manger la tête et les pieds d'un animal aura prestige et fortune, d'un legs ou autre. On dit que la tête de l'animal dans l'interprétation indique toujours un bien en numéraire: dix mille drachmes tout au plus et mille au moins. Manger les globes oculaires d'animaux, grillés, fera profiter le rêveur de ce qu'il y a de meilleur dans les fortunes d'hommes de pouvoir. Manger le crâne annonce au rêveur le tarissement de son capital ou de son épargne. Si le rêveur se voit manger son propre crâne, il consommera de sa propre épargne. S'il se voit manger son propre pied, il dilapidera son capital.

Les avis sont aussi partagés quant à l'explication des rêves où l'on se voit manger les pieds d'animaux. Certains affirment que le rêveur dilapidera des biens d'orphelins. D'autres soutiennent qu'il puisera dans les fortunes de notables, car le pied figure la fortune et le bétail les dignitaires.

Le rêveur qui se voit manger la peau du dromadaire puisera dans les biens de l'orphelin [mineur]. Manger le foie profitera à l'un des enfants du rêveur. La consommation des intestins annonce la bonne santé et elle est toujours de bon augure. Les intestins farcis à la viande indiquent des deniers épargnés ; et si la farce contient du gras, cela indique des biens qui proviendront de femmes. La chair d'oiseaux cuite ou grillée signale des gains et des biens acquis par la ruse et l'imposture d'une femme. Si la chair est mal cuite, le rêveur calomniera injustement une femme. S'il se voit manger des volatiles parmi les espèces dont la consommation est licite, il profitera illégitimement des biens des autres par l'imposture. Mais on dit que la chair d'oies ou de poules est de bon augure pour tous, car la poule indique le profit qui provient de la femme, puisque celle-ci est comparable à cet animal pour sa fécondité et sa démarche ; tandis que les oies figurent plutôt un profit qui provient d'un prêteur à gage. Les petits d'oiseaux grillés ou frits figurent des gains acquis avec peine. Celui qui se voit manger un oiselet cru médira des descendants du Prophète, Dieu le bénisse et lui accorde le salut, ou de nobles gens. S'il s'agit dans le rêve d'oiselets divers parmi ceux qui ne sont pas comestibles, comme les rapaces, le rêveur médira des enfants de souverains ou leur fera subir des actes obscènes. Manger des oiseaux comestibles vaudra au rêveur un bien tiré d'une exploitation agricole, de mille drachmes à six mille au maximum, puisque les volatiles ont six parties, la tête, les deux ailes, les deux pattes et la queue.

Manger du poisson en rêve nous fait penser à cette anecdote de l'homme venu retrouver Ibn Sîrîn et qui lui a dit:

— Je me suis vu en rêve attablé devant un poisson que nous avions mangé, mon serviteur et moi, en puisant dans sa chair et dans ses entrailles !

— Enquête sur ce serviteur ! a dit Ibn Sîrîn. Il doit nuire aux tiens !

L'homme a fait son enquête, et il a effectivement découvert que cet esclave avait l'habitude d'abuser sexuellement de certaines personnes parmi ses proches.

Le poisson salé et grillé annonce un voyage à la recherche d'un savoir ou d'une médecine pour un homme de pouvoir, selon la parole du Très-Haut [à propos de Moïse et de l'un de ses compagnons de voyage]: «*Quand ils eurent atteint la confluence des deux mers / ils oublièrent leur poisson.*» (XVIII, 61). Celui qui se voit acquérir un poisson frais grillé aura butin et fortune, selon l'histoire de la Table servie de Jésus, paix sur lui [Sourate V]. Le poisson grillé en général annonce une affaire réglée, une prière exaucée et un gain important, si le rêveur est un homme pieux. Sinon il subira une sanction. S'il se voit enfariner des petits poissons et les frire dans l'huile, il dépensera ses deniers pour un objectif apparemment sans valeur, qui aura de la valeur par la suite et lui apportera des joies innocentes. On dit que tous les poissons sont de bon augure, surtout les poissons grillés, sauf ceux qui sont minuscules et dont les arêtes empêchent de profiter de la chair. Ce genre de poissons indiquent une inimitié entre le rêveur et les siens ou un espoir déçu. Les salaisons de poissons annoncent des gains et des bénéfices occasionnels.

Le goût des choses dans le rêve admet plusieurs interprétations selon les situations. Goûter quelque chose et le trouver bon et agréable vaudra au rêveur joie et prospérité, selon la parole du Très-Haut: «*Lorsque nous faisons goûter à l'homme / une miséricorde venant de nous / il s'en réjouit.*» (XLII, 48). Si le rêveur trouve amer ce qu'il a goûté, il poursuivra un but dont la réalisation lui sera néfaste. S'il ingurgite un aliment trop chaud et trop lourd, il vivra tourmenté. S'il se voit goûter de quelque chose qui lui est inconnu et qu'il n'a pas apprécié, sa mort sera imminente, selon la parole du Très-Haut: «*Tout homme goûtera la mort.*» (III, 185). S'il goûte de quelque chose qu'il ne trouve ni bon ni désagréable, il connaîtra misère et pauvreté. S'il goûte d'un aliment puant, il sera objet de blâmes. Si un aliment repoussant entre dans son gosier, il aura une vie difficile ; mais s'il s'agit d'un aliment apprécié qui passe facilement dans son gosier, il aura une vie aisée et travaillera sans peine. S'il se voit la bouche pleine, il se troublera et saura que ce qu'il lui reste à vivre est égal à ce qu'il est encore capable d'avaler. S'il arrive à se débarrasser de ce qui encombre sa bouche, il sera sauvé, sinon il doit se tenir prêt pour accueillir la mort.

Le rêveur qui se voit sucer la langue de plaisir signale par ce rêve sa propre bonté. S'il sent qu'il y a un cheveu dans la bouchée qu'il a prise, il aura soucis, chagrin et difficultés dans ses projets. S'il se lèche les doigts, il obtiendra un bien modeste qui correspond dans l'interprétation à la nourriture ainsi léchée.

Le rêveur qui se voit boire un aliment comme on boit de l'eau, aura une prospérité bien étendue. En général, tout aliment annonce un gain, hormis les purées, les œufs et la polenta qui présagent plutôt des soucis concernant les enfants du rêveur. S'il se voit accomplir sa prière tout en avalant de la polenta, il embrassera une femme pendant le jeûne rituel.

Les coupes de sucreries figurent de belles et douces femmes. Si le rêveur se prépare un *kebab* et invite quelqu'un à le partager avec lui, il demandera le secours d'un tiers pour vaincre un ennemi. S'il se voit distribuer le *kebab* aux gens, il dépensera des deniers dans le commerce ou dans l'apprentissage d'un métier.

Les aliments trop acides qui ne peuvent être avalés vaudront au rêveur une maladie qui l'empêchera de se nourrir. Manger une nourriture acide peut valoir au rêveur d'entendre des paroles désagréables. S'il en fait goûter une autre personne, celle-ci entendra également des paroles désagréables. Mais si le rêveur supporte un tel aliment et en remercie Dieu, il connaîtra une heureuse issue.

Manger la *cikbaja* [1] augure d'un bien-être et d'une gloire sans tache pour le rêveur ; il en sera puissant parmi les notables de son entourage, au cas où le met a révélé toutes ses épices. S'il s'agit du même plat préparé avec de la viande bovine, le bien-être que signale un tel rêve sera obtenu grâce à des actions de négoce. Et s'il est préparé avec de la chair de volailles, le rêveur qui en a mangé obtiendra pouvoir, puissance, quiétude et santé, Si les volatiles sont des oiseaux sauvages, le rêveur aura la domination sur des riches notables d'un rang d'autant plus élevé que les oiseaux rêvés sont gras.

La *zirbaja* [2] est de bon augure si elle ne contient pas de safran. Si elle en contient, elle annonce au rêveur qui en mange la maladie, ainsi en est-il pour tout ce qui comporte la couleur jaune parmi les mets. Par contre, tout ce qui comporte la couleur blanche augure

---

1- Plat à base de viande de mouton cuite au vinaigre.

2- Un rôti de viande à la sauce blanche.

beauté et bonheur, sauf le *makhidh* [1] qui annonce un très pénible chagrin, à cause de l'absence de gras.

La *madhira* [2] figure un mal imprévu mais qu'on a réussi à limiter. Le *kouchk* annonce un gain obtenu dans la peine et la souffrance ; et la *kouchkia* [3], si elle est grasse, figure un commerce et de gros profits. Le *tharîd* [4] fait avec beaucoup de gras annonce un pouvoir et une puissance matérielle. S'il n'y a pas de gras, ce plat augure d'un pouvoir sans profit. Si le rêveur se voit puiser dans une écuelle de *tharîd,* il perdra de sa vie autant d'années qu'il en a mangé, car le *tharîd,* selon les principes de l'interprétation, signifie la vie du rêveur. S'il se voit devant une écuelle contenant un *tharîd* tellement gras qu'il n'a pu en manger, il rassemblera des biens dont profiteront les autres. Si le *tharîd* est si maigre et si peu ragoûtant qu'il se voit pressé de le finir pour s'en débarrasser, il se mettra à souhaiter la mort pour quitter sa vie de misère. S'il s'abstient de manger pour éviter de l'épuiser, il craindra la mort qui lui fera quitter sa grande fortune. S'il s'agit d'un *tharîd* avec peu de gras et sans viande, le rêveur exercera un métier propre et se maintiendra sur le chemin de la piété. S'il ne contient pas de gras du tout, il exercera un métier vil et s'appauvrira.

Le rêve de mets au riz figure la fortune obtenue d'un adversaire et signale des soucis. Le riz non cuit annonce faillite et maladie.

Rêver de la canne à sucre annonce le discours agréable. Rêver d'un seul morceau de sucre annonce le baiser de l'être aimé ou de l'enfant du rêveur. Mais une grande quantité de sucre figure les qu'en-dira-t-on.

Le miel vierge et le miel [traité] figure une fortune qui provient d'un legs licite, d'un butin ou d'une association. Celui qui se voit

---

1- Plat au lait écrémé.

2- Plat très connu chez les anciens Arabes à base de viande.

3- *Kouchk* ou *kouckia* : plat à base de blé concassé conservé dans un liquide de salaison et cuit dans du lait.

4- Tout plat en sauce allongée dans laquelle on a émietté du pain.

devant une quantité de miel vierge posée devant lui a vu ce qui figure le noble savoir. S'il en nourrit les autres dans ce rêve, on saura que le rêveur récite le Coran sur un rythme agréable. Le miel en général figure pour les gens de piété la saveur de la foi, la récitation du Coran et les bonnes actions ; tandis qu'il annonce à ceux qui sont attachés [aux attraits] de ce monde un butin gagné sans effort. Notons que si nous avons associé le miel dans le rêve au Coran, c'est dans le sens où Dieu, qu'Il soit Très-Haut a associé Sa parole à tout ce qui apporte la guérison [cf. Coran XVII, 82 et XLI, 44].

On rapporte qu'Ibn Sîrîn a dit que le miel vierge figure la grande fortune gagnée sans effort, puisque le feu ne l'a pas altéré, tandis que le miel [traité] signale un gain modeste obtenu dans le labeur.

Si le rêveur voit qu'il pleut du miel, la foi des hommes sera consolidée et régnera la bénédiction. Mais quelques interprètes ont jugé détestable le rêve où le dormeur se voit consommer du miel vierge accompagné de miel [traité]. Il y ont vu ce qui figure l'inceste avec la mère.

Il nous a été rapporté qu'un homme a raconté ce rêve qu'il a fait, devant le Prophète, Dieu le bénisse et lui accorde le salut: «J'ai vu du miel tomber d'un nuage et des gens en avaient lapé. Certains d'entre eux trouvèrent qu'il y en avait assez ; d'autres en demandèrent encore !» Abû Bakr a prié le Prophète de le laisser tenter l'interprétation de ce rêve, et il a dit: «Il s'agit du Coran ! Je vois dans la pluie de miel la délicatesse et la saveur du Livre. Tout le monde en effet en puise, chacun selon ses capacités [de compréhension] !»

On raconte que le Prophète, Dieu le bénisse et lui accorde le salut, a dit: «Je me suis vu en rêve sous un dôme de fer ; du ciel j'ai vu tomber une pluie de miel. Des hommes en avaient lapé une ou deux fois, d'autres en ont pris plusieurs lampées !» Abû Bakr a encore demandé de procéder à l'interprétation de ce rêve, et il a dit: «Le dôme de fer, c'est l'Islam ; le miel qui tombe du ciel, c'est le Coran. Il y a ceux qui se contentent d'en saisir une ou deux sourates et ceux qui le rassemblent.» Le Prophète a confirmé cette interprétation.

'Abdullah Ibn 'Umar a dit un jour au Prophète: «O Envoyé de Dieu, j'ai vu en rêve que mes deux doigts que voici suintaient de miel et moi je les léchais...» L'Envoyé de Dieu, Dieu le bénisse et lui accorde le salut a commenté ainsi [le récit du rêveur]: «Tu liras dans les deux Livres ![1]»

Quelqu'un s'est vu en rêve en train de manger du pain qu'il trempait dans du miel. Il a fait fortune grâce à son savoir ; car le miel [dans ce rêve] a figuré son amour du savoir, et le pain sa prospérité.

Le gingembre figure le gain licite dont ne doit remercier personne [étant un don de Dieu] selon cette parole du Très-Haut: «*Nous avons fait descendre la manne et les cailles / "Mangez des bonnes choses / que nous vous avons accordées"*» (II, 57).

A propos du rêve de dattes on raconte que ' Umar a rêvé une fois qu'il en mangeait ; il a raconté son rêve à l'Envoyé de Dieu, Dieu le bénisse et lui accorde le salut, qui lui a dit: «Il s'agit de la saveur de la foi !»

Les variétés de dattes sont nombreuses ; mais [disons qu'en général] les dattes pour le rêveur qui en voit seulement [sans en manger] annoncent la pluie. Pour celui qui se voit en manger, elles présagent une fortune légitime. On dit que ce rêve signale que le rêveur se complaît dans la récitation du Coran. D'autres encore affirment que ce rêve indique l'existence d'une richesse cachée.

Le rêve où l'on se voit manger les mauvaises variétés de dattes est plutôt fréquent chez les *dhimmî* [personnes reconnues de religion révélée, mais non musulmans]. On dit que celui qui mange

1- Compagnon du Prophète, fils de 'Umar Ibn al-Khattâb (mort en 73/692). A gardé une rigoureuse neutralité lors des luttes politiques de la "grande discorde". A participé à la première campagne de conquête du Maghreb. Certaines chroniques affirment qu'il a connu le Livre des *Nazaréens* (Chrétiens).

des dattes de bonne qualité entendra un discours bénéfique. Celui qui se voit enfouir une datte sous terre cachera ses richesses. Ouvrir une datte en rêve et la dénoyauter annonce au rêveur la naissance d'un enfant mâle, si l'on se réfère à cette parole du Très-Haut: *«Dieu fend le grain et le noyau.»* (VI, 95). Si le rêveur se voit manger des dattes en les accompagnant de goudron, il répudiera son épouse sans en aviser personne. La vision des dattes en vrac annonce au rêveur un voyage ; et la mesure de dattes, l'obtention d'un butin. Cueillir une datte mûre à même le palmier dattier annonce le mariage du rêveur avec une femme bénie et fortunée. Certains disent que ce rêve vaudra peut-être à son auteur des gains faciles, une donation de personnes généreuses ou la récolte d'un verger par exemple ; à moins que ce gain ne soit un savoir qui l'aidera à mieux se conduire. Mais si la datte cueillie n'est pas mûre le rêveur prêtera l'oreille à des discours [édifiants] qu'il ne mettra pas en pratique. Celui qui se voit, d'un palmier dattier, cueillir des raisins noirs, aura de [l'une de ses] femmes un enfant esclave, noir de peau. S'il a cueilli de bonnes dattes d'un palmier mort, il recueillera d'une personne débauchée un savoir qui lui sera tout de même bénéfique. Le rêve de la datte cueillie par un rêveur qui traverse un mauvais moment annonce une issue heureuse, selon la parole du Très-Haut [s'adressant à Marie]: *«Secoue vers toi le tronc du palmier / il fera tomber sur toi des dattes fraîches et mûres.»* (XIX, 25). On dit que le rêve de dattes en vrac indique une richesse peu durable. Le rêveur qui voit que l'on récolte des dattes pour son compte, aura des biens de gens importants, sur lesquels il exercera un pouvoir.

Un homme a dit un jour à Ibn Sîrîn: «J'ai rêvé de quarante dattes que j'avais trouvées et ramassées !» Ibn Sîrîn lui a prédit de subir la bastonnade et de recevoir quarante coups. Quelques jours après le même rêveur a retrouvé [l'interprète] et lui a dit: «J'ai encore rêvé de quarante dattes que j'avais trouvées devant la porte du Sultan !» Et Ibn Sîrîn lui a dit cette fois: «Tu recevras quarante mille drachmes !» Lorsque l'auteur du rêve a exprimé sa surprise devant ce revirement de l'interprète, qui a donné deux explications contradictoires à deux rêves identiques, Ibn Sîrîn lui a dit: «La première fois tu m'avais fait le récit d'un rêve alors que les arbres étaient déjà morts et que l'année s'en allait. Tu viens m'interroger aujourd'hui, alors que, dans ces arbres, la vie se glissait de nouveau... Chacun de ces deux rêves a son interprétation, et je m'en tiens à ce que j'ai déjà dit !»

chapitre vingt-huit

Des séances de soûlerie et tout ce qu'elles comportent, orchestres et instruments de musiques, jeux et amusements, parfums, et tout ce qui tourne autour des réceptions et des parties de plaisir

Celui qui se voit en possession
d'un fleuve de vin
sera au prise avec une grande et coupable tentation.
S'il se voit nager dans ce fleuve
il succombera à la séduction
de ce qui le tentera.

Donner l'hospitalité en rêve est généralement de bon augure. Mais se voir inviter des gens dans un rêve indique que le rêveur prendra une initiative qui lui vaudra remords et regrets, selon cette histoire de Salomon, paix sur lui, qui a demandé un jour à Dieu, qu'Il soit magnifié et glorifié, le pouvoir de nourrir toutes les créatures pendant une seule journée. Autorisé à tenter la gageure, il a essayé mais n'a pu rassasier une seule baleine !

Si le rêveur voit que ses invités sont comblés et contents, il exercera une domination sur eux. Certains disent que se voir accueillir un hôte augure du retour d'un proche absent. Celui qui se voit invité dans un jardin qui lui est inconnu, plein de fruits et de bons breuvages, sera appelé au Combat sacré et connaîtra le martyre, selon la parole du Très-Haut: «*Accoudés en ce lieu / ils demanderont des fruits abondants et des boissons*» (XXXVIII, 51).

Jouer du luth [dans un lieu de plaisir] indique le mensonge ; tout comme le fait d'écouter jouer de cet instrument. Celui qui se voit jouant du luth dans sa propre demeure aura un malheur. Mais on dit aussi qu'un tel acte vaudra au rêveur l'obtention d'un haut statut. D'autres encore affirment que ce rêve apportera des soucis et que le rêveur ne s'en sortira que s'il a cassé l'une des cordes de l'instrument. Les notes du luth, disent encore certains interprètes, indiquent la nostalgie d'un homme noble qui a perdu son prestige et sa gloire. Pour l'homme de vertu la musique du luth signifie un sermon ; pour le pervers et le tyran, tous les actes de perversité ou de tyrannie qu'ils feront subir aux gens.

Celui qui se voit danser et jouer de la flûte, de la cymbale, du luth ou du tambour devant la demeure de l'homme de pouvoir aura lui aussi un pouvoir, s'il en est digne, sinon il inventera des paroles qui nuiront aux autres.

La cymbale, parce qu'elle est faite de cuivre, indique les biens de ce monde. En jouer signale que le rêveur tire de l'orgueil de tout ce qui se trouve en sa possession.

Le roulement du tambour indique tout ce qui est fallacieux [*tabl* «tambour» et *bâtil* «faux, mensonge, erreur»]. S'il est accompagné de danse, de vacarme et de trompette, il annonce un malheur. Le joueur de tambour figure, quant à lui, l'imposteur qui est fier de l'être. L'instrument lui-même vu en rêve figure celui qui aime administrer des gifles aux autres. Le tambour dont usent les efféminés figure la femme frappée de nombreuses infirmités cachées et qui craint de les voir étalées au grand jour. Le tambour dont usent les femmes signale un commerce d'imposture, générateur de grands scandales, s'il est dénoncé.

Celui qui se voit jouer du tambour connaîtra les soucis, le malheur et une mauvaise réputation.

Jouer de la musique pour célébrer des noces par exemple, est toujours un rêve de mauvais augure. Quant au chant, il augure s'il est de bonne qualité d'un commerce florissant. Certains disent que le chanteur dans le rêve figure le savant, le sage ou tout autre personnage qui encourage les autres à se maintenir sur le droit chemin.

Chanter sur la place du marché annonce pour le rêveur riche un scandale ou tout autre événement désagréable. Pour le pauvre ce même rêve annonce la folie. Le lieu où l'on chante dans le rêve sera le lieu où l'on s'adonnera à des médisances et à des intrigues qui tenteront de défaire des liens d'amitié entre les gens, car *Iblîs* [Satan] Dieu le maudisse, est le premier être qui s'est adonné au chant et à la mélopée. Se voir marcher dans la boue en chantant est un rêve de bon augure surtout pour un vendeur de luths.

Danser pour un rêveur malade annonce que sa maladie sera longue ; pour le pauvre, ce même rêve annonce une fortune éphémère ; pour la femme un scandale ; pour l'esclave, le fouet ; pour un prisonnier, la délivrance, puisque dans la danse le corps se détend et se libère. Pour un enfant, ce rêve indique qu'il sera sourd-muet et ne s'exprimera donc que par le geste, tout comme le danseur. Un tel rêve pour le voyageur en mer est plutôt de mauvais augure et annonce de rudes épreuves. Pour le chef de famille, danser devant les siens sans qu'une personne étrangère assiste à la scène est un rêve bénéfique dont le bon augure rejaillira sur tous les membres de la maisonnée.

Le joueur de mandoline figure le personnage dominateur qui fait régner l'imposture parmi les pauvres gens. Il peut aussi figurer le ramasseur de la menue monnaie ou le fornicateur, car la corde d'un instrument de musique signale toujours la femme.

Le jus de fruits indique la fécondité pour le rêveur qui en boit. Pour celui qui presse le fruit pour en recueillir le jus, ce rêve annonce l'entrée du rêveur au service du Sultan, et il sera à l'origine de graves décisions.

Le vin selon les principes signale le grand péché, mais aussi l'accès à une grande fortune, selon la parole du Très-Haut: «*Ils t'interrogent au sujet du vin et du jeu de hasard ; / dis: / "Ils comportent tous deux, pour les hommes, des avantages, / mais le péché qui s'y trouve est plus grand / que leur utilité*» (III, 219). Celui qui se voit en possession d'un fleuve de vin sera aux prises avec une grande et coupable tentation. S'il se voit nager dans ce fleuve, il succombera à la séduction de ce qui le tentera.

Etre ivre en rêve sans avoir bu du vin annonce au rêveur un grand désarroi et des soucis, selon la parole du Très-Haut: «*Tu verras les hommes ivres, / alors qu'ils ne le seront pas.*» (XXII, 2).

Jouer aux échecs, au trictrac ou aux dés est toujours un rêve malfaisant ; comme du reste tous les jeux, selon la parole du Très-Haut: «*Les habitants de cette cité sont-ils sûrs / que notre rigueur ne les atteindra pas le jour / tandis qu'ils s'amusent ?*» (VII, 98). Les rêves des jeux de hasard signalent toujours discorde et querelle.

L'encensoir figure l'esclave lettré qui vaudra des louanges à son maître. Mais on dit que rêver de cet objet annonce la mort pour le malade.

Les rêves d'embaumement et d'encensement annoncent au rêveur des gratifications, mais aussi de graves dangers, à cause de la fumée.

Rêver de l'ambre annonce un gain qui proviendra d'un personnage de haut rang. De même que le musc et toute substance qui sent bon, tel le clou de girofle ou le gingembre, qui sont toujours associés au bonheur et au prestige.

Le camphre signale aussi splendeur et prestige, tout comme le safran, à condition que le rêveur évite de le toucher. Mais s'il se voit en train d'en moudre, il tombera malade et recueillera de nombreux témoignages de compassion.

La *ghalia*[1] annonce le Pèlerinage. Certains disent qu'elle figure dans le rêve fortune et gloire. D'autres encore affirment que celui qui se voit enduit de cette mixture devant le palais du souverain sera accusé d'hérésie et de trahison.

L'eau de rose signale prestige et bonne santé.

1- Mixture de type "cosmétique".

chapitre vingt-neuf

Des costumes couleurs et genres

Porter en rêve un bonnet coupé dans de la fourrure d'un chat sauvage, d'un écureuil
ou d'un renard annonce au rêveur que son maître est un tyran inique
Mais si le bonnet est fait de peau de mouton
le rêve est de bon augure.

Il y a quatre types de vêtements: les lainages, les vêtements en poil d'animaux, les cotonnades et les vêtements en lin. Les premiers figurent la fortune ; ceux en poil une moindre fortune ; les cotonnades augurent également d'une fortune et ceux taillés dans le lin une fortune encore plus modeste.

Les meilleurs vêtements [dans l'interprétation] sont ceux que l'on voit flambant neufs et amples. les habits longs sont d'une meilleure pertinence que les vêtements courts. Les haillons et les habits sales signalent misère, soucis et foi corrompue, tandis que la saleté du corps et le désordre des cheveux signalent les soucis.

Les habits blancs signalent la beauté ici-bas comme dans la vie future. Les vêtements rouges sont de bon augure pour les femmes. jamais pour les hommes: c'est l'accoutrement de Satan ! A moins que cette couleur ne soit seulement celle de la ceinture, de la literie ou des draps et des sous-vêtements masculins. La couleur rouge augure dans ce cas de la joie et du bonheur. La couleur jaune des habits signale toujours la maladie.

Mais on a soutenu que la couleur rouge peut indiquer les soucis et que le mélange du rouge et du jaune ne peut nuire aux hommes puisque de tels mélanges ne sont ni laids choquants pour l'entourage. Le vert pour les vêtements est excellent pour la foi du rêveur, car c'est la couleur de l'habit paradisiaque. Les habits noirs sont de bon augure pour les dormeurs réputés en porter dans la vie courante ; ils signalent alors gloire, fortune et pouvoir. Si le rêveur n'a pas l'habitude de porte le noir, son rêve sera déclaré de mauvais augure.

Les habits de soie dans le rêve annoncent une grosse fortune. Il en est de même des lainages. Et rien ne vaut pour déclarer excellent un rêve d'habits en laine. Le port des capes de coton, pur de tout mélange de soie, annonce un bien ici-bas et dans la vie future. Les capes en soie brute signalent une fortune mal acquise et une foi corrompue. Quant aux costumes coupés dans la soie, le satin, la crêpe ou le brocart, s'ils annoncent la puissance, ils ne sont pas pour autant de bon augure pour la foi du rêveur, sauf s'il en porte dans le combat.

Les turbans sont les couronnes des Arabes et en porter [dans le rêve] signale le haut rang. Un turban signifie force, hauteur et pouvoir. Si le rêveur se voit en train d'enrouler la bande du turban sur la tête, il entreprendra un long voyage au bout auquel il trouvera gloire et renommée. Si la bande est prolongée par celle d'un autre turban, il augmentera son pouvoir. Le turban en soie brute signale un statut de dominateur lié à une foi corrompue et à une fortune acquise par d'illicites manœuvres. Mais, s'il est de laine ou de coton, il annonce un statut de domination dans la rectitude de la foi et du bon comportement ici-bas. Si le turban est de soie traitée, le rêveur obtiendra grande richesse. Pour la couleur du turban, l'interprétation suivra celle des couleurs de tous les autres vêtements.

Isaac, paix sur lui, a vu en rêve que son turban lui avait été enlevé de la tête. A son réveil il lui a semblé que le Ciel lui a ravi sa femme. Plus tard, lors d'un autre rêve, il a vu que son turban lui avait été restitué et à son réveil, il a eu le bonheur de récupérer son épouse.

Abû Muslim al-Khorassânî[1] a vu l'Envoyé de Dieu, Dieu le bénisse et lui accorde le salut, lui couvrir la tête d'un turban en enroulant la bande vingt-deux fois. Il a raconté son rêve à un interprète qui lui a annoncé vingt-deux ans d'un règne inique. Et il en a été ainsi.

1- Le chef militaire artisan du "coup d'Etat" qui a donné le pouvoir aux Abbassides (mort en 137/755) assassiné sur ordre d'al-Mansûr, frère et successeur du fondateur de la dynastie.

Le bonnet signale un long voyage, le mariage du rêveur ou l'acquisition d'une [concubine] esclave. Il peut aussi signaler le pouvoir, le statut de domination, l'acquisition d'un bien ou la puissance, pour le maître du rêveur esclave. S'il voit son bonnet déchiré et sale ce rêveur asservi saura que son maître aura du souci et du chagrin, selon l'aspect plus ou moins repoussant du couvre-chef. Si un jeune homme ou un homme de pouvoir qui sont inconnus du rêveur esclave lui subtilisent son bonnet, il saura que la mort de son maître est proche ou qu'il en sera séparé d'une manière ou d'une autre. Le bonnet non arabe, s'il est blanc, vaudra à ce même rêveur une vie paisible auprès de son maître. [S'il n'est pas esclave], il obtiendra un pouvoir au cas où le rêveur en porte d'habitude à l'état de veille. Sinon le rêve signale la confession à laquelle il appartient. Si le rêveur voit un roi distribuer des bonnets aux gens, on saura que ce roi commandera à d'autres hommes de pouvoir et leur confiera des charges. Porter un bonnet à l'envers dans le rêve signale qu'un homme de pouvoir s'écartera d'une tradition qu'il a toujours observée. Voir que le bonnet du commandeur comporte un vice quelconque – ou, au contraire, une marque de distinction – incline à supposer qu'un vice analogue ou une distinction semblable toucheront la foi de l'Islam, que Dieu le Très-Haut nous a octroyée. Le défaut ou le mérite concerneront peut-être les Musulmans eux-mêmes qui donnent à cette foi sa puissance. Si le bonnet est de bure comme celui des saints hommes, le rêveur imitera le comportement de ces hommes de sainteté et suivra leurs traces. S'il voit sur son propre bonnet une souillure ou une saleté, le rêveur commettra un péché qu'il regrettera. Si une femme se voit porter un bonnet, elle se mariera, si elle ne l'est pas. Si elle est enceinte, elle enfantera d'un garçon d'une nature aussi noble que l'étoffe du bonnet. Porter en rêve un bonnet coupé dans la fourrure d'un chat sauvage, d'un écureuil ou d'un renard signale au rêveur [esclave ou subordonné] que son maître n'est qu'un tyran inique, si ce maître est un homme de pouvoir. Qu'il est hypocrite, s'il est homme de religion; qu'il est fourbe, s'il est commerçant. Mais si le bonnet est fait de peau de mouton, le rêve est de bon augure.

On raconte qu'un rêveur est venu retrouver un interprète et lui a dit: «J'ai vu l'un de mes ennemis en habit noir de religieux, portant un bonnet noir, enfourchant un âne noir» L'interprète lui a répondu: «Le bonnet noir signifie qu'il va recevoir la charge de cadi. L'habit noir signifie la gloire ; et l'âne noir signale qu'il aura fortune, pouvoir et puissance !»

Le mouchoir figure le serviteur. Tout ce qui l'affecte dans le rêve, sa beauté ou sa propreté sont à rapporter au serviteur.

Le voile de la femme figure son époux, son protecteur et son maître. S'il est ample, il signale le confort matériel de l'époux ; sa fortune, s'il est beau et d'une noble étoffe ; sa piété et sa gloire, s'il est blanc. Si la femme voit en rêve qu'elle a enlevé son voile en public, elle en perdra la vertu de pudeur. Tout ce qui affecte le voile en rêve affectera l'époux de la rêveuse, si elle est mariée ; sa fortune si elle ne l'est pas. Ainsi si elle voit son voile noirci et en haillons, la situation de son époux sera détériorée et il s'appauvrira. Si elle se voit avec un voile fripé, elle saura que ses ennemis conspirent contre elle et ternissent son image auprès de son époux.

La tunique d'un homme figure son gagne-pain et son comportement dans la conduite de ses affaires ou dans sa foi. Tout ce qui l'affecte en rêve est à rapporter à tout cela dans l'interprétation. On dit que la tunique figure la bonne nouvelle, selon la parole du Très-Haut, [où Joseph dit]: *«Emportez ma tunique que voici / appliquez-la sur le visage de mon père, / il recouvrira la vue»* (XII, 93). On dit aussi qu'elle figure l'épouse du rêveur ou l'époux s'il s'agit d'une rêveuse, selon la parole du Très-Haut: *«Elles sont un vêtement pour vous / vous êtes, pour elles, un vêtement»* (III, 187). Si le rêveur voit sa tunique décousue, il se séparera de sa femme. S'il se voit porter une tunique sans manches, il doit s'attendre à une heureuse issue quant à sa vie religieuse, mais demeurera pauvre et incapable de travailler, car la fortune par le travail exige des bras. De même s'il voit le col de la tunique déchiré ; son rêve signale alors sa pauvreté. Et s'il se voit affublé de plusieurs tuniques, il saura qu'il a été l'auteur de nombreuses bonnes actions dont il sera largement récompensé dans l'autre monde. Quant à la tunique blanche, elle figure toujours la rectitude dans la foi et est toujours de bon augure. Dans tous les cas la tunique, ou tout autre robe vue en rêve, est liée dans l'interprétation à la situation du rêveur qui en est vêtu ; Ainsi par exemple, si la rêveuse porte une tunique coupée dans de l'étoffe pleine, flambant neuve et ample, elle saura que cela est de bon augure pour sa vie dans ce monde comme pour la vie future, et ce, pour elle-même et pour son époux. On rapporte en effet que le Prophète, paix sur lui, a dit un jour: «J'ai vu en rêve que des gens avaient défilé devant moi avec des tuniques qui leur arrivaient au sein ; d'autres avec des tuniques à peine moins courtes. Seul 'Umar avait mis sa longue tunique !» A ceux qui lui ont demandé l'interprétation de cette vision, le Prophète a seulement dit: «Cela indique sa foi !»

Le *kartak*[1] signale une issue heureuse. On dit aussi qu'il signale une naissance. Mais celui qui se voit mettre un *kartak* aura une fille quand il a espéré un garçon.

Le manteau figure splendeur, puissance, pouvoir et une heureuse issue. De tissu épais, il est de meilleur augure dans le rêve que s'il est coupé dans un tissu fin. Se voir revêtu d'un manteau de soie brute ou traitée ou de brocart vaudrait au rêveur un pouvoir et une position importante, selon la qualité et la fraîcheur du tissu. Ce rêve sera jugé de mauvais augure pour la foi du rêveur, car cet habit n'est pas un costume islamique, à moins qu'il ne s'agisse d'un habit de guerre. Mais dans tous les cas le manteau signale pouvoir et annonce une issue heureuse. Le *Daouaj*[2] signale la renommée ; il annonce au rêveur son mariage avec une femme s'il l'a utilisé comme couverture pour dormir. Si le rêveur voit que son *daouaj* est couvert de perles, on saura que son épouse est pieuse et s'adonne à la lecture du Livre de Dieu le Très-Haut ; mais s'il le voit doublé d'une fourrure de chat sauvage, d'écureuil ou de

1- Habit qui ressemble à la *"gandoura"* maghrébine.
2- Genre de pardessus très épais qui peut être doublé de fourrure ou de lainage.

renard, on saura que son épouse est infidèle, traîtresse, en liaison avec un personnage injuste.

Le bustier signale la femme ou alors la disparition du malheur et des soucis ; celui qui se voit en porter un, en, tenant à la main une plume et du papier, sera sauvé de la pauvreté en se mettant au service du roi.

La fourrure en hiver annonce un bien ; mais en été, elle signale une richesse accompagnée de chagrin.

Les habits en peau de mouton indiquent la puissance du rêveur. Ceux faits en peau de fauves, chats sauvages, écureuils ou renards, signalent un homme d'injustice ; mais on dit aussi qu'elles indiquent la gloire. Porter la fourrure à revers, annonce la mise à jour d'une fortune cachée.

Le pantalon figure une femme pieuse ou une esclave non arabe. Si le rêveur achète un pantalon de chez quelqu'un qui n'en vend pas d'habitude, il épousera une femme sans famille. Le pantalon neuf figure une femme vierge, et en porter signale la chasteté ; on dit aussi que le pantalon est signe pour le rêveur du bon comportement de son épouse et de sa famille. En porter en ayant le torse nu augure de l'appauvrissement. Le porter à l'envers signale que le rêveur commettra un acte obscène sur la personne de l'un de ses proches. Uriner dans ses pantalons signale la grossesse de l'épouse du rêveur ; y déféquer signale qu'il refusera avec colère la grossesse de sa femme. Si le rêveur voit tomber son pantalon, il saura que son épouse se dévoile devant les hommes et qu'elle renonce à se faire discrète. Les pantalons serrés annoncent un voyage pour un pays non arabe, car c'est là où l'on porte ce genre de vêtements. Mais on dit que les pantalons en général signalent la prospérité de la famille du rêveur et son bonheur toujours renouvelé.

La cordelière est associée, dans l'interprétation, au pantalon. On dit que celui qui voit son pantalon avec une cordelière devra renoncer à son épouse, qui lui devient alors interdite. Et si l'épouse de ce rêveur est enceinte, elle mettra au monde deux filles. S'il voit qu'il a mis une cordelière sous sa tête, il refusera de reconnaître son enfant. Si sa cordelière se rompt, il fera mauvais ménage avec son épouse et refusera tout commerce sexuel avec elle. S'il voit sa cordelière se muer en serpent, il saura que son beau-père est du nombre de ses ennemis. Et s'il voit sa cordelière en sang, il tuera un homme à cause d'une femme, ou participera au meurtre de la femme du fornicateur.

Celui qui se voit porter une *rowâna*[1] aura pouvoir dans une cité, s'il en est digne. Sinon, il aura une épouse riche qui n'a aucun parent en vie [sans héritiers].

L'*isâr*[2] signale une femme noble, car il s'agit d'un habit attaché au genre féminin. Si une femme se voit mettre un *isâr* rouge et épais, elle sera l'objet d'une grave suspicion. Si elle sort de chez elle avec un tel accoutrement, elle connaîtra la désapprobation générale. Si, dans une telle mise, le rêveur voit qu'elle porte des sandales, elle sera frappée d'une suspicion justifiée.

La toge signale pour le rêveur une épouse et un foyer. Si le rêveur se voit en porter une, il épousera une belle femme. Mais porter une toge rouge lui vaudra de s'engager dans un combat dont la femme sera l'enjeu. La toge blanche, neuve et de tissu épais, signale au rêveur gloire, puissance, foi solide et probité. Celle faite dans un tissu épais, signale une foi fragile.

On dit que tout pardessus signale une femme pieuse ; mais d'autres disent qu'il signale plutôt une chose de grande renommée mais de peu d'intérêt. Rêver de la teinture d'un pardessus ou d'un voile de tête masculin, augure de l'appauvrissement. En général, le pardessus figure la probité du rêveur car, il se met des deux côtés du cou[3]. Ibn Sîrîn a été un jour interrogé à propos d'un rêve où le rêveur s'est vu porter un pardessus de bure yéménite dont les bouts ont été brûlés ; il a répondu ainsi: «Voilà un homme qui a

1- Sorte de robe de chambre.

2- Toge dont la femme se couvre entièrement le corps pour sortir de chez elle.

3- Lieu symbolique de la responsabilité chez les Arabes.

appris une partie du Coran, qu'il a toutefois oubliée !»

Le *taïlaçan*[1] est la gloire de l'homme et sa splendeur ; il signale sa vertu selon sa qualité et l'épaisseur du tissu. Si le rêveur qui en porte est de ceux qui commandent aux armées, ce rêve lui vaudra une charge de commandement. S'il est digne d'un pouvoir, il en aura un. Sinon, il sera responsable d'un foyer et pourvoira aux besoins des siens. Certains disent que le *taïlaçân* annonce au rêveur la maîtrise d'un nouveau métier qui le mettra à l'abri des soucis et de la misère, tout comme cet habit qui le protège du froid et de la canicule. D'autres disent qu'il signale l'acquittement d'une dette, ou le voyage vers un pays froid. S'il est déchiré ou usé, le rêveur doit craindre la mort d'un frère ou d'un enfant, ou de toute autre personne parmi celles dont il s'enorgueillit. Mais celui qui voit son *taïlaçân* brûlé ou usé sans être anéanti, subira un dommage dans ses biens. S'il voit qu'on lui a retiré son *taïlaçân*, il sera vaincu et perdra sa gloire.

Le *kisâ*[2] signale un homme au statut dominant ; on dit aussi qu'il figure un métier qui mettra le rêveur à l'abri du besoin. Toute saleté sur un *kisâ* signale un écart dans le comportement du rêveur et la disparition de sa gloire. Parader avec son *kisâ* en été, augure de la tristesse et de la maladie. En hiver, le rêve est plutôt considéré de bon augure.

Le *mitraf*[3] figure la femme. L'habit de velours, une arme dirigée contre un ennemi. Par ailleurs le *mitraf* signale la bonne renommée du rêveur et une prospérité très étendue, car cet habit est le plus ample d'entre tous. Certains disent qu'il signale la réunion du rêveur avec ses proches, la sécurité ici-bas et l'immunité face aux malheurs. Porter le *mitraf* seul, sans autres habits, signale que le rêveur est pauvre mais recourt à la parade pour montrer une richesse apparente.

La molletière, si elle est enroulée autour des jambes, annonce un voyage. Les chaussettes annoncent la fortune et la protection par la

---

1- Châle masculin qui peut servir à voiler le visage.

2- Mot arabe qui désigne l'habit courant *"national"* en général.

3- Robe à volants en soie naturelle.

fortune [contre les soucis]. Si les chaussettes dégagent une bonne odeur, on saura que le rêveur conserve sa fortune, la protège par l'aumône légale et en tire bonne réputation. Si elles puent, cela signale la mauvaise réputation du rêveur. Si elles sont usées, on saura que le rêveur manque à son devoir d'aumône.

La *joubba*[1] figure la femme. Celui qui se voit portant une *joubba*, saura qu'une femme non arabe s'unira à lui. Si la *joubba* est teinte, la femme sera affectueuse et féconde. La propreté d'une *joubba* de coton figure la rectitude de la foi.

Porter des habits en laine signale une grande fortune rassemblée par l'effort du rêveur. S'il dort sur de la laine, il obtiendra la fortune d'une femme. La laine qui brûle signale la disparition de la fortune et la corruption de la foi. Porter la laine pour les savants signale le renoncement aux choses de ce monde. Si l'on voit un chien porter un habit de laine, on saura qu'un homme vil profite de la fortune d'un homme d'honneur. Un lion portant l'habit de laine signale l'équité du Sultan et son sens de la justice. Mais si le lion porte un habit de coton ou de lin, on saura que le Sultan est inique et qu'il spolie les biens de ses sujets et attente à leur honneur.

Porter du blanc est toujours de bon augure pour la vie en ce monde comme pour la vie future du rêveur s'il est habitué à en porter à l'état de veille. Pour les artisans et les travailleurs, un tel rêve leur annonce des jours de repos, s'ils n'en portent pas pendant leur activité. Les habits verts signalent la force, la foi solide et davantage de piété pour les vivants ; pour ceux qui sont morts et que l'on voit porter le vert, cela leur vaudra une excellente situation auprès de Dieu, car c'est la couleur des gens du Paradis. Le vert pour le rêveur annonce aussi un héritage ; sur un personnage mort vu en rêve, cela signifie qu'il a quitté la vie en martyr. Les habits rouges sont de mauvais augure pour les hommes, à moins que ce ne soit une toge, un drap ou une pièce de

---

1- Habit d'homme, large et long. Le plus fréquent parmi les costumes classiques arabes.

literie ; la couleur rouge signale alors la joie. Elle est de bon augure aussi pour les femmes dans leur vie ici-bas. On dit aussi que le rouge figure la grande fortune avec un manquement au devoir d'aumône. Si le monarque porte le rouge en rêve, cela signale sa tendance à s'adonner au jeu et à la débauche. Si le rêveur est malade, cette couleur augure de sa mort. Mais se voir habillé de rouge un jour de fête n'est pas de mauvais augure. La couleur jaune dans l'habillement annonce la maladie et l'affaiblissement, sauf s'il s'agit de brocart ou de soie. Certains disent que ce genre de tissus n'est de bon augure que pour les femmes et signalent plutôt, pour les hommes, une foi corrompue. Les habits noirs ne sont de mauvais augure que pour le rêveur qui n'est pas habitué à en porter. Pour le rêveur malade, c'est l'annonce de sa mort puisque sa famille en porte à son deuil. Les habits bleus figurent tristesse et soucis.

Les habits bariolés signalent des paroles détestables que le rêveur entendra du Sultan ; L'habit réversible ou à deux couleurs signale que le rêveur cherche le compromis entre les considérations de ce monde et celles de la vie future. Si l'on voit un tel habit neuf mais sali, cela signale soit une fortune soit des dettes. On dit que les habits bariolés en rêve sont les habits des violents et des sanguinaires. Ils sont de bon augure seulement pour ceux dont le métier se rapporte aux boissons, pour les autres, ils annoncent une vie difficile et la tristesse. Pour le rêveur malade, ils annoncent l'aggravation de son mal, s'il s'agit d'indigestion, de bile ou de jaunisse. Ce genre d'habits est de bon augure pour les belles femmes, puisqu'elles ont l'habitude d'en porter.

chapitre trente

Des Sultans et des rois, leurs gardes, agents et hommes de cour

Du rêveur qui copule avec l'épouse du calife
certains disent qu'il obtiendra une faveur
de ce personnage
d'autres affirment que le rêveur proférera
des paroles de médisance à l'encontre de l'épouse de ce même calife.

Le seul vrai Sultan que l'on voit dans le rêve ne peut être que Dieu, le Très-Haut. Si le rêveur Le voit satisfait, il saura qu'Il est satisfait de lui. S'il Le voit renfrogné, le rêveur doit se reprendre: sa foi s'est peut-être corrompue.

Celui qui se voit investi du Califat aura puissance et honneur. S'il se voit prendre l'identité d'un calife connu, s'il est d'un statut digne d'une telle fonction, son rêve est de bon augure. S'il n'est pas de mérite justifiant son rêve, il sera humilié et subira un malheur.

Si le rêveur se voit devenir roi ou Sultan, il obtiendra un gain matériel en même temps qu'il verra sa foi compromise. On dit aussi qu'un tel rêve annonce la mort imminente du rêveur malade ou indigne de prétendre au statut royal, car sur un mort, comme sur un souverain, nul n'exerce la moindre autorité. L'esclave qui fait ce rêve sera affranchi.

Celui qui se voit l'objet de reproches de la part du calife, se réconciliera avec ce personnage. Si c'est le rêveur qui conteste le calife par des paroles de sagesse, il réalisera ses projets. Marcher à côté d'un calife en rêve signale que le rêveur le prendra en exemple. S'il se voit avec lui sur une même monture, il lui succédera dans la conduite des hommes, de son vivant ou après sa mort. S'il partage son repas, il aura un prestige, à la mesure de la quantité de nourriture consommée en sa compagnie. Certains disent que ce rêve annonce une dispute entre le calife et le rêveur, car dans ce cas, il aura pris le risque de l'égaler. Si le calife lui adresse la parole, il gagnera un statut élevé, selon la parole du Très-Haut: «*Après que Joseph eut parlé, le roi lui dit: / Dès aujourd'hui, te voilà auprès de nous, / placé à un poste d'autorité et de confiance*» (XII, 54).

Si le rêveur copule avec l'épouse du calife, certains disent qu'il obtiendra une faveur de ce personnage ; d'autres affirment que le rêveur proférera des paroles de médisance à l'encontre de l'épouse de ce calife. S'il voit le calife lui offrir du brocart, il épousera une femme de sang royal ou alors le roi lui offrira une belle esclave.

Si le rêveur voit le calife en public abordé par un haut personnage qui lui a chuchoté quelque chose à l'oreille, ce calife mourra, selon l'histoire de 'Ad Ibn Shaddâd[1]. On raconte en effet, que ce 'Ad a été arrêté sur le chemin du jardin paradisiaque qu'il s'est offert, par l'Ange de la mort qui s'est présenté à lui sous une apparence humaine. L'Ange lui a chuchoté quelque chose à l'oreille avant de lui arracher la vie. Si on voit le calife porter deux cornes, il s'emparera du Levant et du Couchant, tout comme l'a fait Alexandre, l'homme «aux deux cornes» [*Dhû al-qarnaïn*][2]. Si le calife se montre dans le rêve sous l'apparence d'un homme du peuple, il verra son prestige renforcé.

La maladie du calife dans le rêve indique sa tendance à devenir injuste, alors que sa santé sera de bien meilleur augure. Sa mort annonce une crise qui secouera le pays. Si l'on rêve de la mort du calife et qu'on a omis de l'inhumer on conclura à un rêve de bon augure. Si on le voit ressuscité, le pays connaîtra une nouvelle force et ses successeurs consolideront leur pouvoir.

Le rêve du Sultan en habits noirs indique le renforcement de son pouvoir. Les habits blancs lui valent un plus grand prestige et l'absolution d ses péchés ; les habits de cotonnade, une plus grande vénérabilité, sa proximité de ses sujets et des ennemis nombreux ; les habits de laine annoncent la prospérité de son empire et le règne de l'équité. Mais le voir en habits de brocart indique qu'il se comportera comme un pharaon et aura une mauvaise conduite.

1- Roi légendaire d'une peuplade arabe décimée par la colère de Dieu, selon le Coran.

2- Ainsi mentionné dans le Coran (sourate XVIII, 83-98). Certains exégètes s'accordent à voir derrière ce surnom la réplique d'Alexandre le Grand, mythifié pour sa lutte contre les méfaits de Gog et Magog.

Si on voit le Sultan se débarrasser de son couvre-chef, ouvrir sa tunique ou enlever sa ceinture, il montrera des négligences dans l'exercice du pouvoir. S'il les met, il se donnera les moyens de sa politique. S'il met des sandales neuves, il s'emparera des biens des infidèles et des Gens du Livre qui deviendront ainsi ses protégés ; fera de nouvelles conquêtes et aura beaucoup de captifs, selon la parole du Très-Haut: «*Il vous donne en héritage / leur pays, leurs habitations, leurs biens / et une terre que vos pieds n'ont jamais foulée.*» (XXXIII, 27).

Celui qui se voit devenir vizir aura une charge importante dans la direction du royaume. Si on voit les gardes du calife debout, on saura que ses agents s'efforcent à faire leur devoir. Si on les voit assis on saura qu'ils sont plutôt négligents. Le garde personnel du roi – dans le rêve – annonce la bonne nouvelle. L'homme de police figure l'Ange de la mort. On dit aussi qu'il annonce la catastrophe et le malheur.

Celui qui se voit devenir juge et faire preuve d'équité sera honnête, s'il est commerçant. S'il est vendeur ambulant, il sera soucieux de l'exactitude des poids et des mesures. Si l'on voit un juge critiquer l'aloi de fausses pièces de monnaie, le personnage acceptera [dans la réalité] le faux témoignage et donnera des jugement en s'y appuyant.

Le majordome figure le savant conservateur de la Tradition, car le prophète Joseph a occupé cette fonction. Le comptable est un tortionnaire, tandis que le serviteur ou l'eunuque sont porteurs de la bonne nouvelle.

Le gardien du palais du Sultan figure le porteur d'un avertissement ; mais celui qui rêve de la porte du palais obtiendra une charge de pouvoir. L'écuyer du Sultan figure un homme prévoyant et sage et le vendeur de chevaux indique le personnage qui apprécie la compagnie des gens de noblesse.

Celui qui se voit en train de manger au sérail aura une charge de pouvoir, selon la parole du Très-Haut: «*Mangez ce que votre Seigneur vous a accordé / et soyez reconnaissants envers lui*» (XXXIV, 15).

Les gardes nombreux avertissent le rêveur qui néglige ses prières. L'homme de police annonce toujours le désarroi et la panique, les soucis et les dangers, de même que toute personne en possession d'un signe de pouvoir et qui se dévoile au rêveur sous un aspect méchant.

chapitre trente et un

De la guerre et de l'état de guerre, armes et machines de guerre, massacres et supplices, captivité et chaînes etc.

Mais si l'on voit que c'est plutôt l'épée
qui avale le rêveur
celui-ci sera mordu par une vipère.

La guerre est de trois sortes: ou elle se déroule entre un pouvoir et un autre pouvoir ; entre un pouvoir et la population ; ou enfin, entre les factions d'une même population.

Rêver de la guerre entre un pouvoir et un autre pouvoir annonce une discorde ou une épidémie, Dieu nous en préserve ! Entre un pouvoir et la population, le rêve annonce la baisse des prix des denrées alimentaires ; entre les factions d'une même population, il augure, au contraire de la hausse des prix de ces mêmes denrées.

Rêver de l'approche d'une armée annonce la pluie dans les lieux où le rêve s'est passé. Le rassemblement de soldats signale la défaite des détenteurs du mal et le triomphe des gens de bien, selon la parole du Très-Haut: «*Nous allons marcher contre eux avec des armées, / ils n'y résisteront pas*» (XXVII, 37) ; tandis que voir des soldats en petit nombre augure d'une victoire, selon la parole du Très-Haut: «*Combien de fois une petite troupe d'hommes / a vaincu une troupe nombreuse, avec la permission de Dieu ?*» (III, 249). Rêver d'un soldat tenant un fouet ou une baguette annonce au rêveur une vie agréable.

Voir en rêve se lever la poussière [de la bataille] annonce un voyage prochain ; mais si, lors d'une telle vision, le rêveur constate des éclairs et entend le tonnerre, cela augure de la sécheresse et d'un temps de pénurie, selon la parole du Très-Haut: «*Ce jour-là / des visages seront couverts de poussière / enveloppés de ténèbres*» (LXXX, 40-41). Si point d'éclair ni de tonnerre, le rêveur profitera d'un butin, selon la parole du Très-Haut: «*Ceux qui surgissent à l'aube / ceux qui font voler la poussière*» (C, 3-4). Car le sable figure la fortune et c'est du sable que se constitue la poussière. Certains disent que le rêveur qui se voit couvert de poussière fera un voyage, d'autres affirment qu'un tel rêveur s'enrichira de la guerre.

Le rêveur qui se voit sur une jument excitée, au grand galop, soulevant la poussière, aura un statut dominant ; il se gonflera d'orgueil et s'enfoncera dans la vanité. Un tel rêve amènera la discorde, car l'excitation dans l'interprétation équivaut à l'orgueil vain et la poussière dans un rêve signale la zizanie.

La bannière figure un savant vivant dans le renoncement[1] ou un homme riche et généreux que les gens prennent en modèle, selon la parole du Très Haut: «*... et des points de repère, / Les hommes se dirigent d'après les étoiles*» (XVI, 16). Les bannières rouges signalent l'allégresse ; celles qui sont de couleur jaune annoncent l'épidémie parmi les soldats ; celles qui sont vertes, présagent un voyage sur le sentier du bien ; celles qui sont blanches annoncent la pluie ; la sécheresse, quand elles sont noires. On dit que celui qui rêve d'un étendard aura une bonne renommée dans son pays. S'il est dans l'égarement, il sera guidé, selon la parole du Très-Haut: «*Jésus est, en vérité, l'annonce de l'Heure / n'en doutez pas et suivez-moi*» (XLIII, 61). Pour une femme, le rêve de l'étendard annonce un mari. L'étendard que l'on voit en rêve, associé à un savant retiré du monde, présage de la joie et du bonheur, s'il est de couleur rouge ; de la gloire, s'il est noir. On dit aussi que les bannières noires annonceront des pluies abondantes ; les blanches, des pluies passagères ; les rouges, la guerre.

Une femme a vu en rêve qu'elle avait enterré trois étendards. Sa mère est venue consulter pour elle Ibn Sîrîn qui lui a dit: «Si ce rêve se vérifie, elle épousera successivement trois hommes de noblesse et chacun d'eux mourra avant elle !» Et il en a été ainsi.

La guerre est de mauvais augure pour tous, sauf pour les rêveurs commandants d'armées, pour ceux qui vivent des métiers des armes, ou qui sont liés directement ou indirectement à ces métiers.

1- En arabe '*alam* signifie "bannière, étendard, drapeau" et *'âlim*, "savant".

L'épée figure l'enfant mâle ou le pouvoir. La poignée de l'épée ainsi que la pointe du fourreau indiquent aussi l'enfant du rêveur ainsi. Celui qui se voit porteur d'une épée aura une charge, car le cou qui supporte la bandoulière figure la confiance, tandis que la lame signale la grande fermeté. Si le rêveur se voit ployé sous le poids d'une épée, il faiblira dans l'exercice de son pouvoir. S'il voit se casser les bandoulières, il sera démis de ses fonctions. Dans la beauté des bandoulières, il faut voir l'indice de la splendeur du pouvoir qu'exerce le rêveur.

Si le rêveur se voit tendre une épée à son épouse ou s'il en reçoit une lui-même, il aura un enfant mâle. Si l'épouse du rêveur donne à celui-ci l'épée dans son fourreau, il aura une petite fille. Si c'est lui qui, dans le rêve, lui tend l'épée dans le fourreau, il aura un garçon. D'autres affirment l'inverse. Si le rêveur se voit porter quatre épées, une en fer, une autre en plomb, une autre en cuivre et une quatrième en bois, il aura quatre fils: l'un d'eux sera courageux, pour l'épée en fer ; l'autre – figuré par l'épée de plomb – sera riche ; le troisième – pour l'épée de cuivre – sera un efféminé, et le dernier, figuré par l'épée de bois, sera un hypocrite. Quant à celui qui se voit brandir une épée rouillée, il aura un enfant laid. Si l'épée se brise dans son fourreau, l'enfant sera mort-né. Si c'est le fourreau qui s'abîme, et que le rêveur réussit à retirer son épée, son épouse mourra pendant l'accouchement, mais son nouveau-né sera sauf. Et si le fourreau s'abîme et que l'épée se casse aussi, la mère et l'enfant périront.

Si le rêveur sort du fourreau une épée et que sa femme, au moment de son rêve, n'est pas enceinte, il s'agira d'un discours qu'il aura préparé pour quelque circonstance: dans le cas où l'épée dont il a rêvé est aiguisée et luisante, son discours sera juste et agréable. Si l'épée est lourde, il prononcera des paroles qu'il ne pourra assumer. Si l'épée est ébréchée sa langue faillira et restera en deçà de ce qu'il devra dire. S'il se voit – au moment où il se trouve en litige avec quelqu'un – brandir une épée, le droit sera de son côté. Si dans les mêmes circonstances, il trouve une épée en rêve et qu'il s'en saisit, il recouvrera ses droits. Si quelqu'un lui tend une épée, cette arme peut figurer son épouse, car le Sage Loqmân a dit de l'épée: «Ne vois-tu pas qu'elle est aussi belle en son apparence que néfaste quand elle agit !»

Celui qui se voit porter deux ou trois épées et que l'une d'elles se détache de lui, se séparera de l'une de ses épouses. On dit que celui qui se voit brandir une épée, sollicitera un témoignage à des gens qui ne le lui accorderont pas, selon la parole du Très-Haut: «*Ils vous blessent de leurs langues acérées*» (XXXIII, 19) ; les langues étant ici assimilées aux épées. Le rêveur qui se voit en train de frapper de son épée dans tous les sens, dans le pays d'Islam, ne tiendra pas sa langue et proférera des paroles inconvenantes.

L'homme fort et secourable qui se voit porter des bandoulières sans épées sera dépositaire d'une charge de confiance.

La poignée de l'épée figure le père ou l'oncle du rêveur ; on dit aussi qu'elle figure la mère ou la tante maternelle. Si la poignée se casse, le rêve augure de la mort de l'un de ces personnages. L'extrémité du fourreau figure un serviteur ou un contrat de vente. Si elle s'abîme, le rêveur verra mourir son serviteur ou s'annuler un contrat de vente qu'il a négocié. Jouer de l'épée figure l'habileté du rêveur si le jeu est associé à une charge du pouvoir. S'il est associé à la parole, il figure l'éloquence du rêveur. Associé à l'enfant du rêveur, il signale que cet enfant sera l'objet d'admiration. Voir des épées associées au vent annonce l'épidémie.

On dit que l'épée figure aussi la colère du rêveur et sa puissance à sévir. On raconte qu'un homme a consulté Ibn Sîrîn à la mosquée de Bassora pour un rêve où il a vu un homme tout nu, debout au milieu de cette même mosquée, brandissant une épée. Il en frappait un rocher qu'il avait pulvérisé.

— Cet homme doit être Hassan al-Basrî ! a dit Ibn Sîrîn.

Et le rêveur de s'exclamer:

— Je jure que c'était bien lui, en effet !

L'interprète a commenté ainsi l'avis qu'il a donné:

— J'ai supposé que la nudité de l'homme signalait son renoncement au monde pour se consacrer à sa foi, puisqu'il était dans la mosquée. Que son épée était sa langue ; il en frappait le rocher comme s'il tranchait entre le vrai du faux en matière de religion…

Hichâm [Ibn Abdel-Malek] a dit un jour au même Ibn Sîrîn.

— J'ai vu en rêve que j'avais à la main une épée avec laquelle je m'aidais pour marcher, comme d'une canne…

— Votre femme est-elle enceinte ? a interrogé son interprète.

— Oui, en effet ! a-t-il dit

— Eh bien, ce sera un garçon, si Dieu le veut !

Un fakir hindou s'est vu en rêve avalant une épée, et il a raconté son rêve à un interprète qui lui a dit: «Tu dilapideras la fortune de ton ennemi !» Mais si l'on voit que c'est plutôt l'épée qui avale le rêveur celui-ci sera mordu par une vipère.

Un autre homme est venu retrouver Ibn Sîrîn pour lui dire: «Je me voyais en rêve devant un nègre étendu que je torturais à mort avec mon épée !» Et Ibn Sîrîn de commenter: «Voilà une bien sévère séance de mise en accusation ! Sois donc indulgent, car la cible de tes reproches aujourd'hui t'en adressera peut-être un jour.»

L'épée associée à d'autres armes signifie le pouvoir. Lutter avec l'épée figure la querelle du rêveur avec un groupe d'hommes ; et frapper avec une épée indique que le rêveur usera et de sa parole et de ses mains [pour débattre] avec effronterie. L'épée seule qui n'est accompagnée de nulle autre arme figure un fils. Se voir avec une épée brandie à la main sans avoir l'intention d'en faire usage, vaudra au rêveur pouvoir et renommée. Et Ibn Sîrîn a jugé que l'interprétation la plus plausible du rêve de l'épée serait la promesse d'un pouvoir pour celui qui en est digne, sinon il annonce l'enfant mâle.

La lance associée à d'autres armes signifie un pouvoir efficace. Seule, elle figure le neveu du côté du frère. Enfoncer la lance dans le corps de quelqu'un indique la diffamation et la calomnie ; c'est bien pourquoi on dit du calomniateur qu'il «piquait et transperçait !» Certains disent que la lance figure un témoignage de vérité ; on a dit aussi qu'elle annonce un voyage ou figure une femme. Celui qui se voit avec une lance à la main saura qu'il a eu un enfant mâle. Si la lance comporte une pointe, l'enfant sera un grand homme et dominera son entourage. Se voir tenant une lance et chevauchant une monture, vaudra au rêveur un pouvoir puissant et élevée. Si on voit se briser une lance associée à un fils ou à un frère, ce fils ou ce frère sera victime d'une maladie. Si la brisure est réparable, le malade guérira. Sinon il mourra. Pour un homme de gouvernement la lance brisée vaudra la perte de sa charge, tandis que la perte de la pointe d'une lance figure la mort du fils ou du frère. Le javelot appelle les mêmes interprétations que la lance.

On raconte qu'un homme est venu retrouver Ibn Sîrîn pour lui raconter un rêve où il s'était vu avec une lance, déambulant devant le prince. L'interprète lui a dit: «Si ton rêve se vérifie, tu auras à produire un témoignage de vérité devant ce prince !»

On rapporte que Abû Mukhallad a vu en rêve qu'on lui avait donné une lance *«radinienne»*[1] . Il a eu un enfant qu'il a prénommé *«Radini»*. Un autre homme a vu qu'une lance tombée du ciel l'avait blessé au pied. Il a été mordu par une vipère à ce même pied.

Le rêve de la lance enfoncée dans le corps de quelqu'un figure toujours une diffamation dont pâtira la victime de la scène du rêve.

Le lasso[2] figure un homme que le rêveur prendra à son service. S'il est de chanvre, il s'agira d'un robuste serviteur. S'il est de

1- Il s'agit d'une "marque" à l'époque, en référence à une femme-armurier dont on a donné le nom à une lance bien droite.

2- *Wahq* : exactement le principe du lasso selon *Liçân al-Arab*.

fibres de palmier, il s'agira d'un homme de bien. Celui qui se voit attraper quelqu'un au lasso, demandera l'aide d'un homme, si la corde a pris dans le cou. Si elle a pris dans la taille, le chasseur trompera celui qui figure la personne qu'il a ainsi attrapée ; il recouvrera ses droits contre elle, triomphera d'elle, en la conduisant sur la voie d'un péril mortel.

La flèche figure un messager ; aussi, celui qui se voit tirer une flèche et rater sa cible, enverra un messager pour une mission qui ne sera pas accomplie. S'il atteint sa cible, son messager accomplira la mission que le rêveur lui a confiée. Si la flèche est droite, il s'agira d'une missive contenant des paroles de vérité. Si la flèche s'enfonce dans son impact cette parole sera agrée. Si la flèche est taillée dans le roseau et écourtée, la parole qu'elle figure ne sera que vaine parole. Si toutefois elle atteint sa cible, le rêveur réalisera son dessein. Si la flèche possède une pointe aiguisée, on saura que le rêveur est un homme bien disert. S'il atteint sa cible, il joindra ses paroles aux actes. Si le rêveur voit qu'une femme a tiré une flèche qui l'a atteint au cœur, il se prendra au jeu de cette femme et son cœur s'attachera à elle. Si les flèches sont du genre *mâ'aridh*[1] elles figurent des messagers aux paroles douces et subtiles. Si le rêveur tire une flèche à l'envers [la pointe du côté de l'arc], il s'agira d'une missive retournée au destinataire. Si la flèche n'a pas de plumeau, il s'agira d'un messager chargé par obligation de remplir sa mission. La pointe de la flèche est toujours, dans le rêve ce qui figure une missive contenant un message de force et de fermeté. Une pointe en plomb annonce un affaiblissement ; en cuivre, elle figure les biens de ce monde ; en or, une missive de haine.

Si le rêveur se voit tirer une flèche sans pointe, on saura qu'il désire transmettre une missive à une femme et qu'il ne trouve pas de messager. Si la pointe est lisse, dépourvue de l'échancrure qui permet l'encochement de la flèche sur la corde de l'arc, son

---

1- Sorte de flèche large au milieu, sans plumeau, qui atteint la cible de tout son corps et non pas de la pointe.

messager ne sera pas entreprenant. Si la flèche fait des détours il saura que son messager a peur pour lui-même.

La flèche en général figure la parole de vérité et la réplique à l'adresse de ceux qui désobéissent à Dieu le Très-Haut. Si elle atteint la cible, la parole du rêveur sera agrée. Sinon, elle sera refusée. Qu'une femme voit une flèche unique rangée dans son carquois elle doit s'attendre à l'hostilité de son époux. On dit aussi que celui qui voit des traits de flèches décochés d'un arc, devra en conclure que l'arc figure le père et que la flèche tirée indique un enfant élevé par une autre personne que son géniteur.

La flèche tirée signale aussi la charge d'un pouvoir. Celui qui se voit avec une flèche à la main aura cette charge avec la puissance et la fortune qui lui correspondent. Il est dit aussi qu'un tel rêve annonce toujours la bonne nouvelle. Un rêveur a vu qu'on le battait avec une flèche ; l'interprète qu'il a consulté lui a observé qu'il s'adonnait à la médisance et l'indélicatesse ; ce qui était vrai. L'arc qui se casse signale que le messager n'a pu transmettre une missive. Pour la femme, une flèche figure l'époux.

Le carquois, dit-on, figure le village ou la cité. Celui qui se voit nanti d'un carquois aura un pouvoir. Mais on dit aussi que le carquois figure une mégère, ou la fermeté face aux ennemis. Le rêve du carquois annonce un pouvoir à ceux qui en sont dignes. Pour les Arabes, il figure une femme.

Les traits de flèches en général figurent les paroles écrites dans une missive. L'arc, une femme souvent fécondée, un fils, un frère, un voyage ou une offrande à Dieu. L'arc enveloppé figure l'enfant que porte encore la femme. Associé à d'autres armes, il signale pouvoir et puissance. Celui qui se voit donner un arc à sa femme la verra accoucher d'une fille. Si la femme donne l'arc au rêveur elle mettra au monde un garçon. Tendre un arc sans qu'il y ait une flèche encochée annonce un voyage. Et tendre l'arc arabe vaudra au rêveur le voyage pour rencontrer dans la splendeur un saint homme. Si l'arc est d'un type persan le rêveur fera un voyage vers des contrées non arabes.

La rupture de la corde de l'arc signale que le voyage sera empêché, ou alors que le rêveur répudiera sa femme. Si l'arc se brise le rêveur devra craindre la mort de son épouse, de son fils, d'un associé ou d'un puissant parmi les puissants. S'il est dit que l'arc figure une charge du pouvoir et si le rêveur la voit se briser on conclura à une mise à l'écart de celui qui jouit de ce pouvoir. La raideur d'un arc signale les difficultés du voyage. Pour les commerçant elle signale la faillite. Associée à un fils cette raideur augure de sa révolte contre le père ; à l'épouse elle signale son refus de se soumettre aux désirs de son époux. La maniabilité de l'arc conduit à inverser ces interprétations. Il se peut que la vision de l'arc signale que le rêveur s'approchera de quelques nobles, selon la parole du Très-Haut: «*Il s'approcha et demeura suspendu / il était à une distance de deux portées d'arc.*» (LIII, 8-9). Tendre un arc sans placer la flèche augure d'un long voyage et d'un bon retour consacrant une nette amélioration de la situation du rêveur. Si la corde se rompt, il s'installera dans le lieu qu'il a atteint, s'il l'a déjà atteint. Si l'arc du rêveur se casse, il subira une catastrophe liée à des ordres le concernant émis par le monarque.

L'arc lance-pierres signale la propension à la calomnie de celui qui en use. Celui qui se voit en posséder un aura un fils, fera l'acquisition d'un jeune esclave et augmentera son pouvoir. Celui qui se voit tailler un arc, alors qu'il est dans le célibat et désire se marier, se mariera et fécondera aussitôt la femme qu'il aura épousée. Mais un tel rêveur, s'il est investi d'un pouvoir, verra ses sujets lui désobéir. L'arc est considéré en général comme une figure de la femme, selon l'adage qui dit: «La femme est semblable à l'arc. Si tu essaies de la redresser, elle se casse !» Associé à l'enfant du rêveur l'arc signale que cet enfant sera un homme de lettres et d'écriture. Et si le rêveur tend un arc qui vibre d'un son pur et tire la flèche en atteignant la cible il en aura un pouvoir qu'il assumera dans la justice et l'équité. D'autre part, on dit que se voir en rêve tenant un arc brisé vaudra au rêveur d'épouser une femme de bonne naissance.

La catapulte et la baliste figurent la diffamation et l'imposture.

Mais si le rêveur se voit en user contre une citadelle protégeant des gens impies il appellera des hommes à agir dans le bien. Le boulet de la catapulte figure un messager sévère. Le rêveur qui se voit user de la catapulte à partir d'un endroit élevé aura un royaume qu'il gouvernera par l'injustice. Les rochers que l'on voit sur les hauteurs ou que l'on voit au pied d'une montagne et qui n'en seront pas descellés figurent des hommes au cœur dur à l'endroit de la religion. Si le rêveur se voit portant un rocher pour éprouver sa force il aura à combattre un héros impitoyable. S'il a réussi en rêve à soulever le rocher il triomphera de son adversaire. Sinon, il sera défait.

Un père de plusieurs filles, pauvres, a vu en rêve qu'un rocher a pénétré dans sa demeure. L'interprète qu'il a consulté lui a prédit l'arrivée chez lui d'un jeune homme au cœur dur. Peu après il a donné l'une de ses filles en mariage à un homme de mauvaise foi.

Un autre rêveur a vu qu'un petit caillou lui était entré dans l'oreille. Effrayé de cette intrusion, il réussit toutefois à le faire dégager. Il a raconté son rêve à Ibn Sîrîn qui a dit: «Voilà un homme qui a l'habitude de fréquenter des gens coupables d'innovation [en matière de religion] et il a dû entendre des propos qui lui ont paru inadmissibles !»

Se voir jeter la pierre à quelqu'un avec un lance-pierres signale que le lanceur appelle à une cause juste. Mais il le fera avec une grande rigueur et un cœur dur. On dit que celui qui voit des femmes lui lancer des pierres sera victime de leurs maléfices.

La massue figure un frère conciliant, un enfant mâle ou un serviteur qui défendra son maître et le protégera.

Le pieux figure puissance et pouvoir. Il annonce un profit pour le commerçant.

La cuirasse figure la citadelle. Le rêveur qui se voit porteur d'une cuirasse sera nanti d'un immense pouvoir. Tout ce qui protège contre des armes signale une immunité face aux ennemis, particulièrement la cuirasse qui signale aussi l'immunité de la foi.

Pour les gens du peuple la cuirasse annonce bienfaits et protection contre les fausses accusations et les intrigues. Dieu, le Très-Haut, n'a-t-Il pas dit: «*Il vous a procuré des vêtements qui vous protègent / de la chaleur / et des vêtements qui vous protègent des coups*» ? (XVI, 81). Et n'a-t-Il pas dit encore en parlant du prophète David: «*Nous lui avons appris, pour vous, / la fabrication des cottes de mailles / qui vous protègent contre les coups / que vous vous portez les uns contre les autres ?*» (XXI, 80). Et celui qui se voit en rêve fabriquer une cuirasse construira une ville qui sera bien défendue. Porter la cuirasse figure aussi un frère protecteur ou un fils affectueux. Pour le commerçant, un tel accoutrement signale un grand profit, sûr, constant et qui sera bien conservé. On dit que la cuirasse en général annonce pouvoir et fortune. On dit aussi que tout ce qui protège contre les armes comme le bouclier, le casque, la cotte de maille, le gilet ou les guêtre s, peut signaler tout simplement des habits de parade.

La cotte de mailles est semblable à la cuirasse, sauf qu'elle est plus pertinente dans le sens de la protection, de l'immunité et de la force ; se voir porteur d'une cotte de mailles pourra annoncer le mariage du rêveur à une femme de grande noblesse, belle et fortunée.

La heaume et le casque annoncent une diminution de la fortune du rêveur qui les portent mais le même rêve lui vaudra honneur et puissance. On dit que celui qui se voit avec un casque de fer sur la tête atteindra un grand pouvoir. L'Envoyé de Dieu, Dieu le bénisse et lui accorde la paix ; a dit: «Je me suis vu en rêve porteur d'un casque, j'y ai vu ce qui figure la Cité de Médine ; dans ce même rêve je me suis vu traînant un bélier, je l'ai interprété comme ce qui figure le bélier d'assaut ; j'ai vu une fêlure, à mon épée *Dhû al-Fiqâr*[1] , je l'ai interprétée comme une faiblesse en vous ; et j'ai vu qu'on égorgeait une vache et j'ai rapporté cette vision au nombre des tués parmi mes Compagnons.»

Les brassards en fer figurent des proches parents ; se voir en

---

1- Litt. "*Ce qui comporte des entailles*" . Les Arabes donnaient des noms à leur cheval et à leur épée. Ce nom qui est toujours utilisé pour prénommer des garçons (en Egypte et au Pakistan, notamment) désignait l'épée du Prophète.

porter annonce au rêveur le soutien de l'un de ses proches. On dit qu'un tel rêve vaudra au rêveur la compagnie de deux grands personnages. L'interprétation de ce rêve pourra aussi se rapporter au frère du rêveur ou à son fils.

Les jambières de fer figurent soit un fils soit la force d'entreprendre un voyage.

Le bouclier signale un homme cultivé et généreux, d'une nature facile, un véritable modèle pour ses frères pour toutes les vertus, capable de les protéger, de les défendre contre tous les dangers et les maux. On dit aussi que le bouclier figure le serment du rêveur ; d'autres disent encore qu'il peut figurer un fils qui défendra son père. Le bouclier blanc indique un homme de foi et de prestige. Le vert un homme doté de vénérabilité. Le rouge, un homme de nature ludique et enjouée. Le noir, un homme de fortune et de gloire. Un bouclier multicolore, un homme d'intrigues. Si le rêveur voit avec le bouclier d'autres armes il saura que ses ennemis ne pourront l'atteindre. Si un joaillier ou tout autre commerçant rêve d'un bouclier parmi son mobilier habituel, dans sa boutique ou entre les mains de ses apprentis, on saura qu'il est homme de faux serment qui n'utilise son serment que pour sauvegarder ses transactions, selon la parole du Très-Haut: «*Ils ont pris leurs serments comme sauvegarde*» (LXIII, 2). Le père qui se voit muni d'un bouclier, saura que son enfant sera capable plus tard, de pourvoir à tous ses besoins et de le protéger. On dit que le rêveur qui se protège derrière un bouclier demandera la protection d'un homme puissant. On a dit aussi que le bouclier en matériau précieux figure une femme belle et fortunée. S'il est taillé dans une matière vulgaire il figure une femme laide.

Le rêveur qui se voit couvert d'armes au milieu de gens désarmés aura un statut dominateur. Mais si les gens désarmés sont des vieillards ils figurent des amis à lui. S'ils sont jeunes ils seront des ennemis. On dit que si le rêveur, auteur d'un tel rêve, est malade cette vision annonce sa mort prochaine.

Le tambour de cortège signale une fausse nouvelle. Voir que le tambour du roi a été crevé annonce la mort du crieur du roi. On dit que le tambour de cortège figure un homme qui loue Dieu en toute circonstance. Le tambour dont la peau est distendue signale la superbe et l'insolence. Les gros tambours figurent des riches avares. Mais celui qui voit jouer les tambours et les cymbales à sa porte aura un pouvoir dans un pays non arabe.

Le duel au sabre annonce la querelle, le désaccord et la controverse, prélude au combat meurtrier. Cette vision peut aussi figurer une future épouse qui aura une conduite différente selon la scène du duel: si, par exemple, le rêveur se voit doté de toutes les armes et d'une cotte de mailles qui cache tout son corps il épousera une femme riche ; elle sera portée à le tromper si l'épée ; dans le rêve, n'est pas brandie. Elle sera charitable envers les pauvres si l'armure ne cache pas tout le corps.

Les coups d'épée signalent toujours une conduite honorable au Combat sacré. La vision d'une épée brandie à bout de bras par le rêveur signale sa renommée dans une activité qui est la sienne dans la réalité. Piquer de la lance, de l'épée ou d'une baguette signale toujours des paroles de calomnie. Gesticuler avec ces objets sans en piquer quelqu'un montre que le rêveur n'a eu que l'intention de calomnier.

La bataille rangée, si elle a lieu dans le Combat sacré et que le rêveur est la cible d'une flèche tirée qui l'atteint, annonce que l'auteur du rêve atteindra son but en se rapprochant de Dieu, le Très-Haut. Si l'enjeu de la bataille concerne les choses de ce monde il en aura honneurs et prestige.

Un homme est venu consulter Ibn Sîrîn à propos d'un rêve où il avait vu deux rangées adverses échanger des tirs à l'arc. Seule l'une des deux rangées put atteindre sa cible. Ibn Sîrîn a conclu qu'il s'agissait de deux justiciables – connus du rêveur – qu'un litige opposait. Seuls ceux qui avaient atteint leur cible dans ce rêve ont le bon droit de leur côté.

L'archer qui tire une flèche dans le Combat sacré verra son vœu exaucé. S'il le fait pour les affaires de ce monde il en obtiendra la puissance.

Les blessures de guerre annoncent au rêveur la fortune. Si la blessure est à la main droite la fortune lui proviendra d'un proche parent. D'une parente, s'il se voit blessé à la main gauche. S'il se voit blessé à la jambe droite il s'agira d'une fortune qui proviendra d'un labour ou de plantations. S'il est blessé à la cheville il sera fortuné grâce à sa descendance. La blessure au pouce droit augure de l'endettement du rêveur. Toute blessure où l'on voit le sang couler, annonce des dépenses et des pertes financières. La blessure à la tête qui ne fait pas couler de sang rapproche le rêveur d'un gain pécuniaire. Si sang il y a, il aura un gain appréciable. Si un homme de pouvoir ou un chef religieux se voit blessé à la tête, une plaie qui fait apparaître son cuir chevelu et l'os du crâne, il aura une longue vie et il verra la mort de ses compagnons d'âge. Si la blessure lui cause une fracture du crâne, son armée sera vaincue. S'il est blessé à la main gauche, son armée sera plus nombreuse ; à la main droite son royaume – ou son pouvoir – s'étendra. Si ce potentat se voit blessé au ventre, sa trésorerie augmentera. S'il est blessé à la jambe son clan croîtra ; au mollet, il aura la vie longue ; au pied, il aura plus de droiture et de fortune. Si le rêveur voit que quelqu'un lui a coupé les boyaux et qu'il les a éparpillés, l'auteur de ce forfait proférera à son encontre des calomnies qui causeront la dispersions de sa descendance à travers l'immensité du pays. Et si l'auteur de la blessure se voit entaché du sang de sa victime, il obtiendra des deniers mal acquis selon la quantité du sang constatée.

Celui qui se voit en rêve blesser un infidèle et voit couler le sang de sa victime, triomphera d'un ennemi déclaré et en tirera un profit licite, selon la quantité de sang constatée ; car le sang de l'infidèle est licite pour le croyant. Le rêve sera encore plus pertinent, si le sang de sa victime l'éclabousse. Si le rêveur voit qu'une personne l'a blessé sans qu'il y ait de sang, l'auteur de la blessure fournira [lors d'un débat] une juste réplique contre sa victime. S'il y a du sang, le blessant proférera des médisances – que les gens croiront – contre sa victime.

On dit que se blesser avec un instrument de fer, un couteau par exemple, vaudra au rêveur la mise à nu de ses défauts et de ses infirmités. Certains disent que celui qui voit l'un de ses organes devenir une plaie, devra chercher l'interprétation selon la nature de cet organe: si la plaie est dans la poitrine ou au cœur et que le rêveur est un jeune homme ou une femme, le rêve signale un fol amour. S'il s'agit de vieillards ou de vieilles femmes, il annonce la tristesse.

Pour le rêve de meurtre, l'auteur du rêve – s'il est lui-même le meurtrier – commettra un acte très grave. Mais on a dit qu'un tel rêve peut annoncer la délivrance du rêveur d'un grand souci, selon la parole du Très-Haut, s'adressant à Moïse: «*Tu as ensuite tué un homme, / nous t'avons préservé de l'affliction.*» (XX, 40).

Le rêve de suicide vaudra au rêveur des bienfaits ou le sincère repentir, selon la parole du Très-Haut: «*Revenez à votre Créateur et entre-tuez vous*» (III, 54). Celui qui voit en rêve qu'on le tue aura une longue vie ; mais s'il se voit lui-même tuer quelqu'un sans utiliser l'égorgement, sa victime obtiendra des bienfaits. En principe, égorger en rêve une créature qui n'est pas destinée par la loi [religieuse] à l'égorgement, doit être interprété comme une injustice commise par l'agent de l'acte à l'égard de sa victime. Tuer quelqu'un et le reconnaître ou le nommer, vaudra au rêveur bienfaits, richesse et pouvoir ; il pourra obtenir tout cela de la victime elle-même ou de son associé, selon la parole du Très-Haut: «*Lorsqu'un homme est tué injustement, / nous donnons à son proche parent / le pouvoir de le venger.*» (XVII, 33). Mais si le rêveur meurtrier ne reconnaît pas sa victime ni ne peut la nommer, on saura que c'est un homme d'ingratitude et d'impiété, selon la parole du Très-Haut: «*Que l'homme périsse ! / Quel impie !*» (LXXX, 17).

Celui qui voit en rêve un homme égorgé et n'a pu reconnaître l'auteur du forfait, produira une innovation coupable en matière de religion ou sera coupable d'un faux témoignage, d'un délit ou d'un acte nécessitant une amende honorable. Egorger en rêve son père, sa mère ou son enfant, amènera le rêveur à s'écarter de la morale admise et à porter atteinte à l'une de ces personnes. Egorger une femme signifie la monter, de même s'il s'agit de n'importe quelle autre femelle du monde animal. Egorger un animal mâle par la nuque amènera le rêveur à commettre l'acte de sodomie. Si le rêveur égorge un jeune garçon pour ensuite le griller et s'il n'arrive pas à le cuire à point, il prononcera un jugement injuste à l'encontre des parents de ce même enfant ; ils seront toutefois innocentés puisque le feu n'a pas eu raison, dans ce rêve, de leur progéniture. Si le rêveur voit le petit garçon égorgé et bien grillé, on saura que cet enfant atteindra la maturité des hommes. Si les parents de cet enfant mangent de sa chair, ils profiteront de ses bienfaits et de sa gloire à venir. Si un homme de pouvoir égorge, dans un rêve, un homme et l'accroche, sans tête, au cou du rêveur, ce potentat commettra une injustice en imposant au même rêveur une exigence irréalisable: une compensation financière aussi lourde que le poids du cadavre dans le rêve. Si le rêveur reconnaît la victime, il s'agira de cette personne elle-même à l'état de veille. S'il ne la reconnaît pas et que la victime est un vieillard dans ce rêve, la responsabilité du rêveur est réelle et impose une amende aussi lourde que le poids de la victime. S'il s'agit d'un jeune homme, le rêveur commettra un délit à l'encontre d'un ennemi mais sera astreint à l'amende. Et si la victime égorgée conserve sa tête dans ce rêve, le rêveur sera sujet à des réprimandes mais échappera à l'amende qui sera exigée de son adversaire ; ce qui n'empêche pas le rêveur d'en tirer soucis et anxiété. Et si l'esclave voit que son maître l'a égorgé, il l'affranchira.

Un homme est venu auprès d'Ibn Sîrîn et lui a raconté un rêve où il avait vu une femme prise de spasmes. Elle venait d'être égorgée. Ibn Sîrîn a dit: «Cette femme a dû sûrement, cette nuit même, forniquer sur son lit conjugal !» Le rêveur, frère de la femme du rêve, sachant que la mari de sa sœur était absent de chez lui, a quitté Ibn Sîrîn pour aller retrouver sa sœur, plein de colère et animé de funestes intentions. Une esclave de la sœur l'a reçu, lui a offert des rafraîchissements et lui a dit que son maître était revenu de son voyage la veille même. L'homme a pu alors se calmer et se détendre.

Une femme a interrogé Ibn Sîrîn à propos d'un rêve où elle avait participé avec d'autres personnes au meurtre de son époux. L'interprète lui a dit: «Tu as dû accuser injustement ton mari. Crains Dieu, qu'Il soit glorifié et magnifié !» La femme a acquiescé à ces dires.

Un autre homme a raconté à Ibn Sîrîn un rêve où il s'était vu égorger un enfant et lacérer son cadavre ; Ibn Sîrîn lui dit: «Tu vas commettre une injustice avec ce même enfant. Tu le convieras à un acte interdit, et il t'obéira !»

Celui qui voit sa tête coupée d'un coup d'épée, guérira, s'il est malade ; payera ses dettes, s'il est endetté. S'il désire entreprendre le Pèlerinage, il le fera. S'il est dans la crainte ou le souci, il trouvera une heureuse issue. Si le rêveur a reconnu celui qui lui a coupé la tête, tout cela se réalisera grâce à cette même personne. Si le bourreau est un enfant, le rêveur aura une sérénité dans la maladie dont il souffre et restera ainsi jusqu'à la fin de ses jours. Ses péchés seront pardonnés, et il retrouvera Dieu, le Très-Haut, dans les meilleures conditions. Il en va de même pour tous ceux qui font ce rêve et qui passent de dures épreuves, comme la femme qui a eu un accouchement difficile, le malade chronique ou l'homme en guerre contre l'ennemi de Dieu et dont la mort évoque le martyre. Pour tous ceux qui ne vivent pas les épreuves que je viens de décrire, ce rêve annonce la fin des temps prospères, la disparition de la puissance et du prestige et l'altération de l'état du rêveur. Si l'on voit qu'un roi ou un homme de pouvoir a lui-même procédé à ce coup d'épée qui tranche la tête du rêveur, le roi sera interprété comme étant Dieu, le Très-Haut qui sauve ainsi le rêveur de ses soucis et le soutient dans ses affaires. Voir qu'un roi entreprend de trancher les têtes de ses sujets, annonce que le monarque couvrira de sa grâce les délinquants de son royaume. Pour les financiers et les détenteurs de capitaux, un tel rêve annonce la faillite. Il augure pour les voyageurs de leur retour au pays.

Voir sa propre tête détachée du corps, tenue entre les mains est un rêve de bon rêve pour celui qui n'a pas d'enfants, pour tout célibataire, et pour celui qui n'a pu entreprendre un voyage.

Voir que le roi a exécuté les notables parmi ses sujets, signale que ces mêmes notables seront traduits en justice. Celui qui se voit coupé en deux moitiés, et qu'une partie de lui a été déplacée loin de l'autre, épousera deux femmes et ne pourra les assumer équitablement, ni se décider à les relâcher. On dit qu'un tel rêve vaudra au rêveur d'être séparé de ses biens.

Le sang en général figure un bien un bien mal acquis ou un péché. Celui qui se voit entaché de sang profitera de biens illicites ou d'une action condamnable. Voir sur sa tunique une tache de sang dont on ne saurait déterminer l'origine, vaudra au rêveur d'être victime d'une intrigue mensongère dont il ignore la provenance, selon l'histoire de Joseph, paix sur lui. Si le rêveur voit sa tunique tachée du sang d'un chat, il sera la victime d'une intrigue ourdie par un tyran détestable. Si la tache de sang provient d'un bélier, l'intrigue mensongère qui atteindra le rêveur sera le fait d'un noble riche et puissant ; il en va de même pour le sang de tout autre animal. Chaque animal sera rapporté à ce qu'il figure dans l'ordre de l'interprétation. Et voir en rêve que l'on boit le sang humain, vaudra au rêveur fortune et profits ; il en sortira sauf de toute mauvaise épreuve. On dit qu'un tel rêve signale le repentir et le salut du rêveur en état de péché. L'écoulement du sang signale toujours santé et immunité ; pour le rêveur absent de son pays, ce rêve annonce son retour.

Un homme de la tribu des Azd a raconté qu'un grand personnage sain de corps – et surtout doté d'une bonne vue – s'est acquitté en sa compagnie de la dernière prière du soir. Le lendemain, on a su qu'il était devenu aveugle. Nous sommes allés le retrouver pour savoir ce qu'il lui était arrivé.

— En m'endormant, nous a-t-il dit, j'ai rêvé qu'on m'a conduit devant l'Envoyé de Dieu, Dieu le bénisse et lui accorde la paix. Je l'ai vu assis, un bassinet plein de sang devant lui. Il m'a interrogé:

— Tu étais bien parmi ceux qui ont combattu Hussein[1] ?

— Oui ! Je l'avoue…

Il a pris mon index et mon médium, les a trempés dans le sang et il me les a fait passer sur les yeux. A mon réveil, je ne voyais plus rien !

Un homme est venu trouver Ibn al-Mussayyab pour lui raconter un rêve où il avait vu sur sa main une tache de sang qui devenait encore plus nette à mesure qu'il entreprenait de la laver ; l'interprète lui dit: «Tu as un enfant que tu renies. Crains Dieu et rattache le gosse à ton nom !»

Sufiâne[2] a dit:

«J'ai rêvé d'une tache de sang sur mon habit. A mon réveil je me suis dirigé vers la mosquée devant laquelle se tenaient un interprète de rêves qui me signala que mon rêve me vaudrait d'être victime d'une accusation mensongère.» Et il en a été ainsi.

Le rêve de la mise en croix est de trois sortes, selon que ce supplice se fait à vif, après la mort ou par le meurtre de la victime une fois crucifiée. Celui qui se voit crucifié à vif aura supériorité, honneur et rectitude dans sa foi ; se voir crucifié *post mortem* vaudra au rêveur une supériorité avec une foi corrompue ; celui qui se voit tué sur la croix, aura la supériorité mais sera victime d'accusations mensongères. Celui qui se voit sur la croix et n'arrive pas à se rappeler à quel moment on lui a infligé un tel supplice, récupérera des biens qu'il avait perdus dans le passé. Certains disent que la mise en croix est de mauvais augure pour les rêveurs riches et annoncent leur appauvrissement, car le supplicié se présente nu à cette épreuve. Pour les rêveurs pauvres, ce rêve pourrait annoncer leur enrichissement. Pour les navigateurs, le

1- Petit-fils du Prophète et fils de 'Ali, assassiné et mutilé à Karbalâ (61/680). Son supplice, en même temps qu'il a mis fin à la "grande discorde" (la *Fitna*), a doté le chi'isme d'une tragédie fondatrice, d'une vision politique, théophanique et "métaphysique" qui fait toute son originalité et sa dogmatique.

2- Sufiâne ath-Thawrî; voir note p. 112.

même rêve augure de leur succès et de leur chance à contourner les périls, car les bois de la croix rappellent le mât du navire. On dit aussi que la mise en croix d'un esclave signale son émancipation. D'autres disent encore que rêver d'un homme crucifié sur les remparts de la ville devant de nombreux spectateurs, vaudra à ce même homme une grande notoriété, un grand pouvoir qui lui soumettra les puissants et les moins puissants de ce monde. Si le crucifié laisse apparaître le sang de son corps crucifié, ses sujets obtiendront de bons profits de lui. Se voir manger la chair d'un crucifié, vaudra au rêveur fortune et bienfaits qui lui proviendront d'une personne de haute noblesse. On dit que ce rêve amènera le rêveur à médire d'un homme de pouvoir ou de son maître si ce qu'il a mangé dans ce rêve ne laisse pas de traces sur le corps du supplicié. Le rêve de la défaite annonce plutôt la victoire. Voir des soldats d'une armée de justes, défaits, entrer dans la cité, indique qu'ils remporteront victoire et succès. S'ils sont d'une armée d'injustes, ils seront châtiés.

Fuir la mort et le combat pendant la guerre est un rêve qui annonce la mort prochaine du rêveur, selon la parole du Très-Haut: «*Dis: / "Si vous fuyez la mort ou le combat, / la fuite ne vous servira à rien.* "» (XXXIII, I6 et LIX, 2).

La défaite des infidèles dans le rêve signifie effectivement leur défaite. On dit que fuir l'ennemi signale la sécurité pour le rêveur et la réalisation de ses vœux, selon la parole du Très-Haut, faisant parler Moïse: «*Je me suis enfui, parce que j'avais peur de vous / Mon Seigneur m'a accordé la sagesse.*» (XXVI, 21). Celui qui se voit appelant une personne qui fuit, ne sera jamais écouté et on lui désobéira toujours, selon la parole du Très-Haut: «*Il dit / "Mon Seigneur ! / J'ai appelé mon peuple nuit et jour / et mon appel n'a fait qu'augmenter son éloignement* " » (LXXI, 6). On dit aussi que la fuite en rêve doit faire penser à la parole du Très-Haut [où Noé dit]: «*Fuyez auprès de Dieu ! / Oui, je suis pour vous et de sa part / un avertisseur explicite.*» (LI, 50).

Se cacher de son ennemi en rêve annonce la victoire du rêveur ;

mais si l'ennemi découvre sa cachette, il subira un revers. S'il tremble ou frissonne ou perd le contrôle de lui-même, il aura une dure épreuve qu'il ne pourra affronter.

Voir des chevaux galoper dans une ville ou dans un campement augure de pluies et d'inondations. Avoir [en rêve] peur de la captivité signale un grand chagrin.

Quant aux fers, il faut remarquer que l'Envoyé de Dieu, Dieu le bénisse et lui accorde la paix, a dit: «J'aime ce qui enferre et je déteste les carcans !» ; car les fers en rêve signalent la constance de la foi. Si les fers sont d'argent, il s'agira de la constance d'un rêveur qui projette de se marier, si la chaîne est en cuivre, le rêveur s'entêtera à persévérer dans des actions coupables ; de plomb, le rêveur se maintiendra dans un état de mollesse et d'indécision. Si le lien est une corde, il s'agira d'une constance dans la foi, selon la parole du Très-Haut: «*Attachez-vous tous au pacte* [litt. «corde»] *de Dieu*» (III, 103). Si le lien est fait de bois, il signale la constance dans l'hypocrisie. S'il est d'étoffe ou de fil tissé, le rêveur se maintiendra dans la croyance aux chimères. Les fers pour un homme de religion ou pour le gardien d'une mosquée figurent sa constance dans l'obéissance à Dieu, le Très-Haut ; pour un homme de pouvoir, les fers associés à l'épée, signaleront la constance de son règne ; si le rêveur cherche les richesses, ils persévéra dans la réalisation de ses projets.

Les fers figurent pour le voyageur un obstacle à ses pérégrinations ; pour le commerçant, une mévente ; pour le rêveur dans le chagrin, le maintien de ce qui le chagrine ; et pour le malade, la persistance de son mal.

Celui qui se voit enferré pour une cause liée à sa foi, redoublera d'efforts pour subvenir aux besoins de sa famille. Se voir enferré dans une ville ou dans un hameau, vaudra au rêveur l'émigration et le séjour dans ces lieux mêmes. Se voir enferré dans une maison, signale que le rêveur s'est épris d'une femme ; dans ce cas, si les fers sont serrés, il éprouvera de grandes difficultés. Pour un homme heureux, le rêve des fers signale la persistance de son bonheur. Et si l'enchaîné voit en rêve qu'on a redoublé ses fers, s'il est malade au moment de sa vision, il mourra. S'il est emprisonné, sa captivité durera plus longtemps que prévu.

Se voir encordé à une poutre signale au rêveur qu'il est à la merci d'un homme hypocrite. Se voir enchaîné et vêtu d'habits verts, signale que le rêveur redoublera de constance dans sa foi. S'il est vêtu de blanc, il connaîtra davantage de prestige pour son savoir en matière de juridiction religieuse ; de rouge, il se maintiendra davantage dans la lubricité et le jeu. Si les habits sont jaunes, il restera malade.

Si le rêveur se voit enferré par des liens en or, il attendra la restitution d'une fortune qui lui a échappé[1]. S'il se voit enferré dans un palais de verre, il vivra en compagnie avec une belle femme et leur couple durera. S'il est en déplacement au moment d'un tel rêve il se fixera dans ce lieu à cause d'une femme.

Se voir enferré avec une autre personne signale que le rêveur commettra une mauvaise action qui lui vaudra la vengeance du pouvoir, selon la parole du Très-Haut: «*Tu verras ce Jour-là, / les coupables enchaînés deux à deux.*» (XIV, 49) ; certains disent que les fers pourraient être en principe signes de sénilité et de pauvreté; d'autres encore admettent qu'ils peuvent annoncer un voyage, parce qu'ils changent la démarche du rêveur.

Celui qui se voit en rêve avec un carcan au cou, obtiendra des biens et n'acquittera pas l'aumône légale que leur possession exigera de lui. S'il voit ses deux mains dans un carcan, on saura qu'il est d'une très grande avarice. Si le carcan est fait de bois entouré de fer, on saura que le rêveur est hypocrite. Le rêveur qui se voit à la fois enchaîné et soumis au supplice du carcan sera un infidèle qui prétendra se conformer à l'Islam. Et celui qui se voit arrêté puis soumis au carcan affrontera une dure épreuve tel que l'emprisonnement, par exemple, selon la parole du Très-Haut à

1- L'or se dit *dhahab*, comme *dhahab*(a) "s'en aller, disparaître", s'éloigner", à la 3° personne de l'accompli.

propos de l'infidèle aux enfers «*Saisissez-le ! / Qu'on lui mette un carcan !*» (LXIX, 30).

Une femme est venue retrouver Ibn Sîrîn pour un rêve dans lequel elle avait vu un homme soumis à un carcan fait de bois ; le savant a tout de suite reconnu un imposteur qui a toujours prétendu appartenir aux Arabes et son interprétation s'est révélée exacte.

On raconte que l'Imam Chafi'î s'est vu en rêve en prison, puis mis en croix en position renversée, en compagnie du Prince des croyants, que Dieu soit satisfait de lui ; son rêve a été rapporté à l'un des interprètes qui a prédit pour l'Imam une immense renommée, celle qui a été effectivement la sienne.

Sous le gouvernement de Yazîd Ibn al-Mouhallab un homme est venu voir Ibn Sîrîn pour lui expliquer un rêve où il avait vu Qatâda[1] soumis au supplice de la croix. Ibn Sîrîn a commenté ce rêve ainsi : «Cet homme [Qatâda] doit être un homme d'honneur. Il faut l'écouter !» A ce moment, Qatâda appelait les gens à refuser leur obéissance à Yazîd[2] et les encourageait à la résistance.

Quant à la chaîne, elle est le signe d'un très grand péché, selon la parole du Très-Haut: «*Nous avons préparé pour les incrédules des chaînes...*» (LXXVI, 4). Les chaînes au cou d'un rêveur annoncent son mariage à femme de mauvais caractère. Se voir enchaîné annonce aussi un chagrin dont le rêveur est ou sera victime.

Entrer en prison n'est jamais de bon augure. Ce rêve peut signaler la persistance d'une maladie, le maintien de la tristesse ; que le rêveur y entre forcé ou de son propre gré. Dieu nous préserve de Ses épreuves !

La réconciliation annonce toujours un bienfait, selon la parole

1- L'un des premiers rapporteurs du *hadith* (dits, faits et gestes du Prophète).

2- Fils de premier calife omeyyade Mu'awya. Son père en a fait l'héritier du califat contre la Tradition de "consultation", *shûrâ*, respectée jusqu'à lors.

du Très-Haut: «*Car la réconciliation est un bien.*» (IV, 128). Appeler à la réconciliation en rêve équivaut toujours à une initiative qui montre la bonne voie, tandis que décourager de la réconciliation indique que le rêveur empêche le bien de se réaliser. Dans un sens, le rêve de réconciliation comporte l'idée de salut, car une telle initiative suppose l'attachement à la paix [racine commune de *salâm* «paix», *islâm* «la religion» et *sâlem* «être sauf, gagner son salut»].

chapitre trente-deux

Des métiers et des artisans ouvriers et fabricants et des artifices

Le cambiste
figure aussi l'interprète des rêves
qui recueille une parole dont il estimera d'abord l'aloi
avant de l'échanger contre une parole équivalente, exactement comme d'autres convertissent un dinar – après en avoir estimé la valeur – en autant de pièces de drachmes
qu'il est juste et nécessaire.

Le maçon qui utilise le torchis et l'argile figure l'homme qui rassemble les gens autour d'une bonne cause ; mais celui qui utilise les briques et les moules cuits ne signale nul bon augure. Celui qui se voit en rêve en train de s'adonner à la maçonnerie, verra son épouse devenir vertueuse ou – s'il n'est pas marié – se mariera et constituera un foyer.

L'ouvrier de l'argile figure un homme qui s'interdit de dévoiler les secrets des gens. Celui qui se voit travailler l'argile fera une bonne action.

Le briquetier figure un homme hypocrite, chahuteur, complice de toute action d'hypocrisie ; car le premier qui s'est adonné à l'industrie des briques n'est autre que Pharaon.

Le graveur, s'il a utilisé la couleur rouge dans le rêve, figure l'homme d'apparat, épris des ornements de ce bas monde. S'il grave le Coran dans de la pierre, il enseignera le Livre saint à des ignares. S'il grave sur du bois des signes incompréhensibles, il prouvera sa complicité avec les hypocrites et les mauvaises gens.

Le démolisseur figure l'homme qui ne respecte pas ses engagements et qui se détourne des clauses auxquelles il a pourtant souscrit.

Le mouleur de torchis figure un accapareur de biens, s'il se voit mouler des torchis et les sécher ; mais s'il se voit embourbé dans des torchis encore mous, il aura chagrin et souci.

Le menuisier figure l'éducateur d'adultes ; réformateur de leur situation en ce bas monde ; car le bois figure des hommes qui manifesteront une foi corrompue. Ainsi c'est le maître du bois qui peut dominer les hommes d'hypocrisie. Dans ce sens le bûcheron figure l'homme de médisance et de chahut.

Le forgeron figure un roi qui tire son prestige de sa force et de son habileté. Les hommes auront toujours besoins de lui du fait que l'enclume reste toujours sous son contrôle ; car l'enclume aussi figure la royauté et le fer son principe et sa puissance. Si le rêveur se voit en forgeron maîtrisant l'art de façonner le fer, il aura une immense royauté, selon l'histoire de David mentionnée dans le Coran: «*Nous avons amolli le fer à son intention*» (XXXIV, 10). Le forgeron peut figurer aussi le maître des armées en pleine guerre ; car le feu de la bataille est nourri par le fer des armes. Mais il pourra aussi figurer le méchant homme qui se comporte comme les gens voués aux enfers, si l'on se souvient que l'Envoyé de Dieu a comparé le mauvais compagnon au forgeron: si tu évites son feu, tu n'échapperas pas aux étincelles. Si le rêveur entend dire dans son rêve qu'il avait affaire à un forgeron, il subira le tort d'un mauvaise compagnon ; ce rêve sera encore plus néfaste si les yeux ou les vêtements du rêveur sont atteints par les étincelles de la forge. Celui qui se voit en rêve devenir lui-même forgeron, aura les attributs attachés à ce métier, selon les indices qui accompagneront sa vision.

Le boulanger figure l'homme de controverses et de chahut ; car tout métier qui fait intervenir le feu signale la controverse et la querelle. Mais on dit que le boulanger figure un homme de pouvoir équitable. Celui qui se voit devenir boulanger aura biens, prospérité et fortune. Si le rêveur se voit fabriquer des pains ronds, il mènera une bonne vie et montrera aux autres les chemins de la bonne fortune. S'il se voit acheter du pain sans que le boulanger en encaisse le prix, le rêveur obtiendra un gain facile, dans la joie et l'allégresse ; et si le boulanger encaisse le prix de la marchandise, cela annonce une querelle. Voir qu'un boulanger fabrique du pain et le revend sur la place publique moyennant de la petite monnaie, indique que le rêveur rassemblera les gens autour d'une mauvaise action ; car le boulanger, même s'il figure en principe le roi équitable, comme on dit, n'est pas exempt de mauvaise moralité, étant donné que le feu demeure le maître de son métier et que le feu signale toujours le malin génie, surtout quand on le ravive avec le bois qui figure la médisance.

Le pain signale le savoir et l'Islam ; le pilier de la foi, le fondement de l'esprit et la vie de l'âme. Il peut aussi figurer la fortune, ou le Livre saint, ou la bonne Tradition. Il peut tout aussi bien figurer la mère qui élève l'enfant et nourrit, ou l'épouse, gardienne et protectrice de la vertu de son époux. Si le pain blanc figure donc la vie paisible, le savoir pur et la belle épouse au teint clair, le pain noir figure le contraire de tout cela. Si celui qui se voit distribuer du pain à des pauvres est homme de savoir, il obtiendra la science qu'il désire. S'il est sermonneur, ses dons figurent ses sermons et ses bons conseils ; à moins que ceux qui ont profité de ses dons ne soient de son propre parti ou des gens qui n'ont pas besoins de ses sermons, auquel cas les pains distribués figurent leurs propres péchés, et les récompenses divines que le rêveur obtiendra pour tenté de corriger leur conduite. Ceux qui ont profité de ces dons seront dans une situation inférieure, car la main qui donne est plus haute que celle qui reçoit, et l'aumône figure la souillure pour ceux qui en profitent.

Quant à celui qui voit un mort lui tendre un morceau de pain, il peut s'attendre à recevoir des biens, ou quelque fortune imprévue. Voir du pain accroché au ciel, aux plafonds ou aux sommets des palmiers signale que l'on doit s'attendre à voir augmenter le prix de cette denrée ; il en va de même pour les visions qui montrent sous le même aspect les autres denrées alimentaires. S'il voit que le pain est jeté par terre, et que les gens le piétinent, on saura que le rêveur est un homme puissant qui donne aux autres l'occasion de vivre dans la joie et le bonheur. Mais si le rêveur voit un mort lui prendre un morceau de pain qu'il fait tomber dans le feu, dans le vide ou dans le goudron, il est nécessaire d'examiner la situation du rêveur pour avoir une bonne interprétation: s'il est un homme illustre, ou si le rêve a eu lieu au moment d'une hérésie qui apparaît ou d'une discorde, ce morceau de pain sera la foi qu'il est menacé de perdre. S'il n'en est rien et que l'auteur du rêve est une femme malade, elle mourra. Si elle est d'une foi fragile, celle-ci sera complètement corrompue. Quant à celui qui se voit uriner dans du pain, il commettra l'inceste.

Le marchand d'avoine figure un roi qui domine d'autres rois ou un commerçant, patron de tous les autres, ou encore un contremaître à la tête de nombreux salariés. Celui qui se voit acheter de l'avoine chez un grainetier, sollicitera une charge à un roi. S'il a vendu lui même de l'avoine sans en avoir encaissé le prix, il renoncera à ce qui est éphémère dans la vie et s'adonnera aux louanges de Dieu pour Ses bienfaits. Celui qui se voit posséder de l'avoine sans y toucher ni en ressentir le besoin, aura puissance et honneur, car l'avoine figure l'aliment le plus prestigieux. S'il se voit fournir des effort pour en avoir ou s'il en ressent un besoin pressent, il subira défaite et humiliation ; il sera démis de sa charge, s'il est homme de pouvoir ; ou séparé des siens selon l'histoire d'Adam, paix sur lui[1].

La semoule, le seigle et l'avoine ne sont vendus en rêve que par le rêveur qui ne s'occupe que de sa propre personne et des affaires de ce bas monde. Voir en rêve un vieux meunier annonce au rêveur la bonne fortune qui lui proviendra d'un ami. Si le meunier est plutôt jeune, il aura sa fortune avec l'aide d'un ennemi. S'il se voit en meunier et qu'il moud juste la quantité dont il a besoin pour vivre, il en sera ainsi dans la vie réelle: ses gains seront justes à la mesure du nécessaire. En général le meunier figure celui qui pourvoit à ses propres besoins et aux besoins de sa famille par son travail.

Le boucher figure l'Ange de la mort. Celui qui se voit prendre un couteau chez un boucher, attrapera une maladie dont il sera toutefois guéri ; il en acquerra même de la force par la suite. S'il se voit en boucher et qu'il abat des bêtes dont la consommation est illicite, il sera homme injuste et ses rapports avec Dieu le Très-Haut seront troubles. S'il égorge son propre frère, il sera plutôt bienveillant et généreux à son égard, s'il n'a pas vu du sang dans la scène du rêve. S'il a vu du sang, le rêve sera de mauvais augure. On dit que le boucher figure toujours la dureté, sauf dans deux

1- L'un de ses deux fils a présenté en offrande du grain, l'autre un animal de sacrifice, etc.

situations ; dans le cas où ses activités sont liées à une dette, celle-ci sera acquittée ; et le cas où ce même rêve fait intervenir les chaînes de la captivité, le rêve annonce la délivrance. Seul le boucher inconnu du rêveur figure l'Ange de la mort. Celui que le rêveur reconnaît sera plutôt un personnage qui répartit les héritages entre les enfants du disparu et les autres légataires. On dit que le boucher figure aussi le personnage sanguinaire. D'autres disent qu'il serait la figure du bourreau. Celui qui se voit découper de la viande pour la distribuer serait un homme de médisance. Mais s'il se voit partager de la viande bovine entre ses propres enfants, le rêveur – s'il est homme de bien – sera généreux avec les siens et partagera de son vivant ce qui serait son legs, équitablement entre ses légataires, et il mariera ses enfants.

L'écorcheur des bêtes figure un homme injuste comme le policier ou le commerçant qui escamote le droit des gens et vole leurs biens.

Le faiseur de grillades figure un précepteur. Celui qui se voit acheter une grillade loue les service d'un habile éducateur. Mais on a dit que le faiseur de grillades sera aussi un homme de dispute.

Le cuisinier et tous ceux qui manipulent le feu dans leur métier figurent des hommes de disputes et de querelles, de mauvais agissements et de péchés, comme les serviteurs des rois, les agents d'hommes de pouvoir ou les courtiers dans les marchés.

Le sac dans le rêve figure les secrets. En ouvrir un dans le rêve signale l'indiscrétion et l'abus de confiance.

Le marchand de légumes figure l'homme abject, triste et sujet à de nombreux soucis. Il profèrera contre les gens des paroles désagréables, et les gens le lui rendronnt bien.

Le marchand de pastèques figure un homme maladif. Le trayeur de brebis, un homme d'excellente renommée, respectueux de la bonne nature, collecteur de fortunes licites, chercheur de savoir. Le broyeur de piment figure le bourreau du roi, et il ne vivra que de cette activité. Le tondeur d'animaux signale le traître ou le calomniateur injuste ; il tond les gens et leur ravit leurs biens, puisque les poils d'animaux, la laine ou les plumages, figurent les biens. On a dit aussi qu'il figure le gestionnaire indélicat des fortunes d'orphelins [mineurs]. Le marchand de friandises et douceurs figure le beau parleur et l'homme doué de finesse. On dit aussi qu'il signalerait l'auteur de traités de science. D'autres encore disent qu'il serait plutôt l'homme qui se fera des ennemis par sa tendance à calomnier les gens et à médire de son entourage. Le marchand de salaisons figure l'homme qui s'occupe de malades. L'huilier qui presse le sésame signale un homme de haut rang et de grande fortune. S'il presse l'huile d'autres grains, il figure celui qui, sans effort, rassemble des fortunes.

Le poissonnier figure le marchand de [femmes] esclaves, car le poisson indique la femme esclave dans le rêve . Le marchand de sucre figure un homme de finesse. Celui qui se voit vendre du sucre et en encaisser le prix en pièces de monnaie, aura tendance à s'adresser poliment aux autres ; et il en sera payé de retour. Le crémier représente un homme aisé qui fait vivre sous son ombre ceux qui ont demandé à s'allier à lui. Le vendeur de têtes d'animaux comestibles figure un homme de haut rang. Celui qui se voit acheter une tête d'animal chez un marchand demandera du travail à un homme haut placé. Le savetier, quand il est inconnu du rêveur figure le personnage qui partage les héritages d'une manière équitable entre les légataires. Il en va de même pour le tanneur ; car les peaux d'animaux figurent des héritages. Le marchand de chaussures figure le marchand d'esclaves et le personnage à femmes ; car la semelle dans le rêve peut figurer la femme.

Le couturier figure l'homme qui œuvre toujours pour une bonne cause, celle dont les bienfaits toucheront aussi bien les nobles que les gens de modeste condition. Le rêveur qui se voit devenir couturier mettra en ordre [et à jour] des affaires jusque-là en souffrance. Si le rêveur se voit coudre quelque chose pour lui-même, il ne considérera sa vie ici-bas qu'un itinéraire de rectitude pour perfectionner sa foi. S'il se voit en rêve qu'il n'est qu'un piètre couturier, il tentera d'œuvrer pour d'impossibles réconciliations. S'il se voit en train de coudre les effets de son épouse, il connaîtra une dure épreuve. En principe, le couturier figure l'homme qui indique le droit chemin aux autres en matière des choses de ce monde, tant que dans le rêve il n'a pas encaissé le prix de son travail. S'il en prend le prix en drachmes ses bonnes actions ne seront qu'hypocrisie. S'il est payé en dinars, il doit s'attendre à être l'objet de racontars ou condamné à une amende.

Le fripier figure un homme de moyenne condition. S'il vend des vêtements usés, il figure un homme appauvri. Si le rêveur en achète, il doit s'attendre à voir sa misère s'atténuer.

Le tripier figure le même personnage que le savetier ou le marchand de chaussures. Le marchand d'oiseaux figure aussi le revendeur de femmes esclaves, tout comme le savetier, car la savate figure la femme non arabe.

Le vétérinaire figure celui qui aide les armées et les grands de ce monde dans la conduite leurs affaires. On dit qu'il figure aussi, et tout à la fois, le médecin, le réformateur, le préposé aux saignées, le réducteur de fractures, etc.

Le propriétaire d'un commerce figure toujours un personnage de haut statut, si le rêveur se voit dans son magasin, avec des marchandises autour de lui, en habit de commerçant, donnant des ordres et des recommandations à ses subordonnés. S'il se voit en petit boutiquier tenant ses instruments de commerce, balance et livre de comptes, plume et encrier, il sera tout juste à l'abri du besoin.

Le diamantaire figure l'homme de sainteté et de piété. Le tailleur de pierres précieuses, un homme qui proférera des paroles désagréables à l'adresse des autres. Tandis que le courtier signale l'imposteur qui prétend être magnanime et dont les gens devront se méfier. Le confiseur figure un homme de délicatesse, respectueux des autres, tant que dans le rêve il n'encaisse pas le prix de sa marchandise. S'il le fait, il ne figurera qu'un hypocrite.

Le tavernier figure l'homme des fortunes mal acquises et des ressources corrompues. Il encouragera les autres à s'adonner aux impostures. Le portefaix signale l'homme des soucis et des résignations. Le chamelier, l'ânier, le muletier figurent les gestionnaires des armées, de même que les écuyers et les fabricants d'armures, ils signalent tous des hommes qui appellent les autres à la concorde et à l'amitié.Le fabricant de flèches figure l'ermite et l'homme de piété ; on dit aussi qu'il figure l'espion. Le fabricant d'arcs figure le chef dans un groupe. Le fabricant de boucliers représente un roi puissant qui séduit ses armées et les mène à la victoire. Le faiseur de cottes de maille signale un homme de pouvoir. Le sellier, un marchand de femmes esclaves, car la selle figure la femme, puisqu'elle est un siège pour l'homme. Le fabricant d'armures figure celui qui encourage les autres à entreprendre des voyages. On dit aussi qu'il peut figurer celui qui divulgue les secrets des autres. Le tondeur de cheveux représente celui qui nuit aux riches: et le déménageur celui qui amasse les richesses.

Le vendeur d'objets en cuivre figure un propriétaire de chamelles. Le gardien figure l'indiscrétion. Le propriétaire d'un bain public [*hammam*] représente l'homme qui rassemble les gens autour du péché ; son apparition dans un rêve peut donner lieu à de multiples interprétations, car le bain public figure beaucoup d'autres choses encore.

Le puisatier figure l'homme de tromperie et de ruse, tant qu'il n'aura pas trouvé l'eau. S'il en trouve dans le rêve, il en sera dépourvu [dans la réalité]. En principe, tout creusement indique la ruse. Creuser dans les montagnes vaudra au rêveur de faire bon ménage avec les grands de ce monde. On dit que le puisatier figure aussi l'homme de toutes les peines et de toutes les épreuves, sa vie durant. S'il a creusé dans du sable, il s'attachera à de vains projets.

Le barbier indique l'homme qui soumettra les autres et dominera leurs sentiments et leur conscience, tel un sultan, un savant, un maître, un médecin, le secrétaire qui notifie les actes officiels ou le marqueur d'esclaves. Le rêve de celui qui se voit entre les mains d'un barbier pour subir la saignée, exige de l'interprète l'examen de la situation du rêveur: s'il a été responsable d'un crime de sang, ou s'il est requis au Combat sacré, il sera tué et du sang jaillira de son cou. S'il est malade au moment du rêve, il sera guéri grâce à l'intervention d'un médecin. S'il est endetté, il s'acquittera de sa dette devant un juge. S'il est désireux de se marier, il signera l'acte de son mariage, et les honoraires du greffier seront à sa charge ; ou alors il conclura une transaction commerciale, récupérera un dû ou fera un emprunt selon un contrat écrit.

Le laboureur figure l'homme d'une vie dangereuse. On dit aussi qu'il représente l'auteur d'une bonne action. Le coiffeur figure un personnage dans la suite du roi, qui tentera d'intervenir pour améliorer la condition du peuple. Le soigneur qui fait des points de suture figure un personnage qui appelle les gens à la concorde et à la bonne coexistence. Le faiseur des talismans contre les serpents figure un homme de traîtrise. Mais le rêve de talisman – quand il contient le nom de Dieu le Très-Haut – augure du salut. Le magasinier figure un homme hypocrite qui rassemble des biens mal acquis. Le raboteur de bois figure celui qui combat les hypocrites et en confisque les biens. Le rêve où l'on voit le préposé aux enchères n'est pas de bon augure. Quant au parfumeur, il figure un homme résigné, soumis à son sort.

Celui qui reprise les vêtements figure l'homme qui présentera des excuses tardives pour un acte qui a déjà nui ; il signale aussi un homme de dispute. S'il a reprisé pour une femme un vêtement déchiré aux endroits qui cachent les parties impudiques du corps, il calomniera cette même femme, et sera contraint à présenter des excuses pour ses mensonges. S'il a reprisé ses propres vêtements il se disputera avec l'un de ses proches et se liera d'amitié avec des vauriens.

Le berger figure un homme en charge d'un pouvoir, ou alors un maître d'école, ou l'aide de camp d'un roi ou d'un grand homme. Voir un Bédouin garder les troupeaux, signale que l'auteur du rêve saura lire le Coran mais sans en comprendre le sens. Le liseur de bonne aventure figure l'homme qui exerce le pouvoir sur un peuple non arabe. Le dompteur figure lui aussi l'homme de pouvoir. Le vendeur de plomb représente un homme faible ; et le verrier un marchand de femmes esclaves.

Le porteur d'eau figure l'homme pieux qui craint Dieu ; rêver de ce personnage est de bon augure, tant qu'il n'aura pas encaissé le prix de ses services. S'il porte de l'eau chez lui sans avoir l'intention d'en boire, le rêveur [qui se voit porteur d'eau] rassemblera des biens dont il fera profiter les autres. S'il porte de l'eau chez quelqu'un et qu'il en encaisse le prix, il assumera une lourde responsabilité ou alors c'est la personne qui a profité de cette eau obtiendra des biens du roi. Celui qui se voit servir de l'eau aux autres dans des verres et des tasses, agira selon le bien et la bonne foi, comme le savant ou le sermonnaire. Le porteur d'outres et de jarres d'eau dans le rêve, figure le gardien des fortunes et des dépôts de confiance.

Le papetier figure l'imposteur, et le marchand de puces celui qui s'attache à la connaissance des choses insignifiantes.

Le cambiste figure le savant dont le savoir ne peut être utile que dans les affaires de l'ici-bas ; tel par exemple, celui qui manie la controverse, la dialectique, la dispute et l'art de la question et de la réplique ; ceci à cause de ce que l'on voit gravé sur les pièces de monnaie – dinars ou drachmes – et toutes les inscriptions qui donnent des précisions sur le détenteur du pouvoir, son autorité et son système de justice. Aussi la vision de pièces de dinars et de drachmes figure-t-elle les querelles des justiciables devant ce même détenteur du pouvoir.

On dit d'ailleurs que le cambiste figure le jurisconsulte qui consigne les interrogations des gens et y apporte la réponse adéquate du point de vue de la loi religieuse. Il figure aussi l'interprète des rêves, qui recueille une parole dont il estimera d'abord l'aloi avant de l'échanger contre une parole équivalente, exactement comme d'autres convertissent un dinar – après en avoir estimé la valeur – en autant de pièces de drachmes qu'il est juste et nécessaire.

Celui qui se voit en rêve échanger une pièce d'un dinar chez un cambiste contre son équivalent en drachmes, verra s'atténuer l'inimitié qui le sépare d'un adversaire dans un litige quelconque. Si le rêveur possède un stock d'une marchandise invendue, il en sera débarrassé ; ou alors, il connaîtra une situation difficile qui rendra nécessaire l'intervention d'un jurisconsulte ou un interprète de rêves et il en obtiendra des réponses qui éveilleront sa vigilance susciteront sa tristesse ; car l'argent figure ce qui trouble les cœurs et la demeure des soucis, comme la composition du mot peut l'indiquer[1]. A moins que le rêveur ne soit habitué à voir le bon augure suivi de tels rêves. De même s'il donne des pièces de monnaie en échange de leur équivalent en or, car l'or est toujours de mauvais augure et figure toujours une perte (selon l'aspect du mot); ce qu'on en fait d'utile dans le rêve n'est jamais réellement bénéfique, tout comme l'habitude d'en rêver.

Le gardien de vergers figure un homme chargé d'un pouvoir. Si le rêveur se voit en gardien d'un verger, perché sur un noyer, sa charge de pouvoir s'exercera sur une population de non arabes. Le coutelier figure un homme qui apprend aux autres les bonnes manières et la finesse. Le mendiant figure un chercheur de savoir. Si on lui a donné ce qu'il a quémandé, le rêveur [qui se voit devenir mendiant] fera l'acquisition du savoir qu'il cherche. S'il se voit humble et résigné, il obtiendra le succès. Le voyageur figure aussi un chercheur de savoir en quête de tout ce qui concerne les mœurs des rois. Le magicien figure l'homme de discorde. Le soudeur figure le noble homme, bienfaiteur, sachant rassembler les gens de noblesse et les hommes de condition modeste.

1- *Darahim*, pl. de *dirham* (drachme) est composé des deux syllabes *dar* "demeure" et *ham* "souci".

Le chasseur indique – dit-on – un homme toujours tenté par les femmes, cherchant à les conquérir, car il ne gagne sa vie que par la tromperie. Il peut aussi figurer le marchand de femmes esclaves ou le propriétaire d'un bain public ou un maître d'école, et – en général – tous ceux qui prennent les autres dans les pièges de leur savoir-faire. Le chasseur figure aussi le mouchard. Fréquenter un chasseur ou l'éviter dans un rêve indique la tendance du rêveur à s'adonner à la même activité que ce chasseur ou à s'en abstenir. Sauf si le chasseur opère en mer ou s'adonne à la chasse de ce qui est licite ; auquel cas le rêvé est de bon augure. Le chasseur de fauves figure un roi qui brise les armées et vainc les tyrans. Le chasseur d'éperviers, de faucons, de rapaces figure aussi le roi puissant qui défait, par la ruse, les rois injustes et rebelles [contre Dieu]. Le chasseur d'oiseaux en général figure également le roi rusé qui trompera les nobles gens. Le chasseurs d'animaux sauvages piégera des communautés barbares et triomphera d'elles. Le pécheur figure un homme épris de femmes, assidu dans leur fréquentation.

L'huissier notaire figure un homme qui triomphe toujours de ses ennemis. Le scribe représente un homme de ruse, tout comme le barbier qui pratique les saignées. Son calame figure alors son scalpel et son encre, le sang. Il peut aussi figurer le laboureur ; son calame se rapportera alors au soc et l'encre, à la semence. Un livre fermé figure l'information tue ; et un livre ouvert, l'information qui circule.

L'artisan de cuivrage figure l'homme épris des leurres de ce bas monde, qui préfère le mal au bien. Il signale aussi l'imposteur et le traître. On dit aussi qu'il peut figurer l'homme épris de controverses. Mais celui qui projette de se marier et se voit en artisan de cuivrage, peut espérer avoir une épouse de bonne éducation, douée d'éloquence, car le cuivre produit une belle sonorité.

Le teinturier signale, dans le rêve, l'homme de l'imposture. Celui qui voit chez lui un teinturier préparer de la teinture, saura que sa mort est proche. Mais le rêve de teinturier, dans certains cas, peut annoncer des bienfaits. L'orfèvre indique un homme mauvais et menteur, habile à édulcorer les discours quand tout s'embrase et s'enfume ; à moins que le rêve où l'on voit cet artisan ne soit accompagné d'un bon indice, tel que l'exercice de ce même métier dans une mosquée ou la récitation du Coran par celui qui s'y adonne.

Le rémouleur figure un vizir prestigieux et autoritaire ; ses épées figurent son corps et les hommes de sa cour seront ses commandements. Il peut encore figurer le jurisconsulte ou le juge; ses épées figurent alors ses interprétations de la loi et ses jugements. Il est possible qu'il indique tout aussi bien le sermonneur: et les épées qu'il fabrique signalent les cœurs de ses auditeurs qu'il nettoie et dérouille ; ou encore le médecin ; ses épées seront les élixirs guérisseurs. Celui qui a en rêve un rapport quelconque avec un rémouleur qui lui est inconnu, interprétera ce rapport selon ce que cet artisan figure dans les différents ordres de l'interprétation, ce qui serait trop long à expliquer.

L'artisan de la frappe de monnaies, selon Ibn Sîrîn figure l'homme de médisance et le colporteur de vaines paroles. Mais d'autres disent que cet artisan serait plutôt celui qui figure l'homme généreux et délicat, tant qu'il n'aura pas encaissé [dans la scène du rêve] le prix de ses services. D'autres encore disent qu'il figure le personnage qui invente et édulcore les discours. Si un rêveur digne d'assumer un pouvoir se voit en train de frapper monnaie devant la demeure du commandeur, il aura une charge de pouvoir. Certains affirment que celui qui frappe les pièces de dinars sera un homme qui respectera les temps des prières rituelles et s'acquittera des charges de confiance. Mais le rêveur qui se voit frapper de la menue monnaie, figure celui qui proférera de mauvaises paroles ou celui qui ne peut mettre ce qu'il dit en pratique.

Le médecin figure le savant jurisconsulte. Il signale en général tout bienfaiteur et l'agent prépondérant de l'autorité en général, tel le juge, l'homme de pouvoir ou le sermonneur, dont les exhortations sont des baumes et des thériaques ; tel le maître d'école, le maître d'esclaves ou le tanneur qui transforme les peaux d'animaux, ou le barbier faiseur de la saignée, quand celle-ci apporte la guérison. Voir qu'un juge ou un savant est devenu médecin indique que les bienfaits de ce personnage et sa sollicitude grandiront [dans la réalité] ; voir le médecin devenir un savant jurisconsulte – et à condition que le médecin de ce rêve soit musulman – lui vaudra davantage de renommée, d'élévation et de maîtrise dans son art. S'il n'est pas musulman, il connaîtra les pires épreuves et conduira à la mort l'un de ses patients, à cause de son incompétence ou de son audace, car il aura usurpé dans un tel rêve une fonction qui ne peut être la sienne. Voir un médecin vendre des linceuls, signale que ce médecin est un traître et un assassin, surtout s'il vend des linceuls pliés, car cela montre qu'il donne de fausses médications pour tromper les gens. Le rêveur qui voit un médecin se transformer en tanneur de peaux saura que ce médecin est habile et réussit souvent à obtenir des guérisons, à moins que le rêveur ne remarque des saletés ou des pourritures dans son tannage, auquel cas il sera un médecin incompétent et imposteur.

Le dentellier figure un savant traître et simulateur, qui fait usage de belles paroles. Le marchand de fourrage figure un homme de grande fortune. Le parfumeur, un homme de lettres ou un pieux savant Selon les principes, il figure tout homme qui mérite des louanges. Le chamelier représente un homme qui s'occupe de ce qui ne le regarde pas. La vente du fil à tisser augure d'un voyage. Le plongeur au fond des mers figure un roi ou tout personnage qui ressemble au roi. Celui qui se voit plonger en mer entrera au service d'un roi. S'il recueille des perles de sa plongée, le roi lui offrira une belle esclave qui lui donnera un fils merveilleux, selon la parole du Très-Haut: *«Des jeunes gens placés à leur service / circuleront parmi eux / semblables à des perles cachées»* (XIL, 24). Le rêve de la plongée indique aussi la recherche d'un savoir occulte ou de fortunes aux accès périlleux. Le chercheur en obtiendra, selon la quantité de perles recueillies dans le rêve. Le nettoyeur d'habits figure un homme de bonne renommée ; un sermonneur par exemple, qui poussera bon nombre de pécheurs au repentir. On dit aussi qu'il figure le collecteur d'aumône ou le guérisseur des âmes, car les saletés dans les vêtements figurent toujours les péchés ou les soucis.

Le serrurier figure le vendeur aux enchères. Si le rêveur verrouille la porte de sa propre boutique, il vendra du mobilier aux enchères. S'il verrouille la porte de sa demeure, il sera courtier en mariage.

Le marchand de bonnets figure le chef. Le tapissier, un marchand d'esclaves ou un tuteur de femmes. Le charbonnier, un roi inique qui appauvrira ses sujets, car les arbres figurent des hommes et le feu [qui les transforme en charbon] figure le roi. Celui qui voit que le charbon se vend bien au marché saura que des gens se sont appauvris à cause du roi. Mais qu'un jour viendra où ils pourront récupérer leurs biens. Le marmiton figure l'homme qui jouira d'une longue vie, selon la parole du Très-Haut: «*Des chaudrons grands comme des bassins / et de solides marmites.*» (XXXIV, 12).

Le marchand de coton figure l'homme qui peine pour réunir sa fortune ; L'administrateur des silos de grains figure l'homme juste si, dans le rêve, il n'est pas parcimonieux dans ses pesées. Le prêtre figure l'homme des impostures et des vanités ; le marchand de *khôl* représente celui qui appelle au bien et le bon réformateur en matière de religion.

L'arpenteur figure le superviseur de la vie quotidienne des gens, celui qui tient à surveiller leur mode de vie. S'il a arpenté une terre cultivée, il supervisera la vie de gens bienheureux. S'il a arpenté des vignobles, il surveillera la vie de son épouse. S'il a arpenté un verger, il supervisera la vie de gens attachés à la foi. S'il a arpenté une rue, il voyagera selon une distance proportionnelle au tronçon qu'il a arpenté. Et s'il a l'intention d'accomplir le Pèlerinage, il réalisera son vœu à la suite de ce rêve. S'il a arpenté un espace aride, il triomphera d'un chagrin [*mafaza* «espace désertique» et *faza* «triompher, gagner»]. S'il a arpenté une terre cultivée dont il ne connaît pas le propriétaire, il deviendra un homme de vertu et de piété.

Si le cambrioleur est l'homme des effractions qui prend ce qui ne lui appartient pas, il peut ainsi [quand il apparaît dans le rêve] figurer le corrupteur des femmes d'autrui, celui qui entre par effraction dans leur couche ; ou le chapardeur des basses-cours. Il peut aussi figurer l'Ange de la mort, du fait qu'il se cache quand il subtilise et s'introduit en intrus chez les gens ; car les biens et les âmes sont associés dans l'interprétation. On peut aussi rapporter la présence du cambrioleur dans le rêve au fauve, au serpent ou au roi. On dit que voir un cambrioleur noir indique l'humeur mélancolique du rêveur; le cambrioleur blanc, l'humeur flegmatique; le cambrioleur rouge, l'humeur sanguine et le cambrioleur jaune, l'humeur bilieuse. Voir un cambrioleur entrer dans une maison, annonce la mort d'un membre de la maisonnée, si le cambrioleur a subtilisé quelque chose. Sinon, un habitant de cette même demeure tombera malade, atteindra le seuil de la mort et sera sauvé. Le dessinateur figure l'homme de l'hérésie qui ment à Dieu le Très-Haut. Il peut aussi figurer le poète. Le joueur de cor, le chanteur et ceux qui leur ressemblent figurent des gens qui gagnent leur vie de l'imposture qu'ils produisent en usant de leurs mains ou de leur bouche.

Le précepteur figure un roi habile ; le maître d'école quand il n'est pas connu du rêveur indique le prince, le juge ou le jurisconsulte et, en général, tout homme nanti d'une autorité et de l'éloquence. Il peut aussi figurer le geôlier, car il est celui qui emprisonne les ignorants ; ou le chasseur d'oiseaux ou celui qui en vend, etc. Le précepteur inconnu du rêveur peut même figurer Dieu le Très-Haut, comme il a figuré le juge, selon Sa parole qu'Il soit Très-Haut: «*Le Miséricordieux / a fait connaître le Coran.*» (LV, 1). Dieu figure ainsi le précepteur de toute la Création.

L'enquêteur figure l'homme en lutte avec des hypocrites ; il leur soutirera des fortunes par la ruse. Le fossoyeur indique le chercheur en quête d'une science occulte. S'il n'est pas digne d'entreprendre une telle quête, il figure un mouchard. Il peut aussi figurer l'homme qui recherche des richesses cachées ou des trésors. Il représente aussi le rabatteur de témoins dans les procès.

Si le fossoyeur déplace des cadavres, le rêveur réalisera ses vœux. S'il exhume un mort, on saura qu'il ne cherche le savoir que pour les biens de ce monde. S'il s'agit de biens en numéraire, ce qu'il trouvera sera un gain illicite et un bien mal acquis. S'il exhume un homme et qu'il découvre qu'il est encore en vie, le savoir qu'il cherche figure un savoir religieux. S'il trouve un bien en numéraire, la somme trouvée sera un bien licite. Et si le rêveur se voit devenir lui-même fossoyeur et qu'il parle aux morts, il réalisera ses projets.

Le marchand de femmes esclaves figure un collecteur d'informations et de chroniques, car les femmes esclaves figurent toute information recueillie. Le marchand de bétail figure celui qui exerce le pouvoir sur une région. Le cardeur de coton indique un homme de dispute qui peut obtenir [de ses activités] certains profits en numéraire. Si le rêveur se voit devenir cardeur et qu'il constate son ignorance en la matière, il sera défait lors d'une dispute. Le contrôleur de la bonne monnaie figure l'homme qui choisit le meilleur en toute chose, comme le juge juste, le savant, le vénérable jurisconsulte ou l'homme de religion qui se méfie des tromperies de Satan et ne se laisse pas prendre au simulacre. Le ferreur figure celui qui tourmentera les gens pour obtenir des profits matériels. Si le rêveur se voit ferrer des bêtes sans que celles-ci souffrent, il fera des gains. Mais si les bêtes souffrent, il subira des dommages.

L'interprète des rêves figure à la fois le juge, le jurisconsulte et le médecin ; en général, tout personnage auprès de qui les gens peuvent connaître soit la tristesse soit la joie. Il peut aussi indiquer la mosquée ou le récitant du Coran, car celui-ci est à la fois celui qui donne la bonne nouvelle et rappelle l'avertissement [de Dieu]. Il figure aussi tous ceux qui manipulent les instruments de mesures et de pesées, comme le conservateur des étalons de mesures ou le cambiste. Il indique également l'enquêteur au service d'un juge, car ce personnage se doit de révéler les défauts des gens. Il figure aussi le nettoyeur d'habits, le coiffeur et tout personnage qui débarrasse les autres de leurs soucis. Il peut figurer le secrétaire des rois, graveurs des missives envoyées aux puissants étrangers ; car là aussi, il doit user de dons de déchiffrement. Celui qui se voit en rêve devenir interprète, deviendra juge, s'il est digne de cette fonction. S'il est en cours d'apprentissage du Coran, il l'apprendra. S'il est digne de la fonction de secrétaire, il l'aura. S'il apprend la médecine, il réussira dans ses études. S'il n'appartient à aucune de ces catégories, il représenterait peut-être le nettoyeur d'habits, le cambiste, l'enquêteur, le traiteur ou le Lecteur [récitant le Coran]. Mais celui qui se voit en rêve relatant un rêve à un interprète, sera convaincu d'une interprétation qui lui sera donnée, tant qu'elle ne comportera rien qui s'oppose à la sagesse et à la bonne Tradition. Si l'interprète – dans le rêve – ne comprend pas la question du rêveur qui l'a consulté ni ne peut déchiffrer le récit, le rêveur doit se raviser: il n'a peut-être pas donné les indices nécessaires à une bonne lecture de sa vision. Certains disent que rêver de l'interprète des rêves indique que le rêveur guette les faux pas chez les gens.

Le guérisseur de plaies ou de fractures figure le roi habile qui gère les droits et recommande la rectitude aux autres juges. Selon les principes de l'interprétation, il correspond bien au mot qui le désigne, car il indique celui par qui les bienfaits arrivent [*bari'a* «être guéri» et *birr* «bienfait, bien, bonne disposition morale»] comme le roi, le juge, le jurisconsulte et tout homme de générosité; tout comme le savetier, le couturier, le soudeur, le maçon, le vétérinaire, etc. Il est indispensable que l'interprète examine d'abord [avant de donner son avis] la situation du rêveur qui se voit consulter un guérisseur de plaies ou de fractures pour soigner un mal qui l'a atteint ; il est aussi indispensable d'examiner la nature de son mal et son emplacement exact: s'il s'agit d'une tumeur au cou que le guérisseur a entrepris d'ouvrir par un scalpel pour l'évider, on saura que le rêveur supporte la responsabilité d'un témoignage qu'il a dû fournir, d'un vœu dont il a dû s'acquitter ou d'une dette dont il s'est débarrassé grâce à l'intervention d'un juge ou d'un savant.

Celui qui voit ses articulations se défaire ou ses os se déplacer, et qu'un guérisseurs les a remis en place réalisera lui-même la coupe de l'habit qu'il confiera [par la suite] à un couturier. Le guérisseur qui met au plâtre le bras droit du rêveur et noue ce bras au cou du patient, figure un bienfaiteur pour l'auteur du rêve ; il libérera ses aptitudes et lui apprendra de nobles métiers. De même si ces mêmes actes concernent les pieds du rêveur. A moins que dans le rêve il ne s'agisse d'une bête ainsi soignée: je crains, dans ce cas, que la scène n'augure d'un accident grave qui nécessite l'intervention d'un soigneur.

Le fabricant de fil figure l'homme qui divulgue les secrets des autres. Le peigneur figure le consolateur de gens frappés par les soucis. Le maître des saignées, s'il fait des incisions dans le sens de la longueur, figure un homme qui prononce les bonnes paroles, à même de faire régner la concorde entre les gens. S'il opère des incisions dans le sens de la largeur, il installera la discorde. L'arbitre figure l'arpenteur, tout comme l'arpenteur figure l'arbitre. L'enfileur de perles figure un tuteur de femmes ; l'étameur d'objets de cuivre figure l'homme qui rendra séduisantes les choses de ce monde, et tentera d'en profiter lui-même.

Le marchand de sel figure le geôlier. Mais on dit qu'il figure l'écuyer du roi, son vizir ou le commandant de ses armées, ou encore le médiateur entre lui et ses sujets. Il peut aussi figurer toutes sortes de montures. Il figure aussi le détenteur de biens en numéraire. Le marchand de clous encourage les gens à établir entre eux des liens d'amitié. Le rêve de ressusciteur de morts indique tout homme qui sauve les autres de la main d'un roi. On dit aussi qu'il figure le tanneur de peaux ou le fabricant d'instruments de pesée. On suivra le même procédé pour interpréter les rêves où apparaît le forgeron.

Le tisserand figure l'homme qui peine pour rassembler les hommes ; il représente celui qui s'attache étroitement à son métier, comme le voyageur sur la tracée de son itinéraire ou le guerrier collé à sa monture, les pieds à l'étrier. Il peut tout aussi bien figurer le maçon qui élève les étages d'un édifice. Il figure aussi le compositeur d'ouvrages savants ou le laboureur. Le métier à tisser indique les déboires du rêveur ; la maladie par exemple, ou les soucis, les difficultés du voyage ou la dispute, les calamités ou l'envoûtement. Celui qui se voit terminer un tissage, sortira de ses soucis ou réalisera le but de son voyage. S'il n'a pas achevé son ouvrage, il sera éprouvé par autant de soucis que les ouvrages inachevés sur le métier. Certains disent que le tissage annonce le voyage, d'autres affirment qu'il signale la dispute. Celui qui reprise les tissus figure l'homme des incertitudes, comme le crieur ou le maître d'étable. Il peut indiquer celui qui trame les intrigues entre deux personnes, ou l'homme au double visage. Le tresseur de cordes est l'équivalent, dans l'interprétation, de l'arpenteur et du voyageur: il peut indiquer tout personnage qui organise des affaires de toutes sortes, tel le jurisconsulte, le juge ou tout homme avisé. Celui qui se voit tresser une corde fera un voyage, si telle est sa vocation ; il fera l'arpentage d'une terre, si tel est son métier, ou jugera d'une affaire qui lui a été confiée dans la réalité ; comme par exemple constituer une association, consigner un acte de mariage, un contrat ou un pacte.

Le maître d'étable, le chamelier, le muletier et l'ânier figurent des gouverneurs ou des commandants d'armées ou tous ceux qui ont en charge les affaires d'autrui, comme le chef de police ou les collecteurs d'impôts, car ils gèrent des bêtes et déplacent des fortunes.

Le joueur de *barbat* [instrument de musique, genre mandoline] figure l'homme qui invente des paroles d'imposture. Le joueur de tambour aussi. Le joueur de flûte indique celui qui annonce décès. Le danseur annonce une série de malheurs.

Le jardinier figure le tuteur de femmes. Le bûcheron, un homme de médisance. L'éleveur de poules ou de volailles, figure le marchand de femmes esclaves. Le rêve de marchand de fruits est à interpréter selon la nature du fruit qu'il vend. Vendre un esclave indique le bon augure pour le vendeur et le mauvais augure pour celui qui achète. Dans la transaction où la personne vendue est une femme, c'est l'inverse qui se produira. En général, tout ce qui est de bon augure pour le vendeur sera de mauvais augure pour l'acheteur.

Le peintre en bâtiment figure l'homme des actions occultes, celles qui l'aideront à tromper ; le dentellier signale celui qui édulcore les choses et les corrompt, comme l'hypocrite, le falsificateur, la personne au double visage, le flatteur ou le panégyriste. Le succès de son action sera à la mesure des nuisances qu'il a provoquées [dans le rêve]. L'enluminure est de bonne augure, mais seulement quand elle décore le Coran ou un écrit savant. S'il ne s'agit que d'images ou de poèmes ou de fictions, elle n'apportera rien de bon au rêveur.

Le mouleur figure l'homme asservi aux discours répandus en son temps. Il peut aussi figurer l'expert qui distingue le faux du vrai, un nettoyeur d'habits ou tout personnage semblable.

chapitre trente-trois

Des chevaux et animaux de trait, des bêtes de somme, des animaux domestiques et du bétail

Celui qui entend un cheval de trait lui adresser la parole, aura une immense fortune de son épouse
et connaîtra un grand prestige.
S'il copule avec un cheval de trait, le rêveur fera un grand plaisir à sa femme sans en pâtir lui-même.

Le cheval de trait figure la bonne fortune de celui qui voit en rêve son cheval de trait se débattre dans la poussière et le fumier ; sa chance se manifestera et ses biens augmenteront. On a dit que le cheval de trait figure une épouse de condition modeste ou une esclave. La bête de trait qui tient de la jument et de l'âne, si elle est de couleur baie, annonce la tristesse. Celui qui se voit monter un cheval de trait, alors qu'il est connu pour chevaucher la jument, verra sa condition diminuer et son pouvoir s'affaiblir ; il se séparera peut-être de sa femme, et épousera une esclave. Mais si dans la réalité, il a l'habitude de monter un âne et qu'il se voit en rêve sur un cheval de trait, il peut espérer une plus grande renommée, des gains importants et des louanges de son entourage ; il lui arrivera peut-être d'épouser une femme libre en se séparant d'une concubine esclave. Les chevaux de trait sont d'autant plus gros en rêve qu'ils sont de bon augure pour tout ce qui concerne la foi du rêveur.

Celui qui voit que son cheval de trait devenait rétif et indomptable, subira la domination de son épouse. Celui qui entend un cheval de trait lui adresser la parole aura une immense fortune de son épouse et connaîtra un grand prestige. S'il copule avec un cheval de trait, le rêveur fera un grand plaisir à sa femme sans en pâtir lui-même.

Monter un cheval de trait annonce aussi le voyage lointain et le rêveur obtiendra des bienfaits provenant de son épouse. Si le cheval de trait décolle du rêveur et monte vers le ciel, l'auteur du rêve fera un voyage avec son épouse et leur prestige grandira.

Celui qui voit que son cheval de trait a provoqué sa colère sera trompé par son épouse. Le rêveur qui constate qu'on lui a volé son cheval de trait répudiera sa femme. Egarer son cheval augure de la déchéance morale de l'épouse du rêveur. Celui qui voit un chien attaquer son cheval de trait, aura affaire à un ennemi parmi les adorateurs de feu qui tentera de séduire sa femme. De même si un singe s'attaque à son cheval de trait: là, il doit s'attendre à ce que le séducteur soit plutôt un juif. Le cheval de trait de couleur brune figure le pouvoir ; le noir, fortune et gloire. Si le rêveur voit un cheval de trait inconnu de lui, sans harnachement entrer dans son village, son rêve signifie qu'un homme non arabe entrera dans ce même village. Les pouliches de trait appellent les mêmes interprétations que les juments.

Une femme est venue consulter Ibn Sîrîn pour un rêve où elle avait vu deux hommes lui rendre visite. L'un sur un cheval de trait de couleur brune, l'autre sur un cheval de trait gris. L'homme sur la bête grise avait dans la main une verge qu'il avait enfoncée dans le ventre de la rêveuse.

— Crains Dieu et ne fréquente plus l'homme au cheval gris ! lui a dit Ibn Sîrîn dès qu'elle a terminé son récit.

La femme nous a quittés et l'un de nous l'a suivie et l'a vue entrer chez une prostituée connue pour être l'amie de «*l'homme au cheval gris*». L'interprète, s'adressant à nous, a dit:

— Savez-vous qui est cet homme ?

—...

— Eh bien, c'est Untel, le copiste ! Ne voyez-vous pas que la couleur grise mélange le noir et le blanc[1] alors que l'homme au cheval brun serait plutôt un ami de l'Emir de Bassora. Et cet homme-là n'est pas un débauché !

La jument pur-sang figure aussi l'épouse. Si le rêveur se voit incapable de la monter, s'il lui enlève la bride ou s'il la laisse courir à son gré, il répudiera son épouse ; s'il en descend avec l'intention de la monter de nouveau – pour mettre au point

1- Comme le copiste qui utilise l'encre noire et la page blanche.

quelque chose ou conclure une affaire urgente, tandis que la jument garde sa selle, on saura que l'épouse de ce rêveur a peut-être ses menstrues, et il a dû s'abstenir momentanément de la toucher. S'il en est descendu pour monter une autre bête, il épousera une autre femme ou alors il aura fortune selon la noblesse de la deuxième monture. S'il reprend son chemin à reculons quand il est descendu de sa jument, il quittera sa femme pour un voyage à pied. S'il met pied à terre pour aller uriner du sang, on saura qu'il commet l'adultère à l'insu de son épouse, car la terre indique la femme, uriner signifie l'acte sexuel, et le sang indique tout ce qui est interdit. La jument pur-sang figure aussi un bénéfice en numéraire, celui de la récolte de fruits ou des céréales car le prix de cette bête est fonction de ses portées. Cet animal signale toujours la femme noble et efficace et ses bienfaits dans le rêve sont toujours équivalents à ses bienfaits dans la réalité. La jument grise indique la femme pieuse, riche et de grand prestige ; la jument bariolée indique le belle femme fortunée ; la jument baie figure la femme gaie et dynamique, et la brune, une femme de grande piété.

Boire du lait de jument vaudra au rêveur les dons du roi. Celui qui se voit sur une jument docile qui se déplace au trot, bien sellée et harnachée, aura puissance, gloire, honneur et fortune. De même s'il possède ou a la charge d'une jument de cette qualité ; et tout défaut dans le harnachement de la bête doit être interprété comme un défaut dans la gloire attachée au rêveur.

La queue de jument figure la suite du rêveur. S'il voit une jument flanquée de nombreuses queues, les membres de sa suite seront encore plus nombreux. Si la bête a une queue peu fournie ou coupée, la suite du rêveur sera moins importante. Les organes de jument figurent autant de puissance qu'il n'en paraît dans la scène du rêve.

Voir qu'on est sur une jument rétive, indique que le rêveur commet un péché d'une gravité aussi grande que la fougue de la bête. La jument peut alors être interprétée comme la passion du rêveur, car l'expression arabe dit ; «Untel est monté sur sa passion» [*rakiba hawâhu*]. S'il s'agit d'une jument affolée, la situation sera encore plus catastrophique. Seul le rêve où l'on choisit une monture là où on parque habituellement les bêtes, justifie une interprétation dans le sens du bon augure ; la chevaucher sur un mur, une terrasse ou un minaret ferait toujours un mauvais rêve, à moins que le rêveur ne soit doté d'une paire d'ailes qui lui permettent de rester suspendu entre ciel et terre, auquel cas il sera nanti des honneurs ici-bas et dans l'autre monde, et il entreprendra un voyage. Toute monture bariolée figure un désir ; la grise, gloire, honneur et puissance lors d'un voyage ; la baie annonce la victoire, car les chevaux des anges sont de cette couleur.

On raconte qu'un homme est venu retrouver Ibn Sîrîn pour le consulter au sujet d'un rêve où il s'était vu sur une jument dont les membres étaient de fers. L'interprète lui a prédit une mort imminente.

On raconte aussi que le Vizir 'Alî Ibn Issâ s'étaient vu – avant qu'il ne soit nommé à son poste - dans un lieu ombragé, en hiver, chevauchant une jument et accoutré de beaux habits. Il voyait ses dents s'éparpiller sur le sol. II s'est réveillé en sursaut pour aller retrouver un des interprètes capables de le rassurer. Il en a rencontré un qui lui a dit: «La jument ne peut indiquer que puissance et pouvoir ; les beaux habits une charge importante ; l'ombre suppose le soleil, et c'est le vizirat à l'ombre du roi. Quant à l'éparpillement des dents, il faut y voir ce qui annonce une longue vie au rêveur !» On dit que voir une jument mourir dans la demeure du rêveur ou au moment où il la tient, annonce la mort de l'auteur du rêve.

Le rêve de cheval rouge sombre est de meilleur augure pour un combattant. Celui qui est de couleur bleue annonce à la fois les honneurs et la maladie. Monter une jument et la faire galoper jusqu'à ce qu'elle soit en nage, indique que le rêveur est emporté par sa passion et va droit au péché, car la sueur signifie l'effort dépensé en s'adonnant au péché, selon la parole du Très-Haut: «*Ne fuyez pas !* [au galop] */ Revenez vers le luxe dont vous jouissiez.*» (XXI, 13). Voir une jument de loin annonce la bonne nouvelle et le bon augure, selon la parole du Prophète, Dieu le bénisse et lui accorde le salut: «Sur le front des chevaux se tient le bien, jusqu'à la fin du monde !» Celui qui se voit tirer une jument par la bride, demandera à s'attacher au service d'un noble homme. Se voir monter une jument ailée vaudra au rêveur un immense royaume, s'il en est digne ; sinon il réalisera ses projets. La jument indomptable figure une personne prise de démence, incapable de prendre les choses avec sérieux ; il en va de même pour la jument rétive. Voir sauter une jument vaudra au rêveur la réalisation rapide de ses vœux ; ses élans sont toujours de bon augure. Si elle trotte avec grâce et rythme, le rêveur arrangera des affaires en suspens. Si le rêveur se voit lutter avec sa jument et s'il est homme de pouvoir, son esclave sera rebelle contre lui. S'il est commerçant, son associé le quittera. S'il est homme du commun, sa femme se refusera à lui. Rêver des rênes d'une jument annoncent la défaite de celui qui chevauche la bête. On dit que la queue de la jument figure la progéniture du rêveur et sa descendance. On dit aussi que celui qui voit des juments s'envoler verra éclater des séditions et des guerres dans le lieu où s'est déroulée sa vision.

Le rêve où l'on voit une jument de mer signale que le rêveur est un fieffé menteur, incapable de mener à bien ses affaires.

La jument destinée à la reproduction figure la belle femme libre ou esclave.

Le mulet figure un homme de basse naissance, enfant d'adultère ou de père esclave ; mais il indique tout de même un homme fort et de solide constitution. Il signale aussi un homme de peine et des voyages difficiles. Celui qui se voit monter un mulet fera un voyage ; à moins qu'il n'ait un adversaire redoutable, un ennemi rusé ou un esclave sournois, auquel cas ce rêve lui vaudra de triompher de ces dangereux personnages. Si l'on se voit sur un mulet bridé, les rênes bien en main et si l'auteur de ce rêve est une rêveuse, elle se mariera et son époux sera à l'image de l'animal vu en rêve. Monter un mulet signale une longue vie pour un rêveur, et pour la femme la stérilité.

La mule sellée et harnachée figure la belle femme cultivée, mais de basse naissance ; elle peut être stérile. La mule bâtée annonce aussi le voyage. Celui qui monte une mule qui ne lui appartient pas trompera un homme en copulant avec sa femme. Monter une mule à l'envers [la tête du conducteur vers la queue] signale que le rêveur s'adonne à l'inceste. Entendre la mule ou la jument – ou tout ce qui n'est pas humain – parler, est toujours de bon augure et annonce des bienfaits qui surprendront les gens. Avoir en rêve une mule féconde vaudra au rêveur l'espoir de voir sa fortune fructifier. Si la mule met bas, ses espoirs seront réalisés ; de même s'il voit un étalon saillir et féconder une bête. Monter une mule chargée est toujours de bon augure. Un mulet maigre et sans maître figure une personne fourbe et de basse naissance. Monter une mule noire vaudra au rêveur d'épouser une femme stérile, mais honorable et fortunée.

L'âne figure le sort du rêveur, selon qu'il voit cette bête bien grosse ou malingre. S'il est de haute taille, il signale le statut élevé du rêveur. S'il est bon trotteur, il signale des profits ici-bas. S'il est beau, il signale la beauté de son propriétaire ; blanc, il signale la piété de son maître ; maigre, il indique la pauvreté de celui qui le possède ; gros, sa fortune. S'il est noir, il signale le bonheur et la noblesse de celui qui le monte, son prestige, sa puissance et son pouvoir. S'il est vert, il indique la vénérabilité et la foi du rêveur. Ibn Sîrîn a toujours préféré – dans l'interprétation – l'âne parmi tous les autres animaux, surtout quand il est de couleur noire.

L'âne sellé figure un enfant né dans la prospérité. S'il a une longue queue, il signale que cette prospérité s'est maintenue après la disparition du rêveur. La mort d'un âne en rêve annonce la mort de son maître. Le sabot de l'âne figure l'essentiel de la fortune de celui qui en rêve. On dit que celui qui voit mourir son âne perdra sa fortune, verra périr les siens, s'écrouler son échoppe, ou alors il en sera délogé. Il perdra peut-être son serviteur, son père ou le tuteur qui pourvoit à ses besoins. Si une femme fait ce rêve, son époux la répudiera ou sera séparé d'elle en partant en voyage ou par la mort. L'âne dont on n'a pu connaître le propriétaire, figure un homme ignorant ou impie, selon la parole du Très-Haut: «*La voix la plus désagréable est la voix de l'âne*» (XXXI, 19). Entendre un âne, inconnu du rêveur, braire dans une mosquée ou du haut d'un minaret, indique un appel à l'impiété ou à l'hérésie ; mais si l'âne fait correctement l'appel à la prière, un infidèle se convertira à l'Islam et se consacrera à appeler à la vérité ; il sera considéré comme un exemple et un modèle à suivre. Se voir propriétaire de plusieurs ânes vaudra au rêveur la compagnie de gens ignorants, selon cette parole du Très-Haut: «*Comme des ânes affolés / fuient devant des lions*» (LXXIV, 50). Monter sur un âne et se déplacer d'une manière rythmée et régulière, signale au rêveur une fortune sans embûches.

Manger de la chair d'âne vaudra la fortune au rêveur. Voir un âne ne se déplaçant qu'à coups de bâton, signale que le rêveur est un homme satisfait, mais qui n'obtient ce qu'il désire que par la mendicité. Voir un âne entrer dans la demeure du rêveur signale la fortune de celui-ci, selon ce dont la bête est chargée.

Celui qui voit que son âne s'est transformé en mulet, vivra de la générosité d'un homme de pouvoir. Si l'âne se transforme en fauve, il vivra de la générosité d'un tyran. S'il devient bélier, sa fortune proviendra de sa gloire et de sa distinction. Si le rêveur se voit porter un âne, Dieu le Très-Haut lui donnera une force qui fera sa fortune et qui surprendra les autres.

Entendre le bruit de sabots d'ânes sur les toits des maisons, sans en voir, annonce des pluies torrentielle. Pour le rêveur qui voyage, l'âne annonce un bienfait qui tardera à venir et le déroulement de son voyage sera à l'image de la bête.

Ramasser les excréments d'âne dans le rêve augmentera la fortune du rêveur. Voir mourir son âne annonce au rêveur la mort d'un proche. Copuler avec un âne vaudra au rêveur de maîtriser son sort. Mais si c'est l'âne qui est actif dans la copulation, le rêveur aura une fortune immense, difficile à évaluer.

Un âne docile et obéissant signale le dynamisme du rêveur à maîtriser sa destinée pour obtenir bienfaits et fortune. Posséder un âne, s'en occuper et le faire entrer dans sa demeure, amènera tous les bienfaits de Dieu au rêveur et fera dissiper tous ses soucis. Celui qui se voit tomber de son âne s'appauvrira. S'il tombe d'un âne qui ne lui appartient pas, il rompra avec le vrai propriétaire de la bête, avec son homonyme ou son homologue. Celui qui se voit vendre des ânes et encaisser le prix en drachmes, obtiendra des biens grâce à de bonnes paroles. S'il possède un âne aux yeux crevés, on saura qu'il possède une fortune enfouie dont il ne connaît pas la cache. En général, l'âne signale le bon sort du rêveur ; seul sa voix est de mauvais augure.

L'ânesse figure une femme de basse moralité ; elle figure aussi le serviteur ou le commerce du rêveur et partout où il place ses intérêts. Celui qui voit son ânesse engrossée saura que sa femme, son esclave ou sa servante est tombée enceinte. S'il se voit copuler avec une ânesse et que celle-ci met bas un petit qui n'est pas de son espèce, l'enfant qu'il aura [dans la réalité] ne sera pas de lui, à moins qu'il n'y ait dans ce rêve une indication contraire. Boire le lait d'ânesse, vaudra au rêveur d'attraper une maladie bénigne, dont il guérira rapidement.

Celui qui voit que son ânesse a mis bas, pourvoira décemment à ses besoins. Si elle a donné naissance à un mâle, le rêveur aura bonne renommée [*dhakar* «mâle» ou «sexe mâle» et *dhikr* «bonne renommée» et même «parole de Dieu», dans un autre contexte]. Si elle a engendré une femelle, ce même rêveur deviendra paresseux. On dit que celui qui se voit monter une ânesse qui n'est pas accompagnée de son ânon, épousera une femme sans enfant. Il épousera une femme qui a déjà des enfants, s'il se voit monter une ânesse accompagnée de ses petits. Voir une personne dompter un ânon rétif, vaudra au rêveur d'être inquiet pour la santé de son propre enfant. Si l'ânon n'est pas rétif, il obtiendra un bienfait tardif. On dit que l'ânesse annonce un surplus de fortune avec une diminution du prestige.

Voir des chevaux galoper dans les maisons annonce d'abondantes précipitations et des inondations. Voir un rassemblement de chevaux sellés, sans cavaliers, indique le rassemblement de femmes pour une noce ou pour une réunion funèbre.

Se voir propriétaire de plusieurs chevaux ou en être seulement le gardien, vaudra au rêveur une charge de pouvoir sur certaines communautés ou de dominer parmi les siens.

Monter une jument bien sellée vaudra royauté et puissance au rêveur, car c'est la monture des rois et notamment du prophète Salomon, paix sur lui. Le pouvoir du rêveur dans ce cas peut s'exercer sur une femme dont il jouira ou une esclave dont il fera l'acquisition. Si la monture est sans bride, le rêve est toujours de mauvais augure, car la bride indique dans tous les cas, foi, immunité [contre les tentations] et maîtrise de soi. Celui qui se voit sur une jument nue et qui en tombe, se verra affaibli ; sa situation se détériorera et son épouse glissera dans la débauche en échappant à son contrôle. Voir une jument inconnue entrer dans sa demeure vaudra au rêveur la visite d'une femme qu'il épousera dans la légalité, ou qui sera son hôtesse, si la bête est bien sellée. Si la jument est nue, il aura la visite d'un homme qui lui proposera son alliance, par exemple. Ibn Sîrîn a l'habitude de dire que celui qui, en rêve, introduit une jument chez quelqu'un, interviendra auprès d'un roi ou d'un voleur , par un signe du visage, en faisant un clin d'œil par exemple, pour que le roi ou le voleur nuisent à cette personne. C'est le nom même de la jument qui lui a inspiré une telle interprétation [*faras* «jument» et *farâsa* «art d'utiliser les ressources de la physionomie»]

Se voir en rêve sur le dos d'une monture annonce toujours la victoire et le bon accueil auprès des autres [*dhahr* «dos» et *dhahara* «apparaître»]. La monture peut indiquer le rêveur lui-même. Si elle est bien constante, la situation du rêveur sera à son image ; si la bête s'affole, se cabre, se rebiffe, s'égare ou s'essouffle, il en sera de même du rêveur dans la conduite de ses affaires. La monture peut indiquer aussi le temps et l'alternance de la nuit et du jour. Tout ce qu'elle remorque figure la suite du rêveur, son successeur ou sa descendance.

Le poulain et la pouliche figurent le fils ou la fille du rêveur ou ses jeunes esclaves. Monter un poulain non scellé indique que le rêveur aura des rapports sexuels avec un jeune garçon, ou alors qu'il sera proie à la peur et aux soucis. De même, s'il s'agit d'une pouliche.

La vache figure l'année. Ibn Sîrîn a coutume de dire que les vaches grasses sont toujours de meilleur augure que les vaches maigres, elles indiquent la bonne récolte, selon l'histoire de Joseph, paix sur lui.

On dit aussi que la vache figure prestige et fortune ; la vache grasse figure la femme riche et la maigre une femme pauvre. La vache laitière indique une femme bénie et la vache cornue du rêveur, une femme rebelle qui se refusera sexuellement à son mari, s'il voit par exemple que la bête l'a empêché de la traire en se protégeant de ses cornes. S'il voit quelqu'un d'autre la traire, sans qu'elle l'empêche, son épouse le trompera avec le trayeur de la scène du rêve. Les tripes de la vache figurent des biens sans valeur; et la corde qui l'attache sera la corde qui attache la femme au rêveur ; sa perte signifie la perdition de l'épouse. Certains disent que la petite tache blanche sur le front d'une vache augure d'une année difficile à ses débuts ; sur son flanc, d'une année difficile en son milieu et sur le derrière de la bête, d'une année difficile vers sa fin.

La vache écorchée annonce un malheur qui atteindra un proche du rêveur ; celle qui est à moitié écorchée, annonce le malheur qui s'abattra sur une sœur ou une fille, selon la parole du Très-Haut: «*S'il n'y en a qu'une seule* [fille du légataire], *la moitié* [du legs] *lui appartiendra.*» (IV, 11). Le quartier de viande annonce un malheur dont sera victime l'épouse ; et la petite quantité de viande un malheur qui atteindra les autres proches parents.

Certains affirment que manger de la viande bovine vaudra au rêveur des biens licites au cours de l'année, car, comme on l'a dit, la vache en rêve figure l'année. On dit aussi que les cornes de la vache figurent des années fertiles. Celui qui achète une vache en rêve aura la charge de pouvoir sur une contrée bien peuplée, s'il en est digne. D'autres encore disent qu'une telle acquisition vaudra au rêveur l'obtention d'un verger appartenant à un homme noble ; mais si le rêveur est célibataire, il épousera une femme bénie.

Celui qui se voit monter une vache, la faire entrer chez lui et l'attacher, aura fortune et prospérité et sera délivré des soucis; mais si elle l'attaque de ses cornes, il subira des revers et doit craindre pour sa famille et ses proches. S'il copule avec la vache, le rêveur aura une fortune d'une provenance illicite.

La couleur des vaches rapportée aux femmes doit être interprétée comme la couleur des chevaux ; de même si la couleur est rapportée à l'année. Voir une vache sucer le lait de sa propre génisse indique qu'une femme vendra l'honneur de sa propre fille. Et si l'on voit un esclave traire la vache de son maître, cet esclave épousera un jour l'épouse de son maître.

Celui qui voit une vache ou un taureau le blesser, sera malade, selon la gravité de la blessure. S'il voit la vache ou le taureau le charger, il connaîtra une dure épreuve et je crains pour lui la mort. On dit que la vision de la vache est de bon augure pour les laboureurs ; mais si on voit les vaches rassemblées, on doit s'attendre à des troubles.

Voir des vaches entrer dans une ville, si elles y entrent à la queue leu leu, quand le rêveur peut les compter, est un rêve qui annonce les années à venir: si elles sont grasses, c'est la prospérité. Si elles sont maigres, elles annoncent des années difficiles. S'il s'agit d'une ville côtière, on doit s'attendre à voir arriver des navires dont la nature du chargement correspondra à l'état des bêtes vues en rêve. Sinon, il s'agira d'une succession d'années de discorde. Si toutes les vaches sont blondes, elles annonceront des épidémies.

Si elles sont d'une couleur différente, il faut s'attendre à voir éclater le scandale du siècle. Si on voit les gens les fuir et que du feu et de la fumée leur sortent de la bouche et des naseaux, il faut s'attendre à l'assaut d'une armée ennemie.

La vache fécondée figure une année de bonne récolte. Celui qui se voit traire une vache et boire de son lait s'enrichira, s'il est pauvre ou aura davantage de puissance et d'élévation. S'il voit la vache mettre bas, il aura lui même un enfant, car tous les petits d'animaux correspondent dans le rêve aux petits d'homme. Quant aux viandes des bovins et à leurs entrailles, elles figurent des biens en numéraire.

Un homme est venu retrouver Ibn Sîrîn pour un rêve où il s'était vu égorger une vache ou un taureau ; l'interprète lui a dit: «Si tu as vu jaillir du sang, je crains que tu ne soit contraint de poignarder quelqu'un et que tu n'ailles même jusqu'à tuer. Si point de sang, ce rêve sera de moindre gravité .»

'Aïcha [l'épouse préférée du Prophète], que Dieu soit satisfait d'elle et de son père, a dit: «Je me suis vue en rêve sur une colline; et autour de moi, on égorgeait des vaches». Masrûq[1] qu'elle a consulté pour une interprétation, lui a dit: «Si ton rêve se vérifie, il y aura un massacre autour de toi !». Nous savons qu'il en a été effectivement ainsi.

Le taureau figure un agent puissant, doté de pouvoir et d'immunité, de fortune et d'armes, à cause de ses cornes, à moins qu'il n'en soit dépourvu, auquel cas il ne sera qu'un homme de basse condition, pauvre ou démis d'une fonction qui lui a naguère apporté fortune et puissance. Le taureau peut aussi figurer l'esclave, puisqu'il s'agit d'une bête de labeur ; comme il peut aussi indiquer l'acte sexuel, puisque labourer constitue l'une de ses tâches. Il peut également indiquer l'homme révolté, puisqu'il soulève la poussière et met la terre sens dessus dessous. La femme qui se voit posséder un taureau soumettra son époux à son autorité.

1- Compagnon de Compagnons du Prophète, rapporteur de *hadith*.

Si elle est célibataire, elle se mariera. Si elle a deux filles, elle les mariera. Ce rêve pour un homme de pouvoir lui assurera victoire et maîtrise, surtout s'il se voit monter la bête.

Egorger un taureau quand le rêveur est un roi annonce la mort de l'un de ses gouverneurs ou de l'un des chefs de sédition. Si le rêveur est un homme du commun, il vaincra un ennemi ou tuera un témoin qui l'a chargé dans une affaire. S'il égorge la bête par la nuque, il agressera injustement un homme ou le trahira en sa propre personne ou en ses biens, ou le sodomisera ; à moins qu'il n'ait l'intention dans ce rêve de consommer licitement la viande de l'animal ou de profiter seulement de sa graisse ou de sa peau.

Monter un taureau amènera le bien au rêveur, si l'animal de son rêve n'est pas de couleur brune. S'il est de cette couleur, le rêveur doit s'attendre à voir son fils tomber malade.

Voir un taureau se transformer en loup annonce qu'un gouverneur juste deviendra tyrannique. Pour un gouverneur, posséder un seul taureau lui garantira le pouvoir pendant une année ; pour le commerçant des bénéfices pendant la même période. Avoir plusieurs taureaux vaudra au rêveur la docilité des gouverneurs et des seigneurs, selon le nombre d'animaux vus en rêve, et à condition qu'ils ne soient pas de couleur brune. L'achat d'un taureau indique que le rêveur flattera des nobles gens. Voir un taureau blanc est toujours de bon augure Si le taureau blanc encorne le rêveur, Dieu sera mécontent de lui. Mais certains disent que ce même rêve peut valoir au rêveur une descendance bénie. Si le rêveur entend mugir un taureau, il fera un long voyage: si le taureau lui parle ou s'il parle à l'animal, il se disputera avec quelqu'un. Celui qui voit un taureau lui tomber sur la tête, mourra; de même s'il se voit lui-même égorgé par l'animal. S'il le mord, il attrapera une maladie.

Un homme a raconté à Ibn Sîrîn un rêve où il a vu un taureau immense sortir d'un tout petit trou, ce qui avait surpris toute l'assistance dans la scène du rêve ; le taureau avait voulu ensuite regagner son trou et il en avait été incapable. Ibn Sîrîn a expliqué qu'il s'agissait de la parole grave qui sortait de la bouche d'un homme, et qui ne pouvait plus être ravalée, quand on a regretté de l'avoir proférée.

Le même Ibn Sîrîn a l'habitude de dire que les taureaux figurent les Barbares [Litt. «les non arabes»]. Si leur nombre dépasse quatorze, ils annoncent la guerre. Moins de quatorze, ils signalent une simple dispute. Se voir encorné par un taureau vaudra au rêveur la disparition de ses biens ou de son pouvoir., s'il s'agit d'un homme de pouvoir. La peau du taureau pour celui qui se voit en posséder une, est de bon augure.

La vision du buffle appelle la même interprétation que celle qui a valu pour le taureau, sans l'élément de l'oisiveté. Il serait ainsi ce qui figure un homme intrépide qui ne craint personne, capable de supporter les agressions. Si une femme se voit flanquée de cornes de buffle, elle aura un pouvoir, ou alors un roi se mariera avec elle, si elle en est digne. Sinon, son tuteur sera celui qui profitera du bon augure de ce rêve.

Voir des dromadaires sans charges marcher sur les parcours du bétail, annonce des nuées et des pluies. Quant à celui qui se voit posséder un troupeau de dromadaires, il triomphera d'hommes puissants. Un seul dromadaire figure un homme. Si c'est on dromadaire arabe, l'homme qu'il figure sera un Arabe. S'il est bâtard, il figure un Barbare ; le dromadaire de race pure figure le voyageur, le vieillard, l'eunuque ou l'homme de grande renommée. Mais le dromadaire peut aussi figurer Satan, selon l'adage qui dit que la bosse de cet animal abriterait le démon. Il peut tout aussi bien figurer la mort, à cause de son cri terrifiant et de la sauvagerie de son comportement, ou parce que il emporte les gens loin de ceux qu'ils aiment. Il serait encore la figure de l'hypocrite et de l'ignorant, selon la parole du Très-Haut, au sujet des peuples impies: «*Ils sont semblables à des bêtes de somme.*» (XXV, 44). Le dromadaire indique également l'homme patient qui supporte vaillamment les épreuves ; il figure aussi le navire, puisqu'on le surnomme «navire du désert». En voir un dans un rêve peut annoncer le chagrin, selon le dit du Prophète, Dieu le bénisse et lui accorde le salut: «Monter sur les dromadaires [dans le rêve] amènera à la fois le chagrin et la grande réputation». Si un malade se voit monter un dromadaire pour un voyage, il mourra, et ce rêve annonce son décès. Mais celui qui est en bonne santé et se voit monter un dromadaire, entreprendra un voyage, à moins qu'il ne se voie se déplacer sur sa monture au milieu de la cité, ou si la bête refuse d'avancer, auquels cas il sera frappé d'un malheur qui l'empêchera de se mouvoir, comme dans la maladie ou la captivité. Ce rêve pour le chef d'une révolte ou pour quelqu'un qui revendique la place du roi, augure de son échec, de son arrestation et de son exécution. A moins que le rêveur ne soit, sur sa monture, logé dans un palanquin , car dans ce cas, le rebelle sera assisté dans sa révolte par un solide soutien. Si une femme sans mari se voit sur un dromadaire, elle sera mariée ou si elle est mariée et que son époux est absent, celui-ci sera de retour, sauf si dans ce rêve, il y a ce qui indique le mal et le scandale ; la rêveuse sera alors en proie au scandale.

Quant à celui qui voit un dromadaire entrer dans ses terres, dans son verger ou dans un récipient qu'il possède, il doit s'attendre à voir un mauvais génie le posséder ou posséder un proche à lui, celui que le récipient figure.Celui qui voit un dromadaire égorgé dans sa demeure, mourra, s'il est malade, ou verra mourir l'un de ses serviteurs, son esclave ou alors le maître de maison, surtout si l'on découpe la viande de la bête ou qu'on la désarticule, le rêve signale alors le legs du défunt qui sera distribué entre ses héritiers. Si l'abattage de la bête est destiné à la consommation courante, et qu'il n'y a pas de malade dans l'entourage du rêveur, ce rêve lui vaudra d'ouvrir un magasin ou un office qui lui rapportera bien des profits.

Voir un dromadaire dans la cité, au milieu d'un rassemblement d'hommes, annonce le meurtre de quelqu'un. Si le dromadaire est égorgé, dans la même scène, la victime du meurtre sera une victime innocente. S'il est écorché vif, l'homme qu'il figure sera dépossédé de sa puissance, démis de ses fonctions ou délesté de sa fortune. Voir un dromadaire manger de la viande ou pénétrer dans les maisons pour y manger quelque nourriture, signale qu'une épidémie se déclarera dans les lieux. Voir un dromadaire pourchasser les gens, annonce qu'un tyran, un ennemi ou une inondation nuira aux habitants de la contrée. Si dans cette scène quelqu'un abat la bête, lui brise un membre et la dévore, il aura un dommage à la mesure du dommage qui a atteint l'animal ; de même s'il s'agit d'un éléphant, d'une girafe ou d'une autruche dans un rêve semblable.

Les rassemblements de dromadaires annoncent la pluie. Et on dit que monter un dromadaire de race arabe augure d'un Pèlerinage.

Tomber du haut d'un dromadaire annonce l'appauvrissement du rêveur. Subir la ruade de cet animal, annonce la maladie. Celui qui entend blatérer un dromadaire, aura soucis et chagrin et se disputera avec quelqu'un. Si le dromadaire devient d'une conduite difficile, le rêveur subira un dommage de la part d'un ennemi. S'il conduit par sa bride un dromadaire jusqu'à un lieu connu, le rêveur guidera vers le bien un mauvais sujet . On dit que la conduite d'un dromadaire par la bride vaudra au rêveur la docilité de quelques seigneurs qui accéderont à ses désirs.

Se voir en pâtre de dromadaires de race arabe annonce au rêveur l'obtention d'une charge de pouvoir sur une communauté d'Arabes. S'il se voit garder des dromadaires bâtards, son pouvoir s'exercera sur des Barbares. S'il tond les poils du dromadaire, le rêveur aura une fortune. On dit que voir se battre deux dromadaires annonce la guerre entre deux rois ou entre deux hommes puissants.

Celui qui se voit manger la tête d'un dromadaire, crue, proférera des médisances contre un puissant homme.

Traire des chamelles vaudra au rêveur la fortune. S'il recueille du sang, sa fortune sera d'une provenance illicite. Les peaux de dromadaires figurent des héritages.

La chamelle figure la femme, l'année, l'arbre, le navire, le palmier, ou tout bien de ce monde. Posséder une chamelle et la monter annonce le mariage du rêveur célibataire, le voyage de celui qui à l'habitude de se déplacer ; ou alors le rêveur fera l'acquisition d'une maison, d'une terre, d'une récolte ou d'une charge de collecteur d'impôts. S'il en recueille du lait, il fera les mêmes acquisitions, à moins qu'il ne mâche le lait dans sa bouche, auquel cas, il sera victime d'une humiliation.

Les palanquins, les nacelles et autres litières sur le dos des chamelles figurent des femmes: celles-ci sont aussi des montures.

Voir une chamelle inconnue déverser son lait dans une mosquée, dans une cour ou dans des plantations, annonce une année fertile, sauf si l'on fait ce rêve à une époque de terreur, de siège, lors d'une discorde ou d'une sédition ; dans ce cas ce sont ces difficultés-là qui se dissiperont et reviendra la bonne nature[1], car le lait de chamelle figure la bonne nature. La chamelle de race arabe, quand elle est rapportée à la femme, indique une femme noble de haute appartenance.

On dit que la viande des camélidés cuites signale des biens licites; ou alors l'acquittement d'un vœu, selon la parole du Très-Haut: «*Tout aliment était licite pour les fils d'Israël / à part ce qu'Israël s'était interdit à lui-même...*» (III, 93). La chamelle laitière figure une bonne épouse pour celui qui se voit la monter. La chamelle de course annonce le voyage par voie de terre ; la chamelle difficile à dompter augure d'un voyage périlleux. Toucher un chamelet ou tout animal nouveau-né, augure de soucis et de la tristesse.

A un rêveur qui l'a consulté pour un rêve où il a vu une chamelle, Ibn Sîrîn a prédit le mariage ; à un autre qui s'est vu conduire une chamelle, il a annoncé une plus grande docilité de l'épouse.

1- Evidente allusion à "la bataille du Chameau" (36/656) qui a opposé lors de la "grande discorde" les partisans de 'Aïcha, veuve du Prophète, à ceux de 'Alî. 'Aïcha a commandé elle-même ses troupes du haut d'un chameau ou d'une chamelle...

Les troupeaux de moutons annoncent le butin[1]. Le Prophète, Dieu le bénisse et lui accorde le salut, a relaté un jour, ce rêve qu'il a eu : «J'ai vu, dit-il, que des moutons noirs m'avaient été apportés, j'y ai vu l'indice que des Arabes ne tarderont pas à me rejoindre. Puis on m'avait apporté des moutons blancs, et j'y ai vu l'indice que des étangers [aux Arabes] me rejoindront !» Ainsi, se voir conduire un grand troupeau de moutons ou de chèvres annonce au rêveur un pouvoir sur les Arabes et sur les Barbares. Les traire, en tondre la laine ou les poils annonce la fortune. On dit que celui qui voit plusieurs moutons verra sa joie durer, mais celui qui voit un seul mouton verra demeurer sa joie une seule année.

La tête et les pieds de mouton augurent d'une vie plus longue. Passer devant un troupeau de moutons indique que le rêveur passera devant un rassemblement d'hommes tous adultes. Mais si le rêveur est accueilli par un groupe de moutons, il aura à guerroyer contre un groupe d'hommes et à triompher d'eux. Les chèvres figurent des hommes de noblesse. Et celui qui se voit suivre la trace d'un mouton, sans pouvoir l'attraper, aura des obstacles dans sa vie et ne réalisera pas ses désirs pendant une année.

La queue large et aplatie du mouton figure la fortune d'une femme. La chèvre peut figurer la femme de mauvaise vie, car cet animal est dépourvu de queue et son derrière est toujours au vent. La chèvre grasse figure une femme riche et la maigre une femme pauvre. Entendre parler la chèvre dans un rêve annonce bienfaits et prospérité. Le chevreau figure l'enfant du rêveur ; Mais le chevreau d'un an, il figure la femme arabe.

Le bélier figure l'homme robuste et fort, tel le roi, l'imam, l'émir, le commandant d'une armée ou l'intendant des troupes. Il peut aussi figurer le muezzin ou le pâtre. Le bélier dépourvu de cornes figure le guide des caravanes ou l'eunuque, à cause de ce défaut de cornes. Sacrifier un mouton sans en savoir les raisons

1- *Ghanam* "moutons" et *ghanima* "butin".

dans le rêve, annonce la victoire par surprise du rêveur sur son ennemi . Il témoignera contre un adversaire en disant la vérité, s'il a égorgé le mouton selon la tradition, en s'orientant vers la *Ka' ba* et en prononçant le nom de Dieu, le Très-Haut. S'il ne s'est pas comporté ainsi, le rêveur sera injuste à l'égard de son ennemi et lui fera subir des supplices. S'il a égorgé le bélier pour en consommer la viande, on se référera à l'interprétation donnée à propos de la viande des bovins et des dromadaires. S'il l'a égorgé pour présenter une offrande à Dieu, il sera pardonné, s'il est pécheur. S'il est endetté ou lié par un vœu, il s'acquittera de ce qui le lie et s'approchera de Dieu le Très-Haut ; à moins qu'il ne craigne d'être tué ou s'il est prisonnier ou malade, auquel cas il sera sauvé, car Dieu le Très-Haut a sauvé Isaac, paix sur lui, par un don de bélier, rite qui nous maintiendra dans la célébration des louanges de Dieu le Très-Haut jusqu'à la fin du monde . Se voir sacrifier un bélier en période de guerre annonce au rêveur une grande victoire.

Voir des béliers égorgés dans quelque part signale que des hommes ont été assassinés. Acheter un bélier donnera au rêveur l'occasion de secourir un noble homme qui sera sauvé, grâce à lui, de la maladie ou de quelque péril. Voir un bélier l'assaillir vaudra à un rêveur de subir l'agression d'un ennemi. Si le bélier l'encorne, il subira en plus – et de la part de ce même ennemi – dommages et injures.

Prendre les cornes du bélier et sa laine annonce l'obtention d'une fortune qui proviendra d'un homme noble. Prendre sa queue vaudra au rêveur la charge d'un pouvoir qui lui viendra de quelque noble ; ou alors, il héritera de ce même noble personnage, ou épousera sa fille, car la queue figure toujours la descendance. Prendre les boyaux du bélier indique que le rêveur s'emparera de la trésorerie du noble homme que figure l'animal dans ce rêve. Porter un bélier sur son dos donnera au rêveur l'occasion de se charger de l'intendance d'un haut personnage. Voir un bélier encorner le sexe d'une femme, indique que cette même femme épilera son sexe. Le Prophète, Dieu le bénisse et lui accorde le salut, a dit: «J'ai vu en rêve un bélier traîner derrière moi et j'y ai vu l'indication que j'arriverai à tuer le chef de mes adversaires ; j'ai vu dans la même scène que la pointe de mon épée s'était brisée et j'y ai vu l'indication qu'un homme de mon clan sera tué !» Peu après Hamza [l'oncle du Prophète], que Dieu soit satisfait de lui a trouvé la mort, et le Prophète, Dieu le bénisse et lui accorde le salut, a tué de ses propres mains Talha, commandant des armées polythéistes.

Ecorcher un bélier indique que le rêveur privera quelqu'un de sa fortune. Monter cet animal vaudra au rêveur une victoire contre la personne dont cet animal est la figure.

Quelqu'un s'est vu en rêve transformé en bélier capable de grimper à des arbres hauts et feuillus ; l'interprète qu'il a consulté lui a prédit de servir un grand de ce monde, homme de fortune et de noblesse ; peut-être même un roi. Peu après le calife l'a appelé à son service.

La brebis figure la femme aisée, à l'abri du besoin, selon la parole du Très-Haut: «*Celui-ci est mon frère / il possède quatre-vingt-dix-neuf brebis / et moi, je n'ai qu'une seule brebis.*» (XXXVIII, 23).

Celui qui se voit copuler avec une brebis aura un bien illicite; mais ce rêve peut aussi annoncer une année fertile et tranquille. Egorger une brebis indique l'union sexuelle avec une femme. Si l'on voit une brebis mettre bas, cela annonce la bonne récolte et la prospérité, de même si l'on voit une brebis entrer dans une maison. On dit que la graisse de brebis figure la fortune de l'épouse. Si le rêveur abat la brebis dans l'intention d'en consommer la chair, il dilapidera la fortune de sa femme après la mort de celle-ci. Si la brebis attaque le rêveur, son épouse le trompera.

L'agneau figure l'enfant. Celui qui se voit égorger un agneau sans l'intention d'en consommer la chair, verra son enfant – ou l'enfant d'un proche – mourir. Faire l'acquisition de la viande d'agnelle vaudra au rêveur une petite fortune.

Le bouç est l'animal qui à une apparence impressionnante mais qui est diabolique dans son comportement. Il peut figurer un esclave ignorant. Dans l'interprétation, il est à rapprocher du bélier.

La chèvre figure une femme soumise ou une servante incapable. Mais elle peut aussi indiquer la bonne tradition de modération.

chapitre trente-quatre

Des animaux sauvages et des carnassiers

Un homme a vu en rêve deux chiens se battre sur le sexe d'une femme. L'interprète qu'il a consulté pour une explication lui a dit: « Voilà une femme qui a voulu se raser le sexe et n'a pu manipuler le rasoir, elle a eu recours à la pince d'épilation !»

Le zèbre en rêve donne lieu à des diverses interprétations. Certains disent qu'il figure un homme et sera un ennemi vil du rêveur. D'autres affirment qu'il figure la fortune. Ainsi, voir un zèbre de loin amènera le rêveur à retrouver un bien perdu. D'autres encore disent que monter un zèbre détournera le rêveur de la vérité et et le conduira au refus du consensus des Musulmans. Manger de la chair de zèbre ou boire de son lait, vaudra au rêveur un don d'esclaves de la part d'un haut personnage.

On dit que les animaux domestiques que l'on voit devenir sauvages en rêve annoncent nuisances et dommages ; alors que les bêtes sauvages qui deviennent domestiques augurent de profits et de bienfaits. L'attroupement d'animaux sauvages figure les armées.

La gazelle figure une belle femme arabe. Celui qui se voit attraper une gazelle à la chasse rusera pour acquérir une belle esclave ou pour épouser une jolie femme. Si le rêveur atteint la gazelle d'une flèche, il répudiera son épouse, la battera, ou alors il copulera avec son esclave. S'il égorge la gazelle et voit jaillir du sang, il déflorera une esclave vierge.

Celui qui se voit transformé en mâle de gazelle jouira des plaisirs de ce monde ; et celui qui fait l'acquisition d'une gazelle héritera d'une immense fortune. S'il fait entrer une gazelle dans sa demeure, le rêveur mariera sa fille. Mais si sa femme est enceinte, elle accouchera d'un petit garçon. S'il écorche cette bête, il violera une femme.

Un homme s'est vu en rêve posséder une gazelle ; l'interprète qu'il a consulté lui a prédit une fortune licite et une noble épouse. Et il en a été ainsi.

Manger de la chair de gazelle en rêve vaudra au rêveur un don d'une belle femme. Faire l'acquisition d'un faon annonce au rêveur la naissance d'un enfant mâle d'une belle esclave.

La femelle du buffle figure aussi la femme. Ses petits, des enfants pour le rêveur. Les peaux de ces animaux ainsi que leurs poils, leur lait, leur graisse et leurs boyaux figurent des biens provenant d'une femme.

On dit que se transformer en gazelle ou en un animal sauvage quelconque, indique que le rêveur quittera la Communauté des Musulmans. On dit aussi que le lait des animaux sauvages figure des petits biens.

Monter un zèbre et le trouver docile indique que le rêveur s'adonnera à un péché. Si l'animal n'est pas docile et qu'il se cabre, le rêveur connaîtra de dures épreuves en s'adonnant au péché, et il vivra dans la peur et le souci. Si un zèbre entre dans la demeure du rêveur, un méchant homme entrera chez lui. Mais si ce rêveur fait entrer l'animal chez lui en tant que gibier comestible, il obtiendra biens et butins.

Les femelles d'animaux sauvages figurent des femmes. En boire le lait signale la piété et la rectitude de la foi. Posséder des animaux sauvages dociles, obéissants donnera au rêveur la domination sur un groupe de non musulmans.

L'élan figure un étranger de grande réputation. Chasser un élan, un bélier ou un bouc sauvage dans la montagne vaudra au rêveur le bénéfice d'un butin qu'il prendra d'un tyran, car la montagne figure le roi intraitable, et le gibier, un butin. Tirer une flèche contre un bélier sauvage amènera le rêveur à injurier un haut personnage. S'il l'atteint, il causera un dommage à ce même personnage.

L'antilope figure le chef d'une innovation coupable [en matière de religion], peu nuisible, mais en marge du consensus des croyants.

Le cerf figure un étranger vivant en marge des hommes dans quelque contrée isolée ou en dans les montagnes ; il peut figurer un personnage important. Celui qui voit sa propre tête se transformer en tête de cerf aura un statut dominateur et une charge de pouvoir. Les bêtes sauvages, en général, figurent les montagnards et les ruraux, les hérétiques et les marginaux.

Rêver d'éléphants admet deux interprétations différentes: certains disent que cet animal figure un roi puissant ; d'autres disent qu'il s'agii plutôt d'une personne maudite, car il est issue d'une métamorphose de l'homme.

Un homme a raconté à Ibn Sîrîn un rêve où il s'était vu monter un éléphant. Ibn Sîrîn lui a dit: «Cet animal ne fait pas partie des montures de Musulmans ; j'ai peur que vous ne soyez d'une autre religion !»

On dit que l'éléphant figure tout ce qui a une grande renommée, mais sans utilité, car il n'est pas comestible et on ne peut profiter du lait de sa femelle. On dit aussi que celui qui rêve d'un éléphant et qu'il a refusé de le monter sera victime d'un tort qui affectera sa personne, et il subira une diminution de sa fortune. S'il l'a monté, il triomphera d'un roi puissant et vil, s'il est digne d'une telle victoire. Sinon, il entrera dans une guerre et ne sera pas victorieux. Il y sera peut-être même tué, selon la parole du Très-Haut: *«N'as-tu pas vu / comment ton Seigneur a traité / Les hommes de l'éléphant ?»* (CV, 1). Si le rêveur monte un éléphant harnaché et qui lui est docile, il épousera la fille d'un haut personnage parmi les Barbares. S'il est commerçant, son commerce grandira. S'il monte l'éléphant de jour, il répudiera sa femme et subira des dommages à cause d'elle. Se voir en pâtre d'éléphants vaudra au rêveur de fraterniser avec des souverains barbares qui lui obéiront, selon la docilité de la monture du rêve. S'il se voit traire la femelle d'un éléphant, le rêveur usera de ruse pour obtenir la fortune d'un souverain barbare, en toute légalité.

Les excréments d'éléphant figurent la fortune du souverain. Voir un éléphant tué dans une contrée augure de la mort du roi de cette même contrée, ou de l'un des hauts dignitaires. Celui qui voit qu'un éléphant le menace ou l'assaille, sera atteint d'une maladie. Si l'éléphant le jette à terre et qu'il se retrouve sous l'animal, le rêveur mourra. Si, dans sa chute, il se retrouve loin de l'animal, il connaîtra de dures épreuves mais en sera sauvé. Cependant, toutes ces visions ne sauraient être de bon augure pour une femme. Se voir parler à un éléphant annonce que le rêveur aura des dons de la part d'un souverain. Mais si le rêveur voit l'éléphant le poursuivre au galop, il sera victime dee sévices du roi. Si l'éléphant frappe le rêveur de sa trompe, le rêveur aura une fortune. On dit que voir en rêve un éléphant ailleurs qu'aux pays des Indes annonce des épreuves et le désarroi ; le voir en Nubie, il figure un roi. La lutte de deux éléphants figure le combat entre deux souverains.

L'éléphant figure en général le souverain barbare ; mais il peut aussi figurer la femme de grande corpulence ou le navire. Il peut annoncer la ruine et la roue des malheurs, si l'on pense à ce qui est arrivé à la *Ka'ba*, aux oiseaux de l'Enfer et à leurs projectiles[1]. Il est possible que l'éléphant annonce la mort. Le chevaucher annonce au rêveur célibataire le mariage ; un voyage maritime avec une charge de marchandises, pour le commerçant ; la victoire pour un roi, et la mort pour le simple combattant dans un champ de bataille.

Voir un éléphant sortir d'une ville dont le souverain est malade annonce la mort du souverain, son exil ou sa démission. Cela peut aussi annoncer le départ d'un navire, s'il s'agit d'une ville côtière. A moins que la ville en question ne soit en proie à une discorde ou à l'épidémie. Le départ de l'éléphant annonce dans un tel rêve la délivrance de la cité.

Le lion signale un roi tyrannique et puissant, dangereux et d'une grande audace, terrifiant et coléreux. Il peut tour à tour

---

1- Selon le Coran et ses exégètes les abyssiniens, peu avant la naissance du Prophète, auraient attaqué la Mecque pour détruire la *Ka'ba*. Dieu "a sauvé Sa Maison" en envoyant une armée d'oiseaux extraterrestres (*ababîl)* qui ont bombardé les assaillants de pierres en provenance des enfers. (Coran, CV).

figurer le combattant, le voleur furtif, l'ouvrier traître, le chef de la police ou l'ennemi coriace. Il peut aussi figurer la mort, car celui qui le voit pâlit, se trouble et s'évanouit. Il indique aussi le souverain injuste et spoliateur, ou l'ennemi dominateur. Celui qui voit un lion entrer dans sa maison, et s'il y a un malade, celui-ci périra, ou alors le maître de la demeure subira une dure épreuve de la part du souverain. Si le lion dévore le rêveur et qu'il lui détache la tête, le roi fera subir une lourde injustice à l'auteur du rêve, en le spoliant de ses biens, en ordonnant qu'il soit battu, en le démettant de ses fonctions ou en décidant de son exécution.

Voir un lion entrer dans la ville annonce la peste, l'épidémie ou l'assaut d'envahisseurs, selon tous les autres indices – dans le rêve ou dans la réalité – qui pencheront pour l'une ou l'autre des interprétations. Sauf si l'animal entre dans une mosquée et monte sur la tribune, car dans ce cas, il s'agira d'un souverain tyrannique qui fera subir de dures épreuves à ses sujets

Monter un lion dans son rêve, indique que le rêveur entame un projet plein de périls et de dangereux obstacles ; comme par exemple entrer en discorde avec le souverain ou prendre le large dans un navire par gros temps ou se trouver bloqué dans l'indécision ; le rêveur ne peut esppérer connaître une issue favorable que par un surplus d'indices dans la suite de son rêve. Monter un lion et le trouver obéissant et docile vaudra au rêveur la victoire sur un tyran qui lui sera soumis.

Accueillir chez soi un lion sans le fréquenter vaudra au rêveur de connaître un sentiment de peur devant un souverain qui ne lui nuira pas. Fuir un lion et réussir à lui échapper vaudra au rêveur la délivrance d'une lourde menace.

Manger de la chair de lion annonce au rêveur une fortune en provenance d'un souverain, ou la victoire sur un ennemi ; de même si le rêveur boit le lait de lionne. S'il mange de la chair de lionne, le rêveur aura pouvoir et grande royauté. La peau du lion figure la fortune que l'on prendra à un ennemi. Trancher la tête du lion en rêve donnera pouvoir et royauté au rêveur.

Etre pâtre de lions vaudra au rêveur l'amitié de puissants souverains ; mais si le rêveur se voit terrassé par un lion, il sera en proie à la fièvre, car cet animal est générateur de fièvre. Celui qui fait bon ménage avec un lion en rêve, sera protégé contre les menées d'un ennemi et se réconciliera même avec celui-ci. Monter un lion tout en ayant peur de la bête annonce de dures épreuves au rêveur. On dit que tuer un lion en rêve annonce la dissipation des malheurs. Se transformer en lion indique que le rêveur deviendra injuste, selon le statut qui est le sien. Et la lionne figure la fille du roi.

Le lionceau figure l'enfant du rêveur. On raconte qu'un homme est venu retrouver Muhammad Ibn Sîrîn pour un rêve où il s'était vu tenir dans les bras un lionceau. Voyant son état d'indigence Ibn Sîrîn l'a ainsi interrogé: «En quoi tu peux avoir affaire à des enfants princiers ?» ; et au savant de poursuivre: «Peut-être as-tu une femme qui fait la nourrice chez quelque prince ?» L'homme a confirmé la supposition de l'interprète. Un autre homme a consulté le même Ibn Sîrîn pour un rêve ou il s'était vu amener un lionceau chez lui. L'interprète a prédit que le rêveur se liera d'amitié avec quelque souverain. On rapporte aussi que le rebelle Yazîd Ibn al-Mouhallab, du temps où il a déclaré sa désobéissance au calife [omeyyade] Yazîd Ibn Abdel-Malek, s'est vu en rêve sur un palanquin monté sur le dos d'un lion. Une vieille femme interprète lui a prédit d'entamer une grande bataille et d'être assiégé.

Le loup figure un ennemi tyrannique, imposteur et malhonnête, traître pour ses compagnons. Celui qui voit un loup entrer chez lui devra s'attendre à la visite d'un cambrioleur. Voir un loup se métamorphoser en humain indique le repentir d'un cambrioleur. Le rêveur qui se voit élever un louveteau aura à élever un bâtard, enfant d'un voleur, qui provoquera sa ruine. On dit que la vision du loup conduira le rêveur à accuser injustement quelqu'un, par référence à l'histoire de Joseph, paix sur lui qui montre que le loup figure la peur de l'irréparable.

L'ours figure l'homme dur de sa constitution, vil de son âme, traître et agressif. On dit aussi qu'il figure le bandit intraitable qui vole les pèlerins et les caravaniers. On le compte parmi les bêtes issues d'une métamorphose d'humains. Monter un ours annonce au rêveur l'obtention d'une charge de pouvoir, ou alors il vivra dans la crainte et le désarroi, et il en saura sauvé par la suite. Certains disent que l'ours figure la femme, puisqu'il sera issu de la métamorphose d'une femme.

Le sanglier figure un personnage important et riche, mais d'une foi corrompue et dont la fortune est mal acquise. Il figure aussi le sale impie ou un nazaréen méchant et vil. Sa chair, sa graisse, ses poils, ses boyaux et sa peau figurent les biens illicites. Le cochon figure l'homme très fécond, d'une foi corrompue et à aux ressources illicites.

Etre pâtre de sangliers vaudra au rêveur la charge d'un pouvoir sur des hommes vils et de basse naissance. En posséder, les garder dans un lieu ou les déplacer, vaudra au rêveur des biens mal acquis. Rêver de leur lait annonce au rêveur une catastrophe financière ou la folie .

Monter un sanglier annonce la victoire sur un ennemi. Celui qui se voit imiter la démarche du sanglier réunira rapidement une fortune en numéraire. La chair de sanglier, cuite ou grillée, figure des biens mal acquis.

Un homme a consulté Ibn Sîrîn pour un rêve où il a vu une truie dans son lit. Il lui a prédit de copuler avec une femme impie. On raconte que le dernier roi de Perse s'était vu en rêve en train de boire d'un calice en or ; un sanglier buvait avec lui de la même coupe. L'interprète que ce roi a consulté lui a demandé de le faire accéder, les yeux bandés, à son harem et d'y réunir femmes, concubines, eunuques, esclaves et enfants. Une fois dans le harem, l'interprète s'est mis à jouer du tambour et il a demandé au roi d'ordonner à chacune des femmes de se mettre à danser toute nue. Toutes les femmes l'ont fait et au tour de la dernière, celle-ci a prié le souverain d'en être dispensée, arguant de sa timidité. Le roi lui a refusé cette faveur et elle a fini par se trahir: sous sa large tunique on a découvert un homme caché. L'interprète a dit alors au roi: «Voici donc l'interprétation de ton rêve. Le calice, c'est cette femme ; le vin qui s'y trouve, c'est la jouissance que tu en tires; Le sanglier, c'est cet homme qui partage avec toi ta jouissance !»

L'hyène figure une femme méchante, laide et idiote ; peut-être une vieille sorcière. Monter cet animal vaudra au rêveur la possession d'une femme de cette nature. Si le rêveur tire une flèche dans la direction d'une hyène, il aura un échange de mots ou de missives avec une femme ainsi faite. S'il lui jette une pierre, il lui lancera des injures. S'il la poignarde, il copulera avec elle. S'il la frappe de son épée, il médira d'elle. Celui qui mange de la chair d'hyène sera ensorcelé, mais il en guérira. S'il boit de son lait, la femme que cet animal figure le trahira et lui nuira par surprise. Le poil d'hyène, sa peau et ses os, figurent des biens.

Le mâle de l'hyène figure un ennemi coriace et rusé. On dit que celui qui se voit en monter un aura un pouvoir. On dit aussi que cet animal figure plutôt un ennemi vaincu et frustré. Certains affirment enfin que l'hyène ne figure que la femme de basse naissance.

Le singe figure un homme pauvre et privé de sa fortune. On dit qu'il fait partie des bêtes issues d'une métamorphose d'humains et qu'il figure le personnage trompeur, chahuteur, lanceur d'injures. Il peut aussi figurer le juif. Se voir combattre et vaincre un singe, annonce au rêveur une maladie dont il guérira. Mais si le singe est vainqueur, il ne guérira pas. Celui qui se voit accueillir chez lui un singe verra apparaître un ennemi. Manger de la chair de singe vaudra au rêveur de soucis et la maladie. Chasser un singe indique l'obtention d'un profit auprès de quelque sorcier. Copuler avec un singe amènera le rêveur à commettre un acte sexuel contre nature. S'emporter contre un singe annonce la dispute du rêveur avec quelqu'un de son entourage. Certains disent que le singe figure l'homme de péchés impardonnables. Voir un singe entrer dans la couche d'un homme connu – et si l'homme est un Juif impie –

conduira le rêveur à pousser sa femme à la prostitution. On dit que manger de la chair de singe vaudra au rêveur l'acquisition d'habits neufs. On rapporte aussi qu'un roi a vu en rêve qu'un singe partageait son repas ; il a raconté son rêve à une femme savante qui lui a demandé de fouiller son harem ; il a trouvé parmi ses femmes un beau jeune homme imberbe.

Le rêve de tigre vu mérite la même interprétation que le rêve de lion. Cet animal figure un personnage débauché, secret, rancunier, d'une agressivité patente. On dit qu'il figure aussi un souverain de grand apparat. La tigresse est à rapporter aussi à ce que la lionne figure. Accueillir chez soi le tigre annonce l'arrivée d'un homme pervers. Manger de sa chair, dit-on, vaudra au rêveur l'acquisition d'un pouvoir.

Le guépard figure l'homme sournois et entêté. Il peut aussi figurer le chasseur ou le meurtrier ou l'appât. Il indique le personnage indécis dont on ne sait s'il voue l'amitié ou l'inimitié à son vis-à-vis.

Le chien appelle des interprétations différentes. Certains disent qu'il figure l'esclave ; d'autres disent qu'il serait plutôt la figure d'un personnage injuste et menteur, homme de scandales, si on l'entend aboyer. Le chien noir figure l'homme arabe et signale un ennemi faible et sans danger. La chienne figure la femme vile. Si elle mord le rêveur, il en subira un grand dommage. Celui qui voit qu'un chien lui a subtilisé ses vêtements, verra un homme porter atteinte à son honneur.

Celui qui mange de la chair canine vaincra un ennemi et profitera de ses biens. Boire du lait de chienne introduira le sentiment de peur dans le cœur du rêveur. Celui qui se voit appuyer la tête sur le corps d'un chien, s'appuiera sur un ami qu'il appellera à son secours et en fera son soutien. Le chien peut figurer le gardien ou l'homme de l'hérésie. Celui qui se fait mordre par un chien en rêve, sera séduit par un ami hérétique, s'il en a un. S'il a un ennemi, il entrera en lutte contre lui et le vaincra. Il sera trompé par son esclave, s'il en a un. En période de famine, il en souffrira, s'il a fait un tel rêve. Tout cela, selon l'importance de la morsure et selon les autres indices contenus dans le rêve.

La chienne figure une femme vile issue d'une vilaine communauté. Le chiot figure le fils aimé. Le chiot noir, un enfant qui aura la domination sur son clan ; le chiot blanc un enfant qui sera animé d'une foi solide. Mais certains disent que le chiot figure plutôt le fils d'un homme d'imposture issu d'un adultère. Se voir en berger possédant un chien annonce au rêveur une fortune qu'il obtiendra d'un souverain. Le chien peut tout aussi bien figurer un ami qui apportera un soutien au rêveur, mais qui restera prêt à se montrer vil et sans moralité. Certains affirment que le chien dans toute interprétation figure la maladie, la misère, les dommages et l'adversité, sauf quand on l'élève pour le jeu et l'amusement ; dans ce cas il peut augurer de la joie et de la belle vie. Le chien de mer figure l'imposture ou la chose irréalisable.

On raconte qu'Abû Bakr as-Siddîq [premier successeur du Prophète], que Dieu soit satisfait de lui, a vu en rêve une chienne sur le chemin menant à [la conquête de] la Mecque. Elle surgit devant l'Envoyé de Dieu, Dieu le bénisse et lui accorde le salut, et s'était mise à grogner. Dès qu'on s'approchait d'elle, elle se mettait sur le dos et l'on pouvait voir du lait jaillir de ses mamelons. Le rêveur a raconté son rêve à l'Envoyé de Dieu, Dieu le bénisse et lui accorde le salut, qui lui a dit: «Le danger de leurs chiens [ceux des incroyants] a disparu et leur butin ne tardera pas à nous parvenir. Ils vont vous supplier en évoquant les liens de sang qui les unissent à vous ; vous allez enfin les affronter. Si vous capturez Abû Sufiâne[1], épargnez-le !»

Celui qui se voit métamorphosé en chien aura de Dieu le Très-Haut, un don de savoir, mais il en sera dépossédé par la suite, selon la parole du Très-Haut: «*Raconte-leur l'histoire / de celui auquel nous avions accordé nos Signes, / il s'en débarrassa*» (VII, 175).

1- Abû Sufiâne Ibn Omeyya ; le chef militaire des Mecquois lors des affrontements qui les ont opposés aux premiers Musulmans. Seigneur du clan des Banî Omeyya et père du premier calife omeyyade, Mua'wya.

On raconte qu'un homme a vu en rêve deux chiens se battre sur lè sexe d'une femme.

—Voilà une femme qui a voulu se raser le sexe et n'a pu manipuler le rasoir, elle a eu recours à la pince d'épilation ! lui a affirmé l'interprète qu'il a consulté. De retour chez lui, l'homme a examiné le sexe de sa femme et a trouvé la confirmation de cette interprétation.

Le renard figure l'homme traître et rusé ; très instable dans ses comportements et dans sa foi. Celui qui se voit lutter contre un renard se disputera avec un proche. S'il lance un défi à un renard, il subira un dommage en la personne de l'une de ses épouses. Si c'est le renard qui lui lance un défi, il connaîtra le désarroi. Boire du lait de renarde vaudra au rêveur malade le rétablissement. S'il n'est pas malade, il sera délivré d'un souci. On dit que la vision du renard en rêve vaudra au rêveur une humiliation et une diminution de sa fortune. D'autres encore disent que le renard figure l'astrologue ou le médecin. Il peut aussi valoir au rêveur un envoûtement. Manger de la chair de renard augure d'une maladie bénigne.

Faire l'acquisition d'un renard en rêve signale la défaite d'un ennemi ou d'un rival. Jouer avec un renard annonce au rêveur son mariage avec une femme qu'il aimera et qui l'aimera.

On raconte qu'un homme est venu retrouver Abû Bakr as-Siddîq, que Dieu soit satisfait de lui, pour le consulter au sujet d'un rêve où il s'était vu en train de se mesurer avec un renard. Le Compagnon du Prophète lui dit: «Tu n'est qu'un imposteur !». Le rêveur en effet, était poète.

Dans le même ordre d'idées, un rêveur a consulté Ibn Sîrîn pour un rêve semblable où il s'était vu récompenser un renard. Ibn Sîrîn lui dit: «Tu as donné une récompense à un être qui ne la mérite pas; tu n'est qu'un imposteur !» Un manichéen a rapporté qu'ad-Dahâk[1] a vu en rêve une immense meute de renards dont il se trouvait être le pâtre. Il a raconté son rêve à un interprète qui lui a

1- Ad-Dahâk Ibn Qays, grand dirigeant kharijite (mort en 129/746). Il a conduit une révolte contre le pouvoir omeyyade et s'est emparé de Kûfa et de Mossoul.

dit: «A ton époque et sous ton règne proliféreront la magie et la ruse !» Et il en a été ainsi.

Le lapin figure la femme. Celui qui fait l'acquisition d'un lapin en rêve, se mariera. Si le rêveur égorge l'animal, l'épouse ne restera pas longtemps auprès de lui. On dit aussi que le lapin figure l'homme sans courage.

Le chat sauvage figure l'imposteur et l'homme injuste ; un solitaire qui ne peut apporter un quelconque bénéfice qu'une fois mort.

Le chacal figure celui qui retient les droits des gens et il fait partie des métamorphoses d'humains. Il appelle les même interprétations que le renard, sauf que celui-ci est plus pertinent dans le rêve.

La belette figure aussi une métamorphose d'humains ; elle signale l'imposteur, la personne dure, injuste et impitoyable. Celui qui voit la belette entrer chez lui, doit s'attendre à la visite d'un traître. Cet animal est à interpréter comme le chat sauvage.

Le chat appelle diverses interprétations. Certains disent qu'il figure le gardien et le bon serviteur ; d'autres disent qu'il indique, au contraire, le voleur dans la maison. On a dit aussi que sa femelle figure une méchante mégère rusée et querelleuse. Le chat évoque tout être qui rôde autour des hommes pour leur subtiliser quelque chose, les espionner ou leur nuire. Si le rêveur se voit mordu ou griffé par un chat, il doit s'attendre à la trahison de son serviteur ou à tomber malade. Ibn Sîrîn a coutume de dire que le chat annonce la maladie pendant une année. S'il s'agit d'un chat sauvage, la maladie sera plus grave. S'il s'agit d'une chatte domestique, le rêveur peut espérer le rétablissement. S'il a vu une chatte sauvage très méchante, il doit s'attendre à une année de grande peine.

On raconte qu'une femme a consulté Ibn Sîrîn pour un rêve où elle avait vu un chat enfouir la tête dans le ventre de son époux ; Ibn Sîrîn lui dit: «Si ton rêve se vérifie, un cambrioleur nègre entrera dans l'échoppe de ton mari et subtilisera la somme de trois cent seize drachmes !». Et il en a été ainsi. Au voisinage du couple en effet, habite un noir, gardien d'un bain public ; on est allé le cherché, il a avoué son forfait et restitué l'argent. On a alors interrogé Ibn Sîrîn sur le secret de tant d'exactitudes dans son interprétation ; il a dit: «Le chat est la figure du voleur ; le ventre indique le coffre de la trésorerie ; quant à la somme précise, je l'ai déduite du calcul de l'alphabet composant le mot *sinnawr* [chat].»

Le rhinocéros figure le roi très puissant que nul n'ose affronter. Se voir traire la femelle de cet animal vaudra au rêveur l'acquisition de biens illicites, don d'un puissant souverain. S'il monte la bête, le rêveur sera lui-même, peut-être, un roi.

La fouine figure un simple d'esprit qui se met en péril par des actes inconséquents, et qui perdra ainsi l'égard des autres.

La mangouste, c'est cette petite bête qui tue le serpent. Celui qui rêve de la mangouste s'adonnera à la fornication, car les mangoustes volent des poules et la poule figure la femme.

chapitre trente-cinq

Des oiseaux sauvages, domestiques ou aquatiques, de tout animal ailé et des animaux de mer

Le perroquet
fait partie des métamorphoses d'humains.
On dit qu'il figure le philosophe.

Tout volatile non identifié figure l'Ange de la mort, si on le voit ramasser un caillou, une feuille ou un ver dans la maison d'un malade. Si le rêveur voit s'abattre sur lui un oiseau non identifié, il entamera un voyage. L'oiseau peut indiquer le labeur et le travail, pour celui qui en voit un sur l'épaule, sur la tête ou dans le giron, selon la parole du Très-Haut: «*Nous attachons son destin* [litt. son oiseau de présage] *au cou de chaque homme...*» (XVII, 13), «Le cou» représente ici le siège de l'acte responsable de l'homme. Si l'oiseau est de couleur blanche, il s'agira d'une action pure. S'il est de couleur trouble et suspecte, l'action du rêveur le sera aussi ; à moins qu'il ne s'agisse d'une femme enceinte qui fait un tel rêve, auquel cas tout oiseau mâle lui annonce la naissance d'un garçon, et tout oiseau femelle lui annonce une fille. Si elle lui réduit les ailes, l'enfant vivra. S'il s'envole, l'enfant aura la vie courte.

L'oisillon qui ne peut assurer sa propre nourriture vaudraà un rêveur qui en trouve un ou en fait l'acquisition, de connaître la prospérité ; sauf s'il s'agit d'une femme enceinte ; dans ce cas, il annonce la naissance d'un garçon.

Les grands volatiles et les rapaces figurent les souverains, les nobles, les hauts personnages et les gens riches.

Les oiseaux charognards comme le corbeau, le vautour ou le milan, figurent des hommes débauchés, des voleurs et des mauvais sujets.

Les oiseaux aquatiques figurent des hommes qui ont une double excellence qu'ils tirent du règne de l'air et de celui de l'eau. Ils peuvent aussi annoncer un voyage par voie maritime et par voie terrestre. Leurs cris entendus en rêve, annoncent pleurs et lamentations.

Les oiseaux de petite taille tels les moineaux, les aigrettes et les rossignols figurent les petits garçons. Les bandes d'oiseaux pou, le rêveur qui se voit en élever ou qui les nourrit, figurent des deniers et des dinars associés à un pouvoir.

Le faucon figure un souverain. L'égorger annonce la mort du roi. En manger la chair vaudra au rêveur une fortune en provenance du souverain. On dit aussi que le faucon figure le bon fils pour le rêveur qui en fait l'acquisition. Mais certains disent que cet oiseau figure le voleur qui agit par effraction. Voir un faucon dans sa demeure annonce au rêveur l'arrestation d'un voleur qui s'introduira chez lui. On affirme que tenir en rêve un faucon docile vaudra au rêveur l'acquisition d'un pouvoir dans l'injustice. Si le rêveur appartient au commun des hommes, il en aura joie et bonne renommée. Si un roi se voit le gardien de faucons, il jouira du soutien d'une armée d'Arabes courageux et capables de le secourir. Si ce même roi se voit tenant un faucon, puis le voit s'envoler et ne laisser dans la main du rêveur qu'un simple ficelle ou une plume, il perdra son royaume et n'en gardera que quelques biens, selon l'importance de la ficelle ou de la plume qu'il aura gardée.

On raconte qu'un homme a pu identifier celui qui lui a volé sa copie du Coran dans un rêve où il avait réussi à attraper un faucon. Le lendemain, il a trouvé et confondu le voleur, et il a repris son bien.

Un rêveur a raconté à un interprète un rêve ou il avait vu le faucon qu'il avait pris se transformer en cafard. L'interprète lui prédit la naissance d'un enfant mâle de l'une de ses épouses enceintes. Le rêveur a insisté pour connaître le sens de la métamorphose du faucon en cafard, et l'interprète lui a dit: «Les métamorphoses ne sont que des fatras !»

La crécerelle figure un souverain inique incapable de vertu. Elle est moins pertinente dans le rêve que le faucon. Ainsi celui qui se voit transformé en crécerelle aura une charge de pouvoir, mais en sera très vite démis.

L'épervier figure deux espèces de personnages: le souverain noble, de grand prestige mais tyranniquen ou alors un fils du rêveur qui aura un haut statut. Se voir poursuivi par un épervier vaudra au rêveur la colère d'un haut personnage.

La buse a moins de pertinence dans le rêve, et signale moins d'élévation que le faucon. On dit que celui qui attrape une buse conduira un voleur à la prison. Celui qui voit sortir une buse de sa verge aura un fils rebelle mais courageux.

Un homme a retrouvé Sa'ïd Ibn al-Mqussayyab le jurisconsulte, et lui a dit:

— J'ai vu en rêve, sur les balcons de la mosquée, une colombe blanche dont la beauté m'avait ravi. Soudain un faucon s'abattit sur elle et la prit !

— Si ton rêve se vérifie, lui a dit l'interprète, al-Hajjâj épousera la fille d'Abdullah Ibn Ja'far[1]. Peu après l'événement s'est effectivement réalisé. Interrogé sur les chemins qui l'ont conduit à cette interprétation, l'interprète a répondu:

— La colombe figure la belle femme. Sa blancheur la pureté de sa lignée. Et je ne connais pas à notre époque une belle femme aussi pure de sa lignée que la fille d'Abdullah Ibn Ja'far. J'ai ensuite examiné le sens du faucon, volatile qui figure l'Arabe, jamais le Barbare. Or, parmi les Arabes, je ne vois pas plus puissant rapace qu'al-Hajjâj Ibn Youssef !

Le vautour figure un homme puissant, belliqueux qui n'inspire la confiance ni à ses proches ni à ceux qui lui sont étrangers. Le petit du vautour figure un fils du rêveur qui fréquentera le souverain. Voir un vautour sur le toit ou sur le mur d'une maison annonce l'Ange de la mort. Si le rêveur voit qu'un vautour lui est tombé sur la tête, il mourra ; car le vautour quand il s'abat sur sa

---

1- Neveu de 'Ali, jeune Compagnon du Prophète (mort en 80/700). Le mariage forcé de sa fille avec le gouverneur al-Hajjâj a été ressenti comme une humiliation par les Chi'ites.

proie la tue aussitôt. Si le rêveur se voit tenir un vautour qui lui est docile, il fréquentera un roi. Si le vautour le blesse de ses serres, il doit s'attendre à de dures épreuves qui toucheront sa personne et sa fortune. S'il voit le vautour s'approcher de lui, lui offrir quelque chose ou lui parler d'une façon compréhensible, il doit s'attendre à de bonnes nouvelles. La femme qui se voit accoucher d'un vautour, mettra au monde un enfant appelé à de hautes fonctions. Mais si elle est de condition modeste, l'enfant ne sera que soldat. On dit que monter un vautour pour un rêveur de noble condition annonce un péril ; mais pour le rêveur humble, ce rêve est de bon augure.

L'aigle est l'oiseau le plus fort, capable d'atteindre la plus haute altitude, doté de la vue la plus perçante, de la plus grande longévité. Se voir contrarié par un aigle vaudra au rêveur la colère du souverain qui le confiera à un tuteur injuste, car Salomon, paix sur lui, a confié tous les oiseaux à la tutelle de l'aigle. Si le rêveur se voit posséder un aigle docile, il aura un immense pouvoir qui lui permettra de dominer un autre roi puissant. Si l'aigle ne lui est pas docile mais ne lui inspire aucune peur, le rêveur sera dominateur, tyrannique et entêté, tout comme le roi Némrod[1]. Si le rêveur se voit voler puis atteindre directement le ciel, il mourra. S'il atteint le ciel et en revient, il sera proche de la mort mais sera sauvé. Prendre des plumes ou des ossements d'aigle vaudra au rêveur une grosse fortune et un énorme pouvoir. Si le rêveur voit tomber sur lui un aigle, il en aura un grand malheur. Si on lui fait don d'un aiglon, il sera le père d'un enfant qui deviendra un grand personnage. Mais s'il fait ce rêve de jour, il sera atteint d'une grave maladie. Et si l'aigle lui donne un coup de serres, sa maladie durera. Enfin la chair d'aigle annonce au rêveur la fortune et la charge d'un pouvoir. Et se métamorphoser en aigle permettra le rêveur d'espérer une longue vie.

1- Il a fabriqué, selon la légende, une machine volante pour "aller à la rencontre de Dieu."

Tous les rapaces, tels que faucons, éperviers, buses, vautours ou aigles sont à rapporter au pouvoir et aux honneurs. Et tout rêve d'envol est de bon augure.

Le hibou figure le voleur redoutable qui agit seul et qui fait peur. Il est parmi les métamorphoses d'humains.

La gélinotte figure la belle femme.

Le faisan figure aussi la belle femme arabe. Se voir en train de d'égorger un amènera le rêveur à déflorer une belle vierge. Sa chair figure la fortune de la femme. Mais on dit aussi que le faisan figure le traître auquel on ne saurait se fier.

La perdrix figure la belle femme un peu sauvage. Le perdreau un habit de parade ; il peut aussi figurer une fortune que le roi donnera au rêveur. On dit que se voir posséder de nombreux perdreaux vaudra au rêveur d'avoir de nombreux compagnons rieurs. On dit aussi que le perdreau figure l'homme possédant de nombreuses femmes. Il peut aussi annoncer un enfant pour un rêveur dont la femme est enceinte. Mais certains disent qu'il figure plutôt le guerrier.

La pie figure le personnge imposteur, malhonnête, ingrat et spéculateur. S'il parle au rêveur il annonce des nouvelles au sujet d'une personne en voyage.

Le mâle d'autruche figure l'eunuque ou le bédouin.

Le dragon figure le chef d'une hérésie. S'il parle au rêveur il annonce une fortune qui proviendra de l'imam, ou une charge de pouvoir. Certains disent qu'il figure la belle femme.

L'autruche figure une belle bédouine fortunée, pour celui qui en a fait en rêve l'acquisition. Elle peut figurer l'eunuque parce qu'elle est de grande taille et ne peut voler. Elle peut figurer le gagneur, car il s'agit d'un animal de course. Elle peut aussi figurer la surdité. Elle ne sera de bon augure que pour le rêveur qui n'est pas malade au moment de son rêve ou qui n'a pas un malade parmi ses proches. Dans ce cas elle annonce la mort. Le petit ou les œufs d'autruche annoncent la naissance de filles. Si le roi se voit posséder une autruche, celle-ci figure son eunuque, le gardien fidèle de son harem. Egorger le mâle d'autruche par la nuque indique que le rêveur s'adonnera à la sodomie. S'il le monte, le rêveur sera chargé de porter le courrier.

Le perroquet figure le marchand d'esclaves imposteur. Cet oiseau fait partie des métamorphoses d'humains. On dit qu'il figure le philosophe.

Le passereau figure la personne riche. On dit qu'il figure plutôt l'enfant béni qui récitera correctement le Livre de Dieu, le Très-Haut.

Le rossignol figure la belle femme délicate et subtile. Il peut aussi figurer le maître de chant ou de diction. Si le rêveur est un roi, la vision du rossignol indique un vizir sage et bon gestionnaire.

L'étourneau figure l'homme des voyages, car il a des vols continus. On dit aussi qu'il figure l'humble ermite qui a renoncé aux biens de ce monde.

La grive figure du sermonneur.

L'hirondelle figure de l'esclave [homme ou femme] à la conduite louable, ou alors un garçon studieux. Attraper une hirondelle en rêve signale que le rêveur s'emparera d'un bien mal acquis. Mais si le rêveur voit dans sa demeure ou dans un domaine en sa possession beaucoup d'hirondelles, le bien qu'il aura sera licite. Celui qui voit des hirondelles quitter sa demeure, verra les siens s'éloigner de lui.

Le rêve d'hirondelles est toujours de bon augure pour celui qui entreprend une action, surtout pour les planteurs d'arbres. Quant à celui qui se voit transformé en hirondelle, il doit s'attendre à la visite de cambrioleurs.

La chauve-souris figure l'ermite ; mais certains disent la sorcière.

Le duc figure l'homme de mauvais caractère. En voir un de jour annonce la maladie. En prendre un à la chasse augure des guerres et des massacres. Pour le rêveur malade, il annonce la mort. Voir des ducs entrer dans une ville annonce l'assaut de troupes de soldats vils et impitoyables. Cet oiseau figure les bâtards oisifs, les laveurs de morts et les habitants de cimetières.

Le percnoptère[1] figure la belle femme.

La caille et la pie-grièche figurent l'hypocrite, l'homme aux deux visages.

Le roitelet figure la jeune fille ou le garçon nantis d'une fortune.

La bécasse figure une esclave vierge.

Le paon figure un noble roi non arabe. Sa femelle une belle femme fortunée non arabe. Celui qui se voit réunir chez lui la colombe et le paon deviendra un maquereau, pourvoyeur en prostitués femmes et hommes. On dit que le paon figure des personnages rieurs.

Un homme a consulté Ibn Sîrîn pour un rêve où il avait vu son épouse lui offrir un paon. L'interprète lui a dit:

— Si ton rêve se vérifie, tu feras l'acquisition d'une belle esclave et tu seras endetté pour cet achat de soixante-seize drachmes. Tu feras la transaction en accord avec ton épouse ! Le rêveur a confirmé que tout cela lui est effectivement arrivé au lendemain de son rêve. Il a prié Ibn Sîrîn de lui expliquer tant de précision dans son interprétation.

— Le paon figure la belle esclave, lui a dit l'interprète. Le vocable qui signifie «paon» [en arabe *tâûs*] a le sens de «dette» dans le parler des Nabatéens ; la somme exacte, je l'ai déduite de l'arithmétique des lettres composant ce mot !

1- Petit vautour d'Asie et du bassin méditerranéen, dit "vautour d'Egypte"et qui sort au crépuscule.

Le freux pour le rêveur qui en a chassé un annonce un pouvoir, si le rêveur en est digne. Sinon le rêveur prononcera des paroles de vérité mais ne sera pas écouté. Celui qui voit un freux lui tomber sur la tête rencontrera des bandits de grands chemins.

Le corbeau tacheté figure un imposteur orgueilleux et avare. Cet animal fait partie des métamorphoses d'humains. Il est la figure du menteur et du pervers. Celui qui se voit chasser un corbeau aura des biens mal acquis en s'adonnant à un commerce immoral. Celui qui se voit en train de consommer de la chair de corbeau obtiendra des biens issus d'un vol. Celui qui voit un corbeau à la porte du souverain commettra un crime grave, un fratricide par exemple, selon la parole du Très-Haut [à propos des deux fils d'Adam]: *«Dieu envoya un corbeau qui se mit à gratter la terre / pour lui montrer / comment cacher le cadavre de son frère»* (V, 31). Celui qui se voit griffé par les corbeaux périra par le froid, ou sera victime d'une agression de la part d'hommes sans moralité, qui lui feront subir de grandes souffrances. On dit aussi que le corbeau annonce une longue vie.

L'Emir Nasr Ibn Ahmad as-Sam'ânî[1] s'est vu en rêve attaqué par un corbeau qui avait subtilisé son bonnet et l'avait jeté par terre. Il descendit de son fauteuil, le ramassa et le remit sur son chef. Hayût an-Nîssabourî, l'interprète qu'il a consulté, lui a prédit l'apparition d'un rival parmi ses proches qui menacera son pouvoir. Il finira cependant, lui a dit l'interprète, par contrôler la situation. Un membre de sa famille, Abû Is'hâq, a déclaré effectivement sa désobéissance contre l'autorité légale, mais l'ordre a été aussitôt rétabli. Un autre rêveur a vu un corbeau sur le toit de la *Ka'ba* ; il a consulté Ibn Sîrîn qui a prédit le mariage d'un vil personnage avec une noble femme. Peu après al-Hajjâj Ibn Youssef a épousé la fille de Abdullah Ibn Ja'far Ibn Abî Tâleb.

Celui qui voit un corbeau entrer chez lui, verra un homme séduire sa femme, ou alors sa demeure sera attaquée par un agent du pouvoir.

1- Gouverneur du Khorassân (IVe s. de l'Hégire).

La tourterelle figure une femme peu amène, de faible foi, effrontée et menteuse. On dit aussi qu'elle figure l'enfant menteur.

La colombine figure une femme pieuse ou l'enfant béni.

La huppe figure un homme clairvoyant ; un bon secrétaire par exemple, capable de bien distinguer le vrai du faux. Il peut indiquer le savant qui s'adonne aux savoirs subtils. Il signale aussi l'homme d'une foi faible, peu louable à cause de sa mauvaise odeur et de son indiscrétion.

Le moineau figure un haut personnage fortuné, de statut important mais imposteur, nuisible au commun du peuple. On dit qu'il peut aussi figurer une femme charitable et tendre. Ou alors, dit-on, un homme peu sérieux qui deviendra la risée des autres. D'autres encore y voit l'annonce au rêveur d'un enfant mâle. Voir de nombreux moineaux vaudra au rêveur la fortune et une charge de pouvoir sur une communauté importante. Enfin le moineau indique la belle parole.

L'aigrette figure un petit garçon.

Un rêveur a consulté Ibn Sîrîn pour un rêve ou il s'était vu remplir de moineaux une gibecière. Le savant lui dit:

— Tu dois être un maître d'école, et tu ne fais que t'amuser avec les gosses !

Un autre homme a consulté le même Ibn Sîrîn pour un rêve ou il s'était vu sur le point d'égorger une femelle de moineau. L'oiseau a parlé au rêveur et lui a demandé de l'épargner:

— Tu as dû profiter illicitement d'une aumône que tu n'as pas méritée, lui a dit l'interprète, et je peux même t'indiquer la somme que tu as encaissée: six drachmes ! L'homme a confirmé cette interprétation et a demandé à Ibn Sîrîn de lui dire comment a-t-il deviné la somme exacte.

— Eh bien, ne vois-tu pas que l'oiseau est constitué de six parties ?

Un homme a raconté son rêve au Compagnon du Prophète Abû Bakr as-Siddîq, que Dieu soit satisfait de lui. Il s'était vu encombré de plusieurs moineaux dans sa manche qu'il s'était mis à étrangler l'un après l'autre. Le Compagnon du Prophète lui a dit:

— Tu t'adonnes à une suspecte surenchère et tu dois craindre Dieu et te repentir !»

La grue figure, dit-on, un étranger humble et vulnérable. Chasser la grue vaudra au rêveur de s'allier à des clans de basse moralité. Certains disent que celui qui rêve de la migration de grues fera un long voyage. Mais s'il est déjà éloigné des siens, il sera de retour sain et sauf. On dit aussi que les grues figurent des personnages de bonne société. Voir des grues voltiger au-dessus d'une ville annonce une année de grand froid et d'irrépressibles inondations. Les grues rassemblées en temps de froid annoncent les cambrioleurs et les bandits de grands chemins. Les rêves de grues sont toujours de bon augure pour le voyageur, pour celui qui projette le mariage et pour celui qui attend une naissance. Monter une grue annonce au rêveur l'appauvrissement.

Le coq, quant aux principes de l'interprétation, figure un esclave d'origine non arabe, tout comme les poules d'ailleurs ; car ils vivent avec l'homme et sont incapables de s'envoler, tels des prisonniers. Le coq peut figurer l'intendant d'esclaves, comme la poule peut figurer l'intendante de femmes esclaves. Le coq figure aussi un personnage haut perché, comme le muezzin par exemple ou l'homme possédant un pouvoir qu'il détient d'un plus puissant que lui, car malgré sa stature et sa crête, il est domestique et incapable de s'envoler. On rappelle pour expliquer ces attributs du coq dans les rêves sa mésaventure sur l'Arche de Noé: le faisan avait demandé à Noé de le charger d'une mission d'éclaireur et suggéré que le coq se portât garant de lui. Le faisan n'était pas revenu pour rendre compte de ce dont il avait été chargé et devint un animal sauvage. Le coq resté en otage, en était devenu un animal domestique, c'est-à-dire un esclave. On dit aussi que le coq figure un robuste guerrier, mal élevé, beau parleur et bavard. Celui qui se voit égorger un coq ne répondra pas à l'appel du muezzin. Et celui qui se voit transformé en coq mourra dans un bref délai.

'Umar Ibn al-Khattâb, que Dieu soit satisfait de lui, a vu en rêve qu'un coq lui avait donné deux ou trois coups de bec. Il a raconté son rêve à Asmâ fille de 'Umays qui lui a dit: «Tu seras assassiné par un esclave non arabe !»

Un homme est venu retrouver Abû 'Aoun le monnayeur et lui a dit: «J'ai rêvé d'un coq criant devant ta porte !» ; Abû 'Aoun a interrogé Ibn Sîrîn sur la signification de ce rêve, et l'interprète lui a prédit la mort dans exactement trente-quatre jours. L'homme a immédiatement congédié ses compagnons de plaisir et de beuveries et s'est repenti, implorant le pardon de Dieu, le Très-Haut. Il est mort le jour même désigné par l'interprète. Celui-ci a assuré avoir déduit sa prédiction de l'arithmétique des lettres composant le mot «coq» [*dîk* en arabe].

La poule figure une femme rebelle et têtue mais d'une certaine beauté et d'origine servile. Celui qui se voit en train de l'égorger en rêve déflorera une fille vierge. Celui qui l'attrape profite de biens bénis et licites. Celui qui se voit en train d'en manger la chair aura une fortune qui lui proviendra des Barbares. On dit que celui qui entend une poule et un paon discuter dans sa maison sera un homme de débauche. On dit aussi que le plumage des poules en rêve annonce une fortune qui sera bien dépensée.

La colombe figure la bonne épouse aimée qui n'échangera son époux contre nulle autre personne. Noé, paix sur lui, a invoqué sur elle la sérénité . Elle figure la bonne nouvelle qui surprend, la personne ou la missive qui l'apporte. L'origine de cette interprétation est à chercher dans ce qui s'était passé dans l'Arche de Noé quand celui-ci avait d'abord envoyé le corbeau en éclaireur pour découvrir la terre ferme vers la fin du Déluge. Ce volatile oublia d'honorer sa mission en s'attardant auprès d'une charogne. Noé a chargea alors la colombe de la même mission et elle put apporter un brin de verdure. Elle figure depuis une bonne nouvelle pour le rêveur qui la voit venir vers lui ou lui atterir sur la tête, à moins qu'il ne soit malade au moment d'un tel rêve, auquel cas elle figure la mort imminente [en arabe *hamâm* signifie «colombe» et *himâm* «mort»] surtout si elle se met à roucouler à son chevet. La colombe peut annoncer au rêveur la naissance d'une fille.

La colombe qui annonce le meilleur présage sera celle de couleur verte. Celui qui se voit en posséder une multitude aura grande fortune. Les petits des colombes ou ses œufs signalent des petites filles ou de belles esclaves. Le colombier figure un lieu de rassemblement de femmes. Celui qui voit la colombe se transformer en homme sera un fornicateur. Et celui qui se voit distribuer des graines aux pigeons sera un mouchard.

Le roucoulement de pigeons figure des reproches qu'un homme adressera à une femme. Les colombes blanches figurent la rectitude de la foi ; les vertes, la vénérabilité ; les noires, des gens nobles, hommes ou femmes. Celui qui voit en rêve une colombe le fuir répudiera son épouse ou la verra mourir. Celui qui se voit possédant de nombreuses colombes sera l'époux et le maître de plusieurs femmes et sera dans l'incapacité de pourvoir à leurs besoins. Enfin, le rêveur qui se voit en train de réduire les ailes d'une colombe interdira à sa femme de sortir de la maison avant qu'elle ne lui donne un enfant.

Un homme est venu retrouver Ibn Sîrîn et lui a raconté un rêve où il avait donné la chasse à une colombe blanche qui lui a témoigné une grande admiration. L'homme possède un œil tout à fait normal – et même fort beau – tandis que l'autre est laid et jauni. Ibn Sîrîn a ri de son interlocuteur et lui a dit:

— Ne sois pas dupe de l'admiration qu'elle a manifestée pour toi ! Elle n'est pas aveugle pour ignorer tes défauts. Mais ce n'est qu'une femme de mauvaise vertu !

L'homme a tout de même épousé une femme qui l'a flatté, et il s'est vite rendu compte de la justesse de l'interprétation que lui a donnée Ibn Sîrîn de son rêve.

Le milan figure un souverain peu prestigieux mais très porté à l'agression. Cela à cause de la basse altitude de ses vols et de sa précision à la chasse. Le rêveur qui se voit posséder un milan chasseur aura des biens et un pouvoir. S'il se voit en possession d'un milan qui ne lui obéit pas mais qui se laisse tenir, il aura un enfant qui sera doté d'un pouvoir avant même d'atteindre sa majorité. Si ce même milan – peu docile – le quitte, l'enfant qu'il aura sera mort-né ou mourra en très bas âge. La femelle du milan figure une épouse qui trompe son mari sans s'en cacher. Certains disent que le milan figure le bandit, le voleur et tout imposteur qui tromperait même ses propres amis.

La cigogne figure des gens de bonne société qui aiment partager. Mais voir des cigognes rassemblées en hiver indique que des voleurs et des bandits de grands chemins ou des guerriers ennemis séviront dans l'entourage du rêveur. Un tel rassemblement hivernal peut aussi annoncer des perturbations dans le climat. Voir la cigogne en solitaire annonce le bon augure pour celui qui s'apprête à voyager, parce que ce volatile disparaît totalement pendant les mêmes moments de l'année. Elle est d'un aussi bon augure pour celui qui projette de se marier.

L'oiseau aquatique est plus pertinent pour l'interprétation. Il a une vie plus prospère et une progéniture moins nombreuse. Celui qui en chasse un en rêve aura des biens et un grand butin, selon la parole du Très-Haut, parlant des hôtes du Paradis: «*Ils auront* [..] *la chair d'oiseaux qu'ils désirent*» (LVI, 21). En principe tout oiseau figure un personnage selon sa puissance, la saveur de sa chair, son plumage, ses aptitudes et les hauteurs qu'il peut atteindre.

Le canard en rêve figure la femme libre ou esclave. Manger du canard vaudra au rêveur des biens en provenance de femmes ou alors il aura une épouse fortunée, car cet animal est liée au milieu aquatique et ne s'en lasse jamais. Certains disent que le canard figure un personnage important dans le domaine de la piété et de la religion. Le rêveur qui entend le canard lui parler aura honneur et prestige par l'intermédiaire d'une femme.

Les oies figurent des femmes de belle corpulence, prestigieuses et fortunées. Si les rêveur les entend crier quelque part, son rêve annonce le deuil et des lamentations. Se voir gardien d'oies vaudra au rêveur une charge de pouvoir sur des gens de noblesse, charge qui lui procurera la fortune. Certains disent que l'oie figure un souverain triste, au prise avec des soucis.

Un homme a consulté Ibn Sîrîn pour un rêve où il s'était vu en train d'égorger plusieurs oiseaux aquatiques. L'interprète lui a dit: «Si tu n'a pas vu de sang, ton rêve te vaudra meubles et sofas !»

Celui qui voit des oiseaux voler au-dessus de sa tête aura un pouvoir et dominera, selon la parole du Très-Haut, à propos de David: «*Les oiseaux rassemblés autour de lui...*» (XXXVIII, 19). Les oiseaux volant à l'intérieur de la demeure du rêveur figurent les anges.

On raconte qu'un conquérant a vu en rêve qu'un barbier lui coupait les cheveux tandis qu'un oiseau vert lui sortait de la tête. L'oiseau avait plané un moment puis l'homme se retrouva dans le ventre de sa mère, récitant le verset: «*De la terre nous vous avons créés ; / en elle nous vous ramènerons*» (XX, 55). Le rêveur, après avoir relaté son rêve à ses amis, l'a interprété lui-même: «Pour ma coupe de cheveux, j'aurai la tête tranchée ; car l'oiseau qui en sort, c'est mon souffle de vie qui s'est envolé vers le Paradis ; quant à mon retour dans le ventre de ma mère, il indique mon enterrement, c'est-à-dire mon retour à la terre !» Cet homme a connu le martyre deux jours après son rêve.

Rêver de l'abeille vaudra au rêveur un pouvoir dominateur. Les abeilles en effet figurent des gens rustiques, bons travailleurs, entreprenants dans l'acquisition de gains ou dans la compilation des savoirs. Elles peuvent ainsi figurer les savants et les chercheurs; car dans le miel il y a la guérison. D'autres part les abeilles ont reçu la révélation divine pour exercer un métier parfait. Elles peuvent figurer l'armée de soldats, puisque la reine est leur émir et commandant et que parmi elles on compte des ouvrières pour chaque tâche. Le roi qui se voit en rêve séjourner dans la ruche fera l'acquisition d'une cité bien peuplée, active et riche. Si le rêveur extrait tout le miel et n'en laisse rien aux abeilles, il sera un tyran dans la cité qu'il gouvernera ; il spoliera les gens de leurs biens. Si les abeilles se rassemblent pour l'attaquer et le piquer, les habitants de la cité se soulèveront contre lui et lui feront subir de sérieux dommages. S'il se voit en train de tuer les abeilles, il déportera la population de sa ville.

La guêpe figure un homme de la populace, vil et agressif. Si l'on voit en rêve des guêpes entrer dans un lieu, des soldats redoutables investiront ce lieu et s'attaqueront à ceux qui s'y trouvent. On dit que cet insecte se range parmi les métamorphoses d'humains et figure un personnage imposteur et médisant qui plaide habilement des mauvaises causes. La piqûre de la guêpe figure les paroles d'injure que proféreront des gens de basse condition.

Le papillon figure la personne veule et bavarde.

La mouche figure un vilain personnage, médisant et faible. Se voir en rêve avaler des mouches vaudra au rêveur l'acquisition de biens illicites. S'il voit une mouche lui entrer dans la bouche pour s'introduire dans son ventre, il fréquentera des gens sans vertu et obtiendra d'eux des biens mal acquis et éphémères. Le rassemblement de mouches figure un ennemi très nuisible.

Si le voyageur voit en rêve s'abattre sur lui des mouches, il doit s'attendre à rencontrer des brigands, selon la parole du Très-Haut: «*Et si la mouche leur enlevait quelque chose / ils ne pourront le lui reprendre.*» (XXII, 73). De même si le voyageur voit les mouches se poser sur un bien qui lui appartient. On dit que celui qui se voit tuer une mouche aura tranquillité et santé.

Les criquets figurent une armée de soldats, la foule et la populace. Mais ils peuvent annoncer des pluies si on les voit s'abattre sur les toits et les masures. Si on en voit des quantités extraordinaires entre ciel et terre, ils annoncent des tourments, tout comme les crapauds, les poux et les lentes qui ont été parmi les signes de Dieu qui ont tourmenté les Fils d'Israël ; à moins que le rêveur ne constate qu'ils n'avaient pas provoqué de dommages et que les gens en ramassaient pour en manger ; car dans ce cas le rêve annonce des richesses qui viendront de l'air, comme par exemple des oiseaux ou des cailles, des mânes ou de la rosée. Voir des criquets dans un récipient indique des drachmes et des dinars. On rapporte en effet qu'un homme est venu raconter à Ibn Sîrîn un rêve où il s'était vu ramasser des criquets pour les déposer dans une jarre. Ibn Sîrîn lui a dit: «Ce sera de l'argent que tu gagneras et que tu offriras à une femme !»

On dit que voir dans un lieu des criquets qui ne provoquent nulle nuisance annonce toujours la joie et le bonheur, si l'on se réfère à l'histoire de Job, paix sur lui ; de même si le rêveur se voit sous une pluie de criquets d'or. Mais certains affirment que le criquet figure le boulanger qui trompe ses clients.

Les puces figurent les armées de Dieu, le Très-Haut, car c'est grâce à des puces que Dieu a fait périr le tyran Némrod. On dit aussi que la puce figure un vil personnage. Celui qui voit en rêve qu'une puce ou une punaise l'a piqué fera des profits.

Le poisson en rêve – s'il est gros, frais et en grande quantité – figure des richesses et des butins pour celui qui s'en est procuré. Les petits poissons figurent des soucis, comme la famille nombreuse, par exemple. Celui qui se procure en rêve un seul poisson ou deux aura une femme ou deux. Le rêveur qui trouve une perle dans un poisson sera père d'un petit garçon. Se procurer du poisson salé en rêve annonce au rêveur des soucis. Celui qui voit sortir un poisson de sa bouche, médira injustement d'une femme. S'il voit le poisson sortir de son sexe, sa femme mettra au monde une petite fille. Se voir pécher du poisson à terre indique que le rêveur commettra l'acte sexuel contre nature. Mais certains affirment qu'un tel rêve annonce plutôt une bonne nouvelle. Pêcher le poisson en eau trouble amènera au rêveur des soucis ;

mais en pécher dans une eau claire lui vaudra des biens ou lui annonce la naissance d'un enfant béni. Manger du poisson cru vaudra au rêveur l'acquisition d'un pouvoir. Le poisson frais grillé figure la richesse, si l'on se réfère à l'histoire de la Table servie de Jésus paix sur lui (sourate V), si le rêveur est pieux. Sinon ce rêve annonce un châtiment. Le poisson de salaison grillé figure le voyage à la recherche du savoir et de la sagesse, selon la parole du Très-Haut, à propos de Moïse et de son compagnon de voyage: «*Quand ils eurent atteint le confluent des deux mers / ils oublièrent leur poisson*» (XVIII, 61). Celui qui se voit enfariner des petits poissons pour les frire dans de l'huile, réparera un bien qui lui sera utile par la suite ; il dépensera pour une telle tâche des deniers honnêtement gagnés et n'en sera que plus heureux.

Un homme a consulté Ibn Sîrîn pour un rêve où il s'était vu partager un poisson avec son serviteur après avoir fouillé dans les entrailles de la bête. Ibn Sîrîn a dit au rêveur: «Surveille ton serviteur ! Il te trompe avec ta propre épouse !» L'homme a vérifié la chose et a tué son esclave.

La tortue figure une femme qui se parfume et se farde pour attirer les hommes. Mais on dit aussi que la tortue figure le grand cadi, car c'est l'animal aquatique le plus savant et le plus vénérable. Voir une tortue perdue sur un dépôt d'ordures signale qu'il existe dans la contrée un illustre savant négligé à cause de la grande ignorance de son entourage. Manger de la chair de tortue en rêve vaudra au rêveur fortune et savoir. On dit que la tortue est, elle aussi, du nombre des métamorphoses d'humains.

Le crabe figure un personnage intriguant et orgueilleux. Manger de sa chair en rêve vaudra au rêveur la fortune ou lui annonce une bonne nouvelle en provenance d'une terre éloignée. Certains affirment toutefois que la vision du crabe signale une fortune mal acquise.

Le ver de terre serait une métamorphose d'humains. Il figure un maudit personnage et un homme à scandale.

Le crocodile figure l'homme de police, car il est le plus méchant des animaux aquatiques et personne ne doit se fier à lui. Il figure aussi le traître et le voleur, tout comme le fauve carnassier. Il peut figurer le commerçant injuste et trompeur. Celui qui voit en rêve un crocodile le traîner dans l'eau et l'y tuer doit s'attendre à ce qu'un homme de police le tue et lui prend ses biens. S'il échappe au crocodile de ce rêve, il échappera à l'homme de police.

Le crapaud figure un personnage pieux, occupé à l'adoration de Dieu. Mais le rassemblement de crapauds dans une ville ou un campement annonce des tourments. Manger de la chair de crapaud vaudra au rêveur des profits acquis auprès de ses amis. Celui qui entend le crapaud lui parler en rêve aura un pouvoir, car c'est le crapaud qui a éteint le brasier dressé par Némrod [pour tenter de brûler Abraham].

chapitre trente-six

Des instruments de chasse, filets et pièges, hameçons et entraves, et des arbalètes

User [de l'arbalète] *devant la porte du souverain signale que le rêveur est un mouchard.*

Tirer la colombe avec l'arbalète signale que le rêveur proférera des paroles déplacées.

Le voyageur qui se voit en rêve tenant un filet de pêche à la main peut espérer un retour rapide au pays. Pour celui qui se trouve dans les soucis, un tel rêve annonce l'aggravation de ses épreuves. Ce rêve n'est de bon augure que pour les rêveurs dont la pêche est le métier.

Prendre un oiseau au piège signale que le rêveur est d'une foi corrompue et qu'il trompe un haut personnage, car les pièges à oiseaux sont en bois, le bois figure l'hypocrisie et tout piège figure la duperie. Tandis que l'oiseau signale un homme haut placé.

Le piège à glu annonce au rêveur la reprise d'un esclave fugueur ; ou alors le rêveur retrouvera un objet perdu ou conclura une affaire en suspens.

L'hameçon et tous les instruments de pêche figurent aussi ruses et tromperies.

L'arbalète utilisée par le rêveur en dehors de la cité annonce un gain ; à l'intérieur de la ville, elle signale la médisance, le mensonge et la tromperie. En user devant la porte du souverain signale que le rêveur est un mouchard. Tirer la colombe avec l'arbalète signale que le rêveur proférera des paroles déplacées: s'il n'atteint pas la cible ses paroles n'auront pas de conséquences néfastes. S'il vise juste ses dires se retourneront contre lui.

Un homme a consulté Ibn Sîrîn pour un rêve où il s'était vu viser quelque chose avec un lance-projectiles ; tantôt il atteignait la cible, tantôt il s'en écartait. Ibn Sîrîn lui a dit: «Crains Dieu ! Et cesse de médire des gens !»

chapitre trente-sept

Des vermines, insectes et animalcules

La souris figure l'épouse voleuse
indigne et de mauvaise nature.
Les souris blanches et noires
figurent la succession des jours et des nuits
qui ronge discrètement les vies et les corps.

Les serpents figurent des ennemis, car Satan le maudit les a utilisés pour tromper Adam, paix sur lui. L'inimitié de celui que figure le serpent dans le rêve sera à la mesure de la nuisance dont la bête était capable, de son aspect et de son venin. Les serpents peuvent aussi indiquer les mécréants et les hérétiques qui ne font que distiller un certain venin ; ou les fornicateurs à cause de leurs morsures et de leur mauvaise conduite. On peut dégager l'interprétation du rêve de serpent de son aspect flasque et y voir l'indication d'un cours d'eau, par exemple. Le serpent peut aussi figurer le souverain, ou l'épouse ou les enfants, selon la parole du Très-Haut: «*Vos épouses et vos enfants / sont pour vous des ennemis ! / Prenez garde.*» (LXIV, 14). Se voir lutter contre un serpent annonce que le rêveur combattra un ennemi. S'il tue le serpent, il triomphera de son ennemi. Si le serpent le mord, il subira de graves dommages d'un ennemi, à la mesure de la gravité de la morsure. Consommer de la chair de serpent vaudra au rêveur bonheur et allégresse. Si le serpent lui adresse des paroles douces, il obtiendra des biens qui surprendront son entourage.

Rêver d'un serpent mort protégera le rêveur d'un ennemi imprévisible. Les serpents blancs figurent les ennemis les plus coriaces ; les noirs signalent les plus durs à vaincre. Si le rêveur se voit en possession de nombreux gros serpents noirs, il commandera des armées et fera la conquête d'un grand royaume. Si le rêveur se voit posséder un serpent lisse qui lui est docile, sans venin ni autre danger, il découvrira le trésor de quelque roi.

Voir un serpent sortir de son sexe annonce au rêveur la naissance d'un enfant mâle. Faire entrer un serpent chez soi exposera le rêveur aux intrigues d'un ennemi. S'il prend un serpent dans les mains, il entrera en possession de la fortune d'un ennemi, selon la parole du Très-Haut, narrant l'histoire de Moïse: «*Dieu dit:* [à propos du bâton devenu serpent] / *"Saisis-le ! / Ne crains rien !"* » (XX, 21). Celui qui voit qu'on tue des serpents sur la place du marché connaîtra la guerre, et les ennemis seront défaits.

Le serpent figure aussi un souverain à la rancune tenace. Si le rêveur voit un serpent lui pénétrer dans la gorge et lui ressortir du sexe, plusieurs fois, il sera trompé par quelqu'un.

Le serpent peut aussi indiquer la femme. Celui qui se voit tuer un serpent dans son lit apprendra la mort de son épouse. Et s'il se voit flanqué d'un serpent à son cou et qu'il se met à le découper en trois morceaux, il répudiera définitivement son épouse[1].

Les organes du serpent et ses crochets figurent la force de l'ennemi et son pouvoir de nuire. Celui qui se voit transformé en serpent deviendra l'ennemi des Musulmans. Et s'il voit sa demeure pleine de serpents, on saura qu'il donne asile chez lui aux ennemis de l'Islam et aux hérétiques.

Les serpents d'eau figurent des biens. Si le rêveur voit chez lui des serpents entrer et ressortir librement, il saura qu'il a des ennemis parmi ses proches. Si le serpent se trouve dans sa demeure et n'en sort jamais, l'ennemi qu'il figure est alors étranger à sa famille.

Celui qui voit des serpents mener bataille quelque part et qu'il en tue le plus gros, aura le pouvoir dans ces lieux. Mais si le serpent tué est semblable aux autres, il ne tuera qu'un simple soldat. Voir un serpent escalader une hauteur vaudra au rêveur bonheur et félicité. Le voir descendre une pente annonce la mort du souverain. Si le rêveur voit le serpent sortir de terre, il connaîtra des tourments ; et s'il voit son jardin plein de serpents, la terre sera plus fertile et la végétation plus luxuriante.

1- Pour la juridiction islamique, prononcer trois fois la formule de la répudiation interdit à l'époux de reprendre le ménage avec sa femme.

Un homme a consulté Ibn Sîrîn pour un rêve où il s'était vu armé d'une hache pourchassant un serpent ; la bête finit par s'introduire dans un trou.

— As-tu demandé la main d'une femme ? a interrogé Ibn Sîrîn.

— En effet ! a dit le rêveur.

— Tu vas l'épouser et tu hériteras d'elle !

L'homme a épousé en effet une femme qui n'a pas tardé à décéder et lui a légué sept mille drachmes.

Une femme a consulté le même Ibn Sîrîn pour le rêve fait par une autre femme, qui avait vu deux serpents sortir de deux trous ; deux hommes s'étaient alors mis à traire du lait de la tête des deux bêtes.

— Les serpents ne donnent jamais de lait mais du venin ! dit Ibn Sîrîn. Cette femme aura la visite de deux Kharijites[1]. Ils tenteront de la convertir à leur doctrine et lui demanderont d'insulter les deux premiers califes, que Dieu soit satisfait d'eux ![2]

Les ténias figurent les proches du rêveur. S'il voit un ténia lui sortir du ventre, il doit s'attendre à voir un malheur frapper l'un des siens.

Se voir transformé en hydre vaudra au rêveur une longue vie et l'acquisition d'un pouvoir. L'hydre figure aussi un ennemi rancunier. Si l'on voit une hydre à plusieurs têtes, on saura que l'ennemi du rêveur est très habile dans l'art d'ourdir les intrigues. Pour le rêveur malade l'hydre annonce la mort.

Le lézard des sables fait partie des métamorphoses d'humains. Il figure un bédouin assassin et annonce aussi la maladie.

1- Sectateurs qui refusent et la doctrine des chi'ites, disciples de 'Alî et les thèses des sunnites orthodoxes. Ils ont poursuivi longtemps un combat acharné contre l'ordre établi dans l'empire islamique.

2- Responsables, selon les Kharijites, de la discorde entre les Musulmans autour de la question de la légitimité du pouvoir suprême.

Le scorpion fait partie lui aussi des métamorphoses d'humains. Il figure l'homme de médisance qui n'hésitera pas à tuer l'un de ses proches. Celui qui voit un scorpion mourir par le feu verra mourir son ennemi. Si le rêveur se voit prendre un scorpion et l'étaler sur le corps de son épouse, il commettra une obscénité avec elle. Le scorpion jaune, à la démarche lourde, annonce un plus grand danger. On dit que le scorpion figure la fortune. En tuer un dans le rêve signale la disparition de cette fortune, avec l'espoir de la récupérer un jour. Si le rêveur est piqué par le scorpion la fortune sera perdue à jamais. Le rêveur qui voit un scorpion dans ses pantalons saura que son épouse est dépourvue de vertu ; de même s'il en voit un dans son lit. S'il avale un scorpion, ses secrets seront divulgués à ses ennemis. S'il a des scorpion dans le ventre ceux-ci figurent des ennemis parmi ses proches. S'il mange un scorpion cru, il obtiendra des biens illicites d'un homme de médisance. L'aiguillon du scorpion figure la langue du personnage médisant.

Le lézard commun figure l'homme débauché et paresseux qui encourage les autres à faire du mal, et qui les détourne du bien.

L'iguane figure un personnage malfaisant. Celui qui en tue un tuera un ennemi répondant à ce profil. Celui qui en mange la chair cuite profitera des biens de ce même ennemi. S'il en mange la chair crue, il médira de lui.

La sangsue figure la progéniture du rêveur.

Le caméléon doit être rapporté par l'interprète au souverain belliqueux [*hirbâa* «caméléon» et *harb* «guerre»].

Le termite figure un ouvrier au service du rêveur, son voisin ou un serviteur malhonnête qui vole subrepticement les étoffes dans la maison.

Le puceron figure l'ennemi faible.

Le bousier figure un personnage rancunier, qui aime les voyages et déplace des fortunes. On dit aussi qu'il figure un ennemi riche, nanti d'une richesse mal acquise.

Le cafard figure l'ennemi lourd et répugnant.

Le morpion figure l'ennemi des hommes de pouvoir.

Les vermisseaux dans le ventre figurent la progéniture du rêveur.

Les vers à soie indiquent les sujets du roi.

La mite figure le personnage médisant et intrigant.

L'araignée fait partie des métamorphoses d'humains et figure une épouse maudite qui a déserté le lit conjugal. Celui qui rêve de toiles d'araignée fera l'acquisition d'une femme sans foi ni loi. Le mâle de l'araignée figure un ennemi intrigant.

La souris figure l'épouse voleuse, indigne et de mauvaise nature. Les souris en bandes, blanches et noires, figurent la succession des jours et des nuits qui ronge discrètement les vies et les corps. Le rat est aussi de mauvais présage. On dit que ces rongeurs figurent la progéniture du rêveur et ses esclaves. On dit aussi que voir la souris quitter la maison augure de la disparition de la prospérité du rêveur.

On raconte qu'un homme a consulté Ibn Sîrîn pour un rêve où il s'était vu copuler avec une souris quand, de l'anus de la bête, surgit une datte.

— Tu as bien une femme de petite vertu ? a interrogé Ibn Sîrîn. Eh bien, elle mettra au monde un enfant qui sera un bon fils !

La gerboise fait partie des métamorphoses d'humains et figure le menteur.

Le hérisson fait partie aussi des métamorphoses d'humains. Il figure un personnage tout à la fois impatient, impitoyable et coléreux.

Les poux dans les habits neufs signalent la foi consolidée du rêveur. Si le rêveur en voit courir sur le sol ils figurent des gens faibles, sans grande nuisance. La lente figure la nuisance d'un ennemi faible. Celui qui voit un gros pou sortir de son corps et s'éloigner de lui, aura la vie écourtée. Certains affirment que les poux annoncent les soucis et la captivité ou l'aggravation d'une maladie. D'autres disent qu'ils figurent l'armée du roi. Manger un pou conduira un rêveur à médire des autres. Prendre un pou dans son vêtement signale que le rêveur sera victime de graves mensonges. Les poux en grande quantité signalent des tourments, puisque Moïse, paix sur lui, en a invoqué pour tourmenter les Egyptiens.

Les fourmis en grand nombre figurent des armées. En voir dans le lit du rêveur indique la progéniture de celui-ci. On dit que la fourmi figure le rêveur lui-même ; d'autres affirment que cet inseet indique plutôt un proche du rêveur. Pour un rêveur malade le rêve de fourmis annonce la mort. Celui qui se voit capable de comprendre la langue des fourmis aura un pouvoir, en référence à l'histoire de Salomon, paix sur lui. Celui qui voit des fourmis pénétrer chez lui transportant beaucoup de nourriture aura des gains et de la prospérité ; tandis qu'il s'appauvrira, s'il voit des fourmis quitter sa demeure en emportant de la nourriture. Celui qui voit des fourmis lui sortir de la bouche, du nez, des oreilles, etc. mourra en martyr. S'il voit des fourmis se déplacer de maison en maison, des voleurs séviront dans ces demeures. Mais si les fourmis n'emportent rien, ce rêve signale seulement une cité populeuse.

La chenille – parce qu'elle est de couleur verdâtre – figure un personnage qui se montre dévot, qui gère les fortunes des nantis et des grands commerçants, commettant des vols discrets. Il ne sera jamais dénoncé à cause de son apparence d'honnête homme.

En général toutes les bestioles grouillantes qui vivent terrées, figurent des gens vils, populaciers et de mauvais caractère, en fonction de l'aspect, de la nuisance et de l'agressivité de chaque insecte vu en rêve.

chapitre trente-huit

Du ciel, de l'air, de la nuit et du jour, des vents et des pluies des crues, des éclipses et des séismes, des éclairs et du tonnerre, des arcs-en-ciel et de la boue, du soleil et de la lune, des constellations et des nuages, de la grêle, de la neige et des glaciers

Si la femme voit le soleil entrer
dans sa manche ou dans son col
et ressortir de son derrière
elle épousera un roi
qui ne s'unira à elle qu'une seule nuit.
Si le soleil se lève sur son sexe
elle commettra l'adultère.

Le ciel en rêve figure effectivement le ciel. Tout ce qui en provient dans le rêve proviendra à l'état de veille et sera un don de Dieu, le Très-Haut, qui exclut toute intervention humaine. Voir par exemple qu'un feu en est tombé annonce la mort et des épidémies de variole ou d'hépatite. Si le feu en tombe sur la place du marché, les prix flamberont ; sur des plantations, elles seront brûlées ou dévastées par la grêle ou les criquets. Si l'on voit tomber du ciel des choses qui indiquent la fertilité ou la richesse, tel que miel, huile, figue ou orge, on doit s'attendre à des pluies bénéfiques dont profiteront ces mêmes cultures.

Le ciel peut aussi figurer le sceau du souverain: il est tout aussi haut placé, et les gens qui le voit bien ne peuvent l'atteindre ni échapper à sa souveraineté. Celui qui se voit monter au ciel en utilisant une échelle aura un privilège qui lui sera accordé par le souverain. S'il monter sans l'aide d'une échelle, le rêveur sera en proie à une terrible peur du souverain et sera impliqué dans de nombreuses intrigues liées à ces rapports au détenteur du pouvoir. S'il y monte avec l'intention d'espionner, il épiera la demeure du souverain ou s'y introduira pour commettre un vol. S'il arrive à la limite du ciel, il obtiendra ce qu'il aura voulu prendre dans la royale demeure. S'il revient à terre, il sera sauvé de la sanction ; mais s'il tombe et subit un quelconque dommage, il subira un mal à la mesure de l'importance des membres fracturés. Si le rêveur est malade au moment de son rêve et se voit monter au ciel pour ne plus revenir, il mourra de sa maladie ; mais s'il se voit revenir à terre, il connaîtra de graves complications et on sera désespéré de sa guérison ; mais il s'en sortira en fin de compte, à moins qu'il ne se vît tomber dans un puits ou dans un trou, auquel cas, il faut y voir l'indication de sa tombe et l'annonce de sa mort.

Les portes du ciel, si on en voit en grand nombre, indiquent la pratique de l'usure, s'il y a d'autres indices qui le confirment. Si on voit des abeilles, des mouches ou des oiseaux atteindre les portes du ciel, à une époque de sécheresse, les gens peuvent espérer des pluies abondantes, car Dieu le Très-Haut a dit: «*Nous avons ouvert les portes du ciel / à une eau torrentielle*» (LIV, 11) ; surtout si du ciel on voit tomber ce qui indique la clémence divine et la fertilité, comme la tourbe ou de la terre purifiée de tout autre poussière nuisible. Si le rêveur voit des flèches tirées du ciel, il y aura peut-être la peste si d'autres indices confirment une telle interprétation. Si les flèches atteignent les gens et provoquent des blessures, le souverain annoncera de nouvelles charges dont il taxera ses sujets. Si les flèches frappent les yeux ou les oreilles des gens, les victimes perdront la foi[1] . Si les flèches tombent sur le sol sans provoquer de nuisance, et si l'on voit les gens les ramasser, on doit s'attendre à recevoir des dons du ciel, comme des nuées de criquets comestibles ou des oiseaux de gibiers, des cailles, ou autres mânes et butins.

S'approcher du ciel figure le désir du rêveur de s'approcher de Dieu le Très-Haut, selon le *hadith* du Prophète citant Dieu Lui-même: «Je M'approche d'une coudée de celui qui s'approche de Moi d'un pied.» Un tel rêve est celui des hommes de piété et de tous ceux qui ont la passion pour rechercher la Proximité de Dieu. Autrement, il peut indiquer simplement le désir du rêveur de se rapprocher de tout personnage qui lui est supérieur.

Voir le ciel tomber sur la terre annonce la mort du souverain, s'il est malade ; son retour au pays, s'il est en voyage. Si le ciel tombe sur une terre aride, le rêve annonce des pluies bénéfiques, d'autant que la langue arabe appelle «ciel» [*sama*] ces précipitations. Celui qui voit le ciel lui tomber sur la tête ou sur l'un de ses proches, verra le toit de sa maison s'écrouler sur la maisonnée, car Dieu le Très-Haut a appelé le ciel «toit gardé» [*saqf mahfoudh*]. Un tel rêve pour le rêveur qui compte un malade parmi les siens, annonce la mort de ce malade et son inhumation.

1- Allusion au verset 20 de la sourate II ; *"Peut s'en faut /que l'éclair ne leur ôte la vue ..."*

On dit que le premier ciel annonce au rêveur un vizirat, car c'est la zone de la Lune, et la Lune figure la fonction de vizir ; le deuxième ciel indique savoir, élévation, intelligence et domination, car c'est la zone de la planète Mercure ; tandis que le troisième ciel, zone de Vénus, annonce au rêveur joie et satisfaction, la richesse et le luxe. Le quatrième ciel, qui est la zone du Soleil, vaudra au rêveur prestige, gloire et royauté. Le rêveur qui se voit au cinquième ciel, aura la charge de police ou s'engagera dans la guerre ou dans un métier qui se rapporte à la planète Mars qui se trouve dans cette zone. S'il se voit au sixième ciel, il obtiendra des gains d'une transaction commerciale, car il s'agit de la zone de Neptune. Au septième ciel, qui est la zone de Jupiter, le rêveur aura un bien immobilier, un domaine foncier et des plantations. Si le rêveur n'est pas digne de tout cela, les privilèges de ce rêve iront à son chef, à sa descendance, à son homologue ou à son homonyme. S'il dépasse le septième ciel, le rêveur aura prestige et élévation, mais il en périra.

Voir le ciel verdir annonce la bonne récolte. Le voir transformé en une plaque de fer annonce une saison sèche. Si le rêveur se voit tomber lui-même du ciel, il niera la foi de l'Islam. S'il voit le ciel se fendre et un vieillard en sortir, celui-ci annonce la bonne fortune des habitants du lieu, et leur chance d'avoir une saison prospère. Si un jeune homme en sort, les gens affronterons un ennemi qui sévira dans le pays du rêveur et y installera la discorde. S'il en surgit un troupeau de moutons, les habitants du lieu profiteront d'un butin. S'il en surgissent des dromadaires, de fortes précipitations et des inondations seront à craindre ; et s'il en sort un fauve, les habitants du lieu auront un souverain injuste et tyrannique.

Voir le ciel cousu est un rêve qui annonce la sécheresse. Le voir décousu annonce la pluie. Le rêveur qui touche le ciel entreprendra une démarche qu'il ne pourra mener à bon port. Se voir contempler le ciel du côté du levant annonce un voyage où le rêveur obtiendra peut-être un grand royaume. S'il vole le ciel et le cache dans une jarre, il volera un exemplaire du Coran et l'offrira à son épouse. S' il tient le ciel entre les dents, il aura un malheur ou la perte de sa fortune. Si le rêveur se voit entrer dans le ciel et ne plus en sortir, il mourra ou affrontera un grand péril. Se promener à sa guise dans le ciel et en revenir sur terre, indique que le rêveur s' occupera d' astrologie et de sciences occultes et il en obtiendra une grande renommée. S' il se voit adossé au ciel, il aura un pouvoir dominant grâce à sa victoire sur des contradicteurs.

Un homme a consulté Ibn Sîrîn au sujet d' un rêve où il avait vu trois personnes qui lui étaient inconnues dont l' une s' était élevée vers le ciel, l' autre s' était suspendue entre ciel et terre tandis que la troisième tombait en prosternation. Ibn Serin a donné de ce rêve l' interprétation suivante: «Le personnage élevé au ciel, c' est la confiance qui a disparu du monde ; l' homme resté en suspens, c' est la foi de quelques-uns qui se trouve en rupture avec cette époque ; le prosterné figure la prière qui demeure la seule espérance de notre Communauté !»

L' air est à interpréter à partir de son homonyme, la passion [*hawâ* «air» et *hawâa* «passion, maladie d' amour»]. Se voir en plein air marchant, assis ou debout, peut indiquer une passion qui affectera la foi du rêveur, une hérésie ou une conduite impie. Voir un navire exposé au souffle de l' air annonce qu' une avarie sera constatée dans ce bâtiment. Si le rêveur se trouve en voyage, ce rêve indique qu' il connaîtra la peur. S' il est malade, il sera tout proche de la mort. S' il tombe dans le vide, il cédera au péché, selon la parole du Très-Haut: «*Quiconque associe quoi que ce soit à Dieu / se trouve comme s' il était tombé du ciel / un oiseau de proie le saisit alors et l' emporte / ou bien le vent le précipite dans un lieu très éloigné.*» (XXII, 31). Celui qui se voit élever un édifice suspendu dans l' air ou chevaucher une monture qui ne touche pas la terre ferme, mourra, s' il est malade ou verra mourir un malade parmi ses proches: l' édifice suspendu et la bête qui plane dans le vide figurent ainsi son catafalque ou son tombeau. Si l' édifice susppendu est de couleur verte, il mourra dans le martyre. Si le rêveur est un souverain, un gouverneur ou un prince, il sera démis de ses fonctions. S' il vient de se marier au moment de son rêve, il connaîtra la gloire auprès de son épouse , mais se doit toujours de rester sur ses gardes.

Le rêve de survol de la mer ou de la terre annonce le voyage du rêveur. Un tel rêve est plus pertinent et de meilleur augure si le dormeur se voit ailé ; les ailes peuvnt alors figurer les deniers qui l'aideront à mieux profiter de son voyage ou le prince qu'il accompagnera et se déplacera sous sa protection. Voguer dans les airs, sans être ailé, indique que le rêveur voyagera dans la contrainte, pour le combat sacré par exemple, pour une mission officielle ou pendant une saison qui ne convient pas au voyage.

Le rêve du saut annonce tout changement brusque dans la situation du rêveur. Le passage d'une place de marché à une autre (s'il est commerçant) ou d'une demeure à une autre. S'il a sauté de la mosquée vers la place du marché, on saura qu'il a choisi de profiter de ce bas monde plutôt que d'escompter le salut dans l'au-delà. S'élever dans les airs signale que le rêveur s'abandonnera à de très grands espoirs qui ne seront qu'illusions et délires. S'il saute à l'aide d'une perche, il s'appuiera dans ce qu'il entreprendra sur un homme puissant.

Celui qui voit l'air noircir au point de cacher le ciel, verra s'assombrir ses rapports avec ses supérieurs, s'il y a suffisamment d'indices dans le rêve qui vont dans ce sens. Sinon, il perdra la vue ou il s'égarera hors de la voie droite. Si on voit une file de gens regarder un ciel noirci tout en se lamentant, on doit s'attendre à voir s'abattre sur le pays une dure épreuve, sédition ou sécheresse. Il en sera de même si l'on voit le ciel rougir.

Le brouillard en rêve annonce aussi la confusion, la discorde et le désarroi parmi les gens. Le ciel qui s'illumine après l'assombrissement signale la fin de la discorde pour les hommes de la cité, la lumière de la foi enfin retrouvée, la disparition d'une tyrannie ou la bonne saison après des années de sécheresse. Pour l'impie, ce rêve annonce sa conversion à l'Islam. Pour le pécheur son repentir, pour le pauvre l'enrichissement, pour un célibataire, le mariage et pour la femme enceinte, la naissance d'un enfant sexe mâle.

La nuit et le jour figurent deux souverains qui se lancent des défis. La nuit figure le souverain impie et le jour un souverain musulman, car Dieu le Très-Haut a comparé la situation de l'impie aux ténèbres et Sa religion à la lumière. Ils peuvent aussi figurer les deux adversaires ou les épouses rivales. La nuit signale également l'union sexuelle et le jour la répudiation. La nuit peut tout aussi bien indiquer l'assoupissement de l'activité commerciale, le chômage et la paralysie du travail, tandis que le jour désigne la grande activité, la circulation des richesses ou le mouvement des prix. On peut chercher dans la nuit – vue en rêve – ce qui figure la prison, car elle gèle toute activité. Le jour signalerait alors la liberté, le salut et la délivrance. Le jour peut indiquer aussi la terre, et la nuit la mer. La nuit augure aussi de la mort, c'est le temps du sommeil, et le jour serait alors l'annonce d'une résurrection. Enfin, le jour et la nuit peuvent signaler deux notaires, puisqu'ils sont deux témoins de la vie du monde.

L'aube est rupture. Le rêveur malade qui rêve de l'aube verra sa maladie prendre un terme par la mort ou par la guérison. Si le rêveur conduit les fidèles pour la prière de l'aube ou si, à cet instant, il part en voyage ou en pèlerinage, ou s'il se voit entrer à ce moment du jour au Paradis, il connaîtra la mort et il aura la tombe illuminée par toutes les bonnes actions à son actif. Si le rêveur est prisonnier et qu'il rêve de l'aube, il sera libéré. S'il est bloqué par un obstacle au cours d'un voyage, il lui sera possible de poursuivre son chemin. Si son épouse se refuse à lui, il se séparera d'elle. S'il est dans le péché et l'égarement, il retrouvera le repentir et la rectitude. S'il connaît des difficultés dans son commerce, il aura une conjoncture plus favorable. S'il a un ennemi coriace qui le menace, il triomphera de lui ; et si le rêve concerne une communauté assiégée, victime d'une saison de sécheresse ou de la discorde, elle en sera délivrée.

Voir que la nuit se perpétue dans une contrée, celle-ci connaîtra privation, famine et mort. Voir dans cette nuit éternelle que la lune et les planètes se meuvent dans le ciel, signale que les gens subiront la tyrannie d'un vizir ou d'un tout autre homme de pouvoir.

Celui qui retrouve en rêve, à l'aube, un objet qu'il a perdu, établira grâce à un témoignage solide un droit contre son adversaire, selon la parole du Très-Haut: «*Fais aussi une lecture de l'aube: / la lecture de l'aube a des témoins.*» (XVII, 78).

Mais voir que le jour se perpétue et que le soleil ne se couche plus jamais et se meut sans arrêt dans le ciel, signale que le souverain agit à sa guise sans jamais consulter un vizir ni un conseiller.

La lumière figure toujours la voie droite. Amina [mère du Prophète] a vu en rêve qu'une lumière sortie de son corps a éclairé jusqu'aux palais de Syrie. Peu après, elle a mis au monde celui qui sera le Prophète, Dieu le bénisse et lui accorde la paix.

Le soleil figure un souverain absolu. C'est qu'il est le corps céleste le plus lumineux, mais aussi du fait de ses bienfaits sur l'ensemble du monde. Le soleil peut aussi figurer plus simplement le maître immédiat du rêveur, son commandant, son initiateur ou l'époux de la rêveuse. On peut rapporter le soleil à l'épouse vertueuse du souverain ou d'un seigneur, sa fille ou sa mère. Ne voyez-vous pas que les poètes comparent les belles filles vierges au soleil ? On a ainsi donné des interprétations différentes de la vision du soleil dans le rêve de Joseph, paix sur lui. Certains y ont vu la figure de la mère, de la tante ou de la co-épouse du père ; d'autres ont affirmé que le soleil figure toujours le père, et que c'est la lune qui figure la mère. Toutes ces interprétations sont plausibles ; car si le soleil signale le père, c'est pour sa lumière, plus puissante que celle de la lune ; et s'il figure la mère, c'est en vertu de la féminisation qui s'y attache dans la langue arabe [*cham's*, «soleil» est féminin en arabe, alors que le mot *qamar*, «lune» est masculin]. Voir le soleil tomber et puis se faire avaler par un oiseau, ou s'enfoncer dans les flots, ou détruit par son propre feu, ou encore noircir ou échapper à son orbite, annonce la mort de celui que doit figurer cet astre, selon les indices éventuels faurnis par le rêve. Si on le voit couvert d'un voile ou d'un nuage, de poussière ou de fumée, le rêve annonce pour le même personnage un accident, des soucis, un malheur ou la maladie. S'il y a assombrissement du soleil sans qu'il y ait éclipse ni une autre cause naturelle, le souverain de la contrée du rêveur fera montre de tyrannie et d'iniquité, d'hérésie ou d'impiété. Si le rêveur prend le soleil dans sa main, s'il le voit déposé dans son giron ou installé dans sa demeure, avec toute sa splendeur et sa lumière, il maîtrisera son pouvoir et méritera sa puissance et sa gloire, s'il est digne d'une telle interprétation. Sinon un tel rêve annonce plus simplement le retour du maître de la demeure, s'il est en voyage, ou il apprendra que son épouse enceinte a mis au monde un enfant de sexe mâle. Tout cela selon la nature des indices accompagnant le rêve.

Si l'on voit le soleil se lever à l'ouest ou revenu immédiatement à l'est après le coucher, on doit s'attendre à voir apparaître un signe avertisseur, selon les indices et la situation des gens au moment de ce rêve. Pour un malade, ce rêve annonce la mort, car il y a disparition de l'ombre qui est la figure de l'individu, selon la parole du Très-Haut: «*Ne vois-tu pas / comment ton Seigneur étend l'ombre ? / Il l'aura rendue immobile, s'il l'avait voulu. Nous avons fait du soleil son guide*» (XXV, 45-46). Ce rêve annonce la victoire pour le rêveur combattantn selon l'histoire de Josué, paix sur lui. Ce rêve, s'il est fait en hiver, annonce pour le pauvre, l'enrichissement et l'acquisition de beaux habits. Mais s'il est fait en été, il augure du chagrin, de la maladie et du trachome.

Voir un mort assis sur le soleil signale que le rêveur qui fait partie de la suite du souverain aura un malheur. S'il n'en fait pas partie, son malheur proviendra de celui qui, dans son entourage, est représenté par le soleil.

Celui qui se voit transformé en soleil aura un pouvoir immense, à la mesure des irradiations que l'astre de son rêve émet. Se voir en possession d'un soleil suspendu à une chaîne, vaudra au rêveur une charge de pouvoir qu'il assumera dans la justice. S'il voit le soleil irradier naturellement de l'est vers le couchant, il aura un royaume, s'il en est digne, sinon il aura un savoir qui lui vaudra une grande renommée.

Celui qui voit le soleil se lever chez lui aura de grands profits, s'il est commerçant. S'il est désireux de se marier, il aura une belle femme ; et s'il s'agit d'une rêveuse, elle aura un époux et s'enrichira de son mariage.

Celui qui entend le soleil lui parler aura gloire et prestige. Si le rêveur voit le soleil se lever pour lui éclairer la tête seulement, il profitera d'une affaire importante et d'une grande fortune. S'il se lève pour lui éclairer les pieds, sa fortune proviendra du travail de la terre. S'il se lève pour lui éclairer le ventre, tout en étant caché sous les vêtements du rêveur, à l'insu de son entourage, il sera atteint de la lèpre. S'il voit son ventre se fendre et le soleil en sortir, il mourra. Si la femme voit le soleil entrer dans sa manche ou dans son col et ressortir de son derrière, elle épousera un roi qui ne s'unira à elle qu'une seule nuit. Si le soleil se lève sur son sexe, elle commettra l'adultère.

Celui qui se voit suivre le soleil à son coucher, mourra ; mais s'il le suit sans le voir se coucher, il accompagnera un roi dans la captivité. Voir le soleil se transformer en homme adulte, annonce que le souverain fera preuve d'humilité et règnera dans la justice. S'il se transforme en jeune homme, le souverain fera preuve d'injustice et la situation du peuple des Musulmans se détériorera. Voir une boule de feu sortir du soleil et brûler ce qui l'entoure, annonce que le souverain tuera des personnages de sa cour.

Voir le soleil rougir annonce la corruption dans le royaume. S'il jaunit, le souverain tombera malade. S'il noircit le roi sera défait, ou sera victime d'une catastrophe. S'il disparaît, le souverain perdra l'espoir.

La lutte pour s'approprier le soleil figure la lutte pour le pouvoir. Voir que le soleil s'était coupé en deux et qu'une moitié en avait disparu, annonce l'apparition d'une rébellion khârijite. Si l'autre moitié disparaît à son tour et que le [vrai] soleil réapparaît, le khârijite prendra la totalité du pays. Si la moitié disparue réapparaît pour former de nouveau un soleil entier, le khârijite sera défait et le souverain [légitime] reprendra le pouvoir.

Celui qui se voit maître du soleil, de la lune et des étoiles rassemblés, irradiant en un seul lieu, sera écouté des rois, des vizirs ou des détenteurs de pouvoir. S'il les voit sans irradiation, son rêve sera déclaré de mauvais augure. S'il voit le soleil et la lune l'éclairer, il saura que ses parents sont satisfaits de lui. S'il les voit sans en être éclairé, ses parents seront mécontents de lui. S'il voit des soleils et des lunes à sa gauche, à sa droite, derrière et devant lui, il connaîtra le désarroi, la défaite ou une dure épreuve qui l'obligera à fuir, selon la parole du Très-Haut: «*Lorsque le soleil et la lune seront réunis / Ce jour-là, l'homme dira: / "Où fuir ?"* » (LXXV, 9-10).

La lune en général figure le grand vizir d'un roi puissant, ou un roi peu important. Les étoiles figurent alors les soldats du roi, ses palais, ses résidences ou ses épouses et ses concubines. La lune peut aussi figurer le savant ou le jurisconsulte; et tout homme qui éclaire les gens dans les ténèbres, tout comme la lune éclaire le marcheur noctambule. Elle peut également désigner l'enfant ou l'époux ; ou la beauté, puisque l'on compare volontiers une belle personne à la pleine lune.

L'interprétation des récits des rêves liés à la lune obéira au même principe que les rêves de soleil.

'Aïcha [épouse du Prophète et fille de son Compagnon Abû Bakr] a vu en rêve trois lunes tomber dans sa chambre. Elle a interrogé son père sur le sens de ce rêve. Il lui a dit: «Trois des hommes les plus illustres de tous seront enterrés là où tu as vu tomber les lunes !»

Voir la pleine lune éclairer à sa place habituelle signale que le vizir du roi gèrera bien les affaires publiques. Celui qui voit le reflet de son propre visage sur la lune, mourra. Se voir suspendu à la lune vaudra au rêveur un don du souverain. Et si le souverain voit la lune s'assombrir, il sera victime de l'ingratitude de ses sujets. Celui qui voit la lune se transformer en soleil connaîtra le prestige et aura une fortune qui proviendra de sa mère ou de son épouse.

Ibn 'Abbâs [un cousin du Prophète] que Dieu soit satisfait du père et du fils, a vu en rêve la lune suspendu dans le ciel avec des cordes ; il a raconté son rêve au Prophète, Dieu le bénisse et lui accorde la paix, qui lui a dit: «Tu as rêvé de ton cousin, c'est-à-dire de moi !», qu'il soit béni et salué de Dieu.

Une femme est venue à Ibn Sîrîn (elle l'a trouvé en train de prendre son déjeuner) pour lui raconter un rêve où elle avait vu la lune entrer dans la Grande Ourse, tandis qu'un crieur lui ordonnait d'aller voir Ibn Sîrîn. Dès qu'elle a terminé son récit, le savant a cessé de manger lui demandant de raconter de nouveau son rêve, ce qu'elle a fait ; et il s'est levé en se tenant le ventre. Le voyant ainsi sa sœur l'a interrogé et il lui a dit: «Cette femme vient de prévoir ma mort dans sept jours !» Sept jours après, il s'est éteint.

Un homme s'était vu en rêve en train de contempler le ciel sans y trouver la lune ; il regarda ensuite vers la terre et il y trouva la lune découpée en morceaux. Il a raconté son rêve à un interprète qui lui a dit: «Si le rêveur est un homme qui s'occupe d'alchimie, son art le ruinera. S'il est pauvre, il se retrouvera dans une plus grande misère. S'il s'agit d'une femme, elle apprendra le meurtre de son époux !»

Le croissant de lune figure le souverain, le prince, le commandant d'armée ou le nouveau-né à sa sortie du ventre maternel. Il signale aussi l'événement impromptu ou la bonne nouvelle qui arrive du côté même où le croissant était apparue au rêveur. Il peut aussi figurer le rebelle khârijite, s'il paraît d'une direction inhabituelle ou si son apparition est accompagnée de ténèbres, d'orages et d'averses. Il signale aussi le retour d'un proche absent ou figure le muezzin sur son minaret, ou le tribun religieux sur sa tribune, ou le supplicié innocent. Le croissant de lune signale également le terme d'un délai, pour une dette par exemple, ou peut-être le temps du Pèlerinage, selon cette parole du Très-Haut: «*Ils t'interrogent au sujet des nouvelles lunes / Dis: / "Ce sont pour les hommes, des indications / qui leur permettent de fixer / les époques du Pèlerinage"* » (III, 189).

Celui qui voit le croissant de lune rougir verra son épouse enceinte accoucher d'un mort-né. Voir le croissant tomber par terre annonce la mort d'un grand savant ou celle du fils du rêveur. Si les gens cherchent le croissant de lune dans le ciel sans le trouver, alors que le rêveur est seul à le voir, celui-ci mourra.

Les étoiles figurent les gens. Celles qui suivent le genre masculin figurent des hommes et celles dont les noms se déclinent au féminin figurent des femmes. Les grandes étoiles indiqueront les hauts personnages et les nobles, tandis que les petites indiquent la populaces, les enfants et les esclaves. Celles qui guident les voyageurs figurent les Compagnons du Prophète, que Dieu soit satisfait d'eux, les savants et les jurisconsultes, selon le *hadith* du Prophète, Dieu le bénisse et lui accorde la paix: «Mes Compagnons sont des étoiles, etc...». Celles parmi les étoiles qui ont été adorées par le passé ou qui ont envoûté de leur beauté les hommes, ou encore celles qui sont issues de métamorphoses d'humains, comme l'étoile polaire ou Vénus, figurent des hommes ou des femmes dont on ne peut attendre aucun bien. Voir deux lunes s'entre-tuer dans le ciel, à la tête de deux groupes d'étoiles, annonce la guerre entre deux rois ou deux vizirs ou deux puissants personnages. Celui que le rêve avait montré vainqueur sera défait dans la réalité. Si le rêveur voit un combat d'étoiles dans sa demeure, il verra surgir un conflit entre ses co-épouses ou entre deux de ses associés.

Voir des étoiles tomber sur la terre ou dans la mer, détruites par le feu ou avalées par des oiseaux, annonce des massacres dans la cité. Celui qui voit une étoile lui tomber sur la tête, mourra, s'il est malade. S'il a des dettes à échéance, il sera tenu de s'en acquitter. Si le rêveur voit l'étoile tomber sur la tête d'un proche absent, celui-ci sera de retour. Si la femme enceinte reçoit la chute d'une étoile, elle mettra au monde un enfant mâle appelé à une grande renommée et à détenir un noble statut . Mais un tel rêve peut annoncer la mort de la mère, si des indices viennent conforter cette interprétation. La vision des étoiles en plein jour, signale les scandales, la divulgation de secrets honteux et les malheurs, selon la nature du rêve et les autres indices qui l'accompagnent. Le poète Nâbigha ad-Dhubiânî[1] a dit [faisant l'éloge d'un grand personnage]:

Ses étoiles paraissent
Alors que brille le soleil
Le jour n'est plus le jour
Et la nuit n'est plus elle-même.

Celui qui se voit monter une étoile aura pouvoir et fortune. Certains disent que celui qui voit les étoiles disparaître du ciel, sera appauvri, s'il est riche. Il en mourra, s'il est pauvre. D'autres affirment que voir des étoiles sous son toit, annonce la ruine ou la mort du maître de la demeure.

Manger des étoiles dans une scène de rêve signale que le rêveur spoliera des gens de leurs biens. Mais si le rêveur détruit des étoiles sans en consommer, il verra des nobles personnages fouiller dans sa vie privée. Il sera peut-être accusé d'outrage aux Compagnons du Prophète, que Dieu soit satisfait d'eux. Se voir en train de sucer des étoiles signale que le rêveur profittera d'un savoir en fréquentant des hommes de sciences.

Les pléiades figurent l'homme qui sait prévoir l'avenir, car si elles apparaissent à l'aube, elles annoncent le début de l'été ; au crépuscule, elles indiquent le milieu de l'été et à la fin de la nuit, elles prédisent l'hiver. Si un homme impie les voit en rêve, on saura que le rêveur prétendra detenir le don de divination. Si on voit les pléiades tomber, on doit s'attendre à une hécatombe dans le bétail et les troupeaux et à de grands dommages dans les cultures. On dit que le nom arabe du groupe des pléiades, le mot *thurayyâ* est tiré de *tharâ* vocable qui signifie «terre» ou «sable» et peut donc orienter l'interprétation vers l'idée de la mort.

1- Très célèbre poète pré-islamique (mort vers 604). A fréquenté la cour des rois de Hîra puis des Ghassanides. De confession chrétienne, sa poésie se caractérise par la force des images et la maîtrise des rythmes.

Parmi les cinq grandes planètes, Saturne en rêve figure le tortionnaire du roi ; Jupiter, un confident du roi ; Mars, le chef de ses armées ; Vénus, la reine ; Mercure, le secrétaire du roi ; l'étoile polaire figure un usurier, d'ailleurs il s'agit d'un humain qui s'était adonné à l'usure et qui avait été métamorphosé pour prendre l'aspect de ce corps céleste. La Grande Ourse figure un noble personnage, car elle oriente et guide les gens de voyage dans les ténèbres, sur terre et en mer.

Le vent figure le souverain, pour sa force qui s'exerce sur tout ce qui vit et parce qu'il peut être tout aussi nuisible que bénéfique. Il figure aussi les armées du roi, ses commandements, ses décrets, sa cour et ses serviteurs: le vent a été en effet sous les ordres de Salomon, paix sur lui. Il annonce aussi les tourments et les calamités, parce qu'il dévaste les arbres et provoque des naufrages, surtout quand c'est un vent d'ouest, celui qui a fait périr le peuple de 'Ad.

Mais le vent peut tout aussi bien annoncer la bonne saison, la fortune ou la victoire, car il porte la bonne nouvelle, guide les navires et féconde les végétations. Le Prophète, Dieu le bénisse et lui accorde la paix, n'a-t-il pas dit: «Je dois mes victoires à la bise, tandis que le peuple de Ad' a péri, grâce à Dieu, le Très-Haut, par un vent d'ouest !»

Le sirocco indique des maladies accompagnées de fièvre ; le vent porteur de poussière annonce toutes sortes de maladies. Accompagné de tonnerre, il figure un puissant souverain tyrannique.

Celui qui se voit transporté par le vent d'un lieu à un autre aura un pouvoir, ou entreprendra un long voyage dont il ne reviendra plus jamais, selon la parole du Très-Haut [parlant du polythéiste]: «*Le vent le précipite dans un lieu très éloigné*» (XXII, 31).

La pluie figure un don de Dieu le Très-Haut, la foi qu'Il nous a octroyée, Sa clémence ou Son soutien ; car sans l'eau de pluie rien ne peut vivre. Que dire alors si le dormeur rêve d'une pluie de lait, de miel ou de beurre fondu ? Mais la pluie peut tout aussi bien figurer des catastrophes qui arriveront du ciel, comme les criquets, la grêle ou la tempête, si les précipitations sont accompagnées de feu, ou s'il pleut de l'eau brûlante, car le Très-Haut a comparé les tourments qui s'étaient abattus sur les incrédules aux pluies: «*Nous avons fait pleuvoir sur eux une pluie: quelle pluie fatale pour ceux qui avaient été avertis*» (XXVI, 173 et XXVII, 58). La pluie annonce la discorde et les massacres, si le rêveur voit pleuvoir du sang ; ou peut-être des malheurs qui proviendront du pouvoir, comme les taxes ou les décrets iniques, surtout si l'on voit pleuvoir des serpents. Elle peut enfin annoncer de graves contretemps pour les voyageurs et pour tout artisan qui exerce son métier en plein air, selon la parole du Très-Haut: «*Il n'y a pas de faute à vous reprocher* [...] *si vous êtes gênés par la pluie...*» (IV, 102).

Ibn Sîrîn a dit:

Toutes les fois que la pluie a été citée dans le Livre de Dieu le Très-Haut, elle a indiqué le malheur ; comme par exemple quand il est dit que les polythéistes ont subi une pluie fatale [verset cité plus haut] ou quand il est dit [à propos de la cité du peuple de Loth]: «*Et nous avons fait pleuvoir des pierres d'argile / sur ses habitants*» (XV, 73). Si le Coran parle de la pluie sans la nommer expressément, c'est qu'elle désigne une bonne nouvelle, comme dans ce verset: «*Nous faisons descendre du ciel une eau bénie*» (L,9).

Les nuages figurent l'Islam qui est la vie des hommes et leur salut. Ils sont l'instrument de la miséricorde divine puisqu'ils sont porteurs de l'eau qui est tout la vie du monde. Ils peuvent aussi figurer le savoir, la connaissance de la loi religieuse et la sagesse ; ou les caravanes de dromadaires qui transportent nourritures ou étoffes, selon la parole du Très-Haut: «*Ne considèrent-ils pas / comment les chameaux ont été créés ; / comment le ciel a été élevé*» (LXXXVIII, 17). Il est possible que les nuages figurent des navires voguant sur les eaux, guidés par les vents ; ou même les femmes enceintes, porteuses de la poche d'eau dans laquelle baigne le fœtus, jusqu' au moment de la délivrance. Enfin, ils peuvent figurer les tourments et les souffrances, si l' on pense au peuple de 'Ad et à ceux parmi eux qui crurent que les nuages leurs apportaient une bonne averse, alors qu' ils étaient chargés d' un terrible châtiment.

Celui qui se voit avaler des nuages aura une fortune bien acquise ou un savoir. Si le rêveur constate que ses armes sont faites de nuages, on saura qu' il s' agit d' un homme porté à la controverse.

Construire sa demeure sur des nuages vaudra au rêveur une fortune acquise dans l' honneur, grâce à sa sagesse et à son prestige. Se transformer en nuage portera le rêveur à faire des dons et à se rendre utile aux autres.

Le tonnerre figure les menaces du souverain, sa colère et ses éclats d' humeur. Mais rêver du tonnerre peut aussi augurer de bonnes nouvelles et annoncer les prodigalités du roi ; ou alors il peut signaler l' avance des armées ou le roulement des tambours annonçant la Résurrection. Si le rêveur est de ceux que la pluie dérange, comme le voyageur, le maçon, ou le moissonneur, un tel rêve n' annonce rien de bon. Certains disent qu' entendre le tonnerre sans voir de pluie signale le règne de la peur.

L' éclair indique chez le rêveur tout aussi bien la peur que lui inspire le souverain que la clémence et les largesses de celui-ci, selon la parole du Très-Haut: «*Il vous montre l' éclair, / sujet, à la fois, de crainte et d' espoir.*» (XXX, 24). On dit que l' éclair signale un profit qui arrivera d' un point éloigné. Celui qui voit l' éclair brûler ses vêtements, verra son épouse mourir, si elle est malade.

Les foudres figurent les calamités que Dieu abat sur ceux qu' Il veut éprouver selon Son bon vouloir, criquets, grêle, tempêtes ou épidémies en tout genre. Elles peuvent aussi figurer des malheurs qui proviendront du souverain causant mort, faillite et ruine.

Celui qui voit la foudre s' abattre sur sa demeure, mourra s' il est malade. S' il est en voyage, les siens apprendront son décès. S' il compte parmi les familiers du souverain, il sera châtié par celui-ci. Voir des foudres s' abattre sur plusieurs maisons indique que les habitants de la ville apprendront la mort de quelques-uns des leurs, partis en voyage, en Pèlerinage ou pour le Combat sacré. Si les foudres tombent sur des jardins, le rêveur devra craindre la ruée des collecteurs d'impôts et de taxes, et le lieu concerné sera à la merci de l'injustice et de la corruption.

Les inondations augurent de l'épidémie, si les habitants présentent des risques dans ce sens et surtout si dans le rêve, elles charrient du sang ou de la fange. Certains affirment que le rêve d'inondation annonce l'assaut d'un ennemi, tout comme l'assaut de l'ennemi dans le rêve annonce des inondations. Si l'on voit l'eau dépasser les seuils des habitations, un déluge investira la ville ou alors l'armée d'un tyran s'empare de la cité.

On raconte qu'un homme a consulté Ibn Sîrîn pour un rêve où il avait vu les gouttières couler sans qu'il y ait de pluie et des gens rassemblés tout autour occupés à puiser de l'eau. Ibn Sîrîn a interrogé le rêveur: «En as-tu puisé, toi aussi ?» Le rêveur lui a affirmé qu'il n'en avait rien pris, et Ibn Sîrîn l'a félicité. Peu après la sédition d'Ibn al-Mouhallab a éclaté.

Voir des torrents d'eau envahir les maisons et s'insinuer sous les lits signale que le rêveur, désireux d'avoir un enfant de son épouse, doit renoncer à son désir, car son rêve montre que son liquide séminal manquera sa cible.

La boue, la vase et la fange sont toujours de mauvais augure. Le rêveur malade qui en voit verra durer longtemps sa maladie. Si le rêveur n'est pas malade, il sera impliqué dans une dispute, dans une épreuve périlleuse, emprisonné ou victime de la colère du souverain.

Dans l'arc-en-ciel, le vert signale la protection contre la sécheresse ou contre la tyrannie du souverain ; le jaune augure de la maladie ; le rouge, des massacres. Certains affirment que la vision de l'arc-en-ciel annonce le mariage du rêveur. L'arc-en-ciel est de bon augure si on le voit apparaître à droite ; de mauvais augure, s'il apparaît à gauche.

La neige, la glace et la grêle figurent les maladies, les

souffrances et les malheurs en tout genre qui menaceront le pays du rêveur. Voir la neige couvrir tout le paysage à l'époque des semences augure d'une bonne récolte. Mais si l'on voit un paysage enneigé à une autre époque de l'année, le rêve signale la tyrannie d'un souverain et l'assaut des collecteurs d'impôts.

Rêver de la grêle aussi est de bon augure, si le rêve est fait au moment où elle ne peut nuire à la récolte, et surtout si l'on voit les gens en ramasser dans des ustensiles, auquel cas elle figure des profits, des bonnes récoltes ou des deniers. Mais si on voit la grêle tomber sur les maisons et les échoppes, on doit craindre des malheurs, plus d'impôts ou des épidémies qui frapperont la cité. Quant à se voir portant de la grêle dans un couffin, un tissu ou tout autre chose qui ne retient pas l'eau, si le rêveur est riche, il verra fondre sa fortune. S'il a affrété une marchandise sur un navire, il doit s'attendre à la perdre. S'il est pauvre, il sera incapable de profiter du peu qu'il aura gagné.

Le tremblement de terre – tout comme l'éclipse – figure la venue du souverain en personne dans la contrée du rêveur pour y sévir. On dit aussi qu'il augure de la grande épidémie.

chapitre trente-neuf

De la terre et ses montagnes,
du sol et des pays,
des édifices et des palais,
des remparts et des équipements urbains,
des bains publics et des marchés,
des échoppes et des toits,
des portes, des routes, des prisons, des églises
et des fourneaux
etc.

Rêver d'une porte secondaire dans un portail
est de mauvais augure.
C'est un rêve de voyeur.
L'auteur d'un tel rêve verra peut-être
sa femme commettre l'adultère.

La terre figure ce bas monde pour le rêveur qui se voit en posséder un lopin, selon la superficie possèdée. Dans ce cas le ciel figure l'au-delà, d'autant que le paradis s'y trouve. Une terre connue indique le pays même du rêveur. Elle annonce un voyage; si elle présente des pistes et des voies de passage.

Le baldaquin large signale la bonne vertu de l'épouse. S'il est étroit, il indique que celle-ci est de petite vertu. Si le rêveur se voit assis sur un baldaquin étroit, il répudiera sa femme en prononçant la formule qui le délivre de son engagement d'époux. S'il se voit à sa place [habituelle] sur un baldaquin large, il sera séparé de sa femme à son insu et dans le secret. Quant aux colonnades, elles figurent le maître et le soutien de la maison.

Les portes ouvertes annoncent l'acquisition des richesses. La porte peut figurer le maître de la maison et tout défaut qui l'affecte dans un rêve signale un défaut qui atteindra ce personnage. Rêver d'une porte secondaire dans un portail est un rêve de mauvais augure, c'est un rêve de voyeur. L'auteur d'un tel rêve verra peut-être sa femme commettre l'adultère.

Si la terre se fend et fait surgir un jeune homme, les habitants du lieu connaîtront la discorde. Si un vieil homme en surgit, ils auront bonne fortune et une année de grande récolte. Si la terre se fend et que rien ni personne n'en surgit, il y aura quelque malheur dans la région. Si l'on voit un animal féroce en sortir, les gens connaîtront la tyrannie d'un souverain inique. Si le rêveur se voit creuser la terre et en avaler des mottes, il disposera d'un bien acquis par la ruse, car l'acte de creuser en rêve figure la ruse. Si pendant qu'il creuse le rêveur voit poindre de la végétation, il verra ses désirs se réaliser, mais il mourra rapidement selon la parole du Très-Haut: *«Nous leur avons ouvert les portes de toutes choses ; / mais après qu'ils eurent joui des biens / qui leur avaient été accordés, / nous les avons emportés brusquement*» (VI, 44). Celui qui se voit en train de plier la terre avec ses propres mains aura un royaume . Celui qui se voit en train de la piétiner fera un héritage.

Rêver d'une terre exiguë signale une vie difficile. Celui qui entend en rêve la terre lui parler aura bonne fortune ici-bas et dans la vie future. A moins que les paroles ne soient confuses, auquel cas le rêveur aura des biens d'une provenance douteuse. Celui qui voit la terre se fendre et l'engloutir sera dépossédé de son pouvoir, s'il en a un ; ou il verra son ami se transformer en ennemi, et sa joie en malheur, selon la parole du Très-Haut: «*Nous avons fait engloutir par la terre / Coré* [Qârûn] *et sa maison.*» (XXVIII, 81).

Le rêve de désert, selon le nom qui le désigne [en arabe, *mafâza*] est toujours de bon augure, et annonce le succès [*fawz*]. Il augure d'un heureux passage de la pauvreté à la prospérité, du péché au repentir, de la faillite au profit, et de la maladie à la bonne santé. Voir une terre cultivable frappée d'aridité annonce au rêveur l'appauvrissement [*qafr* «aride» et *faqr* «pauvreté»].

Rêver d'une vallée nue annonce au rêveur un prochain Pèlerinage, selon la parole du Très-Haut, quand Abraham dit: «*Notre Seigneur ! / J'ai établi une partie de mes descendants / dans une vallée stérile*» (XIV, 37). Se voir errant dans les vallées signale que le rêveur proférera de vaines paroles, selon la parole du Très-Haut, à propos des poètes: «*Ne les vois-tu pas ? / Ils divaguent dans chaque vallée ; / Ils disent ce qu'ils ne font pas...*» (XXVI, 224).

La montagne figure un roi, un terrible tyran ou tout homme de grande stature, à la mesure de la montagne vue en rêve. Elle peut figurer le savant ou l'ermite, car le Très-Haut a créé les montagnes comme des épieux pour empêcher la terre de trembler [Coran, XIII, 2 ; XVI,15 ; XXI, 31 ; XXXI, 10 ; etc] tout comme les souverains et les savants qui soutiennent les gens et leur évitent de vaciller.

Se voir adossé à une montagne ou assis à son ombre signale que le rêveur s'approchera d'un grand homme, roi, jurisconsulte ou ermite. Il demandera sa protection et aura de la renommée grâce à cette proximité. Ce rêve est encore plus pertinent et plus prometteur si le rêveur se voit au sommet de la montagne clamant l'appel à la prière, regardant en direction de la Mecque, ou tirant à l'arc. Si le rêveur poursuit un voyage en mer et se voit au sommet d'une montagne saisi par la peur, alors qu'à l'état de veille il se sent en sécurité, il aura un malheur et fera peut-être naufrage. La montagne signale alors sa hâte de trouver le salut, selon la parole du Très-Haut, au sujet du fils de Noé: «*Je vais me réfugier sur une montagne / qui me préservera de l'eau.*» (XI, 43). A ce propos, Ibn Sîrîn affirme que dans un tel rêve la montagne signale pour le marin une protection provisoire qui sera suivi de l'avarie du bâtiment et de l'inévitable naufrage. S'il ne s'agit pas de marin ni de voyage en mer, ce même rêve peut indiquer que le rêveur quittera le consensus communautaire, et sera coupable d'innovation et d'hérésie.

Celui qui se voit tombant de la montagne, de la dune, de la colline, du toit ou d'une hauteur quelconque, mur, palmier ou arbre, se séparera du personnage figuré par l'une ou l'autre de ces images, tel le souverain, le savant ou l'épouse du rêveur.

Voir des montagnes se mouvoir annonce une guerre que des rois conduiront, ainsi que des troubles et des discordes qui opposeront des savants et dont pâtiront les petites gens. Un tel rêve peut annoncer aussi l'épidémie, car la mouvance des montagnes constitue l'un des signes de la fin du monde.

Voir la montagne se transformer en écume, en cendre ou en poussière, est un rêve de mauvais augure pour celui dont la montagne est la figure dans l'esprit du rêveur, car le Très-Haut a créé les montagnes – selon ce qui nous a été rapporté – de l'écume, et celle-ci d'après le Livre de Dieu n'est que tromperie[1].

1- Allusion à la parabole coranique contenue dans le verset *"L'écume s'en va au rebut / mais ce qui est utile pour les hommes reste sur la terre."* (XIII, 17).

Se voir en train de démolir une montagne indique que le rêveur mettra quelqu'un en péril. Escalader une montagne est toujours de bon augure, à moins que le pente ne soit trop difficile, selon la parole du Très-Haut: «*Je lui ferai gravir une pente rude*» (LXXIV, 17).

La poussière dans le rêve figure les hommes, car ils en ont été créés. Elle peut aussi figurer les bêtes ou les biens de ce monde. Il est possible qu'elle indique aussi la mort et la sépulture, car elle constitue l'ultime couche des hommes. La poussière annonce aussi l'appauvrissement, selon la parole du Très-Haut: «*Nourrir* [...] *un pauvre dans le dénuement.*»[1] (XC, 16). Se voir creuser la terre, pour le rêveur malade ou qui compte un malade parmi ses proches, annonce la mort et la mise en tombe. Pour le voyageur, ce rêve annonce gains et profits, selon cette parole du Très-Haut: «*D'autres parcourent la terre...*» [litt. *frappent* la terre] (LXXIII, 20). Si le rêveur qui se voit creuser la terre désire s'unir à une femme, la terre creusée figure son épouse, et l'acte même de creusement, de forage et de piochage figure le pénis. La poussière tirée de cette opération figure alors la fortune de la femme ou le sang de son hymen.

Le plateau, la colline et le promontoire figurent tout personnage qui se distingue du commun par un pouvoir ou par un savoir, par la lignée ou par la fortune. Ils peuvent aussi figurer de nobles lieux, des statuts élevés ou les belles montures. Celui qui se voit sur une dune surplombant les gens, mourra, s'il est malade. Si le rêveur est en bonne santé, il épousera une noble femme de grand prestige, possédant une fortune aussi grande que la dune vue en rêve.

La ville figure ses propres habitants, la communauté des hommes et la multitude. Elle indique aussi la sécurité et la protection, car Moïse à l'entrée de Madian a été accueilli par Chua'ib qui lui dit: «*Ne crains rien / tu viens d'échapper aux injustes.*» (XXVIII, 25).

1- *Matraba*, dénuement, a la même racine que *turâb*, poussière, sable.

La ville peut figurer l'au-delà ; tandis que le village le monde de l'ici-bas, car la prospérité de la ville est plus grande, ses habitants sont plus heureux et bien plus nombreux.

Ainsi celui qui se voit en rêve quitter un village pour la ville se convertira à l'Islam, s'il est incroyant ; il se repentira, s'il est dans le péché ; s'il est pauvre et dans le droit chemin, il en s'enrichira. S'il vit dans la peur, il en aura la sérénité. S'il est fiancé, il se mariera ; et s'il est malade, il mourra dans la foi.

Si le rêveur quitte une cité connue pour une autre cité connue, il est nécessaire de considérer le nom des lieux: ainsi celui qui se voit quitter la ville de *Bâghia* [mot qui signifie la Cité inique] pour le pays d'Egypte quittera une situation d'injustice, réalisera ses désirs et sera en sécurité, selon la parole du Très-Haut: *«Entrez en Egypte avec la paix, si Dieu le veut.»* (XII, 99). Quitter la ville de *Rayy* [en arabe le vocable *«rayy»* peut évoquer l'irrigation ou la satiété] pour *Khorassân* [évocation de la mutité *kh. r. s.* ou par anagramme, *kh. s. r.* la perdition ou la perte] vaudra au rêveur de passer d'un état de bonheur à une situation de peine ; de même s'il se voit quitter la ville de *Mahdia* [la cité du *Mahdî*, l'Elu] s'il voit la ville de *Sousse* [qui évoque les mites !] le rêveur sortira du droit chemin pour se corrompre et pécher. Cela vaut pour tout lieu dont les noms évoquent un sens précis.

Les portes des villes figurent les gouverneurs, les gardes ou les défenseurs de ces villes. Les maisons figurent toujours les habitants. Les rues indiquent tous les personnages dont les citadins ont besoin pour vivre et prospérer. Certains affirment que la ville, quand le rêveur la voit de loin, figure plutôt le savant. On dit aussi qu'elle indique la foi. Se voir en rêve quitter la ville amènera le rêveur à affronter la peur et l'insécurité, selon la parole du Très-Haut: *«Moïse sortit de la ville, / inquiet et regardant de tous côtés.»* (XXVIII, 21).

Les couloirs figurent les serviteurs du rêveur, ceux qui administrent sa demeure et gèrent d'une main de fer les affaires domestiques.

Celui qui se voit entrer dans une maison et en fermer les portes s'abstiendra de commettre un péché, selon la parole du Très-Haut [à propos de la femme de Pétuphar dans l'histoire de Joseph]: «*Elle ferma les portes et dit: / "Me voici à toi !"* » (XII, 23).

La maison peu éclairée figure l'épouse ou l'époux de mauvais caractère, selon que l'auteur du rêve est un rêveur ou une rêveuse. Si le rêveur se voit en train de décorer sa maison, il y connaîtra querelles et disputes.

Le mur figure l'homme. Celui qui se voit en train de pousser un mur et réussir à le faire tomber, fera tomber un homme du même rang que lui et le fera périr. Si un mur s'écroule sur le rêveur, on saura qu'il a commis de nombreux péchés et que la sanction ne tardera pas à s'abattre sur lui. Celui qui dans un rêve se mire dans le mur, et y voit sa propre image mourra et une épitaphe sera dressée sur sa tombe.

Le palais pour un rêveur sans vertu figure la prison et l'appauvrissement. Pour le vertueux, un haut statut et une foi consolidée. Celui qui se voit entrer dans un palais aura bonne fortune, pouvoir et grande piété, selon la parole du Très-Haut: «*S'il le veut, / Il te donnera mieux que cela: / des jardins dans lesquels coulent les ruisseaux / et où il placera pour toi des palais.*» (XXV, 10).

L'édifice en torchis figure une villageoise pieuse ; en briques d'argile brûlée, une fortune ; en briques de terre cuite, la fortune mal acquise, ou bien – dit-on – la femme hypocrite. Celui qui se voit construire une bâtisse avec ce genre de briques entreprendra la bonne éducation de son enfant. [Rappelons que] les briques en terre cuite ou en argile brûlée renvoient aux adorateurs de feu et aux anciens d'Egypte.

Les coupoles figurent la force. Celui qui se voit construire une coupole sur les nuages aura pouvoir et puissance grâce à sa magnanimité. S'il se voit bâtir un édifice entre ciel et terre, muni de coupoles vertes, il aura bonne fortune et mourra en martyr.

Toute construction indique le mariage consommé. Celui qui se voit construire sa propre demeure réunira les siens dans la liesse.

Le rêveur qui se voit restaurer la tombe du Prophète, Dieu le bénisse et lui accorde le salut, entreprendra le Pèlerinage, en consentant de lourdes dépenses. S'il se voit restaurer une vieille bâtisse, il rappellera la vie exemplaire d'un savant disparu. Si l'édifice est dédié à un pharaon ou à quelque tyran, le rêveur fera revivre l'exemple d'un tel personnage.

La chambre surélevée figure le haut rang, mais aussi la séparation du rêveur d'avec une [concubine] esclave pour se mettre en ménage avec une femme libre. Ce rêve peut tout aussi bien annoncer la sérénité pour celui qui se trouve dans la crainte, selon la parole du Très-Haut: «*Ils vivront en sécurité dans les salles du Paradis*» (XXXIV, 37). La chambre haute figure aussi le Paradis, selon cette autre parole du Très-Haut: «*Voilà ceux qui auront pour récompense / les salles du Paradis...*» (XXV, 75), ou le *mihrab*, du fait [qu'en arabe] il arrive qu'on l'appelle ainsi.

La marche de l'escalier figure la hauteur du rang, la bonne fortune ici-bas comme dans la vie future, puisque les Arabes disent: «Tel homme a atteint le plus haut degré» [*daraja* signifie «marche de l'escalier» et «niveau d'une graduation»] ou «Tel homme est d'un degré élevé» pour signaler son haut statut.

Le rêve de la marche peut également figurer l'envoûtement ou l'attirance irrésistible, selon la parole du Très-Haut: «*Nous les attirons* [graduellement] *par des chemins détournés / qu'ils ignorent*» (VII, 82).

Le rêve des marches peut aussi nous faire penser aux étapes d'un voyage ou à la succession des jours dans la vie. Celui qui se voit gravir une à une les marches d'un escalier qui lui est inconnu mourra, s'il est malade. S'il a trouvé au bout de l'escalier une chambre, son âme atteindra le Paradis. Si le rêveur n'est pas malade ce rêve lui annonce un voyage qui le fera accéder à la fortune, si c'est la fortune qu'il vise. Si un tel élément est absent, il faut rechercher d'autres indices de bon ou de mauvais augure, comme lorsque le rêveur rencontre au cours de son ascension quarante personnes, ou trouve quarante dinars. Dans ce cas on doit conclure au bon présage, le nombre quarante étant signe de complétude. C'est l'âge de la maturité pour Moïse, alors que trente indique un manque. Si le rêveur qui se trouve en voyage rencontre lors de son ascension rêvée un indice régi par le nombre trois, il obtiendra sûrement ce qu'il a escompté: Pèlerinage, charge de gouvernement ou de législation, etc., selon cette parole du Très-Haut: «*Jouissez durant trois jours de vos demeures / voici une promesse qui n'est pas mensongère.*» (XI, 65).

Descendre les marches d'un escalier pour le rêveur qui se trouve en voyage annonce le retour au pays. Pour un homme de pouvoir, la perte de sa charge. Le rêveur habitué à utiliser des montures pour ses déplacements sera contraint de se déplacer à pied. Pour celui dont la femme est malade, ce rêve annonce qu'elle périra. Si c'est le rêveur lui-même qui est malade, on doit bien examiner le contenu du rêve: s'il est descendu de l'escalier pour se trouver dans un lieu qui lui est familier, chez lui par exemple, sur de la paille, sur un amas de cheveux ou sur tout ce qui figure la fortune de ce monde, il guérira. Il mourra, s'il a atterri sur un lieu qui lui est inconnu, une prairie, chez les morts, dans un puits ou un silos, auprès d'un lion qui l'avait dévoré aussitôt ou d'un rapace qui s'était saisi de lui, sur un navire qui avait appareillé dès qu'il y était arrivé ou sur un palanquin dans une caravane prête à partir. Si le rêveur n'est pas malade, et s'il est tyrannique et mécréant, le sens de son rêve dépendra aussi du point de chute: s'il atterrit dans un bon lieu, mosquée, champ fertile, jardin, espace réservé aux ablutions, il se repentira et sera sauvé. S'il tombe dans un mauvais lieu, champ aride, brasier, territoire de fauves ou de serpents ou dans un abîme, il sera attiré immanquablement dans un piège et périra.

On dit que les marches d'escalier signifient toujours les bonnes actions. La première indique la prière rituelle ; la deuxième, le jeûne de Ramadan ; la troisième, l'aumône légale ; la quatrième l'aumône volontaire ; la cinquième, le Pèlerinage ; la sixième le Combat sacré, et la septième, [la récitation] du Coran, selon ce *hadith* du Prophète, Dieu le bénisse et lui accorde le salut: «Lis et élève-toi !» [*iqra'* «Lis !» est l'anagramme de *irqa'* «Elève-toi»] et selon cette parole du Très-Haut [à propos d'Abraham]: «*Nous élevons le rang de qui nous voulons.*» (VI, 83).

La marche construite en briques d'argile signale aussi la grande piété du rêveur, s'il est homme de religion, et la prospérité d'un commerce licite pour le commerçant. Si le marche est en pierre, elle signale en même temps le haut rang et la cruauté ; de bois, un haut rang associé à l'hypocrisie ; en or, prospérité, pouvoir et prestige ; en argent, elle annonce l'acquisition d'une belle esclave ; de cuivre, la fortune de ce bas monde.

La marche dans le rêve peut aussi signaler l'ascète. Celui qui se voit en rêve proche d'une marche connaîtra l'élévation dans la foi, selon la parole du Très-Haut: «*Nous élevons d'un degré qui nous voulons. / Celui qui sait tout est au-dessus / de tout homme détenant la science.*» (XII, 76).

Escalader une échelle en bois annonce qu'une preuve [nécessaire à la conclusion d'un litige] sera enfin produite et établie, selon la parole du Très-Haut: «*Possèdent-ils une échelle pour aller écouter ?... / que celui d'entre eux qui écoute / en apporte donc une preuve irréfutable !*» (LII, 38) On dit que le rêve de l'échelle amènera le rêveur à solliciter l'assistance d'une personne hypocrite. S'il escalade l'échelle pour prêter l'oreille à quelque propos tenu dans la discrétion, le rêveur accédera à un pouvoir, selon la parole du Très-Haut: «*Si tu pouvais, tu souhaiterais* / [...] *construire une échelle / dans le ciel / pour leur en apporter un Signe.*» (VI, 35).

Les portes ouvertes figurent l'accès aux gains [licites]. Le portail de la maison figure toujours le maître de la demeure ; et tout ce qui l'affecte dans le rêve l'affectera dans la réalité. Celui qui voit sur le portail de sa maison un portillon a fait un mauvais rêve: de ce portillon en effet entrent d'habitude [celles] parmi les siens qui doivent rester cachées des regards. Son rêve annoncera donc, peut-être, l'homme qui le trahira en séduisant son épouse. Les portes des chambres figurent des femmes, et tout ce que s'y attache dans un rêve concernera les femmes de l'entourage du rêveur: si elles sont neuves, elles figurent les filles encore vierges ; si elles ne comportent pas de serrures, les femmes qu'elles figurent sont celles qui ont perdu leur époux [par veuvage ou répudiation]. Le rêve du portail en débris, éventré ou cassé, annonce un malheur qui s'abattra sur le maître de la demeure. Inversement, si l'on voit que le portail est solide, impressionnant et d'une grande taille, le rêve indique la bonne situation de ce même personnage.

Si le rêveur se voit en train d'errer dans sa maison pour chercher la porte, on saura qu'il vit dans la perplexité pour tout ce qui concerne sa vie ici-bas.

chapitre quarante

De l'or et de l'argent, des parures et pierres précieuses, des métaux tels que plomb ou cuivre, pierre du khôl le naphte et la silice, le fer et le goudron etc.

Un homme s'est vu en rêve
avec des yeux en or
peu après
il a perdu la vue.

Tous les métaux vus en rêve figurent des trésors ou des richesses cachées, un savoir enfoui ou une épargne. Car les métaux sont les dépôts que Dieu a confiés à la terre pour le bien de ses serviteurs ; ils peuvent en tirer bénéfice pour la vie ici-bas et pour préparer leur vie future. Le rêveur, s'il est laboureur et trouve deux ou plusieurs métaux, aura une bonne récolte. S'il est homme d'études son rêve lui annonce le succès dans l'acquisition des connaissances. S'il fait profiter les autres de ce qu'il a trouvé, il manifestera son savoir par la parole et par la diffusion de la bonne tradition. Mais si le rêveur est un homme de pouvoir, la vision du métal annonce la victoire sur un ennemi. Si cet homme de pouvoir est connu pour son engagement dans le Combat sacré, sa vision lui vaudra la conquête de nombreuses contrées qui seront arrachées aux infidèles, et il permettra aux Musulmans de rassembler d'importants butins. Si le rêveur est un impie ou un hérétique, la vision des métaux annonce la discorde qu'il sèmera parmi les gens, car Dieu le Très-Haut assimile nos biens et nos enfants à des tentations génératrices de discordes [*fitna*] · les métaux n'étant que des biens cachés, désirés par tous.

L'or est de mauvais augure dans le rêve, à cause de la signification de disparition que le mot recèle, et pour sa couleur jaune. On en interprète généralement le rêve comme ce qui annonce la tristesse, le manque ou la perte. Le bracelet d'or annonce au rêveur un héritage. Porter une parure une or conduira le rêveur à contracter mariage dans une communauté qui n'est pas de son rang. Posséder un lingot d'or en rêve annonce un manque à gagner ou un malheur à la mesure de la quantité d'or acquise, ou l'intervention d'un souverain spoliateur. Le rêveur qui se voit fondre de l'or sera victime d'un procès qui nourrira les médisances des gens à son sujet. Tandis que celui qui voit sa demeure couverte de dorures ou entièrement construite avec de l'or, doit craindre un incendie chez lui. Avoir en rêve un collier en or, en argent, de perles ou de diamants annonce au rêveur l'acquisition d'une charge de pouvoir ou la garde d'un dépôt de confiance.

L'argent est de meilleur augure que l'or, sauf pour le bracelet et le pendentif. L'Envoyé de Dieu, Dieu le bénisse et lui accorde le salut, a dit: «Je me suis vu en rêve portant deux bracelets en or. J'avais soufflé dessus et ils tombèrent. J'ai pensé que ces deux objets figurent les deux faux prophètes, mes détracteurs, celui du Hijâz et le seigneur de Sanâa.»

Celui qui se voit portant aux pieds des anneaux d'or ou d'argent connaîtra le désarroi, la captivité et les chaînes. Et rien n'est de bon augure dans la vision des parures pour les hommes, hormis le médaillon, le collier, la bague ou les boucles d'oreilles.

Pour les femmes, les parures sont toujours de bon augure. Le bracelet et les anneaux aux pieds peuvent figurer l'époux. Mais le rêve de l'or non travaillé annonce pour une femme un manque à gagner, tandis que l'or travaillé demeure de moins mauvais augure, puisqu'il fait intervenir une action de transformation. On dit que les parures de femmes figurent leurs enfants: si elles sont en or, il s'agira d'enfants mâles ; d'argent, elles signalent des filles.

On raconte qu'une femme a consulté un interprète pour un rêve où elle s'était vue tenir une coupe en or pur qui lui était tombée des mains et s'était brisée. Elle l'avait cherchée partout sans la retrouver. L'interprète l'a ainsi interrogée:

— Possèdes-tu un (e) esclave malade ?

— En effet ! dit la femme.

— Eh bien, ce rêve t'a annoncé sa mort ! a conclut l'interprète.

Un homme s'était vu en rêve avec des yeux en or, peu après il a perdu la vue.

Les Dinars en pièces d'or rouge, anciennes et de bonne qualité figurent la vraie foi, irréprochable, du rêveur. Une seule pièce figure un fils beau. Celui qui perd une pièce d'un Dinar en rêve verra son fils mourir, ou il négligera une prière obligatoire. Celui qui se voit transporter des charges de pièces de Dinars dans sa demeure, des biens seront effectivement transportés chez lui, selon la parole du Très-Haut, jurant par *«Celles qui transportent des charges...»* (LI, 2).

La fausse monnaie signale que la foi du rêveur est sujette à caution. Les bijoux tocs signalent une foi déficiente, le mensonge et la sournoiserie. Ibn Sîrîn a l'habitude de dire que les pièces de Dinars annoncent l'arrivée de missives. S'il s'agit de cinq pièces, elles figurent les cinq prières obligatoires. Une seule pièce annonce la naissance d'un enfant mâle.

Les Drachmes de bonne frappe signalent une foi solide ou un savoir, la réalisation d'un projet ou l'acquittement d'une prière. Les Drachmes en argent pur figurent les biens matériels du rêveur, mais aussi sa probité, la constance de ses gains et la confiance que lui voue son entourage. Les bonnes pièces que l'on disperse pour être ramassées par les convives lors d'un mariage[1] annoncent au rêveur de bonnes paroles ; leur nombre sera le nombre des bonnes actions du rêveur, car ces pièces portent l'inscription: *«Il n'y a de dieu que Dieu et Muhammad est Son Prophète»*, et nulle bonne action ne peut se réaliser tant qu'on n'a pas prononcé le Nom de Dieu.

On dit aussi que les bonnes pièces de Drachmes, si le rêveur se voit tenu de les restituer pour s'acquitter d'une dette figurent le devoir de témoignage . S'il a restituées des pièces cassées, il fera un témoignage partial. S'il égare une pièce d'un Drachme, il donnera des conseils à un ignorant qui refusera de l'écouter.

Les fausses pièces figurent fraude et mensonge, controverse et trahison, ainsi que l'audace à commettre de grands péchés. Les

1- Pratique encore en usage dans les mariages traditionnels arabes.

pièces qui ne portent aucune inscription signalent des paroles légères. Celles qui portent des images gravées signalent hérésie et débauche. Celles qui sont fendues annoncent des querelles interminables. On dit aussi qu'elles signalent l'interruption du dialogue; mais les accepter est de meilleur augure que de les refuser.

Le rêveur qui se voit voler un Drachme pour le donner en aumône, colportera des paroles qu'il a pas inventées.

Certains disent que les Drachmes en général sont de mauvais augure, ainsi que tout ce qui est produit de la frappe. D'autres disent que le rêve des Drachmes signale plutôt des paroles de grande importance, rapportées selon une lignée ininterrompue de rapporteurs. D'autres encore soutiennent que les Drachmes gravés en relief annoncent controverses et querelles. En recevoir dans une bourse vaudra au rêveur d'être choisi pour recevoir une confidence. La menue monnaie signale des paroles vulgaires et des vociférations.

On raconte qu'un homme a consulté Ibn Sîrîn et lui a dit: «Je me suis vu en possession de deux Dinars que j'avais égarés. Je me mis alors à les rechercher !» Ibn Sîrîn lui a dit: «Regarde dans tes archives. Tu as dû perdre des documents...» L'homme a effectivement constaté la perte de deux pièces importantes.

On raconte aussi qu'un homme a interrogé l'Envoyé de Dieu, que Dieu le bénisse et lui accorde le salut, au sujet d'un rêve où il s'était vu perdre vingt-quatre Dinars exactement, immédiatement après les avoir obtenus. Pl n'en retrouva en fin de compte que quatre. Le Prophète lui a dit: «Evite de prier tout seul et de négliger les prières en groupe !»

A un rêveur qui a vu une pièce d'un Drachme persan Ibn Sîrîn a prédit de bonnes choses, prédictions qui n'ont pas tardé à se réaliser. Mais à un autre rêveur qui a rêvé d'une pièce d'un Drachme arabe, il a annoncé la flagellation, et ce rêveur a subi peu après, effectivement, cent coups de bâton. Interrogé sur cette apparente contradiction, l'interprète a donné cette réponse: «La pièce persane porte l'image d'un souverain couronné, tandis que le Drachme arabe porte l'inscription concernant sa frappe !» Un autre rêveur a rapporté au même Ibn Sîrîn un rêve où il s'était vu frapper de la monnaie ; le savant a reconnu en lui un poète.

On rapporte aussi cette histoire d'un homme qui a consulté un interprète au sujet d'un rêve où il s'était vu piétiner une pièce d'un Drachme. L'interprète a tellement effrayé l'auteur de ce rêve en lui annonçant qu'il reniera sa religion, que l'homme s'est hâté de s'engager dans la Combat sacré en espérant trouver le salut. Dans la bataille il s'est fait prisonnier et les infidèles l'ont obligé sous la torture d'abjurer sa foi. C'est que le malheureux avait piétiné dans son rêve le Nom de Dieu, qu'Il soit Très-Haut.

Celui qui se voit en rêve acquérir , une aiguière, une carafe ou un récipient en or, munis d'une anse, fera l'acquisition d'un esclave ou s'unira à une femme ou à une esclave de mauvais caractère. On dit qu'en général, l'usage des ustensiles en or ou en argent est de mauvais augure et signale le penchant du rêveur à se conduire en pécheur, à moins que ce rêve ne concerne des personnages déjà morts, auquel cas le rêve sera pour eux bénéfique, selon la parole du Très-Haut: «*On fera circuler parmi eux / des plateaux en or et des coupes...*» (XLIII, 71).

Le trésor annonce la grossesse de la femme, car l'or figure les enfants mâles et l'argent les petites filles. Il peut annoncer, pour un savant, davantage de savoir ; pour un commerçant davantage de gains et, pour le rêveur qui en est digne, une charge de pouvoir, sous le signe de l'équité. Certains disent que le trésor annonce la mort du rêveur en martyr, ou des affaires qu'il réalisera au cours de nombreux voyages. Mais il est dit également que le trésor annonce de dures épreuves.

Une femme a consulté Ibn Sîrîn pour l'interroger au sujet d'un rêve où elle avait revu sa fille décédée et lui avait demandé: «quelles sont donc les bonnes actions bien récompensées dans l'autre monde ?» Et la défunte lui répondit: «Prends donc les noix que tu possèdes et distribue les aux pauvres !» Ibn Sîrîn a dit à la femme: «Eh bien, qu'attends-tu pour distribuer aux pauvres le trésor que tu as caché ?» Et à la femme d'avouer qu'elle a en effet caché un trésor lors d'une épidémie de peste.

On raconte qu'un homme a vu en rêve, trois nuits de suite, un même visiteur lui dire: «Va donc à Bassora ! Il y a là-bas un trésor qui t'attend !» L'homme a rassemblé ses bagages et pris le chemin du voyage. Arrivé dans cette ville, il a déambulé dans les rues pendant dix jours sans le moindre résultat. Regrettant sa légèreté et gagné par la fatigue, il est entré dans une demeure en ruine pour y chercher un peu de repos. Dans une pièce obscure, il a trouvé un registre portant des inscriptions en hébreu, langue pour lui incompréhensible . A Bassora il n'a pu rencontrer une personne capable de lui déchiffrer ce document, mais à Bagdad, il a fini par trouver un étudiant connaissant la langue hébraïque. Le jeune homme, voyant le registre, a d'abord demandé à son propriétaire de le lui vendre. L'homme a promis de le lui offrir contre la traduction intégrale en arabe. Quand il a eu entre les mains la version traduite, notre homme a constaté qu'il s'agissait d'un traité d'oniromancie.

La couronne en rêve, pour une femme, lui annonce son mariage avec un homme riche et de haut rang. Mais si un homme se voit couronné, il obtiendra une charge de pouvoir auprès d'un souverain non arabe ; il en aura la foi corrompue, si aucun élément de bon augure n'intervient dans ce rêve, car le port de l'or n'est pas indiqué pour les hommes, selon le code de la religion. Mais la couronne peut annoncer au rêveur son union à une femme de rang élevé. Pour un prisonnier, le rêve de la couronne annonce la délivrance et des honneurs auprès du souverain, tout comme dans l'histoire du prophète Joseph – paix sur lui – et du roi d'Egypte. Et si le rêveur se plaint d'une longue séparation d'avec son père, il ne mourra pas avant de le revoir. Enfin, il est dit que la couronne incrustée de diamants est de meilleur augure dans un rêve que celle qui est seulement en or.

Un homme a consulté Ibn Sîrîn pour un rêve où il s'était vu porteur d'une couronne en or. Ibn Sîrîn lui a dit: «Ton père se trouve dans un pays lointain, et il vient de perdre la vue !» Un peu plus tard, l'homme a reçu une missive confirmant cette prédiction. Ibn Sîrîn a vu dans la couronne un personnage proche du rêveur, mais d'un statut bien plus élevé ; il a vu dans l'or le présage de la disparition du bien le plus précieux pour ce même personnage.

Les rêves de diadème sont à interpréter de la même manière que ceux de la couronne.

Les boucles d'oreilles dans les rêves d'un homme signalent sa tendance à commettre de mauvaises actions liées au sens de l'ouïe, car cette parure ne sied qu'aux femmes, tout comme la pratique du chant ou l'usage du tambourin. L'homme qui se voit porteur de boucles d'oreilles mettra, par exemple, le Coran en chants. S'il n'est pas de ceux qui se comportent ainsi, l'interprète de son rêve interrogera d'autres signes: si une femme de son entourage ou sa propre épouse est enceinte, elle mettra au monde un enfant mâle si les boucles de son rêve étaient en or ; une petite fille si elles étaient en argent.

L'anneau signale les biens du rêveur et sa puissance. Celui qui se voit acheter un anneau ou en recevoir un, aura un pouvoir ou un royaume, s'il en est digne, car la royauté de Salomon, paix sur lui, est inscrite dans un sceau fixé à un anneau. Il en est de même pour les souverains et les gens de noblesse qui apposent sur les documents solennels et les registres de comptes le sceau serti dans l'anneau qu'ils portent. Recevoir l'anneau d'un souverain peut annoncer au rêveur l'appropriation d'une maison ou la possession d'une femme, que le rêveur prendra pour jouir de sa chasteté et déflorer le sceau de son hymen en introduisant en elle «*le doigt du ventre.*»

S'il s'agit d'un anneau d'or le rêve est généralement de mauvais augure ; de même s'il est en fer, ce métal étant la parures des hôtes de l'Enfer, ou de cuivre, car le mot qui désigne ce métal suggère l'idée de malheur [*nuhâs* «cuivre» et *nahs* «mauvais augure»]. En plus le cuivre est la matière dont on fait les anneaux des djinns, puisse Dieu nous protéger de tous les maléfices !

L'anneau figure aussi, dit-on, une femme de souche arabe. Mais on dit aussi qu'il signale une femme qui a perdu sa fortune. Celui qui se voit mettre un anneau autour de l'auriculaire puis l'enlever pour y introduire un autre doigt, livrera sa propre épouse à d'autres hommes ou appellera les gens à la débauche. S'il voit l'anneau se déplacer tout seul d'un doigt à l'autre, sa femme le trompera. S'il cède son anneau pour de l'argent ou s'il le troque contre de la semoule ou des grains de sésame, il répudiera sa compagne à la suite d'une scène de ménage, ou pour une question d'argent.

Le collier porté par un rêveur signale la vertu de son épouse. Si le collier est large, il indique la richesse de l'époux et la bonne harmonie du couple. S'il est en fer, il figure la force de l'époux ; en bois, il signale son hypocrisie. Un collier étroit signale l'avarice du rêveur qui le porte: s'il est du nombre des gens de piété, il ne fera profiter personne de sa vertu, ni de sa science, s'il compte parmi les savants, selon la parole du Très-Haut: «*Que ceux qui sont avares / de ce que Dieu leur a donné de sa faveur / ne le considèrent pas comme un bien personnel.*» (III, 180).

Le bracelet au poignet d'un homme signale sa tendance à agir pour le bien, selon la parole du Très-Haut: «*Ils* [les croyants] *seront parés de bracelets d'argent*» (LXXVI, 21). Si le rêveur redoute des ennemis, Dieu lui viendra en aide. Mais le porteur d'un bracelet en or aura le bras paralysé. Si le rêveur est un roi et se voit mettre des bracelets à ses sujets, il les protégera, sera juste avec eux et ils attendront de lui prospérité et bonheur, ce qui fera durer son règne. Si c'est le roi lui-même qui porte un bracelet, il réalisera des conquêtes et aura un plus grand prestige.

Rêver d'un bracelet d'argent à l'avant-bras donnera au rêveur autorité pour marier sa nièce. S'il est fait de fausses perles, le rêveur subira une série de dures épreuves causées par un frère ou une sœur. D'une manière générale, tout ce qui fait parure pour les femmes doit être rapporté dans l'interprétation à son époux, selon la parole du Très-Haut: «*Elles sont un vêtement pour vous / Vous êtes, pour elles, un vêtement.*» (III, 187).

Le ceinturon figure le père, l'oncle paternel ou le fils du rêveur. Il figure aussi tout personnage de haut rang sur lequel le rêveur pourra compter. Si le rêveur se voit offrir un ceinturon par le souverain et qu'il le met autour de la taille, il saura qu'il ne lui reste à vivre que la moitié du temps qui lui est assigné.

Les perles bien travaillées signifient dans un rêve le Coran et le savoir. Ainsi, celui qui se voit enfiler des perles avec ordre, fera des exégèses correctes du Coran ; mais s'il se voit vendre des perles ou en avaler, il oubliera le Coran. Certains disent toutefois que vendre des perles peut signaler la tendance d'un savant à diffuser son savoir. D'autres affirment que la perle indique l'enfant du rêveur, selon la parole du Très-Haut: «*Des éphèbes immortels circuleront autour d'eux / Tu les compàres, si tu les vois, / à des perles détachées.*» (LXXVI, 19). Celui qui se voit essayer de trouer des perles avec un instrument en bois, commettra l'inceste. Broyer des perles en rêve conduira le rêveur à proférer des médisances.

On raconte qu'un homme a retrouvé Ibn Sîrîn pour le consulter au sujet d'un rêve où il avait vu deux hommes avaler des perles ; l'un d'eux les ressortait plus petites de la bouche, l'autre les a ressortait plus grosses. Ibn Sîrîn a dit au rêveur:

— Je me reconnais moi-même dans le personnage qui ressortait plus petites les perles ; puisque je ne fais que rapporter ce que j'ai entendu. L'autre personnage, celui qui les restituait plus grandes, ne peut être que Hassan al-Basrî, ce savant qui a grandi la religion par un savoir inédit !

Un autre homme est venu chercher auprès d'Ibn Sîrîn l'explication d'un rêve où il s'était vu trouer une perle. L'interprète l'a ainsi interrogé:

— Ta mère est-elle encore en vie ?

— Oui... a dit l'homme. Mais elle est captive chez nos ennemis...

— As-tu récemment acquis une esclave ? a encore interrogé Ibn Sîrîn.

— En effet ! a dit l'auteur du rêve.

— Crains Dieu, l'ami ! a crié Ibn Sîrîn. Cette esclave n'est autre que ta propre mère !

Le corail indique, dit-on, une grosse fortune ou une belle esclave de grande renommée, gaie et aimable. Mais le collier de corail ou de fausses perles indique tout ce que Dieu a interdit, selon ce qu'Il a dit, qu'il soit Très-Haut: «*Ne déclarez pas profanes* [autrement dit *licites* ou *que l'on peut transgresser*] */ ni les rites de Dieu / ni les mois sacrés / ni les offrandes / ni les guirlandes...*» (V, 2).

Le rubis annonce joie et liesse. Celui qui attend la naissance d'un enfant mâle et prend en rêve un rubis, aura un fille. S'il s'apprête à se marier, il aura une très belle épouse, pieuse de surcroît, selon la parole du Très-Haut: «*Elles seront semblables au rubis et au corail...*» (LV, 58).

L'émeraude figure un fils ou un frère bien éduqués ; ou la fortune licite, ou la bonne parole. Elle peut signaler un compagnon de piété, vénérable et de bonne naissance.

Le cuivre jaune ou rouge figure une fortune qui provient des chrétiens et des juifs. Ce métal indique aussi les calomnies et les mauvaises paroles. Celui qui se voit avec un morceau de cuivre à la main doit craindre les menées de ses ennemis et protéger sa foi, car le Très-Haut a dit: «*Les fils d'Israël firent avec leurs parures, / le corps d'un veau mugissant.*» (VII, 158) ; or l'on sait que ce veau n'était fait ni d'or ni d'argent, mais de cuivre.

Le fer figure richesse, puissance et force, selon la parole du Très-Haut: «*Nous avons fait descendre le fer / qui contient pour les hommes / un mal terrible et des avantages...*» (LVII, 25). Le rêve de celui qui se voit manger du fer avec du pain indique la peine du rêveur à gagner sa vie. Broyer ce métal signale la tendance du rêveur à médire des autres.

Le verre indique tout ce qui est éphémère ; il est, dans le rêve, la substance de la féminité. Une chronique rapportée à propos d'Umm Salama, [l'une des épouses du Prophète] que Dieu soit satisfait d'elle, dit que celle-ci s'est réveillée une nuit en pleurs. Elle a vu l'Envoyé de Dieu, Dieu le bénisse et lui accorde la paix, en rêve, tenant une carafe en verre: «C'est pour y recueillir le sang de Hussein !» lui a-t-il dit [son petit-fils, fils de Fatima et d'Ali, le martyr des Chi'ites]. Peu après ce rêve, les gens ont appris la mort de Hussein, paix sur lui.

Quant au mercure, il signale dans le rêve la promesse non tenue, la trahison et l'hypocrisie. Celui qui se voit avec du mercure à la main sera en proie à l'incertitude dans sa foi, soumis à ses passions, abusant de la confiance des autres. Le goudron indique une protection et une précaution.

Le naphte indique une richesse illicite. On dit aussi qu'il peut figurer une femme corrumptrice. Celui qui se voit en rêve aspergé de naphte liquide subira un mal du souverain. La menue monnaie et les sous, s'ils sont recueillis dans un récipients, annoncent la réalisation des projets du rêveur. S'ils sont éparpillés, ils annoncent vacarmes et mauvaises paroles. Celui qui se voit avaler une pièce d'un Drachme pour la ressortir de sa bouche transformée en une pièce d'un sou sera un libertin. Voir un sou gravé du non d Dieu, qu'Il soit Très-Haut, indique que le rêveur écoutera de la même manière la récitation du Coran et la déclamation de la poésie. Celui qui se voit avaler une pièce d'un Dinar et ressortir une pièce d'un sou, mourra dans l'incroyance, car le Dinar indique la foi [*Dîn* «foi, religion»]. Le sou indique la tromperie, l'impiété et l'égarement.

chapitre quarante et un

Rêver de la mer dans tous ses états, des navires et des naufrages, des fleuves et des puits, des eaux etc.

Mourir noyé signale que la victime a préservé dans l'impiété.
Seulement, si la victime est un incroyant
le rêve de la noyade indique qu'elle
retrouvera la vraie foi.

La mer indique en rêve un souverain majestueux et puissant, c'est qu'elle est la plus grande des nappes d'eau. L'eau indique en effer la foi de l'Islam, le savoir et la vie, la fécondité et la prospérité, puisqu'elle est la cause de toute vie, selon la parole du Très-Haut: «*S'ils se maintenaient sur la voie droite / nous les abreuverions d'une eau abondante / pour les éprouver.*» (LXXII, 16-17). L'eau en rêve peut aussi indiquer la semence de l'homme, ainsi que Dieu l'a nommée dans Son Livre. Le malade qui se voit buvant une eau douce et pure se rétablira. S'il est célibataire, il se mariera et jouira de son mariage. Si, à sa nuit de noce, il n'a pas été capable de s'unir à sa partenaire, s'il rêve d'eau, il le pourra. Enfin, s'il est dans l'incroyance, il sera gagné par la foi de l'Islam.

Si le rêveur se voit boire de l'eau dans une coupe, il aura un enfant mâle ou obtiendra un profit de son fils ou de son épouse. On dit que la source d'eau pure est de très bon augure pour le rêveur qui compte parmi les gens de piété, selon la parole du Très-Haut, à propos des jardins paradisiaques: «*Où coulent deux sources*» (LV, 50).

L'eau stagnante est moins pertinente dans le rêve que l'eau courante. Elle peut annoncer l'emprisonnement et le chagrin, tout comme l'eau saumâtre. Quant à l'eau fangeuse, celle qui sort du puits par exemple, elle annonce au rêveur une épouse de petite vertu. L'eau noirâtre annonce la ruine de la maison du rêveur. Et s'il se voit en boire, il perdra la vue. Si l'eau dans le rêve est nauséabonde, elle indique des biens mal acquis. L'épuisement d'une source annonce que le rêveur sera démis de sa charge de pouvoir, réduit à l'indignité et à la misère, selon la parole du Très-Haut: «*Dis: / "Que pensez-vous si l'eau dont vous disposez / était absorbée par la terre ?"* » (LXVII, 30).

L'écume indique un bien qui ne profitera pas au rêveur. Et s'il boit de l'eau de mer, surtout si elle est trouble, le rêveur subira un malheur et essuiera les foudres du roi.

Se laver avec de l'eau froide signale le repentir du rêveur, sa guérison, s'il est malade, sa délivrance; s'il est prisonnier, l'acquittement de ses dettes ou sa quiétude s'il vit dans la crainte.

La mer indique toute personne en possession d'un pouvoir sur les gens, tels les Sultans et autres souverains, les percepteurs de taxes, les juges, les savants, les chefs de clans ou les époux. Les houles et les vagues figurent les armées ou les guerriers d'un tel seigneur, ou alors ses assauts dans le combat, les arguments qu'il oppose à ses contradicteurs, ses largesses, sa fortune, son savoir, etc.

La mer peut tout aussi bien figurer le déroulement même de la vie, avec ses heurs et ses fatalités, puisque la mer rend puissants certains hommes, en appauvrit ou en humilie d'autres ; puisqu'elle fait mourir les uns et fait revivre d'autres.

La mer en rêve signale aussi les discordes, les émeutes et les bouleversements du monde. Les navires figurent dans ce cas les hommes qui ont évité, grâce à Dieu, d'y être mêlés. Les poissons indiqueront les habitants pécheurs, puissants impitoyables ou humbles victimes des plus forts. Les monstres marins sont alors la représentation des meneurs et les hommes de commandement, féroces et malfaisants.

La mer signale également la Géhenne. Les navires doivent alors être interprétés comme la voie étroite qui surplombe l'abîme, et gare au naufrage ! Voir une personne déjà décédée en pleine mer, signale que cette personne se trouve en enfer, selon la parole du Très-Haut: «*Ils furent engloutis et introduits dans un Feu...*» (LXXI, 25).

Le lac figure la femme fortunée qui aime être montée, car il s'agit d'une eau dormante qui tue celui qui y plonge.

La noyade indique que le rêveur qui en est victime a commis un péché majeur ou pris la tête d'une hérésie. Mourir noyé signale que la victime a préservé dans l'impiété. Seulement, si la victime est un incroyant le rêve de la noyade indique qu'elle trouvera la vraie foi, selon la parole du Très-Haut: «*Jusqu'à ce que Pharaon, sur le point d'être englouti, / dit: / "Oui, je crois / il n'y a de Dieu que celui en qui les Fils d'Israël croient*" » (X, 90).

Nager en pleine mer, pour un rêveur savant annonce qu'il aura davantage de connaissances ; mais si le rêveur se voit nager sur la terre ferme, il connaîtra la prison et y restera aussi longtemps que la durée de son malaise à nager ainsi ppendant le rêve.

Le rêveur qui voit un fleuve lui couper la route, alors qu'il se trouve – dans la réalité – en voyage, connaîtra l'assaut d'un brigand ou d'un fauve ; rencontrera l'orage ou des agents de perception des taxes, qui l'empêcheront de poursuivre son chemin. Il sera emprisonné ou subira le châtiment de la flagellation.

Le fleuve en crue, si on le voit emporter des troncs d'arbres, indique que les hommes de la contrée – où le rêve a été fait – seront faits prisonniers. S'il emporte des denrées alimentaires, le roi confisquera les biens des gens. S'il emporte les couches, les femmes seront prises en captivité par l'ennemi. Et si le rêveur voit l'eau du fleuve irriguer son jardin, il aura une grande fortune, selon la parole du Très-Haut: «*N'ont-ils pas vu / que nous poussons l'eau vers un sol aride ?*» (XXXII, 27). Celui qui enjambe un fleuve évitera l'action malfaisante d'un tyran, selon la parole du Très-Haut: «*Saül* [Talût] *dit* [...] *"Dieu va sûrement vous éprouver avec une rivière: / celui qui y boira ne fera plus partie des miens"*» (III, 249).

Rêver du Tigre et en boire l'eau vaudra au rêveur la charge du vizirat ou la fortune d'un vizir. S'il se voit buvant l'eau de l'Euphrate, il connaîtra une grande prospérité et aura de nombreux bienfaits. Si l'on voit que l'eau de ce fleuve s'est épuisée, le calife mourra ou perdra son pouvoir. Ce rêve peut tout aussi bien concerner le vizir du calife.

Boire de l'eau du Nil, vaudra au rêveur un trésor, à la mesure de la quantité d'eau bue.

Le seau du puits figure l'homme qui use de la ruse pour obtenir des richesses. L'Envoyé de Dieu, Dieu le bénisse et lui accorde la paix, a dit: «Je me suis vu en rêve auprès d'un vieux puits, puisant avec un seau pour désaltérer un troupeau de moutons noirs. Puis Abû Bakr [principal Compagnon du Prophète, son premier successeur] prit à son tour le seau, faisant preuve de quelque faiblesse, que Dieu lui pardonne ! Puis 'Umar [IIe calife] puisa l'eau et donna à boire à des moutons blancs: le récipient devenait énorme dans ses mains. Jamais je ne n'avais vu quelqu'un puiser une eau aussi abondante, ô 'Umar !»

Un homme a consulté Ibn Abbâs [oncle du Prophète et l'une des grandes sources de sa Tradition] au sujet d'un rêve où il s'est vu puiser de l'eau dans un puits, ne réussissant qu'à remplir aux deux tiers l'ustensile. Ibn Abbâs lui a dit: «Tu as quitté ta famille depuis six mois. Ta femme est enceinte depuis ton départ. Dans trois mois elle accouchera d'un enfant mâle !» L'auteur du rêve a demandé à l'interprète de lui expliquer les indices; et Ibn Abbâs a poursuivi: «J'ai supposé que le puits figure l'épouse. Cette bonne nouvelle de l'eau trouvée m'a fait pensé au prophète Joseph trouvé par des caravaniers au fond d'un puits. Pour le seau rempli aux deux tiers, je me suis référé aux deux tiers d'un terme de grossesse...»

Ainsi le seau du puits signale tout projet en général. Le rêveur qui en use et recueille de l'eau réalisera ses projets, et ce selon sa situation au moment où il a fait le rêve: s'il compte se marier[par exempple], il se mariera. Le nœud qui attache la corde au seau figure alors son contrat de mariage, le seau sa verge, l'eau sa semence et le puits l'épouse. S'il est déjà marié et que la femme est enceinte, le rêve lui annonce la naissance d'un enfant mâle, selon la parole du Très-Haut: «[Il] *fit descendre son seau. / Il dit: "Quelle bonne nouvelle ! Voici un jeune garçon !"* » (XII, 19). Ou alors il tirera bénéfice d'un voyage, exécutera un travail, ou mènera à bien une affaire. Un poète a dit dans ce sens:

Nul ne gagne sa vie en s'en tenant à l'espérance
Il te faut lancer ton seau avec ceux qui lancent
Il apportera, une fois, la charge précieuse
Et une fois une petit peu d'eau fangeuse.

Le rêve de navire pour un homme de pouvoir qui a perdu son rang, lui annonce la récupération d'un rang encore plus élevé, auprès d'un souverain aussi grand que la mer vue en rêve. Il sera sûr de la durée de son pouvoir d'autant que le navire du rêve érait éloigné du rivage. Si le navire sort d'une tempête, l'auteur du rêve désobéira à Dieu, selon la parole du Très-Haut: «*Quand ils montent dans un bateau, / ils invoquent Dieu en lui rendant un culte pur. / Mais lorsque Dieu les sauve / en les ramenant sur la terre ferme, / ils lui donnent des associés.*» (XXIX, 65). Si le navire se brise et s'éparpille en épaves, le rêveur perdra l'un de ses proches. Mais certains disent que le naufrage d'un navire signale plutôt un voyage sans danger, selon la parole du Très-Haut: «*Il a mis à votre service le vaisseau / pour que celui-ci, par son ordre, vogue sur la mer...*» (XIV, 32). Si on voit le navire transporter des passagers, les personnages de la scène du rêve entreprendront un voyage qui les mènera à bon port, selon la parole du Très-Haut: «*Nous l'avons sauvé / ainsi que ceux qui étaient avec lui / dans le vaisseau bondé*» (XXVI, 119). Le rêveur qui tient les rames d'une barque aura un savoir ou une grande fortune. Celui qui se voit tenir les cordages, consolidera sa foi et sera de la compagnie des saints hommes, selon la parole du Très-Haut: «*Attachez-vous tous, fortement au pacte* [Litt. «corde»] *de Dieu...*» (III, 103).

chapitre quarante-deux

Des rêves de feu,
de ses instruments,
du bois d'allumage,
bûches et charbons,
fours et brasiers,
lampes et bougies,
des lanternes
et tout ce qui s'y rattache

Celui qui voit le feu
lui sortir du doigt
est un scribe
imposteur.

Le feu indique puissance et pouvoir, pour l'emprise qu'il a sur toute chose , mais aussi pour ses bienfaits qui sont aussi évidents que ses méfaits. Dans le rêve le feu peut signaler tout simplement l'Enfer et les tourments infligés par Dieu à tous ceux qui ont désobéi. Il peut donc signaler les péchés et les mauvaises actions. Mais il arrive au contraire qu'il signale la lumière de la Voie droite de l'Islam, du savoir et du Coran, selon la parole du Très-Haut, citant Moïse, paix sur lui: «*Il vit un feu et dit à sa famille: / "Restez ici ! / J'aperçois un feu"*» (XX, 10). On peut y voir l'indication de tout ce qui contribue à assurer la subsistance des hommes et leur prospérité, selon la parole du Très-Haut: «*Avez-vous considéré le feu / que vous obtenez par frottement ? /* [...] *un Rappel et une chose utile / pour le voyageur du désert.*» (LVI, 73). Le feu peut signaler les djinns qui sont créés d'une flamme ou d'un vent torride appelé *samûm* [mot qui a donné en français «simoun»]. Enfin, le feu dans le rêve signale aussi l'épée et la discorde, quand le rêveur voit les flammes et la fumée ; la sécheresse et l'assaut des criquets ; les épidémies de peste ou de variole.

Si le rêveur se voit spectateur de la préparation d'un feu énorme, de dimension surnaturelle dans lequel ses ennemis s'apprêtent à le jeter, il triomphera de ses ennemis dans la vie réelle et les soumettra, tout comme Abraham, paix sur lui. Cela au cas où le rêveur est du nombre des hommes de bien.

Voir le feu dans un ustensile ou un lieu approprié, tel le four ou le brasero, annonce au rêveurs de nombreux bienfaits surtout si le rêve s'est déroulé en période hivernale. Et s'il s'éteint ou devient cendre, sous l'effet de l'eau, par exemple, le rêveur s'appauvrira ou verra ses activités professionnelles péricliter.

Voir le feu prendre dans des produits comestibles annonce une hausse des prix ou alors le souverain pénalisera le rêveur en lui confisquant ses biens.

Certains disent que le feu signale la guerre qui aura lieu dans la contrée du rêveur, si elle y est préparée, sinon on craindra l'épidémie ou un grand massacre.

Le Compagnon du Prophète Abû 'Umar an-Nakh'î a raconté à l'Envoyé de Dieu ce rêve qu'il avait eu:

— J'ai vu, dit-il, comme un feu surgi de la terre me séparant de l'un de mes enfants. Et j'entendais parler ainsi les flammes: "*Enfer, Enfer ! Les clairvoyants seront les aveugles et moi, le Feu, je dévorerai tout, les corps et les biens !*"

L'Envoyé de Dieu, Dieu le bénisse et lui accorde le salut, a commenté ce rêve ainsi:

— C'est la Discorde qui apparaîtra à la fin des temps. Les gens tueront leur Imam et s'entre-tueront !

Et, croisant les doigts, il a poursuivi:

— Le malfrat se présentera sous l'aspect de l'homme de bien. On versera le sang des croyants, ce qui sera pour d'autres croyants aussi licite que boire de l'eau !

L'étincelle indique la mauvaise parole. Celui qui se voit dans le rêve assailli d'étincelles entendra des propos désagréables. Mais, se voir avec une torche allumée à la main annonce au rêveur une plus grande puissance. Le commerçant qui voit des flammes s'abattre sur le marché où il travaille ou sur sa propre échoppe, trompera ses clients et tous ses gains seront illicites.

La cendre indique des paroles vaines.

Se voir autour d'un feu en compagnie d'autres personnes qui mangent de ce qui s'y cuit annonce au rêveur des richesses et une prospérité obtenue d'une manière licite, selon la parole du Très-Haut [à propos de Moïse devant le buisson ardent]: «*Béni soit celui qui est dans le feu / et celui qui est autour...*» (XXVII, 8). Le rêve du four allumé promet au rêveur dont la femme est enceinte la naissance d'un enfant mâle. Et si le rêveur voit le feu dans sa demeure sans qu'il voit l'incendie, sa maison accueillera des soldats.

Celui qui voit le feu lui sortir d'un doigt est un scribe imposteur. S'il lui sort de la bouche, il s'agira d'un homme de médisance. S'il lui sort de la main, on saura que c'est un artisan malhonnête.

La fumée signale les tourments de Dieu ou le châtiment du souverain. Le commerçant qui voit de la fumée sortir de son échoppe aura prospérité et richesse à la suite de dures épreuves et d'un énorme scandale. Celui qui voit la fumée lui obstruer le chemin aura une forte fièvre.

Les bûches indiquent la médisance. Si elles sont en train de se consumer, elles signalent la délation.

Le charbon de bois indique un homme de haut rang. On dit aussi qu'il signale un bien mal acquis.

L'antique roi du Yémen, Seïf Ibn Dhî Yazan[1], a vu en rêve des flammes s'abattre sur la ville d'Aden et fondre sur les maisons. Chaque flamme se transformait en morceau de charbon et la cité avait été anéantie. Il a sollicité l'explication de sa vision auprès des interprètes de son royaume qui lui ont dit: «L'Abyssinie s'emparera de ton pays !» Et il en a été ainsi.

Le brasero en fer figure la femme de noblesse, puissante et agressive. S'il est de cuivre, une femme riche mais sans noblesse. S'il est en terre cuite, une femme originaire de l'ancienne Egypte. S'il est fait en argile, une femme de grande piété. Si on voit le brasero allumé, il signale la puissance. S'il est éteint, la faillite et la vanité.

1- Roi himyarite (Yémen antique) considéré comme un héros "national" arabe. A chassé les Abyssiniens de l'Arabie. Il serait mort vers 574, juste avant l'avènement de l'Islam. Personnage d'une geste très populaire dans tout le monde arabe.

Le phare figure le bon serviteur. Son sommet lumineux en est l'intelligence.

La lampe figure le maître de la maison. Prendre le feu d'une lampe conduira le rêveur à chercher la noblesse dans le savoir. Eteindre une lampe avec son souffle donnera au rêveur la tentation d'entraver la marche de la vérité, sans y parvenir, selon la parole du Très-Haut [fustigeant] «*Ceux qui veulent éteindre, de leurs bouches / la lumière de Dieu*» (LXII, 8). Se voir marcher avec une lampe allumée en plein jour indique chez le rêveur une foi solide et un grand attachement à la rectitude, selon la parole du Très-Haut: «*Pour que Dieu vous donne une double part de sa miséricorde, / qu'il vous accorde / une lumière dans laquelle vous marcherez...*» (LVII, 28).

Tenir une lampe, une torche ou une bougie qui s'éteint brusquement est un rêve qui annonce au rêveur la perte de son royaume, s'il en a un ; la faillite pour le commerçant ; l'appauvrissement pour l'homme fortuné, selon la parole du Très-Haut: «*Ils ressemblent à ceux qui ont allumé un feu. / Lorsque le feu éclaire ce qui est alentour, / Dieu leur retire la lumière.*» (III, 17).

La mèche allumée figure la gouvernante de la maison. Si elle s'éteint, la gouvernante de l'auteur du rêve mourra. Si une étincelle seulement atteint une étoffe qui se met à brûler, la gouvernante commettra une faute grave.

La bougie figure le pouvoir ou l'enfant du rêveur qui aura un avenir prestigieux, mais sera un enfant prodigue. La cire fondue signale un gain licite, puisqu'il s'agit de la transformation d'une matière.

La lanterne aussi annonce au rêveur un enfant qui aura prestige, renommée et richesse, si le rêveur allume la lanterne en temps opportun. Les lanternes dans les mosquées figurent les savants et les hommes vénérables, tels les lecteurs du Coran.

chapitre quarante-trois

Des rêves d'arbres fruitiers
et de fruits,
d'arbres non fructifères,
de jardins,
de vignobles
et de printemps

[Il] *s'était vu verser de l'huile*
sur les racines d'un olivier
[l'interprète] *lui a dit:*
— As-tu une épouse ?
— Non ! a dit l'homme
mais j'ai acquis une esclave
qui est ma concubine...
— Vérifie bien ! a poursuivi Ibn Sîrîn
elle est peut-être ta propre mère !

Le jardin figure la femme, car il est arrosé d'eau, fécondé et finit par porter ses fruits. Mais le jardin inconnu peut figurer le saint Coran dont le récitant profite en effet des fruits de la bienfaisante bénédiction. Il peut tout aussi bien indiquer le Paradis que Dieu a nommé «jardin» quand il a dit: «*Chacun d'entre vous ne souhaite-t-il pas / posséder un jardin planté de palmiers et de vignes ?*» (III, 266). Enfin, le rêve de jardin peut indiquer la place du marché, les lieux où se dispense le savoir, les sérails des hommes de pouvoir et tout ce qui rassemble les gens.

Le rêveur qui voit une personne uriner dans son jardin, l'arroser autrement qu'en utilisant les canaux adéquats ou le puits qui s'y trouve, saura que cette personne le trompera en cherchant à forniquer avec un membre de sa famille, ou même avec sa propre épouse ou sa concubine. Si l'auteur de ce méfait est le rêveur lui-même, et si son urine à la couleur du sang, ou s'il a arrosé le jardin avec de l'eau de mer, il prendra sa femme d'une manière contraire à la nature: il aura par exemple des rapports avec elle alors qu'il l'a répudiée sans appel, ou la pénétrera dans l'anus, ou pendant ses menstrues.

Rêver des Jardins, vergers et vignobles indiquent peut-être que le rêveur sollicitera le pardon de Dieu. Le verger signale aussi l'épouse: ainsi si le rêveur voit son verger porter des fruits, il saura qu'il s'agit de la fortune de sa femme. S'il se voit en train de l'arroser, il copulera avec elle. S'il voit la terre du verger assoiffée, il se détournera de tout rapport avec sa compagne.

Les arbres que le rêveur peut dénombrer figurent des hommes aussi solides, forts et d'une vertu semblable à celle de l'essence vue en rêve.

S'il s'agit de palmiers plantés dans un sol non approprié à ce type de culture, le rêveur sera en possession d'un nombre d'esclaves équivalent à la quantité de palmiers vus en rêve. Si les palmiers se trouvent comme il se doit dans une palmeraie, et sur un sol qui sied à leur croissance, le rêveur obtiendra des richesses grâce à l'aide d'un groupe d'autres hommes et selon un contrat.

Le noyer figure un homme aveugle, avare, irascible et d'un commerce difficile. Ses fruits signalent la fortune qu'il ne dépensera qu'avec parcimonie. Se voir au sommet d'un noyer indique que le rêveur sera à la merci d'un puissant barbare.

Le cédrat figure l'homme de noblesse, généreux, prestigieux et doué d'une grande fécondité, tout comme cet arbre.

L'olivier représente l'homme béni de Dieu ; mais ses fruits figurent la tristesse et les soucis pour le rêveur qui se voit propriétaire de cet arbre.

L'arbre en général peut aussi indiquer une religion ou une secte, car Dieu a comparé la parole bénie à l'arbre béni (XIV, 24), désignant ainsi le palmier. L'Envoyé de Dieu a commenté cette comparaison en affirmant qu'il s'agit de tout homme qui a la foi de l'Islam.

Planter des vignes vaudra au rêveur honneur et renommée. On dit que celui qui voit des vignes lourdes de fruits en plein hiver étalera des apparences de richesse alors qu'en réalité, il a perdu toute fortune.

Le cognassier figure, cause de sa couleur jaune, l'homme sage qui ne fait pas profiter les autres de sa sagesse.

L'amandier figure l'étranger.

Le grenadier figure l'homme de grande piété, riche de surcroît; les épines représentent tout ce qui le protège de la tentation. Couper un grenadier en rêve signale que le rêveur rompra avec les siens.

Un homme est venu voir Ibn Sîrîn et lui a raconté un rêve où il s'était vu verser de l'huile sur les racines d'un olivier. Notre savant l'a interrogé sur quelques détails de sa vie et appris qu'il s'agissait d'un homme pris en captivité depuis sa petite enfance.

— As-tu une épouse ? lui a dit Ibn Sîrîn.

— Non ! a dit l'homme. Mais j'ai acquis une esclave qui est ma concubine...

— Vérifie bien, a dit Ibn Sîrîn. Elle est peut-être ta propre maman !

L'homme a bien cherché dans le passé de sa concubine ; et a découvert qu'il s'agit en effet de sa mère.

On raconte aussi qu'un autre homme a retrouvé le même Ibn Sîrîn pour solliciter l'explication d'un rêve où il s'était vu presser des olives et n'en recueillir que de l'eau, qu'il a bue. Ibn Sîrîn lui a dit: «Crains Dieu, homme ! Il est possible que ton épouse soit ta sœur de lait !» L'homme a fini par découvrir qu'il a épousé sa propre sœur de lait.

Celui qui rêve d'un arbre tout en sachant dans son rêve qu'il figure une femme doit s'attendre à avoir un incendie, selon la parole du Très-Haut: «*C'est lui qui, pour vous, / a dans l'arbre vert placé du feu.*» (XXXVI, 80). Ce même arbre peut aussi annoncer une querelle chez lui ou sur la place du marché, là où il exerce son métier [*chajara* «arbre» et *muchajara* «querelle»].

La vigne et la treille figurent des femmes pour leur fécondité, le plaisir que l'on tire de leur fruit et l'ivresse que leur jus peut procurer et qui ressemble à la sensation de l'orgasme, sensation qui se traduit, elle aussi, par la sécrétion de liquides. Le raisin sec quel qu'en soit le genre figure bienfaits et fortune.

Ramasser une grappe de raisin promet au rêveur une fortune qui lui sera apportée par son épouse. Le raisin noir signale une fortune peu durable ; et si l'on voit une grappe de raisins noirs suspendue sur un pied de vigne on doit s'attendre à un froid glacial ou à un vent violent. On dit toutefois que le raisin noir ne peut être tout à fait de mauvais augure, car le Très-Haut a dit: «*Vous* [en] *retirez une boisson enivrante...*» (XVI, 67). Et puis on suppose que le prophète Zaccharie en avait trouvé chez Marie et n'en avait pas été offusqué. Seulement, ceux qui attribuent une signification mauvaise au raisin noir se réfèrent au fait que ce fruit avait été trouvé auprès de ce fils maudit de Noé noirci par la malédiction paternelle, et qui a noirci tout ce qui s'était trouvé autour de lui.

La poire en saison annonce la richesse ou le retour d'un proche absent. Le rêveur qui se voit manger des poires vertes guérira, s'il est malade.

La figue indique une grosse fortune et le figuier un homme fortuné, un usurier qui donnera refuge aux ennemis de l'Islam, car cet arbre est le refuge des serpents. Mais la plupart des interprètes admettent que cet arbre peut être de bon augure, puisque le Très-Haut l'a magnifié en jurant par son nom dans le Coran [Sourate VC]. Ceux qui tiennent ce fruit pour un signe malfaisant s'appuient sur l'histoire d'Adam et d'Eve, Paix sur eux, quand le Très-Haut leur a dit: «*N'approchez pas de cet arbre...*» (III, 35) ; l'arbre dont il s'agit, dit-on, n'est autre que le figuier.

La pomme figure l'ambition et l'effort du rêveur. Ce que cette ambition et cet effort atteindront est à la mesure du statut de l'auteur du rêve: s'il est roi, la pomme figure son royaume. S'il est commerçant, son commerce. S'il est laboureur, son champ. On dit que la pomme douce indique un gain licite ; acide, un gain mal acquis. Le pommier figure un homme de piété, proche des gens. Celui qui se voit planter un pommier, accueillera un orphelin. Humer le parfum de la pomme dans une mosquée annonce le mariage du rêveur. Mais si la femme fait ce rêve dans un lieu de débauche, elle sera victime d'un scandale. Si elle mange la pomme dans un lieu qui lui est familier, elle mettra au monde un bel enfant mâle.

La prune hors saison figure la maladie. Mais le prunier indique l'homme courageux, clairvoyant et généreux, qui a rassemblé une fortune dès sa jeunesse et qui mourra avant d'atteindre la vieillesse.

L'abricotier figure un homme maladif. Manger des abricots jaunes annonce de grosses dépenses pour soigner une maladie. Cueillir des abricots promet au rêveur un mariage avec une femme fortunée de par un legs qu'elle a reçu. Et si le souverain cueille des abricots sur un pommier, il dépensera au profit de ses sujets des biens mal acquis.

La banane annonce au rêveur qui cherche les biens de ce monde une grande richesse à la mesure de son ambition. A celui qui cherche le salut dans la vie future, ce fruit indique la piété et la persévérance dans la pratique de la prière.

La pistache indique la fortune facilement acquise et le pistachier figure un homme généreux.

La noix de coco annonce la fortune qui provient du Barbare. Certains disent que ce fruit indique l'astrologue. Celui qui se voit en manger apprendra l'astrologie ou suivra un maître en cette science. De même que celui qui se voit devenir astrologue doit s'attendre à manger des noix de coco.

Le palmier figure le savant, ses disciples ou ses enfants. Si l'on voit un palmier coupé, un savant mourra dans l'entourage du rêveur. En général, le palmier indique un homme de souche arabe, de bonne lignée: les racines figurent sa tribu ; le tronc, les souffrances et les adversités qu'il peut endurer, selon la parole du Très-Haut, citant les dires du Pharaon de Moïse: «*Je vous ferai crucifier / sur des troncs de palmiers*» (XX, 71). Voir les vents déraciner un palmier annonce l'épidémie ou tout autre tourment qui s'abattra sur la cité, selon la parole du Très-Haut: «*Nous rendons ainsi la vie à une terre morte / Voilà comment se fera la Résurrection*» (L, 10-11).

Al-Himiarî a vu en rêve l'Envoyé de Dieu, Dieu le bénisse et lui accorde la paix, debout sur une terre saline plantée de palmiers. Le Prophète lui a dit:

— Sais-tu à qui appartient cette terre ?

— Non… dit le rêveur.

— Elle a appartenu à Imr' û al-Qays[1]. Prends donc ces palmiers et replante-les là-bas, dans ta bonne terre !

Au lendemain, a poursuivi l' auteur de ce rêve, j'ai interrogé Ibn Sîrîn sur le sens de cette vision. Il m' a d' abord demandé:

— Es-tu poète ?

— Pas du tout ! a repondu al-Himiarî qui était eu effet loin de s' adonner à cet art.

— Alors tu vas le devenir ! Mais tu diras des poèmes en l' honneur de gens purs !

Les dattes figurent un bien licite, aussi abandon que la quantité de dattes vue en rêve. Cueillir des dattes sur un palmier indique que le rêveur recherchera le savoir auprès d' un grand érudit. Ce rêve peut aussi amener la sérénité pour ceux qui sont dans la crainte, selon cette parole du Très-Haut: «*Là, ils demanderont paisiblement toutes sortes de fruits, / ils ne goûteront plus la mort*» (XLIV, 55).

Les roses figurent l'enfant du rêveur ou une fortune honnêtement acquise. On dit aussi que les roses annoncent le retour d'un proche absent ou la réception d'une missive [*wurûd* signifie à la fois «roses» et «arrivée»]. On dit aussi que la rose figure la femme volage ou un enfant qui mourra jeune, car la rose a une durée de vie éphémère.

Le pin figure l'homme qui a une voix haute, avare dans l'effort et de mauvais caractère, qui peut donner refuge aux voleurs et aux gens suspects, tout comme cet arbre qui abrite buses, hiboux et corbeaux.

Le cyprès figure la descendance du rêveur. On dit aussi qu'il annonce une longue vie et une grande endurance.

1- L'un des plus grands poètes arabes pré-islamiques. Poésie galante, "chevaleresque", un tantinet érotique.

Les ronces figurent un homme parmi les bédouins, rêche, ignare et de caractère difficile. Celui qui se voit marcher sur des ronces cherchera des prétextes et des détours pour ne pas s'acquitter de ses dettes.

Le printemps figure des pièces de monnaie. On dit aussi qu'il figure l'enfant qui aura une longue vie, ou une épouse qui ne se maintiendra pas longtemps auprès de son époux. Il annonce aussi une charge de pouvoir éphémère ou une joie de courte durée.

L'herbe et les pâturages figurent la foi. Mais celui qui voit de l'herbe lui pousser sur la main, verra son épouse le remplacer par un autre homme. S'il voit l'herbe lui pousse sur la paume de la main, il mourra et sa tombe sera couverte de végétation [c'est-à-dire *oubliée*].

chapitre quarante-quatre

Des rêves de céréales, des maraîchers et des fleurs, de légumes, de pastèques et de concombres et de tout ce qui est du même genre

La pastèque indique la maladie
ou l'homme maladif.
Mais certains disent que le rêveur
qui tend les bras vers le ciel
et en recueille des pastèques
demandera un royaume
et finira par l'obtenir.

Répandre des graines indique que le rêveur aura des enfants. S'il voit la graine prendre, le rêveur aura honneur et prestige. Sinon, il aura soucis et tristesse.

Le froment figure un bien licite, acquis avec peine mais dans la joie. Acheter du blé de farine indique que les gains du rêveur subviennent aux besoins d'une famille nombreuse.

Cultiver le froment indique toute action qui mérite la bénédiction de Dieu. Aider à en cultiver signale la participation du rêveur au Combat sacré.

Marcher au milieu d'un champ prêt à la moisson indique que le rêveur marchera au milieu d'un champ de bataille. Si la moisson se fait, il y aura massacre, car le Très-Haut a dit, à propos des croyants: «*Semblables au grain qui fait sortir sa pousse, puis il devient robuste, il grossit, / il se dresse sur sa tige. / Le semeur est saisi d'admiration / et les impies en sont courroucés.*» (XLVIII, 29).

L'orge figure la fortune et la bonne santé de celui qui se voit en posséder ou en consommer. Mais certains disent que l'orge indique un enfant dont la vie sera courte, car c'était la nourriture de Jésus, paix sur lui.

Le riz figure le gain acquis dans la peine, l'inquiétude et les soucis.

Le mil signale le gain qui ne peut bénéficier à celui qui l'obtient, et dont il ne tirera aucun prestige.

Les lentilles cuites ou frites indiquent soucis et tristesse. On dit aussi qu'elles figurent un gain d'une vile provenance.

Le sésame figure une fortune qui ne cesse de croître à cause de sa forte teneur en huile. Le rêve de sésame sec est de meilleur augure que celui de sésame vert.

La paille figure la grande richesse qui ne cessera de fructifier, surtout pour le rêveur qui se voit en apporter dans sa demeure.

La pastèque indique la maladie ou l'homme maladif. Mais certains disent que le rêveur qui se voit tendre les bras vers le ciel et recueillir des pastèques demandera un royaume et finira par l'obtenir.

On raconte qu'un rêveur s'était vu jeter des pastèques dans la cour de sa maison . L'interprète qu'il a consulté lui a prédit la mort de plusieurs membres de ses proches, au nombre des pastèques qu'il a vues. Et il en a été en effet ainsi.

Le concombre indique la grossesse de la femme qui en a vu en rêve . On dit aussi que ce rêve est de mauvais augure, tout comme celui des lentilles.

La courge figure le savant ou le médecin très sollicité, très proche des gens et grand bienfaiteur. Certains disent qu'il indique seulement un homme de condition humble. Celui qui se voit manger de la courge crue aura une dispute avec quelqu'un et sera frappé d'un maléfice venu du monde des djinns.

Le chou-fleur figure un villageois un peu rustre.

Les aubergines hors saison sont de mauvais augure. En saison, elles indiquent un gain obtenu dans la peine.

L'oignon est, pour certains interprètes, de mauvais augure, si l'on se réfère au reproche fait aux Juifs dans le Coran [II, 61]. D'autres disent qu'il signale le dévoilement de choses cachées ; d'autres encore affirment qu'il indique un homme obséquieux.

L'ail vu en rêve est généralement de mauvais augure. On dit même qu'il figure l'interdit. Seulement, manger de l'ail cuit signale le repentir après un péché.

On raconte qu'un homme a interrogé Abû Hurayra, [le rapporteur de *hadith*] au sujet d'un rêve où il s'était vu devant la demeure de l'Envoyé de Dieu, Dieu le bénisse et lui accorde le salut. Des hommes armés de fouets l'avaient empêché d'entrer, lui disant: «Hors d'ici ! Tu sens l'ail !» Abû Hurayra a dit de l'auteur du rêve: «Il doit être un homme qui profite d'un bien mal acquis!»

Les carottes signalent soucis et tristesse pour le rêveur qui se voit en manger. En avoir seulement dans les mains annonce une plus grande facilité dans la réalisation de quelque projet. Mais certains disent que consommer des carottes peut être un rêve de bon augure.

Le pavot figure, pour celui qui se voit en consommer, une fortune sans soucis.

La fleur de moutarde figure le poison. Celui qui se voit en consommer doit s'attendre à être empoissonné, à ingurgiter quelque potion amère ou à se trouver dans une mauvaise situation. On dit aussi qu'elle annonce une fortune obtenue dans la peine.

La rue indique un bien licite par lequel le rêveur effacera l'effet d'un bien mal acquis. Le henné signale un acte honteux. L'alfa doit rappeler l'histoire de ce rêveur venu consulter Ibn Sîrîn pour un rêve où il avait vu cette plante et dont un interprète a dit: «Pour les associés de l'homme ce rêve apportera un bien. Pour ceux parmi ses proches qui espèrent réaliser un projet, il signale plutôt l'absence de tout espoir. Pour les membres de sa famille qui sont malades, ce rêve annonce la mort !» L'auteur du rêve a constaté, peu après, la vérification de toutes ces prédictions.

Le coriandre indique le chagrin et le bien mal acquis. On dit en effet, qu'Adam, descendu sur la terre était arrivé d'abord en Inde où, dans sa chute sur un buisson de coriandre, il avait été imprégné de l'odeur de cette plante, pendant tout le temps qu'il avait passé à pleurer son triste sort.

Les épinards en rêve sont toujours de bon augure, ainsi que la feuille de gombo.

Le chou rave figure une femme paysanne, d'une grande endurance mais d'une curiosité malsaine.

L'oignon sauvage figure l'homme débauché.

Le piment figure le bien que l'on épargne.

Le radis signale la fortune licitement acquise. Certains disent qu'il annonce le Pèlerinage, mais c'est là un avis éloigné de la vérité. D'autres encore disent que le radis signale une action qui sera suivie de remords.

Le navet et tout ce qui sert à nourrir le bétail figure la grande richesse.

Le coton figure une fortune moins importante que celle figurée par la laine. Se voir en train de carder le coton signale que le rêveur fait un examen de conscience.

Le champignon figure un homme vil ou une femme vile, si le rêve ne montre qu'une seule pièce, deux ou trois. Si le rêveur en voit une grande quantité, il obtiendra des gains sans fournir beaucoup d'effort, car l'Envoyé de Dieu, Dieu le bénisse et lui accorde la paix, a dit: «Les champignons font partie des mannes» dont les Hébreux ont profité sans qu'ils aient été obligés d'engranger ou de travailler.

Le cumin figure un gain qui rend licite une fortune déjà acquise.

Les féculents en général sont sujets à des controverses. Certains disent qu'ils sont de mauvais augure, selon la parole du Très-Haut, s'adressant aux Hébreux [qui Lui ont demandé une nourriture ordinaire à la place des mannes]: «*Voulez-vous échanger ce qui est bon / par ce qui est vil ?*» (II, 61), et puis parce qu'ils n'ont ni goût ni graisse. D'autres soutiennent que les féculents signalent un commerce aux gains peu durables ; une charge de pouvoir inconstante, un enfant qui ne vivra pas longtemps ou une fortune éphémère.

La violette figure une belle femme. En cueillir en rêve indique que le rêveur embrassera une belle femme.

Cueillir une fleur d'aubépine au pied d'une montagne annonce au rêveur qu'un grand souverain lui offrira une belle esclave.

Le lys figure l'homme fidèle à ses engagements ; mais il peut indiquer le désespoir si l'on se réfère au nom de cette fleur [*Es* «lys» et *Ya's* «désespoir»] ; l'homme ou la femme qui se voit couronné (e) de lys, aura un conjoint fidèle. Si le rêveur prend des lys de la main d'un jeune homme, il établira avec son ennemi un pacte durable.

Le narcisse par contre signale une épouse ou une concubine, belle mais inconstante. Une femme avait vu en rêve son époux lui offrir un bouquet de narcisses et à sa rivale un bouquet de lys a consulté un interprète qui lui a prédit la répudiation et le maintien de sa rivale auprès de l'époux, car – lui a dit l'interprète – le pacte du lys est plus durable que celui du narcisse.

Le cardon indique le bédouin violent et rustre. Celui qui se voit avec une botte de cardon à la main ne réalisera un projet que s'il devient violent et rustre.

Le pin pignon figure un étranger généreux, mais lourdaud. Certains disent que ce fruits et tous les fruits qui ont une écorce dure indiquent vacarme et tristesse.

Les épices en général, quand elles s'utilisent pour la médication, figurent des livres contenant de vénérables propos de piété.

Le concombre et le cornichon indiquent les soucis, le chagrin et la maladie, quand on en voit hors saison. En saison, ils annoncent des gains. Si le rêveur se voit en consommer, il aura une fille, si son épouse est enceinte.

chapitre quarante-cinq

De la plume,
l'encrier et la gravure,
l'encre et le papier,
l'écriture et la poésie,
etc.

Un homme a vu en rêve qu'il récurait un encrier.
Il a relaté son rêve à un interprète qui a dit:
«Cet homme
s'adonne au commerce sexuel
avec les mâles !»

La plume signifie ce par quoi l'homme est cité, ce par quoi s'exécutent les sentences, le Sultan, le savant, le gouvernant, ainsi que la langue, l'épée ou l'enfant mâle. Elle peut signifier le pénis, et l'encre en représente alors la semence ; le support de ce que l'on écrit serait dans ce cas l'objet du coït. Elle peut aussi signifier le sillon du labour, les doigts en seraient les bœufs, l'encre la graine. On atteint à son interprétation par les vérités de l'érudition, davantage de rêves [similaires], de pensées qui s'attachent au rêve et de tout ce qui, dans l'état de veille, constitue une attente ou un espoir. Il est dit que la plume signifie le savoir: celui qui se voit possédant une plume possédera un savoir à la mesure de ce qui avait été tracé par cette plume dans le rêve. Il est dit aussi que la plume signale la soumission à une tutelle ou le bénéfice d'une caution, car le Très-Haut a dit: *«Tu n'étais pas parmi eux / lorsqu'ils jetaient leurs roseaux / pour savoir qui d'entre eux se chargerait de Marie»* (III, 44).

On rapporte qu'un homme a dit à Ibn Sîrîn.

— J'ai vu en rêve que j'étais assis et que prés de moi il y avait une plume que j'avais prise et utilisée pour écrire. Puis je vis une autre plume à ma droite. Je m'en saisis et me mis à écrire avec les deux plumes ensemble…

Ibn Sîrîn lui a dit:

— As-tu un parent qui se trouve loin de toi en ce moment ?

— En effet ! a dit le rêveur.

— Eh bien, fais comme s'il était déjà de retour !

Si un copiste se voit avec une plume à la main ou un encrier, il sera prémuni contre le besoin grâce à son métier. S'il voit qu'il utilise tous les outils de l'écriture sans exception, il atteindra a une maîtrise totale et surpassera tous ses collègues dans le domaine de l'écriture. Ainsi, voir en rêve qu'on utilise un instrument de son propre métier signifie une prémunition contre le besoin. Et si on y acquiert un métier multiforme, on obtient du même coup une excellence dans ce même domaine.

Le couteau qui taille la plume indique un fils secret et envieux. On a dit que celui qui se voit en rêve avec un couteau en fer à la main retournera à une femme qui l'a quitté, selon ce que le Très-Haut a dit: «*Réponds: "Soyez pierre ou fer / ou toute chose créée / que vous puissiez concevoir..." / Ils diront / : "Qui donc nous fera revenir ?" / Réponds: / "Celui qui vous a créés la première fois*" » (XVII, 50-51).

La plume représente l'ordre, le commandement et l'autorité sur tout métier. Elle a regard sur tout. La plume, a-t-on dit aussi, figure un enfant qui possédera l'art d'écrire. Un homme a vu en rêve qu'il avait obtenu une plume ; il a raconté son rêve à un interprète qui lui a prédit la naissance d'un enfant qui aura une bonne instruction.

Quant à l'encrier, il figure une servante ou un profit, s'il vient d'une femme ; un prestige, s'il vient d'un garçon. Celui qui se voit en rêve en train d'écrire en puisant [l'encre] d'un encrier, se procurera une servante, et il la pénétrera sans se maintenir longtemps en elle. Celui qui prendra un encrier dans le rêve, se brouillera – a-t-on dit – avec son épouse ou avec une autre femme. Et si un témoin bienveillant assiste à la scène, il épousera une femme parmi ses proches.

On raconte qu'un homme a vu en rêve qu'il récurait un encrier Il a relaté son rêve à un interprète qui a dit: cet homme s'adonne au commerce sexuel avec les mâles.

La majorité des interprètes des rêves disent que l'encrier figure une épouse ou tout partenaire d'un acte sexuel. Il en va de même pour tout réservoir d'encre. Il s'agira seulement de savoir si c'est une fille vierge ou un garçon. La plume figure dans ce cas le pénis, s'il s'agit d'une femme ; son encre indique sa fortune ou le profit dont on peut en tirer, le souci ou l'épreuve qu'elle peut attirer, surtout si l'encre avait entaché [dans la scène du rêve] le visage du rêveur ou son habit. L'encrier peut aussi signifier l'ulcère. La plume figure aussi le fer. L'encre peut indiquer la durée pour celui qui voit que son corps contenait un encrier dans lequel il trempait sa plume [*midâd* «encre» et *mudda* «durée»].

Celui qui se voit en rêve en train d'écrire sur un parchemin, fera un héritage. Dieu, le Très-Haut a dit: «*Ceci est contenu dans les Livres* [litt. Feuillets] *anciens / les Livres d'Abraham et de Moïse*» (LXXXVII, 18-19). S'il se voit en train d'écrire sur du papier, son rêve indique son ingratitude envers les gens. Et s'il se voit octroyer un papier par l'Imam, celui-ci jugera en sa faveur d'un litige que le rêveur portra à sa connaissance. Le papier indique [dans le rêve] une affaire ambiguë pour le rêveur, selon la parole du Très-Haut: «*Vous l'écrivez sur du papier pour le montrer / mais vous cachez une grande partie de son contenu*» (VI, 91).

Quant à la gravure, elle signifie en général la joie et les honneurs, tant que la matière [utilisée] n'a pas souillé l'habit du rêveur, car dans ce cas elle signifie la maladie, et le rêveur aura une souillure à l'endroit même qu'il a vu souillé dans son rêve, mais il en sera lavé par la suite devant les autres. Il peut même avoir une souillure à son habit exactement comme il l'a rêvée.

L'encre figure une gloire et une supériorité durable.

Le livre indique la force . Celui qui se voit en possession d'un livre possédera une puissance, car le Très-Haut a dit: «*O Jean ! Tiens le Livre avec force*» (XIX, 12). Le livre signifie une renommée quand il est déployé. S'il est fermé, c'est une nouvelle voilée. Dans la main d'un garçon, il annonce une bonne nouvelle. S'il est entre les mains d'une fille, il indique aussi la bonne nouvelle et l'issue heureuse. S'il est entre les mains d'une femme, il augure d'un heureux présage. Tenu déployé par une femme voilée, il annonce un événement caché qui nécessite, de la part de l'interprète, de la prudence. Si la femme est parfumée et belle, il s'agira d'un événement ou d'une affaire qui vaudra au rêveur d'être loué. Si la femme est laide, la nouvelle qui surviendra sera à son image. Celui qui se voit portant des livres fermés, mourra dans un bref délai, selon ce que le Très-Haut a dit: «*Les anges les accueilleront: "Voici* [...] *le jour à nous plierons le ciel comme on plie un rouleau sur lequel on écrit* " » (XXI, 104).

Si le rêveur tient de l'Imam un rouleau déployé, il aura un pouvoir, un bonheur et une fortune, s'il est habilité à en jouir, sinon on peut craindre pour lui l'asservissement.

Si le rêveur se voit portant un rouleau scellé à une personne qui le lui aura rendu et si le rêveur est un Sultan qui a engagé une armée, celle-ci retournera vaincue. Si c'est un commerçant, il essuiera une perte. S'il a demandé la main d'une femme, il écopera d'un refus.

Si le rêveur se voit tenir un livre de la main droite, c'est bon signe. Dans ce cas, s'il est en litige avec une autre personne, s'il est victime d'une suspicion ou mêlé à une brouille, il s'en sortira. Et s'il appréhende un malheur, il lui arrivera, selon ce que le Très-Haut a dit: «*Nous avons fait descendre le Livre sur toi comme un éclaircissement de toute chose*» (XVI, 89) ; et si le rêveur est dans la gêne, anxieux ou éloigné des siens, sa situation sera améliorée et il retournera heureux parmi ses proches. Ainsi donc, prendre le livre de la main droite est toujours un bon rêve. Mais s'il tend un livre de la main gauche, le rêveur regrettera un acte qu'il aura commis ; tandis que celui qui se voit prendre un livre tendu par une personne de la main droite, se procurera la chose la plus noble chez cette personne, car le Très-Haut a dit: «*Nous l'aurions pris par la main droite*» (LXIX, 45).

Si l'infidèle se voit en rêve tenant un exemplaire du Coran ou un livre en arabe, il sera vaincu ou sera en proie à des soucis, a l'inquiétude, victime d'un malheur ou alors il souffrira de la pénurie.

Le rêveur qui regarde dans un parchemin sans lire ce qui y est écrit, obtiendra un héritage ; on dit que celui qui se voit en rêve déchirant un livre, verra ses soucis se dissiper et sera débarrassé des troubles et du mal, et il obtiendra bonne fortune. De même le croyant qui se voit en rêve tenant un livre en persan sera humilié et atteint d'un malheur.Celui qui reçoit un écrit scellé, s'acheminera vers une royauté, et la réalisation [de ce désir] en sera le sceau. Ainsi Balqîs a été conduite vers Salomon, paix sur lui, quand elle a reçu un écrit scellé. Cet écrit a été à l'origine de sa conversion à l'Islam[1]. Celui qui voit en rêve qu'on lui avait offert un parchemin roulé, contenant une étoffe pliée, aura une fille atteinte de folie. Ibn Sîrîn affirme que celui qui se voit en rêve s'adonner à l'écriture fera une acquisition illicite, selon la parole du Très-Haut: «*Malheur à eux, à cause de ce que leurs mains ont écrit / Malheurs à eux, à cause de ce qu'ils ont acquis*» (II, 79).

Le rêve de tatouage sur la main d'un homme figure un artifice qui lui vaudra d'être humilié. Pour les femmes, ce rêve signale qu'elles imaginerons un artifice pour avoir un profit. Celui qui voit en rêve qu'un verset du Coran est écrit sur sa tunique, sera un homme attaché au Coran.

Ecrire de la main gauche signale une disgrâce et un égarement. Le rêveur gaucher peut avoir des enfants illégitimes ou devenir poète. Car l'écriture en elle-même est un artifice, et celui qui écrit est un homme d'artifice. S'il voit en rêve qu'il a une mauvaise écriture, il s'en repentira et cessera de tromper les gens par son art, en revenant au droit chemin. Celui qui se voit en rêve lisant un parchemin fera un héritage, s'il en lit le verso, il s'attachera plus solidement à la religion, dans le sens où le Très-Haut dit: «*Lis ton livre / il suffit aujourd'hui / pour rendre compte de toi-même*» (XVII, 14).

Si le rêveur se voit lisant un livre avec habileté, il sera doté d'un pouvoir [sur une contrée] s'il est apte à l'exercer. Ou alors il

---

1- Selon le Coran tous les prophètes et les messagers de Dieu, depuis Adam jusqu'à Muhammad, ont enseigné l'*Islam,* au sens de *la soumission à Dieu.*

entreprendra un commerce à la mesure de son habileté à entreprendre. S'il se voit lisant l'écrit de sa propre destinée, il se repentira auprès de Dieu de ses errements, selon Sa parole, qu'Il soit magnifié et vénéré: «*Ecris pour nous de bonnes choses / pour cette vie et pour la vie future*» (VII, 156).

Le rêveur qui se voit inscrire un sceau sur un corps sera obligé de subir une saignée, car celui qui se voit tenu par un écrit alors qu'il en ignorait le contenu, est semblable à celui qui met de la mauvaise volonté à exécuter un impératif divin, le Très-Haut a dit en effet: «*Nous leur avons prescrit dans la Torah / vie pour vie, œil pour œil...*» (V, 45).

Si le rêveur se voit devenir le support d'une inscription et qu'il en reconnaissait l'auteur, celui-ci le trompera, l'égarera et le détournera de sa religion, car le Très-Haut a dit: «*Il suit tout démon égaré / dont il est écrit: "Il égare quiconque le prend pour maître...*» (XXII, 4).

L'astrolabe représente le serviteur des maîtres et tout ce qui est lié au pouvoir. Celui qui se voit en rêve obtenir un astrolabe se liera d'amitié à un homme dont il tirera profit dans les mêmes proportions que la beauté de cet objet dans le rêve. Il peut être toutefois dupé par une personne dénuée de toute bonne volonté, qui n'est ni dévouée ni vertueuse.

Le poète est l'homme de l'errements, il dit ce qu'il ne fait point. Et la poésie n'est que la parole mensongère. Celui qui se voit en rêve clamer de la poésie pour en tirer profit fera un faux témoignage. S'il se voit lisant un poème devant un auditoire, ses paroles ne seront que des fausses maximes qui pencheront du côté de la félonie. S'il se voit en train d'écouter la poésie, il assistera à des assemblées où le mensonge sera proféré.

Celui qui se voit en rêve parlant d'une manière barbare puis retrouver ensuite une expression claire, aura honneur, gloire et royauté, et il n'aura point dans tout cela son pareil. S'il est commerçant sa renommée couvrira la terre entière, et il en sera ainsi dans tous les autres métiers. Celui qui rêve de son pouvoir à parler toutes les langues, possédera une très grande puissance ici-bas et sera glorifié, selon ce que le Très-Haut a dit, rapportant les paroles de Joseph: «*J'en serais le gardien compétent*» (XII, 55), c'est-à-dire «dans toutes les langues».

Celui qui écrit dans le rêve possédera un artifice et un art subtil, tout comme le cordonnier. La plume [dans cette analogie] figure l'alêne ou l'aiguille, l'encre l'outil qui permet au cordonnier de découper fils et lanières. Ou bien il est possible de penser au barbier, la plume figure alors le rasoir ; ou au tapissier ou au tailleur, etc. Il peut aussi signifier le laboureur et la plume figure dans ce cas le sillon et l'encre les graines. Celui qui se voit en rêve pris dans une scène avec un inconnu utilisant l'écriture doit comparer le caractère de cette personne avec ce qui peut lui correspondre dans la réalité, ou chercher ce qu'il y aurait de commun à l'état de veille entre le rêveur et celui qui écrit. Qu'un rêveur dise, par exemple: «Je me suis vu passant devant un artisan de l'écriture, il m'a donné un écrit ou deux ou trois ; et dans ces écrits il y a mention de dettes dont je suis créditeur ou débiteur, j'ai pris les écrits et je suis parti» il s'agit de considérer la situation réelle et la correspondre à ce qui a lieu effectivement à l'état de veille. Si le rêveur a confié une marchandise à un commerçant savetier, son bien sera l'objet de tergiversation ou sera vite revendu et payé ; il en va de même s'il a pris en rêve deux copies ou deux écrits, et qu'il souffre d'une montée de sang, exigeant une saignée déjà subie la veille ou qu'il projette de subir ; de même s'il a confié un habit à un brodeur ou à un tailleur de brocart, ou s'il a prêté une charrue à un laboureur, son rêve indique qu'il reprendra son bien, qu'il apprendra des nouvelles ou vivra d'autres événements liés à tous ces faits. Si les écrits sont enroulés, il apprendra des nouvelles inquiétantes. S'ils sont déployés, il aura de nouvelles prévisibles.

D'autres part, si celui le rêveur qui utilise l'écriture est illettré ou ne maîtrise pas l'art d'écrire, il s'appauvrira, s'il est riche ; sombrera dans la démence, s'il est sensé ; deviendra un mécréant, s'il n'est que simple pécheur, et deviendra incompétent, s'il est ingénieux.

Et si l'illettré se voit en rêve capable d'une bonne écriture, on saura qu'il est dans le malheur, et que Dieu le Très-Haut le privera d'un moyen qui le sauvera de sa peine. Déchirer un écrit dans le rêve augure de la disparition de la tristesse et de l'inquiétude.

chapitre quarante-six

Des idoles, des gens de sectes et des apostats et de tous ceux qui leur ressemblent

Si l'idole vue en rêve est en argent
le rêveur trouvera la voie
pour atteindre une femme
dans la trahison et la duplicité.

Dieu Seul mérite l'adoration et celui qui adore autre chose s'égare et perd le droit chemin. Le rêveur qui se voit adorer un autre que Dieu est donc un homme qui se trouve dans la perdition, esclave de ses passions. Celui qui se voit adorer une idole en or se rapprochera d'un ennemi de Dieu et il en sera châtié, car cet homme lui subtilisera ses biens après avoir affaibli sa foi. Si l'idole vue en rêve est en argent, le rêveur trouvera la voie pour atteindre une femme dans la trahison et la duplicité. Si l'idole est en cuivre ou en plomb, le rêveur abandonnera la recherche de son salut futur pour les biens de ce monde et il oubliera Dieu. Enfin, si l'idole est en bois, le rêveur cherchera la compagnie d'un tyran et manifestera sa piété pour obtenir des bénéfices ici-bas et non point pour obéir à Dieu. Mais certains interprètes disent que l'idole annonce un voyage lointain et que la simple vision de l'idole, sans l'adoration annonce une grande fortune.

Celui qui se voit adorer un astre ou un arbre, sera de la communauté des Sabéens, ceux dont Dieu, le Très-Haut a dit: «*Ils sont indécis, / ils ne suivent ni les uns ni les autres.*» (IV, 143). On dit aussi qu'un tel rêve peut indiquer que le rêveur tentera de se rapprocher d'un homme de grand prestige mais de peu de foi.

Celui qui se voit adorer le feu reniera la religion de Dieu pour celle de Satan, ou provoquera la guerre. Si le rêveur qui adore le feu ne voit pas la flamme, il transgressera un interdit.

Celui qui se voit obtenir un legs d'un Juif, héritera de son oncle paternel ; et celui qui se voit hériter d'un Chrétien, héritera de son oncle maternel.

Sonner la cloche en rêve amènera le rêveur à diffuser de fausses nouvelles. Si le rêveur se voit lisant la Torah ou les Evangiles sans rien y comprendre, il optera pour une mauvaise doctrine religieuse, selon la parole du Très-Haut: «*Vous lisez le Livre / Ne comprenez-vous donc pas ?*» (II, 44).

Le rêveur qui se voit devenir prêtre sera un hérétique qui poussera au plus loin son hérésie, selon la parole du Très-Haut, à propos des Chrétiens: «*Aussi avons-Nous donné à ceux d'entre eux qui croient leur salaire, mais beaucoup sont scélérats...*» (LVII, 27).

chapitre quarante-sept

Des literies,
des grandes tentes,
des divans,
des rideaux
et tout ce qui s'y attache

Le divan annonce au rêveur la récupération d'un objet perdu.
Si le rêveur est un homme de pouvoir
sa puissance diminuera
mais trouvera plus tard
une plus grande constance
selon la parole du Très-Haut: «*Oui, nous avons éprouvé Salomon / en plaçant un corps sur son trône ; / mais il se repentit ensuite*».

La natte figure la situation aisée du rêveur et une fortune confortable. Si le rêveur étend sa natte dans un lieu qui lui est inconnu ou parmi des gens qui lui sont étrangers, il entreprendra un voyage lointain. Une natte petite et mince annonce une vie difficile et de courte durée. Par ailleurs, la natte indique la compagnie des rois et des hommes de pouvoir. Si l'on voit une natte pliée, le pouvoir de celui que le rêve concerne sera atteint, ou alors son voyage sera contrarié.

Le coussin et l'accoudoir figurent les servantes, tout ce qui les affecte dans le rêve concernera ces personnes.

Les oreillers, dit-on, indiquent les enfants du rêveur et les traversins les savants.

Le lit figure l'épouse. Le matelas en est la chair et la graisse. Tout ce qui concerne le lit ou l'affecte dans le rêve est à rapporter à l'épouse. Si le rêveur change de lit, il se mariera avec une autre femme en plus de celle qu'il a déjà et qui sera peut-être répudiée, s'il a la conviction de ne plus jamais retourner dans le lit qu'il avait quitté dans le rêve. Dans l'interprétation du lit. Point de distinction, dans ces rêves, entre femmes libres et esclaves.

Le divan annonce au rêveur la récupération d'un objet perdu. Si le rêveur est un homme de pouvoir, sa puissance diminuera mais trouvera plus tard une plus grande constance, selon la parole du Très-Haut: «*Oui, nous avons éprouvé Salomon / en plaçant un corps sur son trône ; / mais il s'est repentit ensuite.*» (XXXVIII, 34).

Le dais figure le pouvoir. Si le rêveur voit un dais élevé à son intention, il vaincra un adversaire doté d'un pouvoir. Le chapiteau en coupole peut figurer l'épouse, car les Arabes disent: «Il s'est construit une coupole» quand ils parlent de quelqu'un qui vient de se marier.

La tente pour le soldat annonce une charge de pouvoir ; pour le commerçant, un voyage. On dit aussi qu'elle promet au rêveur une belle vierge, selon la parole du Très-Haut, à propos de «*Houris qui vivent retirées sous leurs tentes*» (LV, 72).

Le voilage indique le souci. S'il en voit à la porte de sa maison, le rêveur connaîtra des soucis qui lui viendront des femmes. S'il en voit à l'entrée de son échoppe, il aura des soucis du côté de son gagne-pain. S'il en voit à la porte de la mosquée, ses soucis auront un rapport avec sa pratique religieuse. Des voilages déchirés indiquent des soucis peu durables à l'inverse des voilages neufs. S'ils sont déchirés en largeur, c'est l'honneur du rêveur qui sera atteint ['*ardh* «largeur» et «honneur»].

Le drap promet au rêveur quiétude et sérénité, et une femme dont il jouira.

Le sofa appelle les mêmes interprétations que la natte. Un homme a raconté à Ibn Sîrîn un rêve où il a vu que le calife Yazîd Ibn Abdel-Malek lui a retiré le sofa sur lequel il s'est installé et l'a jeté, refusant d'en faire usage lui-même. Ibn Sîrîn lui a dit: «Tu as eu ce rêve à la place de Yazîd Ibn al-Muhallab. Et si ton rêve se vérifie, il sera défait par le calife».

Les bannières indiquent tout pouvoir prestigieux. Celui qui se voit dépossédé d'une bannière sera privé de son pouvoir. Le rêve de la bannière peut promettre à la femme enceinte un enfant mâle, et au célibataire – homme ou femme – le mariage.

chapitre quarante-huit

Des montures et des cavaliers, selles et harnais, rênes et panaches, fouets et ceinturons, brides et sceptres, et des palanquins

Si le harnais se rapporte à la femme
il signale son sexe.
Il peut en être le ventre
et l'éperon, dans ce cas, sera le sexe
les lanières seraient son contrat de mariage
le mors sa vertu
et les rênes sa fortune et sa force.

Le bât figure une femme non arabe, de vile souche qui ne sera pour son époux qu'une servante. Le rêveur qui monte un animal bâté figure un homme oisif repenti, après une longue période d'inactivité.

La selle figure la femme riche, chaste et belle, tant qu'elle n'est pas installée sur une monture. Un homme a retrouvé Ibn Sîrîn et lui a raconté un rêve où il s'était vu sur une monture engagée dans un passage si étroit qu'elle avait fait tomber la selle ; et là seulement nous avions pu passer. Ibn Sîrîn a dit à l'auteur du rêve: «Maudit sois-tu ! Tu seras dans une situation où tu abandonneras ton épouse à son sort !» Peu après, l'homme parti en voyage, accompagné de sa femme, a rencontré des brigands. Il a abandonné sa compagne et il a détalé.

L'éperon figure la fortune d'un homme de noblesse. S'il est en or il ne peut être de mauvais augure, mais figure peut-être une belle femme ; s'il est de fer, il figure la force du rêveur. S'il est de plomb, il figure sa foi. S'il est d'argent avec des dorures, il signale de nombreux serviteurs et de belles esclaves. Les rênes figurent la fortune, les règles de comportement ou un savoir que l'on ne divulgue pas aux personnes qui relèvent pour le rêveur de l'interdit sexuel.

Le harnais, s'il n'est pas disposé sur la bête, est à rapporter dans l'interprétation à la femme. S'il l'est, il figure un haut rang et une posture de prestige. Au cas où le harnais se rapporte à la femme, il signale son sexe ; il peut en être le ventre et l'éperon dans ce cas serait le sexe, les lanières seraient son contrat de mariage, le mors sa vertu et les rênes sa fortune et sa force. Le fouet figure un pouvoir. S'il se casse à l'usage, ce pouvoir disparaîtra. Si le fouet fait saigner la victime, on saura que le rêveur est [pour appliquer le châtiment légal] un préposé au fouet, et qu'il figure un homme injuste. Si le rêveur ne voit pas de sang lors d'une scène de fouettement, on saura qu'il est du nombre des justes. Voir un fouet descendre du ciel annonce dans toute la contrée les sévices d'un tyran, mais pour appliquer un châtiment mérité, selon la parole du Très-Haut: «*Ton Seigneur abattit sur eux un fouet de châtiment.*» (LXXXIX, 13).

Le palanquin aussi figure la femme.

chapitre quarante-neuf

Des rêves de meubles, des ustensiles domestiques et des outillages hormis ce qui en a déjà été dit, De la confection des cordes et du tressage

Si le rêveur voit sur le miroir
un autre visage que le sien
il se séparera de son conjoint.

L'écuelle figure la belle esclave ou la servante. Celui qui se voit utiliser une écuelle en cuivre vendra une esclave turque, car ce métal est importé de Turquie. Si l'écuelle est en argent, l'esclave qu'elle figure est byzantine ; en or, elle figure une belle femme qui exigera du rêveur ce qu'il ne pourra donner et lui demandera l'impossible.

La marmite en terre figure l'homme généreux à l'égard de ses voisins.

On dit aussi que la marmite figure la maîtresse de maison et le brasero l'époux qui se met en avant et affronte les peines pour assurer la subsistance de la maisonnée. Mais la marmite peut tout aussi bien figurer l'époux et le brasero l'épouse, quand on sait que celle-ci allume son mari de ses paroles et le laisse souffrir dans le feu de ses fureurs.

La daubière figure la maîtresse de maison chrétienne ; tandis que la passoire figure le bel esclave.

Le panier signale la bonne nouvelle ou l'avertissement, selon ce qu'il contient.

Le coffre, selon al-Qaïrawanî l'oniromancien figure la demeure du rêveur, son épouse ou son échoppe ; il peut aussi figurer son for intérieur et son intimité.

Le caisson figure un roi puissant, car il rappelle le *Taboût* [Arche d'alliance] si l'on se réfère à cette parole du Très-Haut [à propos du roi d'Israël]: «*Voici quel sera le signe de sa royauté: / l'Arche viendra vers vous, portée par les anges...*» (II, 248). On dit que celui qui fait un tel rêve vit dans la crainte d'un ennemi devant lequel il se trouver impuissant ; mais une heureuse issue est attendue grâce à ce rêve.

L'outre figure une vieille femme honnête et discrète.

La fiole ou la carafe figurent une belle esclave ou un serviteur. On dit que ces objets figurent plutôt la femme en général, selon la métaphore de l'Envoyé de Dieu, Dieu le bénisse et lui accorde la paix, quand il a dit: «Prenez bien soins des fioles...»

Le rasoir figure celui qui départage les justiciables. Celui qui se voit avec un rasoir à la main doit avoir besoin d'un juge.

Al-Qaïrawanî a dit: «Celui qui tient un rasoir en rêve aura un autre enfant, s'il en a déjà un.» Si le rêveur se voit couper de la toison, ou les poils d'un animal avec un rasoir, il rassemblera des richesses en utilisant sa bouche ; en clamant des poèmes, par exemple ou en mendiant ; ou alors grâce à l'usage de la faucille ou du couteau. Utiliser le rasoir pour raser les barbes signale que le rêveur est un traître ou un tueur, selon le dire du poète:

Tes mandibules sont des scalpels
[qui lacèrent] *l'honneur des gens !*

D'où l'idée de médisance [*qaradha* «médire» et *miqradh* «scalpel ou pince»]

L'aiguille indique aussi la femme ou une esclave, car comme la femme elle est trouée et y introduire le fil figure l'acte sexuel. Voir qu'on a introduit autre chose que du fil dans le chas d'une aiguille annonce une menace et relève de l'avertissement, selon la parole du Très-Haut: «*Ils n'entreront pas dans le Paradis / aussi longtemps qu'un chameau ne pénétrera pas / dans le trou de l'aiguille.*» (VII, 40).

Un homme présent aux séances d'Ibn Sîrîn a raconté un rêve où il s'était vu offrir cinq aiguilles non trouées ; un disciple du savant a tenté l'interprétation en disant: «Les aiguilles non trouées sont les enfants du rêveur. Si l'aiguille est trouée elle figure un enfant encore en gestation.»

Le fil figure l'indice et la preuve. Celui qui se voit tenir un fil cherchera à établir un indice, selon la parole du Très-Haut [à propos du temps du jeûne]: «*Mangez et buvez / Jusqu'à ce qu'on puisse distinguer à l'aube / un fil blanc d'un fil noir...*» (II, 187). Les fils noués indiquent l'ensorcellement.

La corde indique toujours une cause. Si elle descend du ciel, c'est le Coran, la religion et le lien du pacte solide avec Dieu. Si le rêveur se voit avec une corde sur l'épaule, à la taille ou sur le dos ou autour du cou, il s'agira d'un contrat de mariage, d'une convention, d'une dette, d'une association ou d'un dépôt de confiance, selon la parole du Très-Haut: «*Ceux qui étaient protégés/ par une alliance de Dieu et une alliance des hommes.*» (III, 112). Mais la corde associée au bâton figure le mauvais pacte, une mauvaise action ou un acte de magie ; Dieu a dit en effet: «*Ils jetèrent leurs cordes et leurs bâtons en disant: / Par la puissance du Pharaon...*» (XXVI, 44). Mais celui qui noue une corde sur une bannière fera un voyage.

Le peigne, disent certains, annonce la joie d'un moment puisqu'il s'agit d'un instrument de toilette et que la toilette est éphémère. D'autres disent qu'il figure l'équité. S'il figure une personne bien précise, il se tout porteur d'un savoir dont la parole est utile aux autres, tel le magistrat, le mufti, l'interprète des rêves, le sermonneur ou le médecin.

Le miroir pour le célibataire qui y voit son image annonce le mariage. Pour l'homme ou la femme mariés, ce rêve annonce la naissance d'un enfant mâle. Si le rêveur voit sur le miroir un autre visage que le sien, il se séparera de son conjoint. Le miroir peut aussi figurer le cœur du rêveur. S'il y voit de la rouille, il saura que son cœur est trouble et qu'il commet des péchés.

Si le rêveur regarde derrière le miroir, il pratiquera l'acte sexuel contre nature avec son épouse. Il sera détrôné, s'il est roi ; perdra sa récolte, s'il est cultivateur.

La scie figure l'homme de pouvoir, le censeur ou l'arbitre entre deux adversaires ou la personne qui sépare les deux époux. Elle peut aussi indiquer l'hypocrite ou l'espion malfaisant... Le marteau figure le chef de la police.

La balançoire pour le rêveur qui se voit en train de l'utiliser indique une foi hésitante et corrompue.

Le fût figure un vil personnage. Puiser du miel ou du beurre salé dans un fût annonce au rêveur l'acquisition d'un butin d'une personne sans honneur. Le fût de naphte indique un bien mal acquis qui proviendra d'un homme malfaisant. Souffler dans un fût annonce au rêveur une naissance, selon la parole du Très-Haut: *«Et Marie fille de 'Imrân qui gardait sa virginité. / Nous lui avons insufflé de notre Esprit.»* (LXVI, 12).

Le billot figure un personnage hypocrite qui sème la discorde entre les gens et encourage aux disputes.

Le tamis indique une personne honnête, car la semoule qu'il fait passer figure le gain licite. Mais il peut aussi indiquer l'épouse ou la servante qui ne peut tenir un secret.

Le poulailler figure la maison. Celui qui se voit acheter un poulailler achètera une maison et y installera son épouse. S'il se voit sur la place du marché avec un poulailler sur la tête, il vendra sa maison en présence de témoins légaux.

La bascule figure un grand roi ; l'aiguille en est sa souveraineté; le crochet en est le pouvoir discrétionnaire ; la chaîne en est le groupe des serviteurs ; les plateaux en figurent l'écoute et le lest en est la justice et les décrets.

Le siège pour le rêveur qui y est assis annonce le succès dans la vie future, si la personne concernée est déjà décédée. Sinon elle obtiendra un pouvoir et un statut de prestige, à la mesure de sa situation dans la réalité. Le siège est, toutefois de mauvais augure pour le rêveur malade, sauf pour la femme enceinte, auquel cas il annonce le siège qui aidera à l'accouchement.

Entrer dans une armoire annonce un malheur.

La table indique un pouvoir, un savoir, un bon conseil, la rectitude et la bénédiction, selon la parole du Très-Haut [à propos de Moïse]: *«Nous avons écrit pour lui sur les Tables / une exhortation sur tous les sujets / et une explication de toute chose.»* (VII, 145) ; ou encore: «*Ceci est, au contraire, un Coran glorieux / écrit sur une Table gardée.*» (LXXXV, 22). Une table lissée figure l'enfant appelé à détenir un pouvoir. Celle qui est en pierre, figure un enfant sans cœur ; en cuivre, un enfant qui sera hypocrite ; en plomb, un enfant qui sera efféminé.

La salière figure un serviteur bouffon et amuseur.

Utiliser le balai pour le malade annonce sa mort ; pour l'homme fortuné cela présage de sa faillite. Si le rêveur rassemble les ordures, les brindilles et la poussière, il obtiendra des gains de l'agriculture, s'il est en possession d'une terre. Sinon, il sera un collecteur d'impôts ou un mendiant.

Les verreries indiquent l'orgueil. Si elles se brisent, le rêveur doit s'attendre à la faillite. Les voir rassemblées indique une réunion de femmes pour le meilleur ou pour le pire.

La serrure figure l'épouse, et la clé le sexe de l'homme, ainsi que le confirme le poète:

Va vers elle !
Elle est ivre
Appelle [ta] *clé*
Dans [sa] *serrure*

chapitre cinquante

Du sommeil, de la position étendue sur le dos, du réveil, de la vielle femme, de la femme et de la belle esclave

Le Prophète
Dieu le bénisse et lui accorde la paix,
a dit: «Les hommes sont toujours endormis
c'est quand ils meurent
qu'ils se réveillent».

Le sommeil signale la sécurité, selon la parole du Très-Haut: «*Lorsqu' il vous enveloppe de sommeil / comme d' une sécurité venue de Lui*» (VIII, 11). Il peut aussi indiquer l' inconscience, car le Prophète, Dieu le bénisse et lui accorde la paix, a dit: «Les hommes sont toujours endormis. C' est quand ils meurent qu' ils se réveillent» Celui qui se voit étendu sur le dos consolidera ses affaires et accueillera les biens de ce monde ; car la terre figure un appui sûr. Celui qui se voit étendu sur le ventre, sera en faillite, faiblira et sera dépassé par les événements. Mais l' interprète des rêves al-Qaïrawanî a pu soutenir que la position étendue sur le dos annonce la dispersion du rêveur, son humiliation et peut-être sa mort ; tandis que la position ventre à terre vaudra au rêveur possession de champs, la fortune et une progéniture nombreuse. Se voir étendu sur un côté annonce une nouvelle importante, la maladie ou même la mort. Se voir étendu à l' ombre d' un arbre donnera au rêveur de nombreuses femmes et autant d' enfants.

La vieille femme laide en rêve, quand elle est inconnue du rêveur figure le monde ici-bas, règne de toutes les discordes. Le monde en effet, s' est présenté sous l' aspect d' une vieille femme infirme, lors du céleste voyage nocturne de l' Envoyé de Dieu, Dieu le bénisse et lui accorde la paix. Mais si la femme dont on rêve est belle, propre et saine, elle peut figurer la vie future et tout ce qui s' y rattache, comme les bonnes actions ou le bien obtenu et dépensé dans l' obéissance à Dieu. Ainsi la vie de ce monde et la vie future peuvent se présenter au rêveur sous l' aspect de deux co-épouses rivales.

La femme jeune et bien faite indique déjà ce à quoi renvoie le mot qui la désigne [*Imra' a* «femme» ; *amr,* pl. *umûr* «affaire, événement important»], c'est-à-dire les affaires de ce monde, ses plaisirs et ses jouissances. Elle peut aussi indiquer le pouvoir, car elle commande à l'homme par la passion et le désir et le maintient à son service pour qu'il lui assure par son travail, la subsistance, tout comme l'esclave. Voir une femme en rêve se disputer avec des hommes, les toucher, les embrasser ou leur montrer son sexe, signale une grande discorde qui sèmera la mort et le désarroi. Mais la femme peut aussi figurer un rempart pour l'homme contre les tentations, si par exemple on la voit dans la mosquée, puisque le bien peut lui aussi constituer une tentation selon la parole du Très-Haut: «*Nous vous éprouvons par le mal et par le bien / en manière de tentation...*» (XXI, 35).

La belle esclave figure aussi un bien annoncé ou une tentation à l'œuvre. Le rêveur qui se voit posséder une belle esclave ou copuler avec elle apprendra le retour d'un proche absent ou du moins recevra de lui une missive. Pour le marin le rêve de la belle esclave conduira sa barque à bon port. Si on voit la belle esclave pourchasser les hommes en plein marché et les appeler à la fornication, une immense discorde aura lieu. Si elle joue au tambour, il faut s'attendre à une nouvelle très importante.

chapitre cinquante et un

De la soif et des boissons, de la faim et des aliments, de l'anthropophagie, de la mastication de la gomme et de la cuisson au feu

La soif signale un trouble de la foi
[...] selon la parole du Très-Haut dans le récit de Saül [Talût]:
«*Dieu va sûrement vous éprouver avec une rivière / celui qui y boira ne fera pas partie des miens / et celui qui y boira sera des miens.*»

La soif signale le trouble de la foi. Celui qui se sent assoiffé en rêve et finit par trouver un cours d'eau et s'abstient de boire, quittera son chagrin, selon la parole du Très-Haut, dans le récit de Saül: «*Dieu va sûrement vous éprouver avec une rivière / celui qui y boira ne fera pas partie des miens / et celui qui n'y boira pas sera des miens.*» (II, 249). Boire de l'eau fraîche est un rêve de bon augure. Celui qui se voit désaltéré, saura que sa foi est solide et que sa conduite est droite.

La faim annonce l'appauvrissement et la peine dans la recherche de son gagne-pain. Mais certains disent que si la faim est de meilleur augure que la satiété, apaiser sa soif est, à l'inverse, de meilleur augure que la soif. Se voir invité à partager le repas de quelqu'un, annonce au rêveur un voyage pas très lointain, selon la parole du Très-Haut, citant Moïse: «*Apporte-nous notre repas, / car nous sommes fatigués après un tel voyage*» (XVIII, 62).

Le rêveur qui se voit manger sa propre chair épuisera ce qu'il a épargné. Manger la chair d'un autre homme signale la tendance du rêveur à médire de ses proches, s'il consomme la chair crue. Si elle est cuite ou grillée, le rêveur épuisera le capital de quelqu'un d'autre. Si la femme mange la chair d'une autre femme elles s'adonneront à des rapports homosexuels, ou alors l'une dominera l'autre en quelque domaine. Si la femme mange de sa propre chair elle se donnera illicitement aux hommes et mangera du commerce de son sexe. Manger de la chair d'homme jeune est plus pertinent dans l'interprétation que la consommation de la chair de vieillard. Manger sa propre langue peut signaler que le rêveur vit de l'usage de sa parole, ou alors c'est l'indice qu'il est habitué à se taire et à tenir comprimée sa colère.

La mastication de la gomme annonce un gain suite à d'une dispute. Ce rêve peut figurer l'acte sexuel contre nature, car cette pratique [la mastication de la gomme] était celle du peuple de Loth.

chapitre cinquante-deux

De certaines épreuves,
désespoir ou perte des parents,
douleur ou déprime,
frayeur ou chute,
mélancolie ou nudité,
bannissement ou privation par le vol,
mépris ou humiliation,
échec ou trahison,
prison ou grossesse difficile,
misère ou servitude,
et de l'égarement

La victime d'un vol doit savoir
que le voleur figure l'archange de la mort
si le rêveur ne reconnaît pas l'auteur du forfait.

Désespérer de quelque chose en rêve annonce, au contraire, salut et heureuse issue, selon la parole du Très-Haut, à propos des frères de Joseph: «*Désespérant de lui / ils se concertèrent à l'écart*»[1] (XII, 80) ou cet autre verset: «*Quand les prophètes désespéraient / en pensant qu'on les traitait de menteurs / notre secours leur est parvenu.*» (XII, 110).

Celui qui se voit devenir orphelin en rêve aura des difficultés avec une femme, avec son commerce ou dans une affaire financière. La douleur dans le rêve signale le remords.

On dit que celui qui se voit reposé peinera. Inversement, celui qui peine en rêve se reposera.

La frayeur indique que le rêveur a commis injustices et péchés. Celui qui se voit mourir de peur, mourra pauvre et endetté.

Se voir démis d'une charge de prestige ou de pouvoir vaudra au rêveur l'obtention de cette charge. On dit aussi que l'auteur de ce rêve répudiera sa femme.

Le visage renfrogné indique que le rêveur dont la femme est enceinte aura une fille, selon la parole du Très-Haut: «*Lorsqu'on annonce à l'un d'entre eux / la naissance d'une femelle / son visage s'assombrit, il suffoque...*» (XLIII, 17).

Trébucher et se faire mal à l'orteil annonce au rêveur une accumulation de dettes. S'il a saigné, il subira un grand malheur. Certains disent que ce rêve indique que le rêveur profitera de gains illicites.

1- A l'écart : *najyya* évoque aussi l'idée de salut, *najat*.

La nudité annonce au rêveur l'apparition d'un ennemi imprévu qui prendra l'aspect du bon conseiller, selon la parole du Très-Haut: «*Que le Démon ne vous tente pas / comme au jour où il a fait sortir vos parents du jardin / en leur arrachant leurs vêtements...*» (VII, 27).

Le bannissement n'est pas de bon augure dans les rêves. Celui qui a banni quelqu'un dans son rêve sera défait par son ennemi.

La victime d'un vol doit savoir que le voleur figure l'archange de la mort, quand le rêveur ne reconnaît pas l'auteur du forfait. Mais s'il lui est connu, il profitera de son savoir, de ses sermons ou d'un tout autre avantage honnête. S'il voit un cambrioleur lui subtiliser son écuelle, son drap et sa jarre, le rêveur apprendra la mort de son épouse. Le cambriolage de tout ce que contient la maison signale le mariage d'une veuve. Etre victime du mépris indique que le rêveur est un ignare, selon la parole du Très-Haut: «*Si le débiteur est fou ou débile...*» (II, 282). On explique cette appréciation, en supposant que le débile et le fou dans ce verset ne sont que les hommes ignorants.

L'humiliation, pour celui qui en est victime dans le rêve, signale le succès dans tout ce qui se rapporte à la foi. Le rêve de l'échec signale péché, trahison et adultère.

La prison annonce les soucis et l'humiliation. Mais certain disent que la captivité dans une cellule de prison promet un royaume, selon l'histoire du prophète Joseph (sourate XII). Etre emprisonné dans une construction en briques, inconnue du rêveur, signale la mise au tombeau. La grossesse difficile est généralement un rêve de mauvais augure. Quant au rêve où l'on se voit dans la misère, il ne peut annoncer que l'appauvrissement.

L'égarement de celui qui se voit écarté de son chemin signale la tendance du rêveur à s'adonner à la contestation non fondée. Le rêveur qui se voit remis sur le bon chemin connaîtra le succès dans ce qu'il entreprendra.

chapitre cinquante-trois

De quelques opposés, ascension et descente, avarice et prodigalité, don et rétention, humilité et orgueil, parler vrai et mensonge, pauvreté et richesse, peur et sécurité, tristesse et joie, ingratitude et gratitude, bien et mal, péché et repentir

La peur dans le rêve signale le repentir.
Mais rêver de la sécurité peut annoncer
que le rêveur sera saisi par la peur.

Celui qui se voit escalader une montagne connaîtra une grande tristesse ou entreprendra un voyage. Celui qui se voit atteindre le ciel, jusqu'à la proximité des étoiles, aura un statut de dominateur et un grand prestige. Et si, dans ce rêve, il se voit transformé en étoile, parmi celles qui guident les voyageurs, il connaîtra la sérénité. Descendre du ciel après une ascension annonce au rêveur la misère après la gloire. Mais d'autres affirment que ce rêve vaudra à son auteur la fortune ici-bas et une consolidation de la foi. Descendre d'une montagne augure du bonheur. Mais on dit aussi que ce rêve peut signaler un contretemps et l'impossibilité pour le rêveur de réaliser ses projets.

Le rêve d'avarice signale que le rêveur sera victime de médisance, tout comme le rêve de médisance indique l'avarice du rêveur. Quant à la prodigalité, si le rêveur se voit forcé de s'y adonner, elle augure de la mort imminente de ce rêveur, selon la parole du Très-Haut: «*Donnez en aumônes* [Litt. *dépensez*] */ une partie des biens que nous vous avons accordés, / avant que la mort n'atteigne l'un d'entre vous*» (LXII, 10). Si le rêveur s'adonne à la prodigalité de son propre gré, il en aura davantage de biens et de prospérité, selon la parole du Très-Haut: «*Faites l'aumône !* [Litt. *dépensez*] */ Ce sera un bien pour vous.*» (LXIV, 16), ou encore ce verset: «*Il vous rendra tout ce que vous avez donné en aumônes*» (XXXIV, 39).

Celui qui accepte un don d'esclave dans le rêve verra venir vers lui un ennemi.

S'adonner à la controverse dans le rêve indique que le rêveur fuit la situation qui se trouve être la sienne au moment de son rêve: une activité commerciale, une fonction de pouvoir ou une querelle avec quelqu'un. Ce rêve signale aussi que le rêveur se détournera d'un sermon ou d'un bon conseil, selon la parole du Très-Haut: «*Mais ils s' obstinent / dans l' insolence et dans la haine.*» (LXVII, 21). Quant à l' esprit conciliateur, il indique chez un rêveur – si le litige ne concerne pas une dette – qu'il conviera un incrédule à avoir la foi.

L'orgueil qui fait renoncer le rêveur aux biens de ce monde et à son luxe annonce la mort du rêveur, selon la parole du Très-Haut: «*Quand la terre revêt sa parure et s' embellit / ses habitants s' imaginent / posséder quelque pouvoir sur elle. / Notre Ordre vient alors, de nuit ou de jour...*» (X, 24). La démarche pompeuse indique un déficit de la foi, selon la parole du Très-Haut: «*Sois modeste en ta démarche.*» (XXXI, 19). Elle signale aussi l' acquisition de la gloire et de la fortune éphémère dans ce bas monde.

Le mensonge est le rêve d' insensé, surtout s' il porte sur la foi, selon la parole du Très-Haut: «*Les incrédules ont forgé des mensonges contre Dieu. / Beaucoup d' entre eux ne comprennent rien.*» (V, 103). Quant au rêve de la vérité, il signale la foi solide du rêveur.

Le rêve de pauvreté vaudra au rêveur l' acquisition d' une grande quantité de nourriture, selon la parole du Très-Haut, citant Moïse: «*Mon Seigneur ! / J'ai grand besoin du bien / que tu feras descendre sur moi !*» (XXVIII, 24). Quant à la richesse en rêve, elle signifie l' appauvrissement.

La peur dans le rêve signale le repentir ; mais rêver de la sécurité peut annoncer que le rêveur sera saisi par la peur.

Le rêve de chagrin signale le bonheur, tandis que le rêve où l' on se voit joyeux annonce le chagrin, selon la parole du Très-Haut: «*Dieu n' aime pas ceux qui se réjouissent.*» (XXVII, 76).

L' ingratitude en rêve signifie l' impiété, selon la parole du Très-Haut: «*Seuls les incrédules nient nos Signes.*» (XXIX, 47).

Reconnaître son péché dans le rêve vaudra au rêveur gloire et prestige, selon la parole du Très-Haut, citant Adam et Eve: «*Ils disent: / "Notre Seigneur ! / Nous nous sommes lésés nous-mêmes.*" » (VII, 23). Quant au rêveur qui avoue un homicide, il aura honneur, pouvoir et sécurité, selon la parole du Très-Haut, citant Moïse: «*Il dit: / "Mon Seigneur ! / J'ai tué l'un d'entre eux...*" » (XXVIII, 33).

La bonne action en rêve signale le salut du rêveur, et la mauvaise son malheur.

chapitre cinquante-quatre

De l'accouplement et de tout ce qui s'y attache, acte sexuel et répudiation, jalousie et embonpoint, acquisition d'une esclave et fornication, sodomie et débauche en groupe, lascivité, et travesti de la femme ou de l'homme, et l'observation du sexe de la femme

Quant aux femmes partenaires d'un coït incestueux du rêveur, elles bénéficieront, enfin, de dons et de présents de ce proche qui a fait un tel rêve.

Pour la mère notamment, après la rupture, le rêveur retournera à l'endroit dont il est venu, il pourvoira aux besoins de sa mère et rétablira le contact rompu.

Celui qui se voit en rêve en marié, sans voir la femme ni la reconnaître, sans qu'elle lui soit nommée ni qu'il lui soit nommé, celui-là mourra ou tuera un homme ; nombreux témoignages l'attestent. Si le rêveur aperçoit son épousée ou la reconnaît, il sera reconnu bon à marier. Et s'il se voit contractant mariage, il détiendra un pouvoir à la mesure de l'importance de la femme, de sa vertu, de sa notoriété, de son nom ou de sa beauté, s'il a pu en avoir une idée. S'il voit qu'il répudie sa femme, il sera écarté de son pouvoir, a moins qu'il n'ait plusieurs femmes, entre épouses et esclaves, auquel cas le rêve de la répudiation ne signale qu'une simple diminution de son pouvoir.

Si une personne quelconque se voit en rêve en train de s'accoupler avec une prostituée, une fortune illicite lui sera dévolue. Et tout accouplement dans le rêve, s'il provoque une éjaculation et appelle l'ablution totale, n'est pas un rêve doté de sens. Si le rêveur se voit coïter avec une femme connue, la famille de celle-ci aura bonne fortune ici-bas. S'il voit qu'il ne l'a pas pénétrée et qu'il n'a eu d'elle que quelques baisers, la fortune de la famille [de cette femme] sera d'autant moins importante, car la pénétration est meilleure et plus pertinente [dans l'interprétation]. Et s'il voit en rêve - ou qu'on le voit en rêve - en train de s'accoupler avec sa mère ou avec sa sœur ou tout autre parent interdit, son rêve sera celui d'un homme qui a renié les attaches familiales ou manque à ces devoirs à leur égard. Qu'il y remédie et qu'il se ravise !

Si le rêveur voit sa femme maquillée, étendue à côté de lui, plus belle ou différente de ce qu'elle est en réalité, son rêve augure d'une année de bonne récolte, et le bel aspect de sa femme lui indique le gain qu'il en pourra attendre.

Celui qui se voit en rêve s'accouplant avec un homme qui lui est inconnu, et si cet inconnu est jeune, le rêveur aura le dessus contre un ennemi. Et même si l'amant est connue de lui ou qu'entre les deux partenaires il y a litige, querelle ou inimitié, l'agent de l'acte rêvé aura, dans la réalité, le dessus contre celui qui a subi cet acte. Si aucun litige ni aucune inimitié ne les oppose, la personne subissant l'acte obtiendra bonne fortune de l'agent de l'acte rêvé, si elle est apte à assumer la richesse. Sinon en profitera son homonyme, son homologue ou toute autre personne ayant un trait de similitude avec le rêveur. Et si l'on se voit s'accouplant avec un vieillard inconnu celui-ci figure l'effort du rêveur et tout ce qui provient de l'effort est de bon présage et appelle le meilleur pronostic. De même quand on se voit en rêve embrassant un homme autrement que par désir sexuel. Pour un tel rêve on doit se référer (pour l'interprétation) à ce que nous avons dit au sujet de l'accouplement: l'agent obtiendra bonne fortune de la personne qui reçoit le baiser ou toute autre satisfaction équivalente. Si le rêveur se voit engrossé son rêve signifie un surplus de fortune. S'il accouche d'un enfant mâle le rêveur connaîtra une grande détresse. Si c'est une fille il obtiendra bonne fortune. Il en va de même pour l'acquisition en rêve de l'esclave mâle ou de la femme esclave.

Si le rêveur se voit s'accoupler avec une bête domestique connue [de lui], il fera profiter quelqu'un d'un bien auquel cette personne n'a pas droit, ou qui ne constitue pas pour elle une juste récompense. Si la bette domestique est inconnue du rêveur, celui-ci aura le dessus contre un ennemi, en attentant à sa personne sans que cela soit de manière légitime, et sans que la victime ne mérite ce qui lui a été infligé. Il en sera ainsi, s'il s'agit d'animaux non domestiques tels les oiseaux ou les fauves et de tout ce qui n'est pas du genre humain.

Si l'on se voit s'accouplant avec le cadavre d'une personne qu'il connaît, celui qui a subi l'acte obtiendra bonne fortune, une bénédiction ou un don de celui qui le lui a fait subir. Si le cadavre - objet de l'acte - est celui d'un proche interdit, l'agent de l'acte se rapprochera de son partenaire par une aumône, une offrande ou une bénédiction. Si l'on voit en rêve un mort connu s'accoupler à un vif, le partenaire vivant recevra du mort, de ses héritiers ou de sa descendance, un legs de savoir ou autre.

Inversement, et pour le baiser donné en rêve, c'est l'agent actif qui obtiendra bonne fortune de celui qui aura accepté d'être embrassé.

Celui qui rêve de son mariage avec une femme morte, et d'une union consommée avec elle, réussira dans une affaire qu'il a combinée, qui sera d'autant plus importante que la femme de son rêve était belle. Si l'union n'est pas consommée, et s'il n'y a point pénétration, le succès en sera diminué. La femme qui voit qu'un homme décédé l'a épousée et a consommé son union avec elle, chez elle, verra décroître sa fortune, s'altérer son état et se disperser en toutes choses. Si l'homme décédé a consommé son union avec elle dans sa propre demeure, qui lui est inconnue, elle mourra. Si la demeure du mort lui est connue, elle verra décroître ses biens comme je l'ai déjà signalé. Et si une femme voit en rêve qu'elle épouse un autre que son vrai mari elle obtiendra fortune et faveur. L'homme qui épouse en rêve une autre femme que la sienne obtiendra un pouvoir. S'il en épouse dix c'est toujours un rêve favorable pour lui dans la mesure où il reconnaît l'épousée, qu'elle lui est nommée ou qu'il l'identifie. De même si la femme épouse en rêve un homme qui lui est inconnu, qu'elle n'a pas identifié, qu'on ne lui a pas nommé, la rêveuse mourra. La femme, dit-on, qui voit en rêve qu'un homme décédé a copulé avec elle, se procurera un bien inespéré, puisque la mort ne peut justifier aucun espoir. Il en va de même pour l'homme s'accouplant à un mort.

Celui qui se voit en rêve sodomisant une femme tentera d'entreprendre une initiative selon une manœuvre inadéquate. Celui qui se voir accéder au harem des rois et coucher avec les femmes qui s'y trouvent témoignera de son respect des rois en question, si dans ce rêve il y a des indices de vertu et de bonnes dispositions chez le rêveur. Sinon celui-ci aura à médire du gynécée royal.

Celui qui voit en rêve que sa femme est en période de menstrues connaîtra des obstacles dans la conduite de ses affaires. S'il voit qu'elle s'est purifiée ses affaires seront débloquées. Et s'il copule avec elle à ce moment-là ses affaires prospéreront. S'il se voit lui-même en état de menstruation il commettra l'inceste. S'il se voit souillé il sera troublé. Et s'il se voit purifié et revêtu d'un habit propre il sortira de cet état. il en va de même pour la femme qui a fait des rêves semblables.

La femme de celui qui la voit en rêve affublée d'une barbe n'enfantera plus jamais. Mais s'il a déjà un enfant, celui-ci dominera les siens.

Al-Qaïrawânî[1] a dit:

Pour le contrat de mariage [rêvé], si la femme est inconnue du rêveur, et si ce dernier est malade, l'homme contractant mourra. S'il est chaste il s'établira en sa faveur un acte lui octroyant un pouvoir ou il produira un témoignage sur un meurtre, car la femme est un pouvoir et le coït correspond au meurtre.

Le pénis est à rapporter au poignard ou à la lance surtout quand il provoque la perte de la virginité, quand le sang coule au moment de l'acte. Mais si l'épousée est connue, si on dévoile son identité ou si son père est un vieillard, le rêveur obtiendra, en vertu d'un contrat, un bien matériel: une maison, un esclave, une échoppe ou une marchandise quelconque et il aura la richesse qui le comblera. S'il voit que le moment de son union avec l'épousée a été reporté, ce qui est reporté dans la réalité sera plutôt hâté.

Le coït signifie la réalisation d'un désir, poursuivi par l'homme, enfoui en lui ou objet d'une attente d'ordre spirituel ou matériel, tel un voyage, un labour, l'approche d'un souverain, la navigation sur des voiliers ou la quête d'un bien égaré. Car le coït est une jouissance et un profit et ne va pas sans fatigue et sans l'effort

1- Ibn Abî Tâleb (mort en 778). On lui attribue un traité d'interprétation des rêves (*al-Mumti'*, l'Agréable) qui est la référence en la matière au Maghreb et dans les pays islamiques d'Afrique noire.

nécessaire pour y accéder. Si le rêveur réalise le coït avec son épouse il obtiendra quelque chose qu'il a toujours espéré d'elle ou c'est elle qui obtiendra la même chose de lui. Quant aux femmes partenaires d'un coït incestueux accompli par le rêveur, elles bénéficieront de dons et de présents de ce proche qui a fait ce rêve. Pour l'inceste avec la mère notamment, le rêveur, après une longue absence, retournera à sa terre natale. Il pourvoira aux besoins de sa mère et rétablira le contact rompu. Cependant, s'il réalise le coït incestueux avec les femmes qui lui sont proches au cours des mois du Pèlerinage et que dans le rêve il y ait des indices qui en attestent, il foulera la terre sainte et y réalisera son désir. S'il a atteint l'orgasme la semence produite figure les deniers qu'il dépensera dans ce lieu excellent que tous désirent visiter et où tous désirent toujours retourner. S'il obtient dans sa main un peu de cette semence, ou s'il en voit sur son habit, il aura une richesse en provenance d'un enfant à lui ou d'une tout autre provenance.

L'accouplement avec les animaux domestiques et le bétail connu indique que le rêveur prodiguera un bienfait à celui qui ne pourra le reconnaître, ou qu'il consentira à des dépenses de mauvais aloi. Si l'animal domestique est inconnu du rêveur, celui-ci vaincra un adversaire - ami ou ennemi - dont la bette rêvé e est la préfiguration. Il agira alors avec cet adversaire d'une manière illégitime. Si c'est la bette qui saillit le rêveur, celui-ci sera vaincu et dominé, à moins qu'il n'en soit pas choqué et que le comportement de l'animal ou du fauve ne lui soit pas répugnant ; dans ce cas il obtiendra un bienfait de son ennemi ou d'une personne dont il n'attend aucune faveur. Ce rêve peut signifier aussi le coït incestueux avec femelles ou mâles parmi ses proches, s'il y a des signes qui confortent une telle interprétation.

Le coït obtenu par sodomie indique que le rêveur cherche une chose difficile à laquelle il ne peut légitimement prétendre. Il se peut même que sa quête échoue et qu'il ait dépensé vainement efforts et deniers, car dans l'anus nulle semence ne féconde et nul bénéfice n'est escomptable, comme c'est le cas dans le sexe.

Déflorer une fille vierge dans le rêve signifie un effort investi dans des initiatives difficiles, comme la rencontre avec des souverains, la guerre, l'endurance, la conquête de contrées, le creusement de silos ou de puits, la quête de trésors ou d'archives, la recherches des sciences hermétiques ou occultées et l'engagement dans toute voie étroite.

Si le rêveur déflore et pénètre il réussira dans sa recherche à l'état de veille. Si son pénis se rompt, que le gland se retire ou s'il atteint l'orgasme sans l'avoir introduit, son effort faiblira à l'état de veille et son art diminuera. Ou alors il déviera du chemin poursuivi et perdra ce qu'il a dépensé, en renonçant au but.

Au sujet de l'accouplement entre mâles, il faut d'abord que tu considères la personne passive. S'il s'agit d'un jeune homme, la personne active aura le dessus contre son ennemi. S'il s'agit d'un vieillard, la personne active réussira grâce à son propre effort et s'élèvera selon sa chance. Si la personne passive est connue du rêveur, le rêve annonce la purification pour celui qui est actif ou alors qu'il sera victime d'une injustice ou d'une agression. S'agissant d'un petit garçon le rêveur agent actif de l'acte utilisera une monture inadéquate ou fera subir une peine à une personne qui ne pourra s'en charger. Si la personne passive est liée d'amitié au rêveur, celui-ci surprendra son ami par quelque chose d'inaccoutumé pour lui. Mais si l'acte a été consommé selon la volonté et le désir du partenaire passif, celui-ci obtiendra un agrément de l'agent actif ou alors le couple s'associera à d'autres personnes pour commettre un acte répréhensible.

Copuler avec une personne morte dans la scène du rêve signifie que le partenaire passif obtiendra quelque agrément du partenaire actif. Si le mort rêvé est vivant dans la réalité, il pourra obtenir une part d'héritage, une donation des siens ou de sa descendance. S'il est effectivement déjà décédé le rêveur pourra donner une aumône en pensant à lui, faire des présents à sa famille ou prier pour la paix de son âme. S'il s'agit d'une morte inconnue qui subit l'acte, le rêveur reprendra une affaire oubliée, une propriété en ruine qu'il restaurera, un puits effondré qu'il mettra en état, une terre délaissée qu'il labourera ou une démarche abandonnée qu'il réactivera grâce à de nouveaux arguments ou par l'intervention de personnages qui soutiendront sa cause. A moins que son pénis ne faiblisse lors de la copulation ou ne s'amollisse à l'instant de la jouissance. Dans ce cas il fera des tentatives pour mener à bien tout ce qui précède, mais échouera au bout du compte. Si une rêveuse se voit copulant avec un homme déjà décédé dans la réalité, elle le rejoindra dans la mort, si elle est malade. S'il y a un malade parmi les siens il mourra ; ou alors cela indique un désordre dans son foyer ou un mal dont son corps est atteint ; à moins qu'il n'y ait dans la scène un signe favorable: que le mort lui dise, par exemple: «Non, je ne suis pas mort» ou qu'il lui fasse don d'un peu d'orge, car un tel don présage d'un bien qu'on n'attend plus, quelque héritage d'un parent ou d'un époux.

Et si la rêveuse se voit contractant mariage avec un autre homme que son époux cela signifie un bienfait dont elle sera nantie, elle ou sa famille ou son mari ; comme par exemple un associé qui se joindra aux affaires de celui-ci, un jeune compagnon qui l'aidera, ou un collaborateur qui travaillera pour lui et le servira.

Les menstrues pour la rêveuse enceinte signifient la naissance d'un enfant mâle, selon la parole du Très-Haut: *«Elle riait / Nous lui annonçâmes la bonne nouvelle d'Isaac»* (XI, 71).

Si l'homme se voit en état de menstrues, il copulera avec une personne interdite par l'inceste. S'il copule avec son épouse, et qu'il voit celle-ci se détourne de lui, son rêve signifie que la fortune matérielle se détournera de lui. S'il voit sa femme en état de menstruation, son entreprise stagnera.

Le baiser dont le but est la jouissance donne lieu aux mêmes interprétations que la copulation. S'il ne vise pas la jouissance celui qui le donne s'adressera à celui qui l'a reçu pour lui exprimer une demande qui sera exaucée, si le partenaire embrassé a consenti au baiser ou s'il en a souri de satisfaction, s'il ne l'a pas repoussé ou s'il ne s'en est pas offusqué.

Dormir à deux dans un lit et sous le même drap, corps à corps, appellent le même commentaire que la copulation et le baiser.

Si le rêveur se voit marié à quatre femmes il profitera d'un surplus de bienfaits, selon la parole du Très-Haut: «*Epousez comme il vous plaît / deux, trois ou quatre femmes*» (IV, 3).

Si le rêveur donne en mariage sa femme à un autre homme en la lui faisant parvenir jusqu'à chez lui, il perdra son royaume s'il est roi, ou fera faillite s'il est commerçant. Mais s'il amène l'homme auprès de sa femme, il fera une opération commerciale bénéfique et fructueuse.

La noce figure un malheur si le rêveur est le mari. Elle figure joie et allégresse pour le convive, à condition qu'il ne voit pas de nourriture.

On raconte qu'un homme est venu voir Ibn Sîrîn et lui a raconté un rêve où il s'est vu copuler avec sa mère puis, ayant terminé, il a copulé avec sa sœur, et il a eu l'impression d'avoir le bras droit coupé. Par pudeur Ibn Sîrîn a écrit la réponse dans un morceau d'étoffe pour ne pas s'exprimer de vive voix: «Cet homme est mauvais fils, profanateur des liens sacrés de la parenté, incapable de vertu, méchant envers sa mère et sa sœur !»

Celui qui voit en rêve que le calife le monte, aura le gouvernement d'une région. Et si un homme du commun le monte, il échappera à ses soucis et guérira de ses maladies. Celui qui voit qu'un vieillard inconnu a copulé avec son épouse, obtiendra bénéfices et profits, car le vieillard figure son propre effort. Si c'est un jeune homme qui a copulé avec sa femme, son propre ennemi se mettra à son service, et l'encouragera sur la voie de l'injustice et du mauvais comportement avec les autres. Et si un partenaire passif d'un acte sexuel se voit en prison, il sera libéré.

Celui qui se voit en rêve en train de copuler avec sa mère décédée, dans sa tombe, mourra, car le Très-Haut a dit: «*De la terre, nous vous avons créés ; / en elle nous vous ramènerons*» (XX, 55).

Celui qui se voit copuler avec une esclave profitera d'un bienfait. Si le rêveur se voit copuler d'une manière contraire à ce qui est licite, il cherchera à obtenir quelque chose qui n'est pas légitime et n'en profitera pas. S'il se voit en train de copuler avec son esclave – homme ou femme – cela lui annonce un surplus de fortune, et la joie de posséder. S'il voit que son esclave a copulé avec lui cela signifie que son esclave ne fait pas grand cas de lui.

On dit que le rêveur qui répudie sa femme deviendra riche, selon la parole du Très-Haut: «*Si les époux se séparent Dieu les enrichira tous deux de son abondance*» (IV, 103).

On dit aussi que le rêve de répudiation signifie que le rêveur se séparera d'un roi qu'il a toujours fréquenté, car les femmes sont tout aussi rusées que les rois. On dit également que la répudiation signale la séparation d'avec toute chose. Aussi la séparation d'un gouverneur d'avec sa femme dans le rêve signifie-t-elle sa mise à l'écart. Celle de l'artisan d'avec son épouse, l'abandon de son métier. S'il la répudie pour la reprendre, il retournera à son activité.

Etre jaloux en rêve signifie que le rêveur est avare.

Avoir de l'embonpoint dans le rêve annonce un surplus de fortune.

On dit que le rêveur qui s'adonne à la fornication trahira. Mais on dit aussi qu'il aura la bénédiction du Pèlerinage [à la Mecque]. Forniquer avec l'épouse d'un homme connu du rêveur indique, dit-on, que le rêveur convoitera la fortune de cet homme. Et le rêveur qui a forniqué en rêve avec une belle femme investira ses fonds dans une affaire solide et sera sûrement gagnant. Quant au rêve du châtiment légal subi par le fornicateur, il signifie un approfondissement du savoir en matière de religion, si le rêveur est un homme de savoir ; une consolidation du pouvoir, s'il s'agit d'un homme de gouvernement.

Pour la débauche en groupe, on note que le rêveur qui réunit un homme et une femme pour forniquer avec eux, sera un vendeur aux enchères qui fera des offres et ne trouvera jamais acquéreur.

Quant au travestissement de femmes, il est dit que le rêveur qui voit sur la femme des habits d'hommes et voit qu'elle a aussi l'allure masculine, doit conclure que la situation de cette femme deviendra meilleure si les habits sont à sa mesure. Sinon son état s'altérera et elle connaîtra peur et tristesse. Si la femme se voit transformée en homme, elle sera auprès de son époux une femme de vertu.

Le rêveur qui se voit devenir efféminé rencontrera désarroi et tristesse.

Le rêveur qui se voit en train de scruter le sexe de sa femme ou d'une autre femme avec désir - ou s'il le touche - fera un commerce détestable. S'il se voit en train de regarder une femme nue, à son insu, il commettra des fautes et des écarts graves.

Quant à la sodomie, certains disent qu'elle signifie dans le rêve la victoire sur un ennemi, car le garçon indique l'ennemi. D'autres disent que le rêveur, dans un tel cas, s'appauvrira et perdra son capital.

chapitre cinquante-cinq

Du voyage et du saut, marche et élan, orientation et envol, usage de montures et retour du voyage

L'envol signale la tendance à l'abstraction.

On dit aussi que le rêve de l'envol vaudra un pouvoir pour le rêveur qui en est digne.

S'il est malade, il annoncera sa mort.

Si le rêveur se voit voler d'un toit à l'autre, il remplacera son épouse par une autre.

Voyager annonce le changement brusque dans la vie du rêveur ou l'arpentage d'une terre en vue d'une appropriation ; tout comme le rêve de l'arpentage d'une terre signale le voyage imminent.

Le rêve du saut – au cas où le sauteur se trouve empêché de marcher normalement – indique que le rêveur perdra la moitié de sa fortune et vivra difficilement de l'autre moitié. Quant à l'élan, il signale la force du rêveur. S'il s'élance vers le haut et atteint le ciel, le rêveur se rendra à la Mecque. S'il reste suspendu entre ciel et terre, il mourra et ce rêve figure ses funérailles. Se voir en train de marcher droit indique que le rêveur cherche à obéir aux lois de l'Islam. Si la marche s'effectue sur la place du marché, on saura que le rêveur est investi d'une mission, selon la parole du Très-Haut: «*Ils ont dit: / "Qu' a-t-il donc ce prophète ? / Il se nourrit de mets / et circule dans les marchés.*" » (XXV, 7). Marcher pieds nus signale la foi solide du rêveur et annonce la disparition de ses malheurs. Mais certains affirment que ce même rêve annonce un malheur qui s'abattra sur l'épouse du rêveur qui en sera répudiée.

La marche forcée annonce la victoire du rêveur sur son ennemi, tandis que la marche mesurée signifie l'humilité devant Dieu, selon Sa parole, qu'Il soit le Très-Haut: «*Sois modeste en ta démarche.*» (XXXI, 19).

S'enfoncer dans la terre sans que le rêveur creuse le sol, figure, selon la profondeur du trou, l'emprise des tentations des biens de ce monde et peut-être la mort du rêveur à la recherche de la fortune.

L'envol, selon une interprétation donnée par Ibn Sîrîn à un rêveur qui a sollicité son avis, signale la tendance à l'abstraction. Tournoyer autour d'une montagne vaudra au rêveur l'obtention d'un puissant royaume. On dit aussi que le rêve de l'envol vaudra un pouvoir au rêveur qui en est digne. S'il est malade, ce rêve annonce sa mort. Si le rêveur se voit voler d'un toit à l'autre, il remplacera son épouse par une autre femme. Si le rêveur s'envole de sa propre maison vers une autre, la nouvelle demeure figure sa tombe.

Se voir en rêve chevauchant une bête signale que le rêveur a succombé à une passion. Mais le rêve de montures en général figure prestige et désirs réalisés. Si le rêveur se voit sur les épaules d'un homme, il mourra ; des hommes le transporteront dans sa tombe. On dit que ce rêve pourra signifier aussi l'engagement du rêveur dans une affaire difficile: si le rêveur tombe sur le sol, ses projets ne seront pas réalisés.

Le retour du voyage indique que le rêveur a eu la satisfaction du devoir accompli. Certains affirment que ce rêve annonce le salut du rêveur et son entrée dans une période de faste, selon la parole du Très-Haut: «*Ils sont revenus avec un bienfait et une grâce de Dieu./ Aucun mal ne les a touchés.*» (III, 174). Ce rêve peut aussi signaler le repentir du rêveur, selon la parole du Très-Haut: «*Nous les avons éprouvés par des biens et par des maux. / Ils reviendront peut-être vers nous.*» (VII, 168).

Le trot, sur une monture ou à pied, annonce la réalisation rapide d'un vœu, ou le salut du rêveur soumis à la peur, selon ce que le Très-Haut nous a dit, citant Moïse: «*Je me suis enfui, parce que j'avais peur de vous.*» (XXVI, 21).

chapitre cinquante-six

Des échanges entre les hommes, vente et achat, hypothèque et location, association et mise en dépôt, prêt et caution, acquittement de la dette et délai de payement

Celui qui voit qu'une pièce d'étoffe
ou tout autre objet qui ne peut se trouver
dans le ventre des gens
sort de son anus
aura à sa charge des personnes
qui lui sont étrangères.

Le rêveur qui se voit exposé à la vente et qui sera acheté par un homme connaîtra le chagrin. Si l'acquéreur est une femme, il aura puissance, dignité et prestige, selon le prix consenti pour son achat. être l'objet d'un achat est lié à la dignité et au prestige de celui que l'on achète selon la parole du Très-Haut à propos de Joseph, paix sur lui: «*En Egypte son acquéreur dit à sa femme: / "Fais-lui bon accueil* "» (XII, 21). Dans le rêve tout ce qui est bon pour l'acheteur est de mauvais augure pour le vendeur et *vice versa*. On affirme aussi que l'acte de vendre annonce au rêveur la disparition de son royaume.

Se voir retenu en otage indique que le rêveur a commis de nombreux péchés, selon la parole du Très-Haut: «*Tout homme est tenu responsable* [Litt. «*en otage*»] */ de ce qu'il a accompli.*» (LXXIV, 38). Celui qui se voit dépositaire d'une hypothèque sera victime d'une injustice, il sera empêché de recouvrer un droit, puis aura gain de cause, grâce au gardien du bien hypothéqué et après de grandes difficultés.

La location indique la tendance du rêveur locataire à utiliser la ruse ourdie contre celui qui propose cette location, pour l'induire en erreur et l'abandonner ensuite à son sort.

L'association figure l'équité. S'associer à un vieil homme inconnu annonce la bonne fortune du rêveur. L'association avec un jeune homme inconnu du rêveur signale qu'un ennemi de celui-ci lui rendra justice mais continuera à lui inspirer crainte et méfiance.

L'emprunt d'un objet désiré est de bon augure ; l'emprunt d'un objet détestable est de mauvais augure. Emprunter une bette signale que le prêteur se chargera des besoins de l'emprunteur. prêter quelque chose, sans en demander les intérêts signale que le rêveur dépensera ses deniers pour soutenir le Combat sacré, selon la parole du Très-Haut: «*Si vous faites un bon prêt à Dieu, / il vous le rendra avec abondance*» (LXV, 17).

Le rêve de la caution signale que la personne qui la donne enseignera les bonnes manières à celle qui en profite. La tutelle pour celui qui s'engage à l'exercer est de mauvais augure. Mais elle annonce la fortune pour celui qui en est l'objet, selon la parole du Très-Haut, à propos de Marie: «*Il la fit croître d'une belle croissance / et il la confia* [en tutelle] *à Zaccharie.*» (III, 37). Prendre un petit enfant en tutelle conduira le rêveur à prodiguer ses bons conseil à un ennemi, selon la parole du Très-Haut, à propos de Moïse [sauvé des eaux]: «*Sa sœur dit: / "Puis-je vous indiquer une famille / qui, pour vous, / se chargera de cet enfant et lui sera dévouée ?"* » (XXVIII, 12).

Celui qui s'acquitte d'une dette en rêve montrera sa propension à être généreux à l'égard des siens et sa charité envers les pauvres. Ce rêve lui permettra aussi de passer un cap difficile dans sa vie ici-bas, comme dans ses affaires religieuses. Certains affirment que le rêve de la dette acquittée annonce le retour d'un voyage, tout comme le rêve du retour signale l'acquittement d'une dette.

Le délai de payement accordé au rêveur annonce des tourments, selon la parole du Très-Haut: «*Accorde donc un délai aux incrédules, / accorde-leur un court délai !*» (LXXXVI, 17). Si le rêveur consent un délai à quelqu'un, dans la colère, il soumettra cette même personne à de terribles tourments.

chapitre cinquante-sept

Des disputes et des querelles et tout ce qui s'y attache, intrigues et haine, menace et insolence, envie et ruse, discorde et effraction, piétinement et coups, griffures et lapidation, insulte et moquerie, gifle et inimitié, médisance et rancune, défaite et tirage au sort, lutte et massacre

«Puis on tira au sort / et il [Jonas] *se trouva au nombre des perdants.»*
Coran

La haine dans le rêve est de mauvais augure, car seul l'amour est un bienfait de Dieu. Le Très-Haut l'a confirmé en signalant qu'Il a dissipé la haine constante entre les hommes par l'intervention de l'amour i,voqué dans ce verset: «*Dieu a établi la concorde en vos cœurs ; / vous êtes, par sa grâce, devenus des frères*» (III, 103).

L'insolence dans le rêve se retournera toujours contre celui qui l'a commise et la victime triomphera, selon la parole du Très-Haut: «*O vous, les hommes ! / Votre insolence retombera sur vous*» (X, 23) ; ou encore: «*Celui qui châtie, comme il a été châtié / et qui a subi, ensuite, de nouvelles représailles: / Dieu le protégera.*» (XXII, 60).

La menace signale la victoire de celui qui la subit sur celui qui l'a proférée. Voir en rêve que les gens se lancent des menaces les uns aux autres, annonce l'avènement d'un tyran.

L'envie est de bon augure pour celui qui se voit envié ; elle est de mauvais augure pour l'envieux.

L'intrigant, en rêve, sera toujours défait dans la réalité et sa victime triomphera, selon la parole du Très-Haut: «*S'ils veulent te tromper, / Dieu te suffit.*» (VIII, 62).

La dispute figure la réconciliation ; la trahison figure l'adultère.

L'effraction d'une demeure figure l'intrigue. Si l'effraction amène le rêveur au cœur de la maison il parviendra par la ruse à la possession d'une femme. Si le rêveur tente d'entrer par effraction dans une ville, il cherchera la connaissance auprès d'un grand savant, car le Prophète, Dieu le bénisse et lui accorde la paix, a dit: «Je suis la Cité du Savoir et en moi cherchez-en la porte !» Si le rêveur tente de forcer un rocher, il cherchera la justice apurés d'un souverain rude.

Celui qui se voit piétiner quelqu'un en rêve insultera cette même personne dans la réalité en invoquant son état miséreux. Les coups sont de bon augure pour celui qui en reçoit, à moins qu'il ne soit frappé avec un instrument en bois, auquel cas le rêve signale des promesses qui ne seront jamais tenues. Mais celui qui voit le roi le frapper avec un instrument en bois sera richement vêtu par ce roi. Se frapper la tête sur un rocher signale que le rêveur dormira sans s'acquitter de la prière de la nuit, selon ce qu'a dit le Prophète, Dieu le bénisse et lui accorde la paix. La lapidation figure l'injure. L'injure, le meurtre, l'inimitié figurent, au contraire, l'amitié. La gifle signale que celui qui la subit sera sermonné par celui qui l'a giflé.

Le tirage au sort pour le gagnant annonce la victoire légitime du rêveur sur quelqu'un. Si le rêveur est le perdant il aura tristesse et gros soucis, selon la parole du Très-Haut, à propos de Jonas: «*Puis on tira au sort / et il se trouva au nombre des perdants.*» (XXXVII, 141).

La lutte, si elle se déroule entre deux partenaires d'espèces dissemblables, tel un homme et un fauve par exemple, est de bon augure pour celui qui a eu le dessus. Si elle se déroule entre deux hommes, le gagnant du rêve sera défait dans la réalité.

Le massacre par égorgement figure la rébellion ou l'injustice.

chapitre cinquante-huit

De l'interprétation de quelques rêves épars qui ne peuvent être classés selon un ordre homogène

L'obséquiosité
pour le rêveur qui en fait preuve n'est pas de bon augure
A moins qu'elle ne soit seulement un moyen
pour quémander le savoir.

Le cadeau signale la demande en mariage. Celui qui reçoit un présent se verra demander la main de sa fille ou d'une femme parmi ses proches ; et l'union se réalisera, selon la parole du Très-Haut, [à propos de Balqîs reine de Saba]: «*Quant à moi, je vais lui envoyer* [à Salomon] *un présent / et je verrai ce que les émissaires rapporteront*» (XXVII, 35). En général rêver du cadeau annonce la réconciliation et l'union, car l'Envoyé de Dieu a dit: «Offrez-vous des présents les uns aux autres pour vous aimiez !»

Ecouter les autres par indélicatesse est un rêve qui signale l'attitude d'un menteur et d'un médisant, selon la parole du Très-Haut, à propos des gens incrédules: «*Ils tendent l'oreille / mais la plupart d'entre eux sont menteurs...*» (XXVI, 223). L'indélicat subira un malheur de la part d'un détenteur de pouvoir, selon la parole du Très-Haut, à propos des démons: «*Mais si l'un d'eux parvient subrepticement à écouter / une flamme brillante le poursuivra.*» (XV, 18).

L'obséquiosité pour le rêveur qui en fait preuve n'est pas de bon augure ; à moins qu'elle ne soit seulement un moyen pour quémander le savoir.

L'adieu fait à une épouse annonce sa répudiation ou la mort du rêveur qui l'adresse à quelqu'un. Il peut indiquer la séparation des associés, la démission du gouverneur ou la faillite du commerçant. Mais certains disent que l'adieu est de bon augure: il annonce la réconciliation avec l'épouse répudiée, la reprise d'une association, la réalisation de bénéfices pour un commerçant, le retour du gouverneur à sa charge ou le rétablissement du malade ; car le vocable qui le désigne contient la notion de sérénité et de satisfaction [*wadâ'* «adieu» et *dâ'a* «sérénité»] et puis l'anagramme du mot renvoie à l'idée du «retour» [*wadâ'* – *'âdû*, «ils sont de retour»] Le poète a dit:

Si tu vois venir l'adieu, réjouis-toi !
Et ne pense pas à l'éloignement
Attends le retour de l'Aimée !
Ne vois-tu pas que
Wadâ' [adieu] *est l'envers*
De 'âdû [ils reviennent] *?*

Se cacher des autres en rêve peut admettre diverses interprétations. Certains disent que cela annonce au rêveur la naissance d'une fille, selon la parole du Très-Haut, à propos de celui à qui on annonce un tel événement: «*Il se tient à l'écart des gens...*» (XVI, 59). D'autres soutiennent que l'auteur de ce rêve projette de fuir loin de chez lui, selon la parole du Très-Haut, citant les hypocrites: «*Nos maisons sont restées sans défense ; / mais elle n'étaient pas sans défense ; / ils voulaient seulement s'enfuir.*» (XXXIII, 13).

Le serment est l'indice de la présomption, de l'orgueil et de l'imposture, selon la parole du Très-Haut, à propos de Satan le tentateur: «*Il leur jura: / "Je suis pour vous un conseiller digne de confiance" / et il les fit tomber par sa séduction.*» (VII, 21-22) ; ou cet autre verset: «*Le jour où Dieu les ressuscitera tous, / ils lui feront des serments / comme ils vous faisaient des serments...*» (LVII, 18). Le serment véridique annonce le triomphe, selon la parole du Très-Haut quand il a juré par les couchers d'étoiles: «*C'est là un serment solennel*» (LVI, 76). Le serment mensonger indique l'humiliation, la défaite et l'action blâmable, selon cette parole du Très-Haut: «*N'obéis pas à celui qui profère des serments et qui est vil*» (LXVIII, 10). Et puis on rapporte que le Prophète, Dieu le bénisse et lui accorde la paix, a dit: «Le serment mensonger ruine les maisons !»

Le rêveur qui se voit chatouillé sera empêché d'exercer son métier par celui qui l'a chatouillé.

Celui qui se voit entreprendre une activité intense épousera une vierge ou en dépucellera une, selon la parole du Très-Haut: «*Ce jour-là, / la seule occupation des hôtes du Paradis / sera de se réjouir.*» (XXXVI, 55). On a dit que cette réjouissance sera le dépucelage des vierges.

Le pardon signale que le rêveur agira pour le bien, ce qui lui vaudra la grâce divine, selon la parole du Très-Haut: «*Ils oublieront et ils pardonneront. / N'aimez-vous pas que Dieu vous pardonne?*» (XXIV, 22).

Affranchir un esclave en rêve annonce la mort du rêveur qui entreprend une telle initiative. Ce rêve peut aussi annoncer le rétablissement du rêveur malade ou sa délivrance, s'il se trouve endetté.

Tout reproche adressé à quelqu'un dans le rêve indique que le rêveur aime celui qui en est l'objet, comme dit le poète:

Le jour où le reproche disparaît,
Disparaît l'amitié
Il n'y a reproche que si l'on s'aime.

Mais si le rèveur s'adresse des reproches à lui-même son rêve ne peut indiquer qu'un sentiment de remords, selon la parole du Très-Haut, à propos du Jugement dernier: «*Le jour où chaque homme viendra, / plaidant pour lui-même...*» (XVI, 111).

La succion indique que le rêveur prend les biens d'autrui. Si le rêveur suce ses propres tétins, il prendra les biens de sa femme. De même s'il se voit sucer un autre organe: il prendra les biens du personnage que cet organe figure.

Péter bruyamment en public indique, pour le rêveur qui n'a pas fait ses ablutions, qu'il proférera des paroles incongrues.

Celui qui se voit sucer le membre d'un autre homme aura une heureuse issue, une petite fortune et un sexe paresseux. De même si le rêveur travaille le sexe de la femme avec autre chose que le membre viril, il aura pour toute initiative des résultats incomplets.

Celui qui voit une pièce d'étoffe, ou tout autre objet qui ne peut se trouver dans le ventre des gens, sortir de son anus aura à sa charge des personnes qui lui sont étrangères.

chapitre cinquante-neuf

De quelques rêves faits par de saints hommes à propos d'autres saints hommes

que Dieu soit satisfait d'eux

Il s'est tué en se coupant les veines et en se vidant de son sang. Son ami Tufayl l'a vu en rêve dans un état de béatitude, avec toutefois les mains bandées.

[...]

— Dieu m'a pardonné mon suicide parce que j'ai émigré pour rejoindre Son Prophète ; [...] *mais on m'a dit qu'au Paradis, il n'est pas possible de réparer le forfait*

qu'on a perpétré contre soi-même !

Il nous a été rapporté que le Compagnon du Prophète Tufayl Ibn Amr a suggéré à l'Envoyé de Dieu, Dieu le bénisse et lui accorde la paix, la prise d'une place forte appartenant à la tribu des Aws[1]. Le Prophète a refusé, tenant compte des égards qu'il devrait aux *Ançâr*[2]. Plus tard Tufayl Ibn Amr rejoint le Prophète, en émigrant à son tour à Médine en compagnie d'un homme de son clan. Cet homme avait détesté le séjour à Médine et, en quittant la cité, il s'est tué en se coupant les veines et en se vidant de son sang. Son ami Tufayl l'a vu en rêve dans un état de béatitude, avec toutefois les mains bandées. Il l'a interrogé à ce sujet et l'homme lui a dit:

— Dieu m'a pardonné mon suicide parce que j'ai émigré pour rejoindre Son Prophète, Bénédictions du Très-Haut sur lui ; mais on m'a dit qu'au Paradis il n'est pas possible de réparer le forfait qu'un homme s'est fait subir à lui-même !

Tufayl a raconté le rêve au Prophète, Dieu le bénisse et lui accorde la paix, qui a dit:

— Puisse Dieu pardonner aussi à ses mains !

On nous a rapporté qu'un homme vivant aux premiers temps de l'Islam s'est introduit dans un cimetière ; il a vu un crâne dépassant du sol. Pris d'une grande tristesse, il l'a recouvert de terre. En quittant le cimetière, il s'est dit: «Ah ! Si l'un de ces morts pouvait se dévoiler à moi pour que je puisse l'interroger sur ce qu'il est advenu de lui, après la mort !»

1- Tribu de Yathrib, ville qui deviendra Médine.

2- Tous ceux qui, dans Médine, ont accueilli, protégé et soutenu le Prophète, lors de son exil (*hijra*, l'Hégire) de la Mecque.

Plus tard, il a vu en rêve une personne qu'il sait décédée, il s'est vu l'aborder et lui dire:

— Mais cessez donc d'ériger des tombes lourdement bâties sur nous, les morts. Nous en avons les joues usées ! Nous sommes partagés en deux groupes ; ceux qui attendent, avec la joie de l'espoir la récompense de Dieu et ceux qui, contrits, voient déjà les affres de Son châtiment. Alors n'oublie jamais ce que tu viens de voir !

Notre rêveur a persévéré depuis lors dans la pratique de sa foi jusqu'à sa mort.

Ibn 'Ayyna nous a rapporté ce récit:

«J'ai vu en rêve Sufiâne ath-Thawrî [alors qu'il est déjà mort] et je l'ai interrogé sur ce que Dieu a fait de lui. Il m'a donné une réponse [évasive].

— Grâce à quelle bonne action tu as mérité ton salut ? ai-je insisté.

— Grâce à mon désintérêt pour tout ce qui ne me regarde pas !

— Et que peux-tu me conseiller ?

— Occupe-toi de ce qui te regarde !»

Un dénommé Mahlam de la tribu des Qays a été fait frère[1] de 'Awf Ibn Mâlek al-Ashja'î. A son lit de mort, Awf lui a dit:

— Si tu rends l'âme, reviens donc nous voir, et dis-nous ce qu'il est advenu de toi, là-haut...

— Si je mérite [un tel honneur], je ne manquerai pas de le faire ! a répondu Mahlam.

Une année après' Awf a vu son frère en rêve.

1- Dans les sociétés pré-islamiques (mais ces pratiques demeurent encore dans le nomadisme arabe) la tribu prévoit des institutions de parenté "fictive"; comme dans l'adoption où l'on intègre un fils à la lignée, on peut intégrer un frère (*muâkhâ*) ou un cousin (*mu'amma*).

— Eh bien, qu'as-tu fait et qu'a-t-on fait de toi ? lui a-t-il dit.

— Nous avons eu tous nos rétributions, intégralement, Dieu m'est témoin ! A l'exception de quelques pervers notoires. Pour ma part, j'ai été même récompensé pour avoir recueilli, la veille de ma mort, une chatte égarée prés de chez nous...

A son réveil, 'Awf est allé voir la veuve du défunt et lui a dit:

— As-tu vu Mahlam, peu avant sa mort ?

— Oui ! Il a même insisté pour prendre notre fille avec lui ! dit-elle. Et 'Awf lui a fait le récit de son rêve.

— Je ne suis pas au courant, dit la femme. On va interroger les domestiques... Ceux-ci ont confirmé le récit du mort, mot pour mot !

Abû Ya'qûb Ishâq Ibn Badrân le jurisconsulte mecquois nous a rapporté qu'un homme de Bassora, habitué à fréquenter les cimetières a dit: «Je me suis trouvé un jour près d'une tombe quand le sommeil m'a vaincu. Dans un rêve, deux femmes sont venues vers moi et l'une d'elles m'a ainsi interpellé:

— Hé, serviteur de Dieu ! Nous te conjurons d'écarter cette femme de notre voisinage !

Je me suis réveillé plein de frayeur, et j'ai vu venir le cortège mortuaire d'une femme. J'ai désigné un emplacement éloigné, et le cortège s'est éloigné. Le soir j'ai revu derechef les deux femmes:

— Dieu te récompensera pour nous ! Tu nous a sauvé d'une peine interminable... m'a dit celle-là même qui m'a déjà parlé.

Mais, bien intrigué par le mutisme de sa compagne, j'ai dit:

— Pourquoi ton amie ne me parle-t-elle pas comme tu le fais ?

— Cette femme est morte sans avoir fait son testament ! Ceux qui sont dans son cas ont le droit de se taire jusqu'au jour du Jugement dernier !»

Abû Ishâq, qui s'occupe de la vente des récoltes [de dattes] dans la bonne ville de Damas, nous a dit: «Daoûd at-Tâ'î a demandé un jour à un homme attaché à son service, surnommé Abû Abdillah, de n'informer personne de sa mort le jour où il sera rappelé auprès de Dieu, et de le laver lui-même. A sa mort son serviteur l'a vu en rêve dans un palanquin de quatre mille entrées, les voilages au vent, dressé sur un dromadaire altier:

— O Daoûd ! me suis-je exclamé, que ne pries-tu Dieu pour que je puisse me joindre à toi !

— Apprends de moi trois principes: soigne tes ulcères par l'abstinence ; traverse le désert du monde par la tristesse ; et préfère l'amour de Dieu à ta passion. Alors seulement tu n'auras plus aucun souci pour le jour de ta rencontre avec le Très-Haut...»

Le jurisconsulte Ahmad Ibn al-Hajjâj a dit:

«J'ai puisé tout mon savoir auprès des plus grands savants, tels Chafi'î, Mâlik et Ahmad Ibn Hanbal[1], que Dieu soit satisfait d'eux, et auprès d'autres érudits encore. J'ai toujours été un peu perdu dans les différences les séparant en maintes questions, et j'ai désiré en avoir le cœur net en priant Dieu de me faire rencontrer en rêve le Prophète, Dieu le bénisse et lui accorde la paix. J'ai eu comme l'intuition que j'allais faire ce rêve la veille d'un vendredi. A la fin de la nuit d'un jeudi, j'ai terminé mes célébrations du Très-Haut, et je me suis étendu sur le dos pour attendre l'appel à la prière de l'aube. Le sommeil m'a vaincu ; et, dans un éclair, j'ai eu l'impression de voir venir vers moi le Prophète, Dieu le bénisse et lui accorde la paix. Un autre homme était d'abord entré, vêtu des habits des gens de Najrân avec une tunique blanche. Il salua et prit place. Puis le Prophète lui-même apparut. Je l'avait salué et embrassé entre les deux yeux. Accompagné de quelques-uns de ses intimes, il me parut avoir l'aspect et l'allure que je lui avait

1- Trois des quatre plus grands doctrinaires fondateurs d'Ecoles du sunnisme, le quatrième étant l'imam Abû Hanîfa.

toujours attribués. Je pris place humblement devant lui et je commençai à lui poser les questions de doctrine qui n'avaient jamais cessé de me préoccuper. A chaque question posée il me répondait invariablement:

— Je suis de l'avis de cet homme !

Et il désignait à chaque fois l'homme qui était entré avant lui.

Je finis par avoir la conviction qu'il s'agissait de Ahmad Ibn Hanbal, que Dieu soit satisfait de lui. Je dit encore à l'Envoyé de Dieu:

— Il a subi bien des épreuves pour ton honneur et enduré maintes souffrances !

Il me répondit:

— Eh bien, regarde comment Dieu l'a récompensé !... Veux-tu faire la prière de l'aube avec nous ?

J'ai crié:

— Oh ! Envoyé de Dieu ! J'en serai si heureux !

Nous avions prié tous ensemble sous la direction du Prophète.

A mon réveil je me suis trouvé orienté vers la *qibla*.»

Le dénommé Sâleh, marchand de bure de son métier, a dit:

«J'ai vu en rêve Zuraâra Ibn Awfâ bien après sa mort, et je l'ai ainsi abordé:

— Que Sa grâce t'enveloppe ! Que t'ont-ils dit, qu'as-tu dit ?

Il s'est détourné de moi...

— Qu'a fait Dieu de toi ?

Là, il m'a fait face et m'a dit:

— Il m'a comblé de Ses bienfaits et de Sa munificence...

— Et Abû al-'Alâ, le frère de Mutraf ?

— Bravo pour lui ! Il est dans la Félicité de Sa Grandeur et de Sa Gloire…

— Et son frère Mutraf ?

— Il est au degré le plus haut !

— Quelle est l'action la plus bénéfique, pour vous, là-haut ?

— Compter sur Dieu seul et savoir limiter la portée de ses espérances !»

'Alî Ibn al-Muwaffaq a dit:

«J'ai entrepris plus de cinquante fois le grand Pèlerinage et j'ai concédé la récompense escomptée de chaque Pèlerinage, d'abord au Prophète, Dieu le bénisse et lui accorde la paix, puis à ses Compagnons Abû Bakr, 'Umar, 'Uthmân et 'Alî, que Dieu soit satisfait d'eux, puis à mes parents et à tous mes proches. Il m'est resté ce Pèlerinage seulement et je n'ai su à qui en dédier la rétribution. J'ai regardé autour de moi la foule houleuse des pèlerins sur le Mont 'Arafât et j'ai crié:

— Dieu ! S'il y a parmi ces fidèles un seul homme dont le Pèlerinage n'a pas été agréé, puissé-je lui offrir, pour qu'il ait Ton Pardon, celui-ci que je viens d'accomplir !

J'ai passé la nuit à *Muzdalifa*[1] et j'ai vu en rêve Dieu le Très-Haut, le Transcendant. Il m'a dit:

— Eh toi, 'Alî Ibn al-Muwaffaq ! Ainsi donc tu joues au plus généreux avec Moi ? Sache donc que J'ai pardonné à tout ce monde que tu as vu et à un nombre d'autres hommes qui est le multiple de leur nombre, à leurs parents, leurs proches et voisins de quartier ! Et sache qu'il ne revient qu'à Moi seul d'élire les gens de piété. Il ne revient qu'à Moi d'offrir le Pardon !»

1- Lieu de culte près de la Mecque; là où les pèlerins doivent passer la nuit au retour du rite d'invocation sur le Mont Arafât.

Et puisse Dieu nous guider sur la Voie de la Vérité.

Table des Matières